합격 Do Dream

2024 손해평가사 2차

실전모의고사 + 완벽핵심요약

저자 한병재 · 홍평표

고시이앤피
www.고시이앤피.kr

머리글

2024년 손해평가사 제10회 2차시험이 8월 31일 시행됩니다.
이제 6~8월은 기본서로 학습한 내용을 정리하고 문제집을 통하여 실전연습을 하는 수험방법이 필요할 때입니다.

본서는 수험생들이 마지막 정리를 효과적으로 알차게 마무리할 수 있도록 다음과 같이 엮었습니다.
제1편 「과목별 핵심요약」은 각 과목별로 꼭 정리하고 암기해야 할 내용들만 엄선하여 도표등을 통하여 수록함으로써 핵심요약만으로도 「농금원 이론서」 전 분야의 정리가 가능하도록 하였습니다. 아울러 「몸풀기 문제편」 에서는 정리하고 암기해야 할 내용들을 문제화 함으로써, 제대로 암기하고 정리가 되었는지 확인할 수 있도록 하였습니다.
제2편 「실전모의고사」에서는 적중률 높은 문제들만 엄선하여 실제문제와 똑같은 형식으로 문제를 구성하였으며, 10회의 모의고사를 통해 실전연습을 함으로써 시험장에서 충분히 실력을 발휘할 수 있도록 구성하였습니다,
제3편 「고난도 모의고사」에서는 한단계 더 난해한 다양한 계산문제를 수록함으로써 시험장에서 맞닥뜨릴수 있는 다양한 유형의 문제에도 당황하지 않고 대응할 수 있도록 하고 고득점으로 합격안정권에 진입할 수 있도록 구성하였습니다,
제4편 「기출문제」에서는 그동안 학습한 내용을 바탕으로 기출문제를 풀어봄으로써 마지 막 마무리 정리를 하고 시험장에 임할 수 있도록 하였습니다.

시험은 한 칸의 좁은 책상에서 한 권의 책을 가지고 온종일 씨름해야 하는 누구도 대신해 줄 수 없는 자신과의 고독한 싸움입니다, 더구나 올 여름은 갈수록 심해지는 지구촌 기상이변으로 어느 해 보다 더한 폭염과 태풍이 예상된다고 합니다. 힘든 시험기간내내 항상 건강과 행운이 함께 하고, 11월 13일 합격의 기쁨으로 2024년 한해를 멋지게 마무리하시길 기원합니다.

2024년 6월 비 그친 어느 여름날 오후에

저자 識

차례

01 과목별 핵심요약

02 실전 모의고사

차 례

03 고난도 문제 50選

04 기출문제

01

과목별 핵심요약

제1과목

농작물재해보험 및 가축재해보험 이론과 실무

제2과목

농작물재해보험 및 가축재해보험 손해평가의 이론과 실무

부 록

몸풀기 문제

1 농작물재해보험 및 가축재해보험의 이론과 실무

제1장 보험의 이해

1 위험과 관련된 개념

위 태 (위험상황)	➡	손 인 (사고)	➡	손 해 (가치감소)
발생 전 단계 • 사고발생가능성 • 사고의 원인		발생 • 위험의 현실화 • 손해의 원인		발생 후 단계 • 사고발생의 결과 • 경제적 수요 발생

2 위험의 분류

구 분	보험의 대상이 되는 위험	보험의 대상이 아닌 위험
위험 속성의 측정 여부에 따른 분류	객관적 위험 (측정가능한 위험)	주관적 위험 (측정이 곤란한 위험)
손실의 기회만 있는가, 이득의 기회도 함께 존재하는가에 따른 분류	순수위험(손실의 기회만 있는 위험) ① 재산손실위험 ② 간접손실위험 ③ 배상책임위험 ④ 인적손실위험	투기적 위험 (이익을 얻는 기회도 함께 있는 위험)
위험의 발생 빈도나 발생 규모가 시간에 따라 변하는지 여부에 따른 분류	정태적 위험	동태적 위험
위험이 미치는 범위에 따른 분류	특정적 위험(한정적 위험) • 피해 당사자에게 한정되거나 매우 제한적 범위 내에서 손실을 초래하는 위험	기본적 위험(근원적 위험) • 불특정 다수나 사회 전체에 손실을 초래하는 위험

3 농업부문 위험의 유형

구 분	내 용
생산 위험	농축산물 생산과정에서 기후변화나 병해충, 가축질병 발생 등으로 인한 생산량과 품질의 저하에 따른 위험
가격 위험	생산한 농산물의 가격변동에 따른 위험
제도적 위험	농업관련 세금, 농산물 가격 및 농업소득지지, 환경규제, 식품안전, 노동 및 토지 규제 등 정부정책과 제도 등의 변동에 따른 위험
인적 위험	개별 농민 혹은 농가 구성원의 사고, 질병, 사망 등에 따른 위험

4 위험관리

(1) 위험관리의 일반적 목표

① 최소의 비용으로 손실(위험비용)을 최소화하는 것

② 개인이나 조직의 생존을 확보

(2) 위험관리의 목적

목 적	내 용
사전적 목적	① 경제적 효율성 확보 ② 불안의 해소 ③ 타인에 전가할 수 없는 법적 의무의 이행 ④ 기업의 최고 경영자에게 예상되는 위험에 대하여 안심을 제공하는 것
사후적 목적	① 생존 ② 활동의 계속 ③ 수익의 안정화 ④ 지속저 성장 ⑤ 사회적 책임의 이행 등

(3) 위험관리의 구성 요소

구성요소	내 용	예
지 식	위험 원인과 잠재적인 결과(outcomes) 등을 파악하는 활동	생산량, 기온, 강수량 등의 분포를 파악하는 활동
보 험	위험관리 차원에서 사고로부터 발생가능한 손실의 위험을 적정한 보험상품 가입을 통해 전가하는 것	농업재해보험 가입
보 호	좋지 않은 결과의 가능성을 축소하는 활동을 의미	농업용수관리, 관개 체계 정비, 경지정리, 예방 접종, 농약 살포 등의 활동
대 응	좋지 않은 결과를 사후적으로(ex post) 완화하는 활동	다양한 판매 및 유통경로 개척, 효율적 노동 및 재무관리 등의 활동

(4) 위험관리 방법

구 분	내 용
물리적 위험관리 (위험 통제를 통한 대비)	1) 위험회피 2) 손실통제 : 손실예방 및 손실감소 3) 위험 요소의 분리 : 복제, 격리 4) 계약을 통한 위험 전가 5) 위험을 스스로 인수
재무적 위험관리 (위험자금 조달을 통한 대비)	1) 위험보유 ① 준비금이나 기금의 적립 ② 보험 가입 시 자기책임분 설정 ③ 자가보험 등 2) 위험을 제3자에게 전가 3) 위험 결합을 통한 위험 발생 대비 : 보험

(5) 위험 특성에 따른 위험관리 방법

손실횟수(빈도) / 손실 규모(심도)	적음(少)	많음(多)
작 음(小)	① 위험보유 – 자가보험	③ 손실통제
큼(大)	② 위험전가 – 보험	④ 위험회피

(6) 농업위험의 유형과 정책수단

위험 유형	주요 정책 수단
생산 위험	① 농작물재해보험(수량보험, 수입보험), ② 비보험작물재해지원, ③긴급농업재해대책
가격 위험	① 최저가격보장제, ② 가격손실보상제, ③ 수입손실보상제, ④ 수입보장보험
제도위험	① 환경보전 및 식품안전 규제에 대한 비용분담, ② 장려금 지원, ③ 영농컨설팅 및 전업을 위한 교육훈련 지원, ④ FTA 피해보전직불제 등
인적위험	① 농업인안전보험, ② 농기계보험, ③ 농업고용인력 중개지원 등

5 보험의 정의

구 분	내 용
경제적 관점	재무적 손실에 대한 불확실성 즉, 위험의 감소이며, 그것을 달성하기 위하여 위험 전가 및 위험 결합을 이용
사회적 관점	사회의 구성원에게 발생한 손실을 다수인이 부담하는 제도
법적인 관점	보험자와 피보험자 또는 계약자 사이에 맺어진 재무적 손실의 보전을 목적으로 하는 법적 계약
수리적 관점	확률이론과 통계적 기법을 바탕으로 미래의 손실을 예측하여 배분하는 수리적 제도

6 보험의 특성

① 예기치 못한 손실의 집단화
② 위험 분담
③ 위험 전가
④ 실제 손실에 대한 보상
⑤ 대수의 법칙

7 보험의 성립 조건

① 동질적 위험의 다수 존재
② 손실의 우연적 발생
③ 한정적 손실
④ 비재난적 손실
⑤ 확률적으로 측정 가능한 손실
⑥ 경제적으로 부담 가능한 보험료

8 보험의 기능

보험의 순기능	보험의 역기능
① 손실 회복 ② 불안 감소 ③ 신용력 증대 ④ 투자 재원 마련 ⑤ 자원의 효율적 이용 기여 ⑥ 안전(위험 대비) 의식 고양	① 사업비용의 발생 ② 보험사기의 증가 ③ 손실 과장으로 인한 사회적 비용 초래

9 손해보험의 원리

① 위험의 분담
② 위험 대량의 원칙
③ 급부 반대급부 균등의 원칙
④ 수지상등의 원칙
⑤ 이득금지의 원칙

10 보험계약의 법적 원칙

원 칙	내 용
실손보상의 원칙	실제 손실을 보상 ※ 실손보상 원칙의 예외 ① 기평가계약 ② 대체비용보험 ③ 생명보험
보험자대위의 원칙	보험자가 피보험자에게 보험금을 지급한 때에는 일정한 요건 아래 계약자 또는 피보험자가 가지는 권리가 보험자에게 이전하는 것 ① 목적물대위(잔존물대위) ② 제3자에 대한 보험대위(청구권대위)
피보험이익의 원칙	피보험이익의 원칙의 3가지 목적 ① 도박을 방지 ② 도덕적 위태를 감소 ③ 손실의 크기를 측정하게 해 줌
최대선의의 원칙	보험계약 시에 계약당사자에게 일반 계약에서보다는 매우 높은 정직성과 선의 또는 신의성실이 요구 ① 고지 ② 은폐 ③ 담보 등의 원리에 의해 유지

11 손해보험 계약의 법적 특성

① 불요식 낙성계약성
② 유상계약성
③ 쌍무계약성
④ 상행위성
⑤ 부합계약성
⑥ 최고 선의성
⑦ 계속계약성

12 보험계약 당사자의 의무

보험자의 의무	보험계약자 또는 피보험자의 의무
① 보험계약 시 계약자에게 보험상품에 대해 상세하게 설명하여 계약자가 충분히 이해한 상황에서 보험상품을 선택할 수 있도록 도와야 한다. ② 보험사고가 발생하면 신속하게 손해사정 절차를 거쳐 피보험자에게 보험금이 지급되도록 해야 한다. ③ 보험경영을 건실하게 하여야 한다.	① 고지의무 ② 통지의무 가) 위험변경・증가의 통지의무 나) 위험 유지 의무 다) 보험사고 발생의 통지의무 ③ 손해 방지 경감 의무

13 보험증권의 법적 성격

① 요식증권성
② 증거증권성
③ 면책증권성
④ 상환증권성
⑤ 유가증권성

14 보통보험약관의 해석

① 합리적 해석의 원칙
② 신의성실의 원칙에 따라 공정하게 해석원칙
③ 수기 조항 우선원칙
④ 평이하고 통상적인 일반적인 뜻을 받아들이고 이행되는 용례에 따른 해석 원칙
⑤ 작성자 불이익의 원칙

15 재보험의 기능

(1) 위험 분산

① 양적 분산 : 인수한 위험의 전부 또는 일부를 분산
② 질적 분산 : 위험률이 높은 보험 종목의 위험을 분산
③ 장소적 분산 : 공간적으로 분산

(2) 원보험자의 인수 능력의 확대로 마케팅 능력 강화

(3) 경영의 안정화

(4) 신규 보험상품의 개발 촉진

제2장 농업재해보험 특성과 필요성

1 농업재해의 특성

① 불예측성
② 광역성
③ 동시성・복합성
④ 계절성
⑤ 피해의 대규모성
⑥ 불가항력성

2 농업재해보험의 필요성

① 농업경영의 높은 위험성
② 농업(재해)의 특수성
㉠ 예측 불가능성 및 동시 광역성
㉡ 피해의 불균일성
㉢ 피해 발생의 이질성
㉣ 불가항력성
③ 국가적 재해대책과 한계
④ WTO협정의 허용 대상 정책 : 직접지불제, 농업재해보험

3 농업재해보험의 특징

① 주요 담보위험이 자연재해임
② 손해평가의 어려움
③ 위험도에 대한 차별화 곤란
④ 경제력에 따른 보험료 지원 일부 차등
⑤ 물(物)보험 – 손해보험
⑥ 단기 소멸성 보험 – 농작물재해보험
⑦ 국가재보험 운영

4 농업재해보험의 기능

① 재해농가의 손실 회복
② 농가의 신용력 증대
③ 농촌지역 경제 및 사회 안정화
④ 농업정책의 안정적 추진
⑤ 재해 대비 의식 고취
⑥ 농업 투자의 증가
⑦ 지속가능한 농업발전과 안정적 식량공급에 기여

5 농업재해보험 법령

① 2001.1.26. 농작물재해보험법 제정
② 2009. 3. 5일 "농어업재해보험법"으로 전면 개정하여 2010.1.1.부터 시행
③ 2014년 신속하고 공정한 손해평가를 위한 손해평가사 자격제도를 1년 간의 준비기간 이후에 시행하는 조건으로 도입하는 규정을 신설

제3장 농작물재해보험 제도

1 농작물재해보험 가입 자격

농작물재해보험 가입방식은 계약자가 스스로 가입 여부를 판단하여 가입하는 "임의보험" 방식이다.

① 보험에 가입하려는 농작물을 재배하는 지역이 해당 농작물에 대한 농작물재해보험 사업이 실시되는 지역이어야 한다.

② 보험 대상 농작물이라고 하더라도 경작 규모가 일정 규모 이상이어야 한다.

③ 가입 시에 보험료의 50% 이상의 정책자금 지원 대상에 포함되기 위해서는 농업경영체 등록이 되어야 한다.

2 농작물재해보험 대상 품목 및 가입자격(2023년 기준)

품목명	가입자격
사과, 배, 단감, 떫은감, 감귤, 포도, 복숭아, 자두, 살구, 매실, 참다래, 대추, 유자, 무화과, 밤, 호두, 마늘, 양파, 감자, 고구마, 고추, 양배추, 브로콜리, 오미자, 복분자, 오디, 인삼	농지의 보험가입금액 (생산액 또는 생산비) 200만 원 이상
옥수수, 콩, 팥, 배추, 무, 파, 단호박, 당근, 시금치(노지), **양상추**	농지의 보험가입금액 (생산액 또는 생산비) 100만 원 이상
벼, 밀, 보리, 메밀, **귀리**	농지의 보험가입금액 (생산액 또는 생산비) 50만 원 이상
농업용 시설물 및 시설작물, 버섯재배사 및 버섯작물	단지 면적이 $300m^2$ 이상
차(茶), 조사료용 벼, 사료용 옥수수	농지의 면적이 $1,000m^2$ 이상

3 보험 대상 농작물별 보장 내용

① 보험 대상 농작물(보험의 목적물)

보험 대상 농작물은 2023년 현재 70개 품목이며, 이외에 농업시설물로는 버섯재배사, 농업시설물 등이 있다.

구 분	품 목
과수작물(12개 품목)	사과, 배, 단감, 감귤, 포도, 복숭아, 자두, 살구, 매실, 참다래, 유자, 무화과
식량작물(10개 품목)	벼, 밀, 보리, 감자, 고구마, 옥수수, 콩, 팥, 메밀, **귀리**
채소작물(12개 품목)	양파, 마늘, 고추, 양배추, 배추, 무, 파, 당근, 브로콜리, 단호박, 시금치(노지), **양상추**
특용작물(3개 품목)	인삼, 차(茶), 오디
임산물 (7개 품목)	떫은감, 대추, 밤, 호두, 복분자, 오미자, 표고버섯
버섯작물(3개 품목)	느타리버섯, 새송이버섯, 양송이버섯
시설작물(23개 품목)	• 화훼류 : 국화, 장미, 백합, 카네이션 • 비화훼류 : 딸기, 오이, 토마토, 참외, 풋고추, 호박, 수박, 멜론, 파프리카, 상추, 부추, 시금치, 가지, 배추, 파(대파 · 쪽파), 무, 미나리, 쑥갓, **감자**

② 농작물재해보험 대상 품목별 및 사업지역

㉠ 본사업

품 목	사업지역
사과, 배, 단감, 떫은감, 벼, 밤, 대추, 감귤, 고추, 고구마, 옥수수, 콩, 마늘, 양파, 인삼, 자두, 매실, 포도, 복숭아, 참다래, 시설작물(수박, 딸기, 오이, 토마토, 참외, 풋고추, 호박, 국화, 장미, 파프리카, 멜론, 상추, 부추, 시금치, 배추, 가지, 파, 무, 백합, 카네이션, 미나리, 쑥갓), 버섯작물(표고, 느타리), 농업용시설물 및 버섯재배사	전 국
감자	[가을재배] 전국 [고랭지재배] 강원 [시설작물] 전북(김제, 부안)
밀	광주, 전북, 전남, 경남, 충남

㉡ 시범사업

버섯작물(양송이, 새송이), 조사료용 벼, 사료용 옥수수	전국
양배추, 브로콜리, 당근	제주 (제주, 서귀포)
메밀	전남, 제주(제주, 서귀포)
차	(전남) 보성, 광양, 구례, (경남) 하동
감자(봄재배)	경북, 충남
오디	전북, 전남, (경북) 상주, 안동
복분자	(전북) 고창, 정읍, 순창, (전남) 함평, 담양, 장성
오미자	(경북) 문경, 상주, 예천, (충북) 단양, (전북) 장수 (강원) 인제, (경남) 거창
무화과	(전남) 영암, 신안, 목포, 무안, 해남
유자	(전남) 고흥, 완도, 진도 (경남) 거제, 남해, 통영
배추	[고랭지] (강원) 정선, 삼척, 태백, 강릉, 평창 [가을] (전남) 해남, (충북) 괴산, (경북) 영양 [월동] (전남) 해남
무	[고랭지] (강원) 홍천, 정선, 강릉, 평창 [월동] (제주) 제주, 서귀포
단호박	경기, 제주(제주)
파	[대파] (전남) 신안, 진도, 영광, (강원) 평창 [쪽파, 실파] (충남) 아산, (전남) 보성
살구	(경북) 영천
호두	(경북) 김천
보리	(전남) 보성, 해남, (전북) 김제, 군산 (경남) 밀양
팥	(전남) 나주, (강원) 횡성, (충남) 천안
시금치(노지)	(경남) 남해, (전남) 신안
귀리	**(전남) 강진, 해남**
양상추	**(강원) 횡성, 평창**

㉢ 2023년도 시범사업 품목(25개)

구 분	5년차 이상	4년차	3년차	2년차	1년차
작물명	복분자, 오디, 양배추, 오미자, 무화과, 유자, 차, 메밀, 브로콜리, 양송이버섯, 새송이버섯, 배추, 무, 단호박, 파, 당근, 감자(봄재배), 조사료용 벼, 사료용 옥수수	보리, 팥, 살구, 시금치(노지), 호두		가을배추	귀리, 양상추
작물수	19	5		1	2

㉣ 보험 대상 품목별 대상 재해 및 보장수준

품 목	대상 재해	보장수준				
		60	70	80	85	90
사과, 배, 단감, 떫은감 (특약) 나무보장	(적과 전) 자연재해, 조수해, 화재 (적과 후) 태풍(강풍), 우박, 화재, 지진, 집중호우, 일소피해, 가을동상해	○	○	○	○	○
무화과 (특약)나무보장	(7.31 이전) 자연재해, 조수해, 화재 (8.1 이후) 태풍(강풍), 우박	○	○	○	○	○
복분자	(5.31 이전) 자연재해・조수해・화재 (6.1 이후) 태풍(강풍)・우박	○	○	○	○	○
인삼	태풍(강풍), 폭설, 집중호우, 침수, 화재, 우박, 폭염, 냉해	○	○	○	○	○
대추	자연재해, 조수해, 화재	○	○	○	○	○
참다래, 매실, 자두, 유자, 살구 (특약) 나무보장		○	○	○	(유자, 살구)	
포도, 감귤(만감류) (특약)나무보장,수확량감소추가보장		○	○	○	○	○
복숭아 (특약)나무보장.수확량감소추가보장	자연재해, 조수해, 화재, 보통약관 : 병충해(세균구멍병)	○	○	○	○	○
감귤(온주밀감류) (특약) 나무보장, 과실손해 추가보장	자연재해, 조수해, 화재(12.20일 이전) 특약 : 동상해 (12.21일 이후)	○	○	○	○	○
벼	자연재해, 조수해, 화재 특약 : 7대병충해	○	○	○	○	○
밀, 고구마, 옥수수, 사료용 옥수수, 콩, 차, 오디, 밤, 오미자, 양파, 단호박, 시금치(노지), 브로콜리, 팥, 조사료용 벼,	자연재해, 조수해, 화재	○	○	○	○	○
양배추,		○	○	○	○	
배추, 무(고랭지제외), 쪽파(실파), 당근, 메밀, 보리, 귀리, 양상추		○	○	○		
감자	자연재해, 조수해, 화재, 병충해	○	○	○	○	○
마늘 (특약) 조기파종보장	자연재해, 조수해, 화재	○	○	○	○	○
호두 (특약) 조수해 부보장	자연재해, 조수해, 화재	○	○	○		
고추	자연재해, 조수해, 화재, 병충해	3% 또는 5%				
해가림시설 (인삼)	자연재해, 조수해, 화재	10만≦손해액10%≦100만				
농업용시설물 (특약) 재조달가액, 버섯재배사, 부대시설	자연재해, 조수해 (특약)화재,화재대물배상책임,수해부보장	30만≦손해액10%≦100만				
비가림시설(포도, 대추, 참다래)	자연재해, 조수해 (특약) 화재, 비가림시설 부보장					
시설작물, 버섯작물	자연재해, 조수해 (특약)화재	소손해보장(10만원초과)				

ⓑ 보험 대상 품목별 자기부담금

<table>
<tr><th>품목</th><th>대상 재해</th><th>자기부담금</th></tr>
<tr><td>• 해가림시설(인삼)</td><td>자연재해, 조수해, 화재</td><td>• 10만원 ≦ 손해액의 10% ≦ 100만 원</td></tr>
<tr><td>• 농업용 시설물
• 버섯재배사
• 부대시설</td><td>• 자연재해, 조수해
• 특약
– 화재
– 화재대물배상책임
– 수재위험부보장</td><td rowspan="2">• 30만원 ≦손해액의 10% ≦ 100만 원
※ 단, 피복재 단독사고
10만 원 ≦ 손해액의 10% ≦ 30만 원
• (단, 화재로 인한 손해는 자기부담금을 적용하지 않음)</td></tr>
<tr><td>• 비가림시설
(포도, 대추, 참다래)</td><td>자연재해, 조수해
• 특약 : 화재</td></tr>
<tr><td>• 시설작물(수박, 딸기, 오이, 토마토, 참외, 풋고추, 호박, 국화, 장미, 파프리카, 멜론, 부추, 시금치, 상추, 배추, 가지, 파, 무, 백합, 카네이션, 미나리, 쑥갓, 감자),
• 버섯작물(표고버섯, 느타리버섯, 새송이버섯, 양송이버섯)</td><td>• 자연재해, 조수해
• 특약
– 화재
– 화재대물배상책임</td><td>• 손해액이 10만 원을 초과하는 경우 손해액 전액 보상(소손해보상)
• (단, 화재로 인한 손해는 자기부담금을 적용하지 않음)</td></tr>
<tr><td>브로콜리</td><td>자연재해, 조수해, 화재</td><td>잔존보험 가입금액의 3% 또는 5%</td></tr>
<tr><td>고추</td><td>자연재해, 조수해, 화재, 병충해</td><td>잔존보험 가입금액의 3% 또는 5%</td></tr>
</table>

※ 병해충보장

- 복숭아 : 종합위험 수확감소보장 보험약관(보통약관)으로 보장 (세균구멍병)
- 감자 : 종합위험 수확감소보장 보험약관(보통약관)으로 보장
- 고추 : 종합위험 생산비보장 보험약관(보통약관)으로 보장
- 벼 : 병해충보장특별약관으로 7개병해충 보장

4 보험료 산정식

<table>
<tr><th>품 목</th><th colspan="3">보험료 산정식</th></tr>
<tr><td>과수
4종</td><td>과실손해보장
보통약관
(주계약)</td><td colspan="2">보통약관 가입금액 × 지역별 보통약관 영업요율 × (1−부보장 및 한정보장 특별약관 할인율) ×(1 + 손해율에 따른 할인・할증률) × (1−방재시설할인율)</td></tr>
<tr><td rowspan="2">복숭아,자두
매실, 살구,
오미자, 밤,
호두, 유자</td><td>수확감소보장
보통약관</td><td colspan="2">보통약관 보험가입금액×지역별 보통약관 영업요율×(1±손해율에 따른 할인 · 할증률) × (1−방재시설할인율)</td></tr>
<tr><td>수확량감소
추가보장 특약
(복숭아)</td><td colspan="2">특별약관 보험가입금액×지역별 특별약관 영업요율×(1±손해율에 따른 할인 · 할증률) × (1−방재시설할인율)</td></tr>
<tr><td rowspan="4">포도, 대추,
참다래</td><td>비가림과수
손해(수확감소)</td><td colspan="2">보통약관 보험가입금액×지역별 보통약관 영업요율×(1±손해율에 따른 할인 · 할증률) × (1−방재시설할인율)</td></tr>
<tr><td rowspan="2">비가림시설
보장</td><td>보통약관(자연재해, 조수해보장)</td><td>비가림시설 보험가입금액×지역별 비가림시설보장 보통약관 영업요율</td></tr>
<tr><td>특별약관
(화재위험 보장)</td><td>비가림시설 보험가입금액×지역별 화재위험보장 특별약관 영업요율</td></tr>
<tr><td>수확량감소
추가보장 특약
(포도)</td><td colspan="2">특별약관 보험가입금액×지역별 특별약관 영업요율×(1±손해율에 따른 할인 · 할증률) × (1−방재시설할인율)</td></tr>
<tr><td>복분자,
무화과,오디</td><td>과실손해보장</td><td colspan="2">보통약관 보험가입금액×지역별 보통약관 영업요율×(1±손해율에 따른 할인 · 할증률)</td></tr>
<tr><td rowspan="3">감귤</td><td>과실손해보장</td><td colspan="2">보통약관 보험가입금액×지역별 보통약관 영업요율 × (1±손해율에 따른 할인 · 할증률) × (1−방재시설할인율)</td></tr>
<tr><td>동상해
과실손해보장</td><td colspan="2">특별약관 보험가입금액×지역별 특별약관 영업요율×(1±손해율에 따른 할인 · 할증률) × (1−방재시설할인율)</td></tr>
<tr><td>과실손해
추가보장 특약</td><td colspan="2">특별약관 보험가입금액×지역별 특별약관 영업요율×(1±손해율에 따른 할인 · 할증률) × (1−방재시설할인율)</td></tr>
<tr><td colspan="2">나무손해보장특약
(과수4종,포도,복숭아,자두
참다래,,매실,살구,
유자, 무화과, 감귤)</td><td colspan="2">특별약관 가입금액 × 지역별 특별약관 영업요율 × (1 + 손해율에 따른 할인・할증률)</td></tr>
</table>

품 목	보험료 산정식	
벼	수확감소보장 보통약관	주계약 보험가입금액 × 지역별 기본 영업요율 × (1 + 손해율에 따른 할인·할증률) × (1 + 친환경 재배 시 할증률) × (1 +직파재배농지할증률)
	병해충보장 특별약관	특별약관 보험가입금액 ×지역별 기본 영업요율 × (1 + 손해율에 따른 할인·할증률)×(1 + 친환경 재배 시 할증률) ×(1+직파재배농지할증률)
조사료용 벼, 밀, 보리	수확감소보장 보통약관	보통약관 보험가입금액×지역별 보통약관 영업요율×(1±손해율에 따른 할인 · 할증률)
감자(고랭지) 고구마, 팥, 차	수확감소보장 보통약관	보통약관 보험가입금액×지역별 보통약관 영업요율×(1±손해율에 따른 할인 · 할증률) ※ 감자(고랭지),고구마, 팥, 차 품목의 경우 방재시설할인율 미적용
마늘, 양파, 감자, 양배추 콩, 옥수수 (사료용 옥수수 포함)		보통약관 보험가입금액×지역별 보통약관 영업요율×(1±손해율에 따른 할인 · 할증률) × (1−방재시설할인율)
메밀, 무(고랭지, 월동), 당근, 파(대파, 쪽파 · 실파), 시금치(노지), 배추(고랭지, 가을, 월동), 단호박	생산비 보장	보통약관 보험가입금액×지역별 보통약관 영업요율×(1±손해율에 따른 할인 · 할증률)
고추, 브로콜리		보통약관 보험가입금액×지역별 보통약관 영업요율×(1±손해율에 따른 할인 · 할증률) × (1−방재시설할인율)
인삼	특정위험보장	보통약관 보험가입금액×지역별 보통약관 영업요율×(1±손해율에 따른 할인 · 할증률−전년도 무사고할인) × (1−방재시설할인율)
해가림시설	종합위험보장	보통약관 보험가입금액 × 지역별 보통약관 영업요율
고구마	농업수입 감소보장	보통약관 보험가입금액×지역별 보통약관 영업요율×(1±손해율에 따른 할인 · 할증률)
포도, 마늘, 양파, 감자(가을재배), 양배추, 콩		보통약관 보험가입금액×지역별 보통약관 영업요율×(1±손해율에 따른 할인 · 할증률)×(1−방재시설할인율)

5 보험가입금액

품 목	가입금액 (천원 단위 절사)	
과수4종	작 물	가입수확량 × 가입(표준)가격
	나 무	결과주수 × 1주당 가입가격
과실손해보장/ 수확량감소보장/ 농업수입보장	가입수확량 × 기준(가입)가격 ※ 가입수확량 : 평년수확량의 일정 범위(50~100%) 내에서 보험계약자가 결정 – 과수 4종 : 평년착과량의 100% – 옥수수 : 표준수확량의 80%~130%에서 계약자가 결정 ※ 가입가격 : 보험에 가입할 때 결정한 보험의 목적물(농작물)의 kg당 평균가격 (나무손해보장 특별약관의 경우에는 보험에 가입한 나무의 1주당 가격)	
비가림시설	비가림시설의 ㎡당 시설비× 비가림시설 면적 산정된 금액의 80%~130% 범위 내에서 계약자가 보험가입금액 결정한다.(10%단위 선택) 단, 참다래 비가림시설은 계약자 고지사항을 기초로 가입금액을 결정	
벼	가입수확량(50~100%)(kg 단위) × 표준(가입)가격(원/kg) ※ 표준(가입)가격 : 보험 가입연도 직전 5개년의 시·군별 농협 RPC 계약재배 수매가 최근 5년 평균 값에 민간 RPC 지수를 반영하여 산출	
조사료용벼 사료용 옥수수	단위면적당 보장생산비 × 가입면적	
생산비보장	단위면적당 보장생산비 × 보험가입면적	
시설작물, 버섯 (표고, 느타리, 새송이, 양송이)	하우스 단지별 연간 재배 예정인 시설작물(버섯) 중 생산비가 가장 높은 작물(버섯) 가액의 50%~100% 범위 내에서 보험가입자(계약자)가 10% 단위로 가입금액을 결정	
농업용 시설물	전산(電算)으로 산정된 기준 보험가입금액의 90~130% 범위 내에서 결정한다. ※ 단, 전산으로 기준금액 산정이 불가능한 유리온실(경량철골조), 내재해형하우스, 비규격하우스는 계약자 고지사항을 기초로 보험가입금액 결정한다. * 유리온실(경량철골조)은 ㎡당 5 ~ 50만 원 범위에서 가입금액 선택 가능하다. * 버섯재배사(콘크리트조, 경량철골조)는 ㎡당 5~50만 원 범위에서 가입금액 선택 가능하다.	
부대시설	계약자 고지사항을 기초로 보험가액을 추정하여 보험가입금액 결정한다.	
인 삼	연근별 (보상)가액 × 재배면적(㎡) ※ 인삼의 (보상)가액 : 농협 통계 및 농촌진흥청의 자료를 기초로 연근별로 투입되는 누적 생산비를 고려하여 연근별로 차등 설정한다.	
해가림시설	재조달가액 × (1 – 감가상각률) *재조달가액 = 단위면적당 시설비 × 재배면적	

6 정부의 농가부담보험료 지원 비율 (2024 학습서 기준)

<table>
<tr><th rowspan="2">구 분</th><th rowspan="2">품 목</th><th colspan="5">보장 수준 (%)</th></tr>
<tr><th>60</th><th>70</th><th>80</th><th>85</th><th>90</th></tr>
<tr><td rowspan="2">국고보조율(%)</td><td>사과, 배, 단감, 떫은감</td><td>60</td><td>60</td><td>50</td><td>38</td><td>33</td></tr>
<tr><td>벼</td><td>60</td><td>55</td><td>50</td><td>44</td><td>41</td></tr>
</table>

7 보험기간

(1) 과수

① 적과전 종합위험방식 상품

<table>
<tr><th>보장</th><th>약관</th><th colspan="3">대상재해</th><th>보장개시</th><th>보장종료</th></tr>
<tr><td rowspan="7">과실손해보장</td><td rowspan="7">보통약관</td><td rowspan="2">적과종료이전</td><td rowspan="2">자연재해, 조수해, 화재</td><td>사과, 배</td><td>계약체결일 24시</td><td>적과 종료 시점
다만, 판매개시연도
6월 30일을 초과할 수 없음</td></tr>
<tr><td>단감, 떫은감</td><td>계약체결일 24시</td><td>적과 종료 시점
다만, 판매개시연도
7월 31일을 초과할 수 없음</td></tr>
<tr><td rowspan="5">적과종료이후</td><td>태풍(강풍), 우박, 집중호우, 화재, 지진</td><td>사과, 배, 단감, 떫은감</td><td>적과 종료 이후</td><td>판매개시연도 수확기 종료 시점
다만, 판매개시연도
11월 30일을 초과할 수 없음</td></tr>
<tr><td rowspan="2">가을 동상해</td><td>사과, 배</td><td>판매개시연도 9월 1일</td><td>판매개시연도 수확기 종료 시점
다만, 판매개시연도
11월 10일을 초과불가</td></tr>
<tr><td>단감, 떫은감</td><td>판매개시연도 9월 1일</td><td>판매개시연도 수확기 종료 시점
다만, 판매개시연도
11월 15일을 초과불가</td></tr>
<tr><td>일소피해</td><td>사과, 배, 단감, 떫은감</td><td>적과종료 이후</td><td>판매개시연도 9월 30일</td></tr>
</table>

② 종합위험 수확감소보장방식(복숭아, 자두, 매실, 살구, 오미자, 밤, 호두, 유자, **감귤(만감류)** 9개 품목)

계 약	보 장	품 목	보장개시	보장종료
보통약관	종합위험 수확감소 보장	복숭아, 자두, 매실, 살구, 오미자 **감귤(만감류)**	계약체결일 24시	수확기 종료 시점 다만, 아래 날짜를 초과불가 • 복숭아, 오미자 : 이듬해 10월 10일 • 자두 : 이듬해 9월 30일 • 매실 : 이듬해 7월 31일 • 살구 : 이듬해 7월 20일 • **감귤(만감류)** : 이듬해 2월 말일
		밤	발아기 다만, 발아기가 지난 경우에는 계약체결일 24시	수확기 종료 시점 다만, 판매개시연도 10월 31일 초과불가
		호 두		수확기 종료 시점 다만, 판매개시연도 9월 30일 초과불가
		이듬 해에 맺은 유자 과실	계약체결일 24시	수확개시 시점 다만, 이듬해 10월 31일 초과불가
특별약관	수확량감소 추가보장	복숭아 **감귤(만감류)**	계약체결일 24시	수확기 종료 시점 • 복숭아 : 이듬해 10월 10일 초과불가 • **감귤(만감류)** : 이듬해 2월 말일 초과불가

※ 발아기 보장개시 : 밤, 호두, 감귤, *대추의 보장개시 : 신초발아기

③ 종합위험 비가림과수 손해보장방식(포도, 대추, 참다래)

계약	보장	품목	보장개시	보장종료
보통약관	종합위험 수확감소 보장	포 도	계약체결일 24시	수확기 종료 시점 다만, 이듬해 10월 10일을 초과불가
		이듬해에 맺은 참다래 과실	꽃눈분화기 다만, 꽃눈분화기가 지난 경우에는 계약체결일 24시	해당 꽃눈이 성장하여 맺은 과실의 수확기 종료 시점. 다만, 이듬해 11월 30일을 초과불가
		대 추	신초발아기 다만, 신초발아기가 지난 경우에는 계약체결일 24시	수확기 종료 시점 다만, 판매개시연도 10월31일을초과불가
		비가림 시설	계약체결일 24시	포도 : 이듬해 10월 10일 참다래 : 이듬해 6월 30일 대추 : 판매개시연도 10월 31일
특별약관	수확량감소 추가보장	포도	계약체결일 24시	수확기 종료 시점 다만, 이듬해 10월 10일을 초과불가

④ 수확전 종합위험 과실손해보장방식(복분자, 무화과)

품목	보장	보상하는 손해		보장개시	보장종료
복분자	경작불능 보장	자연재해, 조수해, 화재		계약체결일 24시	수확개시시점 다만, 이듬해 5월 31일을 초과할 수 없음
	과실손해 보장	이듬해 5월 31일 이전 (수확개시 이전)	자연재해 조수해, 화재	계약체결일 24시	이듬해 5월 31일
		이듬해 6월 1일 이후 (수확개시이후)	태풍(강풍) 우박	이듬해 6월 1일	이듬해 수확기 종료시점 다만, 이듬해 6월 20일을 초과할 수 없음
무화과	과실손해 보장	이듬해 7월 31일 이전 (수확개시 이전)	자연재해 조수해, 화재	계약체결일 24시	이듬해 7월 31일
		이듬해 8월 1일 이후 (수확개시이후)	태풍(강풍) 우박	이듬해 8월 1일	이듬해 수확기 종료시점 다만, 이듬해 10월 31일을 초과할 수 없음

⑤ 종합위험 과실손해보장방식(오디, 감귤(**온주밀감류**))

보 장	품 목	보장개시	보장종료
종합위험 과실손해 보장	오디	계약체결일 24시	결실완료시점 다만, 이듬해 5월 31일을 초과할 수 없음
	감귤 (**온주밀감류**)		수확기 종료 시점 다만, 판매개시연도 12월 20일을 초과할 수 없음
수확개시 이후 동상해 보장	감귤 (**온주밀감류**)	판매개시연도 12월 21일	이듬해 2월 말일
과실손해 추가보장		계약체결일 24시	수확기 종료 시점 다만, 판매개시연도 12월 20일을 초과할 수 없음

⑥ 나무손해보장특별약관(대상재해 : 자연재해, 조수해, 화재)

품 목	보장개시	보장종료
사과, 배, 단감, 떫은감	판매개시연도 2월 1일. 다만, 2월 1일 이후 가입하는 경우에는 계약체결일 24시	이듬해 1월 31일
포도, 복숭아, 자두, 매실, 살구, 유자, 무화과	판매개시연도 12월 1일 다만, 12월 1일 이후 가입하는 경우에는 계약체결일 24시	이듬해 11월 30일
참다래	판매개시연도 7월 1일 다만, 7월 1일 이후 가입하는 경우에는 계약체결일 24시	이듬해 6월 30일
감귤(온주밀감류) 감귤(만감류)	계약체결일 24시	이듬해 4월 30일

⑦ 기타 특별약관

보 장	품 목	보장개시	보장종료
수확량감소 추가보장	포도, 복숭아	계약체결일 24시	수확기 종료 시점 다만, 이듬해 10월 10일을 초과불가
과실손해 추가보장	감귤 (온주밀감류)	계약체결일 24시	수확기 종료 시점 다만, 판매개시연도 12월 20일을 초과할 수 없음
동상해 과실손해 보장	감귤 (온주밀감류)	판매개시연도 12월 1일	이듬해 2월 말일
화재위험 보장	비가림 시설	계약체결일 24시	포도 : 이듬해 10월 10일 참다래 : 이듬해 6월 30일 대추 : 판매개시연도 10월 31일

(2) 논작물

약관	보장	재해	보험의 목적	보장개시	보장종료
보통약관	이앙직파 불능보장	종합위험	벼(조곡)	계약체결일 24시	판매개시연도 7월 31일
	재이앙 재직파 보장			이앙(직파)완료일 24시 다만, 경과한 경우에는 계약체결일 24시	판매개시연도 7월 31일
	경작불능 보장		벼(조곡) 조사료용 벼	이앙(직파)완료일 24시 다만, 경과한 경우에는 계약체결일 24시	출수기 전 다만, 조사료용 벼의 경우 판매개시연도 8월 31일
			밀, 보리 **귀리**	계약체결일 24시	수확 개시 시점
	수확불능 보장		벼(조곡)	이앙(직파)완료일 24시 다만, 경과한 경우에는 계약체결일 24시	수확기 종료 시점 다만, 판매개시연도 11월 30일을 초과할 수 없음
	수확 감소 보장		벼(조곡)	이앙(직파)완료일 24시 다만, 경과한 경우에는 계약체결일 24시	수확기 종료 시점 다만, 판매개시연도 11월 30일을 초과할 수 없음
			밀, 보리 **귀리**	계약체결일 24시	수확기 종료 시점 다만, 이듬해 6월 30일을 초과할 수 없음
병해충 보장 특약	재이앙 재직파보장	병해충(7종)	벼(조곡)	각 보장별 보통약관 보험시기와 동일	각 보장별 보통약관 보험종기와 동일
	경작불능보장				
	수확불능보장				
	수확감소보장				

(3) 밭작물

① 재파종 조기파종 재정식 경작불능 보장+수확감소보장 (마늘, 양파 등 9개 품목)

㉠ 재파종 조기파종 재정식 경작불능 보장

보장	보험의 목적	보장개시	보장종료
종합위험 재파종 보장	마늘	계약체결일 24시 다만, 조기파종 보장 특약 가입 시 해당 특약 보장종료 시점	판매개시연도 10월 31일
조기파종 보장(특약)	마늘 (남도종)	계약체결일 24시	한지형마늘 보험상품 최초판매개시일 24시
종합위험 재정식 보장	양배추	정식완료일 24시 다만, 보험계약시 정식완료일이 경과한 경우에는 계약체결일 24시이며 정식 완료일은 판매개시연도 9월 30일을 초과할 수 없음	재정식 완료일 다만, 판매개시연도 10월 15일을 초과할 수 없음
종합위험 경작불능 보장	마늘	계약체결일 24시 다만, 조기파종 보장 특약 가입 시 해당 특약 보장종료 시점	수확 개시 시점
	콩, 팥	계약체결일 24시	종실비대기 전
	양파, 감자(고랭지재배) 고구마, 옥수수, 사료용 옥수수		수확 개시 시점 다만, 사료용 옥수수는 판매개시연도 8월 31일을 초과할 수 없음
	감자 (봄재배, 가을재배)	파종완료일 24시 다만, 보험계약시 파종완료일이 경과한 경우에는 계약체결일 24시	수확 개시 시점
	양배추	정식완료일 24시 다만, 보험계약시 정식완료일이 경과한 경우에는 계약체결일 24시이며 정식 완료일은 판매개시연도 9월 30일을 초과할 수 없음	수확 개시 시점

ⓛ 수확감소보장(마늘, 양파 등 9개 품목)

보험의 목적	보장개시	보장종료
마늘, 양파, 감자(고랭지재배) 고구마, 옥수수, 콩, 팥	계약체결일 24시 다만, 마늘의 경우 조기파종 보장 특약 가입 시 해당 특약 보장종료 시점	수확기 종료 시점 단, 아래 날짜를 초과할 수 없음 - 마늘 : 이듬해 6월 30일 - 양파 : 이듬해 6월 30일 - 감자(고랭지재배) : 판매개시연도 10월31일 - 고구마 : 판매개시연도 10월 31일 - 옥수수 : 판매개시연도 9월 30일 - 콩 : 판매개시연도 11월 30일 - 팥 : 판매개시연도 11월 13일
감자 (봄재배)	파종완료일 24시 다만, 보험계약시 파종완료일이 경과한 경우에는 계약체결일 24시	수확기 종료 시점 다만, 판매개시연도 7월 31일을 초과할 수 없음
감자 (가을재배)		수확기 종료 시점 다만, 제주는 판매개시연도 12월 15일, 제주 이외는 판매개시연도 11월 30일을 초과할 수 없음
양배추	정식완료일 24시 다만, 보험계약시 정식완료일이 경과한 경우에는 계약체결일24시이며 정식 완료일은 판매개시연도 9월 30일을 초과할 수 없음	수확기 종료 시점 다만, 아래의 날짜를 초과할 수 없음 - 극조생, 조생 : 이듬해 2월 28일 - 중생 : 이듬해 3월 15일 - 만생 : 이듬해 3월 31일
차(茶)	계약체결일 24시	햇차 수확종료시점 다만, 이듬해 5월 10일을 초과할 수 없음

② 종합위험 생산비보장 + 경작불능보장

㉠ 생산비보장

<table>
<tr><th>목적</th><th>보장개시</th><th>보장종료</th></tr>
<tr><td>고추</td><td>계약체결일 24시</td><td>정식일부터 150일째 되는 날 24시</td></tr>
<tr><td>고랭지무</td><td rowspan="7">파종완료일 24시
다만, 보험계약 시 파종완료일이 경과한 경우에는 계약체결일 24시
단, 파종완료일은 아래의 일자를 초과할 수 없음
• 고랭지무 : 판매개시연도 7월 31일
• 월동무 : 판매개시연도 10월 15일
• 당근 : 판매개시연도 8월 31일
• 쪽파(실파)[1·2형]:판매개시연도10월 15일
• 시금치(노지) : 판매개시연도 10월 31일
• 메밀 : 판매개시연도 9월 15일</td><td>파종일부터 80일째
되는 날 24시</td></tr>
<tr><td>월동무</td><td rowspan="6">최초 수확 직전
다만, 아래 일자를 초과할 수 없음
• 월동무 : 이듬해 3월 31일
• 당근 : 이듬해 2월 29일
• 쪽파[1형] 판매개시연도 12월 31일
• 쪽파[2형] : 이듬해 5월 31일
• 시금치(노지) : 이듬해 1월 15일
• 메밀 : 판매개시연도 11월 20일</td></tr>
<tr><td>당근</td></tr>
<tr><td>쪽파(실파)
[1형]</td></tr>
<tr><td>쪽파(실파)
[2형]</td></tr>
<tr><td>시금치(노지)</td></tr>
<tr><td>메밀</td></tr>
<tr><td>고랭지배추</td><td rowspan="6">정식완료일 24시
다만, 보험계약 시 정식완료일이 경과한 경우에는 계약체결일 24시
단, 정식완료일은 아래의 일자를 초과할 수 없음
• 고랭지배추 : 판매개시연도 7월 31일
• 가을배추 : 판매개시연도 9월 10일
• 월동배추 : 판매개시연도 9월 25일
• 대파 : 판매개시연도 5월 20일
• 단호박 : 판매개시연도 5월 29일
• 양상추 : 판매개시연도 8월 31일</td><td>정식일부터 70일째 되는 날 24시</td></tr>
<tr><td>가을배추</td><td>정식일부터 110일째 되는 날 24시
다만, 판매개시 연도
12월 15일을 초과할 수 없음</td></tr>
<tr><td>월동배추</td><td>최초 수확 직전
다만, 이듬해 3월 31일을
초과할 수 없음</td></tr>
<tr><td>대파</td><td>정식일부터 200일째 되는 날 24시</td></tr>
<tr><td>단호박</td><td>정식일부터 90일째 되는 날 24시</td></tr>
<tr><td>양상추</td><td>정식일부터 70일째 되는날 24시
다만, 판매개시연도
11월 10일을 초과할 수 없음</td></tr>
</table>

㉡ 경작불능보장

<table>
<tr><th>보험의 목적</th><th>보장개시</th><th>보장종료</th></tr>
<tr><td>고랭지무</td><td rowspan="6">파종완료일 24시
다만, 보험계약시 파종완료일이 경과한 경우에는 계약체결일 24시
단, 파종완료일은 아래의 일자를 초과할 수 없음
• 고랭지무 : 판매개시연도 7월 31일
• 월동무 : 판매개시연도 10월 15일
• 당근 : 판매개시연도 8월 31일
• 쪽파(실파)[1·2형] : 판매개시연도 10월 15일
• 시금치(노지) : 판매개시연도 10월 31일
• 메밀 : 판매개시연도 9월 15일</td><td rowspan="12">최초 수확 직전
다만, 종합위험생산비 보장에서 정하는 보장종료일을 초과할 수 없음</td></tr>
<tr><td>월동무</td></tr>
<tr><td>당근</td></tr>
<tr><td>쪽파(실파)
[1형,2형]</td></tr>
<tr><td>시금치(노지)</td></tr>
<tr><td>메 밀</td></tr>
<tr><td>고랭지배추</td><td rowspan="6">정식완료일 24시
다만, 보험계약시 정식완료일이 경과한 경우에는 계약체결일 24시
단, 정식완료일은 아래의 일자를 초과할 수 없음
• 고랭지배추 : 판매개시연도 7월 31일
• 가을배추 : 판매개시연도 9월 10일
• 월동배추 : 판매개시연도 9월 25일
• 대파 : 판매개시연도 5월 20일
• 단호박 : 판매개시연도 5월 29일
• 양상추 : 판매개시연도 8월 31일</td></tr>
<tr><td>가을배추</td></tr>
<tr><td>월동배추</td></tr>
<tr><td>대파</td></tr>
<tr><td>단호박</td></tr>
<tr><td>양상추</td></tr>
</table>

③ 작물특정 및 시설종합위험 인삼손해보장방식(인삼)

<table>
<tr><th colspan="2">구 분</th><th>보장개시</th><th>보장종료</th></tr>
<tr><td rowspan="2">1형</td><td>인삼</td><td rowspan="2">판매개시연도 5월 1일
다만, 5월 1일 이후 보험에 가입하는 경우에는 계약체결일 24시</td><td rowspan="2">이듬해 4월 30일 24시
다만, 6년근은 판매개시연도 10월 31일을 초과할 수 없음</td></tr>
<tr><td>해가림시설</td></tr>
<tr><td rowspan="2">2형</td><td>인삼</td><td rowspan="2">판매개시연도 11월 1일
다만, 11월 1일 이후 보험에 가입하는 경우에는 계약체결일 24시</td><td rowspan="2">이듬해 10월 31일 24시</td></tr>
<tr><td>해가림시설</td></tr>
</table>

④ 농업수입감소 보장

목적	대상재해	보장개시	보장종료
마늘 양파 고구마 콩	자연재해, 조수해, 화재	계약체결일 24시	수확기 종료 시점 다만, 아래 날짜를 초과불가 콩 : 판매개시연도 11월 30일 양파, 마늘 : 이듬해 6월 30일 고구마 : 판매개시연도 10월 31일
감자 (가을재배)	자연재해, 조수해, 화재, 병충해	파종완료일 24시 다만, 보험계약시 파종완료일이 경과한 경우에는 계약체결일 24시	수확기 종료 시점 다만, 판매개시연도 11월 30일을 초과할 수 없음
양배추	자연재해, 조수해, 화재	정식완료일 24시 다만, 보험계약시 정식완료일이 경과한 경우에는계약체결일 24시이며 판매개시연도 정식완료일은 9월 30일을 초과불가	수확기 종료 시점 다만, 아래의 날짜를 초과불가 극조생, 조생 : 이듬해 2월 28일 중생 : 이듬해 3월 15일 만생 : 이듬해 3월 31일
마늘, 양파 고구마, 콩	가격하락	계약체결일 24시	수확기가격 공시시점
감자 (가을재배)		파종완료일 24시 다만, 보험계약시 파종완료일이 경과한 경우에는 계약체결일24시	
양배추		정식완료일 24시 다만, 보험계약시 정식완료일이 경과한 경우에는 계약체결일 24시이며 정식완료일은 판매개시연도 9월 30일을 초과할 수 없음	
포도	자연재해, 조수해,화재	계약체결일 24시	수확기 종료 시점 다만, 이듬해 10월 10일 초과불가
	가격하락	계약체결일 24시	수확기가격 공시시점
비가림 시설	자연재해, 조수해	계약체결일 24시	이듬해 10월 10일

8 자기부담비율(금)

(1) 작물

<table>
<tr><th>상 품</th><th>자기부담비율(금)</th></tr>
<tr><td>적과전 종합위험</td><td>• 10%, 15 %, 20 %, 30 %, 40%
• 10% : 최근 3년간 연속 보험가입과수원으로서 3년간 수령한 보험금이 순보험료의 100% 미만인 경우 가능
• 15% : 최근 2년간 연속 보험가입과수원으로서 2년간 수령한 보험금이 순보험료의 100% 미만인 경우 가능
• 20%, 30%, 40% : 제한없음</td></tr>
<tr><td>복숭아, 자두, 매실, 살구, 오미자, 밤, 호두, 유자, 포도, 대추, 참다래, 복분자, 무화과, 오디, 감귤(만감류), 감귤(온주밀감류)</td><td rowspan="3">• 10%, 15%, 20%, 30%, 40%
• 10% : 최근 3년간 연속 보험가입과수원으로서 3년간 수령한 보험금이 순보험료의 120% 미만인 경우 가능
• 15% : 최근 2년간 연속 보험가입과수원으로서 2년간 수령한 보험금이 순보험료의 120% 미만인 경우 가능
• 20%, 30%, 40% : 제한없음</td></tr>
<tr><td>벼(조곡), 밀, 보리, 인삼, 마늘, 양파, 콩, 팥, 차, 옥수수, 고구마, 감자(봄, 가을, 고랭지재배)</td></tr>
<tr><td>생산비보장(단호박, 배추(고랭지), 무(고랭지), 시금치(노지), 파(대파)</td></tr>
<tr><td>양배추 (수입감소보장은 제외)</td><td>• 15%, 20%, 30%, 40%</td></tr>
<tr><td>호두, 살구, 유자, 귀리, 조사료용벼</td><td rowspan="3">• 20%, 30%, 40%</td></tr>
<tr><td>생산비보장(메밀, 당근, 배추(월동 · 가을), 무(월동), 쪽파 · 실파, 양상추</td></tr>
<tr><td>농업수입감소보장(포도, 콩, 양파, 마늘, 양배추, 감자(가을재배), 고구마)</td></tr>
<tr><td>고추, 브로콜리</td><td>• 잔존보험가입금액의 3% 또는 5%
• 3%형 : 최근 2년 연속 가입 및 2년간 수령 보험금이 순보험료의 120%미만인 계약자
• 5%형 : 제한없음</td></tr>
<tr><td>나무손해보장 (5%)</td><td>과수4종, 포도(수입보장포함), 복숭아, 자두, 유자, 무화과, 감귤(온주밀감류), 참다래, 매실, 살구</td></tr>
</table>

(2) 시설물

<table>
<tr><td colspan="2">농업용시설물,
버섯재배사
시설작물,
버섯</td><td>1) 자기부담금(농업용시설물 및 부대시설에 적용)
• 농업용시설물, 부대시설 : 30만 원 ≦ 손해액의 10% ≦ 100만원
• 피복재 단독사고 : 10만 원 ≦ 손해액의 10% ≦ 30만 원
2) 소손해면책금(시설작물, 버섯에 적용) : 10만 원
보상하는 재해로 1사고당 생산비보험금(손해액)이 10만 원 이하인 경우 보험금이 지급되지 않고, 소손해면책금을 초과하는 경우 손해액 전액을 보험금으로 지급</td></tr>
<tr><td>비가림시설</td><td>포도, 대추,
참다래</td><td>• 구조체 : 30만 원 ≦ 손해액의 10% ≦ 100만 원
• 피복재 단독사고 : 10만 원 ≦ 손해액의 10% ≦ 30만 원</td></tr>
<tr><td>해가림시설</td><td>인삼</td><td>• 10만 원 ≦ 손해액의 10% ≦ 100만 원</td></tr>
</table>

9 인수제한 기준

(1) 최저 보험가입금액기준

최저 보험가입금액	
50만 원	벼, 밀, 보리, 귀리, 메밀
100만원	콩(수입보장포함), 팥, 옥수수, 대파, 쪽파(실파), 당근, 단호박, 시금치(노지), 고랭지무, 고랭지배추, 월동무, 월동배추, **양상추**
200만원	기타 작물

(3) 최소면적기준

※ 10a = 1,000㎡

<table>
<tr><th>품 목</th><th>보험가입기준(최소면적기준)</th></tr>
<tr><td>비가림시설
(포도, 참다래, 대추)</td><td>• 최소 가입면적은 200㎡ 이상일 것
– 단지 단위로 가입(구조체 + 피복재)
– 비가림 폭이 2.4m ± 15%, 동고가 3m ± 5%이내일 것</td></tr>
<tr><td>조사료용 벼,
사료용 옥수수,
차</td><td>• 개별 농지당 최저 보험가입면적은 1,000㎡ 이상
– 깊은 전지로 인해 '차'나무의 높이가 지면으로부터 30cm 이하인 경우 가입면적에서 제외</td></tr>
<tr><td>시설작물</td><td>• 작물의 재배면적이 시설 면적의 50%미만인 경우 인수 제한
※ 다만, 백합 · 카네이션의 경우 하우스 면적의 50% 미만이라도 동당 작기별 200㎡이상 재배 시 가입 가능</td></tr>
<tr><td>원예시설, 버섯</td><td><table><tr><th>단동하우스</th><th>연동하우스</th><th>유리(경질판)온실</th><th>경량철골조(버섯재배사)</th></tr><tr><td>300㎡</td><td>300㎡</td><td colspan="2">제한 없음</td></tr></table></td></tr>
</table>

(3) 나무수령 기준

품 목	인수 제한되는 목적물
적과전 종합위험	• 가입하는 해의 나무 수령(나이)이 다음 기준 미만인 경우 1. 사과 : 밀식재배 : 3년 반밀식재배 : 4년 일반재배 : 5년 2. 배 : 3년 3. 단감 · 떫은감 : 5년
복분자	• 가입년도 기준, 수령이 1년 이하 또는 11년 이상인 포기로만 구성된 과수원
오미자	• 삭벌 3년차 이상 과수원 또는 삭벌하지 않는 과수원 중 식묘 4년차 이상인 과수원
포도, 참다래, 복숭아	• 가입하는 해의 나무 수령(나이)이 3년 미만인 과수원
오디	• 가입년도 기준 3년 미만(수확년도 기준 수령이 4년 미만)인 뽕나무
유자, 대추, 무화과	• 가입하는 해의 나무 수령(나이)이 4년 미만인 과수원
감 귤	• 가입하는 해의 나무 수령(나이)이 다음 기준 미만인 경우 ① 온주밀감류, 만감류 재식 : 4년 ② 만감류 고접 : 2년
밤, 매실, 살구	• 가입하는 해의 나무 수령(나이)이 5년 미만인 과수원
인 삼	• 2년근 미만 또는 6년근 이상인 인삼 – 단, 직전년도 인삼1형 상품에 5년근으로 가입한 농지에 한하여 6년근 가입 가능
자 두	• 가입하는 해의 나무 수령(나이)이 6년 미만인 과수원 (수확년도 기준 수령이 7년 미만)
차	• 가입하는 해의 나무 수령이 7년 미만인 경우
호 두	• 가입하는 해의 나무 수령(나이)이 8년 미만인 경우

(4) 정식(파종)일에 따른 인수제한 기준

① 이전에 정식(파종)해서 제한되는 경우~

품 목	정식(파종) 인수제한기준
옥수수, 감자(봄재배)	파종을 3월 1일 이전에 실시 농지
감자(고랭지재배)	파종을 4월 10일 이전에 실시한 농지
팥	6월 1일 이전에 정식(파종)한 농지
양파	9월 30일 이전 정식한 농지
마늘	(1) 난지형은 8월 31일, 한지형은 10월 10일 이전 파종한 농지 (2) 마늘 파종 후 익년 4월 15일 이전에 수확하는 농지

② ~이후에(초과하여) 정식(파종)해서 제한되는 경우~

품 목	인수제한
대파	5월 20일을 초과하여 정식한 농지
단호박	5월 29일을 초과하여 정식한 농지
고랭지 무	판매개시연도 7월 31일을 초과하여 정식한 농지
당근	8월 31일을 지나 파종을 실시하였거나 또는 할 예정인 농지
양상추	판매개시연도 8월 31일 이후에 정식한 농지 (단, 재정식은 판매개시연도 9월 10일 이내 정식)
메밀	9월 15일 이후에 파종을 실시 또는 할 예정인 농지
가을배추	정식을 9월10일 이후에 실시한 농지
월동배추	정식을 9월25일 이후에 실시한 농지
양배추	9월 30일 이후에 정식한 농지(단, 재정식은 10월 15일 이내 정식)
브로콜리	정식을 하지 않았거나, 정식을 **9월 30일** 이후에 실시한 농지
월동 무	10월15일 이후에 무를 파종한 농지
시금치(노지)	10월 31일을 지나 파종을 실시하였거나 또는 할 예정인 농지
밀, 보리, 귀리	파종을 11월 20일 이후에 실시한 농지

③ 기 타

품 목	인수제한
고 추	4월 1일 이전과 5월 31일 이후에 고추를 식재한 농지

(5) 재식밀도에 의한 인수제한

품 목	인수 제한되는 농지 (재식밀도) (10a 기준)
고 추	• 재식주수가 1,500주 미만이거나 4,000주 초과인 농지
오미자	• 주간거리가 50㎝ 이상으로 과도하게 넓은 과수원
옥수수	통상적인 재식간격의 범위를 벗어나 재배하는 농지 – 1주 재배 : 1,000㎡당 정식주수가 3,500주 미만 5,000주 초과인 농지 (단, 전남 · 전북 · 광주 · 제주는 1,000㎡당 정식주수가 3,000주 미만 5,000주 초과인 농지) – 2주 재배 : 1,000㎡당 정식주수가 4,000주 미만 6,000주 초과인 농지
감 자(고랭지 재배)	• 재식밀도가 3,500주/10a 미만인 농지
고구마, 감자 (봄 재배, 가을 재배)	• 재식밀도가 4,000주/10a 미만인 농지
대 파	• 재식밀도가 15,000주/10a 미만인 농지
양 파	• 재식밀도가 23,000주/10a 미만, 40,000주/10a 초과한 농지
마 늘	• 재식밀도가 30,000주/10a 미만인 농지
양배추	• 재식밀도가 약 3.3㎡(1평)당 8구 미만인 농지
콩	• 적정 출현 개체수 미만인 농지(10개체/㎡), 제주지역 재배방식이 산파인 경우 15개체/㎡
시설작물	• 시설작물별 10a당 인수제한 재식밀도 미만인 경우

(6) 출현율에 따른 제한

품 목	출현율
밀, 보리, 귀리	출현율 80% 미만인 농지
팥	출현율 85% 미만인 농지
감자(봄재배, 가을재배, 고랭지재배), 콩, 옥수수, 사료용 옥수수	출현율 90% 미만인 농지

(7) 기타 인수제한

① 과수

구 분	인수제한
공 통	① 보험가입금액이 200만원 미만인 과수원 ② 품목이 혼식된 과수원 (다만, 주력 품목의 결과주수가 90% 이상인 과수원은 주품목에 한하여 가입 가능) ③ 통상적인 영농활동(병충해방제, 시비관리, 전지 · 전정, 적과 등)을 하지 않은 과수원 ④ 전정, 비배관리 잘못 또는 품종갱신 등의 이유로 수확량이 현저하게 감소할 것이 예상되는 과수원 ⑤ 시험연구를 위해 재배되는 과수원 ⑥ 하나의 과수원에 식재된 나무 중 일부 나무만 가입하는 과수원 (단, 감귤(만감류,온주밀감류)의 경우 해거리가 예상되는 나무의 경우 제외) ⑦ 하천부지 및 상습 침수지역에 소재한 과수원 ⑧ 판매를 목적으로 경작하지 않는 과수원 ⑨ 가식(假植)되어 있는 과수원
과수 4종	① 가입하는 해의 나무 수령(나이)이 다음 기준 미만인 경우 (1) 사과 : 밀식재배 3년, 반밀식재배 4년, 일반재배 5년 (2) 배 : 3년 (3) 단감 · 떫은감 : 5년 ② 노지재배가 아닌 시설에서 재배하는 과수원(단, 일소피해부보장특약을 가입하는 경우 인수 가능) ③ 단감 · 떫은감이 혼식된 과수원(보험가입금액이 200만원 이상인 단감 · 떫은감 품목 중 1개를 선택하여 해당 품목만 가입 가능) ③ 시험연구, 체험학습을 위해 재배되는 과수원(단, 200만원 이상 출하증명 가능한 과수원 제외) ④ 가로수 형태의 과수원 ⑤ 보험가입 이전에 자연재해 피해 및 접붙임 등으로 당해년도의 정상적인 결실에 영향이 있는 과수원 ⑥ 가입사무소 또는 계약자를 달리하여 중복 가입하는 과수원

구 분	인수제한
복숭아 포 도 (비가림 시설 포함)	① 가입하는 해의 나무 수령(나이)이 3년 미만인 과수원 ② 보험가입 직전연도(이전)에 역병 및 궤양병 등의 병해가 발생하여 보험가입 시 전체 나무의 20% 이상이 고사하였거나 정상적인 결실을 하지 못할 것으로 판단되는 과수원 ※ 다만, 고사한 나무가 전체의 20% 미만이더라도 고사된 나무를 제거하지 않거나, 방재조치를 하지 않은 경우에는 인수 제한 ③ 친환경 재배과수원으로서 일반재배와 결실 차이가 현저히 있다고 판단되는 과수원 ④ 비가림 폭이 2.4m ± 15%, 동고가 3m ± 5%의 범위를 벗어나는 비가림시설(과수원의 형태 및 품종에 따라 조정)
자 두	① 가입하는 해의 나무 수령(나이)이 6년 미만인 과수원(수확년도 기준 수령이 7년 미만) ② 품종이 '귀양'인 자두, 서양자두(푸룬 등) 및 품목이 풀럼코트를 재배하는 과수원 ③ 1주당 재배면적이 1제곱미터 미만인 과수원
살 구	① 노지재배가 아닌 시설에서 살구를 재배하는 과수원 ② 가입연도 나무수령이 5년 미만인 과수원 ③ 보험가입 이전에 자연재해등의 피해로 인하여 당해년도의 정상적인 결실에 영향이 있는 과수원 ④ 친환경 재배과수원으로서 일반재배와 결실 차이가 현저히 있다고 판단되는 과수원 ⑤ 개살구 재배 과수원 ⑥ 관수시설이 없는 과수원
감귤 (온주밀감류 만감류)	① 가입하는 해의 나무 수령(나이)이 다음 기준 미만인 경우 (1) 온주밀감류, 만감류 재식 : 4년 (2) 만감류 고접 : 2년 ② 주요 품종을 제외한 실험용 기타품종을 경작하는 과수원 ③ 노지 만감류를 재배하는 과수원 ④ 온주밀감과 만감류 혼식 과수원 ⑤ 하나의 과수원에 식재된 나무 중 일부 나무만 가입하는 과수원(단, 해걸이가 예상되는 나무의 경우 제외) ⑥ 보험가입 이전에 자연재해 등의 피해로 당해년도의 정상적인 결실에 영향이 있는 과수원
매실	① 가입하는 해의 나무 수령(나이)이 5년 미만인 경우 ② 1주당 재배면적이 1제곱미터 미만인 과수원 ③ 노지재배가 아닌 시설에서 매실을 재배하는 과수원 ④ 보험가입 이전에 자연재해 등의 피해로 인하여 당해년도의 정상적인 결실에 영향이 있는 과수원

구 분	인수제한
유 자	① 가입하는 해의 나무 수령(나이)이 4년 미만인 경우
오미자	① 삭벌 3년차 이상 과수원 또는 삭벌하지 않는 과수원 중 식묘 4년차 이상인 과수원 ② 가지가 과도하게 번무하여 수관 폭이 두꺼워져 광부족 현상이 일어날 것으로 예상되는 과수원 ③ 유인틀의 상태가 적절치 못하여 수확량이 현저하게 낮을 것으로 예상되는 과수원(유인틀의 붕괴, 매우 낮은 높이의 유인틀) ④ 주간거리가 50㎝ 이상으로 과도하게 넓은 과수원
오 디	① 가입연도 기준 3년 미만(수확연도 기준 수령이 4년 미만)인 뽕나무 ② 흰 오디 계통(터키-D, 백옹왕 등) ③ 보험가입 이전에 균핵병 등의 병해가 발생하여 과거 보험 가입 시 전체 나무의 20% 이상이 고사하였거나 정상적인 결실을 하지 못할 것으로 예상되는 과수원 ④ 적정한 비배관리를 하지 않는 조방재배 과수원 ※ 조방재배 : 일정한 토지면적에 대하여 자본과 노력을 적게 들이고 자연력의 작용을 주(主)로 하여 경작하는 방법 ⑤ 보험가입 이전에 자연재해 피해 및 접붙임 등으로 당해년도의 정상적인 결실에 영향이 있는 과수원
복분자	① 가입연도 기준, 수령이 1년 이하 또는 11년 이상인 포기로만 구성된 과수원 ② 계약인수 시까지 구결과모지(올해 복분자 과실이 열렸던 가지)의 전정활동(통상적인 영농활동)을 하지 않은 과수원 ③ 조방재배 등 적정한 비배관리를 하지 않는 과수원 ④ 1주당 재식면적이 0.3㎡이하인 과수원
무화과	① 가입하는 해의 나무 수령(나이)이 4년 미만인 과수원 ※ 나무보장특약의 경우 가입하는 해의 나무 수령이 4년~9년 이내의 무화과 나무만 가입가능하다. ② 관수시설이 미설치된 과수원 ③ 노지재배가 아닌 시설에서 무화과를 재배하는 과수원

<table>
<tr><th>구 분</th><th>인수제한</th></tr>
<tr><td>참다래
(비가림
시설포함)</td><td>① 가입하는 해의 나무 수령이 3년 미만인 경우
② 수령이 혼식된 과수원(다만, 수령의 구분이 가능하며 동일 수령군이 90% 이상인 경우에 한하여 가입 가능)
③ 보험가입 이전에 역병 및 궤양병 등의 병해가 발생하여 보험 가입 시 전체 나무의 20% 이상이 고사하였거나 정상적인 결실을 하지 못할 것으로 판단되는 과수원(다만, 고사한 나무가 전체의 20% 미만이더라도 고사한 나무를 제거하지 않거나 방재 조치를 하지 않은 경우에는 인수를 제한)
④ 가입면적이 200㎡ 미만인 참다래 비가림시설
⑤ 참다래 재배 목적으로 사용되지 않는 비가림시설
⑥ 목재 또는 죽재로 시공된 비가림시설
⑦ 구조체, 피복재 등 목적물이 변형되거나 훼손된 비가림시설
⑧ 목적물의 소유권에 대한 확인이 불가능한 비가림시설
⑨ 건축 또는 공사 중인 비가림시설
⑩ 1년 이내에 철거 예정인 고정식 비가림시설
⑪ 정부에서 보험료 일부를 지원하는 다른 계약에 이미 가입되어 있는 비가림시설</td></tr>
<tr><td>대추
(비가림
시설포함)</td><td>① 가입하는 해의 나무 수령이 4년 미만인 경우
② 사과대추(왕대추)류를 재배하는 과수원. 단, 다음 사업지역에서 재배하는 경우에 한하여 가입 가능
<table>
<tr><td>사업지역</td><td>충남(부여)</td><td>충남(청양)</td><td>전남(영광)</td></tr>
<tr><td>가입가능 품종</td><td>황실</td><td>천황</td><td>대능</td></tr>
</table>
③ 재래종대추와 사과대추(왕대추)류가 혼식되어 있는 과수원
④ 건축 또는 공사 중인 비가림시설
⑤ 목재, 죽재로 시공된 비가림시설
⑥ 피복재가 없거나 대추를 재배하고 있지 않은 시설
⑦ 작업동, 창고동 등 대추 재배용으로 사용되지 않는 시설
⑧ 목적물의 소유권에 대한 확인이 불가능한 시설
⑨ 정부에서 보험료의 일부를 지원하는 다른 계약에 이미 가입되어 있는 시설
⑩ 비가림시설 전체가 피복재로 씌여진 시설(일반적인 비닐하우스와 차이가 없는 시설은 원예시설보험으로 가입)</td></tr>
<tr><td>밤</td><td>① 가입하는 해의 나무 수령(나이)이 5년 미만인 과수원</td></tr>
<tr><td>호 두</td><td>① 통상의 영농방법에 의해 노지에서 청피호두를 경작하는 농지가 아닐 경우
② 가입하는 해의 나무 수령(나이)이 8년 미만인 경우</td></tr>
</table>

② 논작물 품목 인수 제한 목적물

구 분	인수제한사유
공 통	① 보험가입금액이 50만원 미만인 농지(조사료용 벼는 제외) ② 하천부지에 소재한 농지 ③ 최근 3년 연속 침수피해를 입은 농지. 다만, 호우주의보 및 호우경보 등 기상특보에 해당되는 재해로 피해를 입은 경우는 제외함 ④ 오염 및 훼손 등의 피해를 입어 복구가 완전히 이루어지지 않은 농지 ⑤ 보험가입 전 농작물의 피해가 확인된 농지 ⑥ 통상적인 재배 및 영농활동을 하지 않는다고 판단되는 농지 ⑦ 보험목적물을 수확하여 판매를 목적으로 경작하지 않는 농지(채종농지 등) ⑧ 농업용지가 다른 용도로 전용되어 수용 예정 농지로 결정된 농지 ⑨ 전환지(개간, 복토 등을 통해 논으로 변경한 농지), 휴경지 등 농지로 변경하여 경작한지 3년 이내인 농지 ⑩ 최근 5년 이내에 간척된 농지 ⑪ 도서 지역의 경우 연륙교가 설치되어 있지 않고 정기선이 운항하지 않는 등 신속한 손해평가가 불가능한 지역에 소재한 농지 ※ 단, 벼 · 조사료용 벼 품목의 경우 연륙교가 설치되어 있거나, 농작물재해보험 위탁계약을 체결한 지역 농 · 축협 또는 품목농협(지소포함)이 소재하고 있고 손해평가인 구성이 가능한 지역은 보험 가입 가능
벼	① 밭벼를 재배하는 농지
조사료용벼	① 가입면적이 1,000㎡ 미만인 농지 ② 밭벼를 재배하는 농지 ③ 광역시 · 도를 달리하는 농지(단, 본부 승인심사를 통해 인수 가능)
밀, 귀리	① 파종을 11월 20일 이후에 실시한 농지 ② 춘파재배 방식에 의한 봄파종을 실시한 농지 ③ 출현율 80% 미만인 농지 ④ 다른 작물과 혼식되어 있는 농지(단, 밀 또는 귀리의 식재면적이 농지의 90% 이상인 경우 인수 가능) ⑤ 겉귀리 전 품종
보 리	① 파종을 11월 20일 이후에 실시한 농지 ② 춘파재배 방식에 의한 봄파종을 실시한 농지 ③ 출현율 80% 미만인 농지 ④ 10a당 재식주수가 30,000주/10a(=30,000주/1,000㎡) 미만인 농지

③ 밭작물(수확감소보장 및 수입감소보장)

<table>
<tr><th>구 분</th><th>인수제한사유</th></tr>
<tr><td>공 통</td><td>① 보험가입금액이 200만원 미만인 농지(사료용 옥수수는 제외)
※ 단, 옥수수 · 콩 · 팥은 100만원 미만인 농지
② 통상적인 재배 및 영농활동을 하지 않는 농지
③ 다른 작물과 혼식되어 있는 농지
④ 시설재배 농지
⑤ 하천부지 및 상습 침수지역에 소재한 농지
⑥ 판매를 목적으로 경작하지 않는 농지
⑦ 도서지역의 경우 연륙교가 설치되어 있지 않고 정기선이 운항하지 않는 등 신속한 손해평가가 불가능한 지역에 소재한 농지
※ 단, 감자(가을재배) · 감자(고랭지재배) · 콩 품목의 경우 연륙교가 설치되어 있거나, 농작물재해보험 위탁계약을 체결한 지역 농 · 축협 또는 품목농협(지소포함)이 소재하고 있고 손해평가인 구성이 가능한 지역은 보험 가입 가능
※ 감자(봄재배) 품목은 미해당
⑧ 군사시설보호구역 중 통제보호구역내의 농지(단, 통상적인 영농활동 및 손해평가가 가능하다고 판단되는 농지는 인수가능)
※ 통제보호구역 : 민간인통제선 이북지역 또는 군사기지 및 군사시설의 최외곽 경계선으로부터 300미터 범위 이내의 지역
※ 감자(봄재배), 감자(가을재배) 품목은 미해당
⑨ 기타 인수가 부적절한 농지</td></tr>
<tr><td>마 늘</td><td>① 난지형의 경우 남도 및 대서 품종, 한지형의 경우는 의성 품종, 홍산 품종이 아닌 마늘
<table>
<tr><th>구 분</th><th>품 종</th></tr>
<tr><td rowspan="2">난지형</td><td>남 도</td></tr>
<tr><td>대 서</td></tr>
<tr><td>한지형</td><td>의 성</td></tr>
<tr><td colspan="2">홍 산</td></tr>
</table>
② 난지형은 8월 31일, 한지형은 10월 10일 이전 파종한 농지
③ 재식밀도가 30,000주/10a 미만인 농지(=30,000주/1,000㎡)
④ 마늘 파종 후 익년 4월 15일 이전에 수확하는 농지
⑤ 액상멀칭 또는 무멀칭농지
⑥ 코끼리 마늘, 주아재배 마늘
※ 단, 주아재배의 경우 2년차 이상부터 가입가능</td></tr>
</table>

<table>
<tr><td>양 파</td><td colspan="3">① 극조생종, 조생종, 중만생종을 혼식한 농지
② 재식밀도가 23,000주/10a 미만, 40,000주/10a 초과인 농지
③ 9월 30일 이전 정식한 농지
④ 양파 식물체가 똑바로 정식되지 않은 농지(70° 이하로 정식된 농지)
⑤ 부적절한 품종을 재배하는 농지
(예 : 고랭지 봄파종 재배 적응 품종 → 게투린, 고떼이황, 고랭지 여름, 덴신, 마운틴1호, 스프링골드, 사포로기, 울프, 장생대고, 장일황, 하루히구마 등)
⑥ 무멸칭농지</td></tr>
<tr><td rowspan="4">감 자</td><td>봄재배</td><td>가을재배</td><td>고랭지재배</td></tr>
<tr><td colspan="3">① 출현율이 90% 미만인 농지(보험가입 당시 출현 후 고사된 싹은 출현이 안 된 것으로 판단)</td></tr>
<tr><td colspan="2">② 씨감자 수확을 목적으로 재배하는 농지
③ 재식밀도가 4,000주/10a 미만인 농지
④ 전작으로 유채를 재배한 농지</td><td>② 재식밀도가 3,500주/10a 미만인 농지</td></tr>
<tr><td>⑤ 2년 이상 자가 채종재배한 농지
⑥ 파종을 3월 1일 이전에 실시 농지</td><td>⑤ 가을재배에 부적합 품종(수미,남작, 조풍, 신남작, 세풍 등)이 파종된 농지
⑥ 2년 이상 갱신하지 않는 씨감자를 파종한 농지</td><td>③ 재배 용도가 다른 것을 혼식 재배하는 농지
④ 파종을 4월 10일 이전에 실시한 농지</td></tr>
<tr><td>고구마</td><td colspan="3">① '수' 품종 재배 농지
② 채소, 나물용 목적으로 재배하는 농지
③ 재식밀도가 4,000주/10a 미만인 농지
④ 무멸칭농지</td></tr>
<tr><td>양배추</td><td colspan="3">① 관수시설 미설치 농지(물호스는 관수시설 인정 제외)
② 9월 30일 이후에 정식한 농지(단, 재정식은 10월 15일 이내 정식)
③ 재식밀도가 평당 8구 미만인 농지
④ 소구형 양배추(방울양배추 등), 적채 양배추를 재배하는 농지
⑤ 목초지, 목야지 등 지목이 목인 농지</td></tr>
</table>

<table>
<tr><th></th><th>옥수수</th><th>사료용옥수수</th></tr>
<tr><td rowspan="2">옥수수</td><td colspan="2">① 자가 채종을 이용해 재배하는 농지
② 3월 1일 이전 파종한 농지
③ 출현율이 90% 미만인 농지</td></tr>
<tr><td>④ 보험가입금액이 100만원 미만인 농지
⑤ 1주 1개로 수확하지 않는 농지
⑥ 통상적인 재식 간격의 범위를 벗어나 재배하는 농지
(1) 1주 재배 : 1,000m^2당 정식주수가 3,500주 미만 5,000주 초과인 농지
(단, 전남·전북·광주·제주는 1,000m^2당 정식주수가 3,000주 미만 5,000주 초과인 농지)
(2) 2주 재배 : 1,000m^2당 정식주수가 4,000주 미만 6,000주 초과인 농지</td><td>④ 보험가입면적이 1,000m^2 미만인 농지</td></tr>
<tr><td>콩</td><td colspan="2">① 보험가입금액이 100만원 미만인 농지
② 장류 및 두부용, 나물용, 밥밑용 콩 이외의 콩이 식재된 농지
③ 출현율이 90% 미만인 농지
④ 적정 출현 개체수 미만인 농지(10개체/m^2), 제주지역 재배방식이 산파인 경우 15개체/m^2
⑤ 담배, 옥수수, 브로콜리 등 후작으로 인수 시점 기준으로 타 작물과 혼식되어 있는 경우
⑥ 논두렁에 재배하는 경우
⑦ 시험연구를 위해 재배하는 경우
⑧ 다른 작물과 간작 또는 혼작으로 다른 농작물이 재배 주체가 된 경우의 농지</td></tr>
<tr><td>팥</td><td colspan="2">① 보험가입금액이 100만원 미만인 농지
② 6월 1일 이전에 정식(파종)한 농지
③ 출현율이 85% 미만인 농지</td></tr>
<tr><td>차(茶)</td><td colspan="2">① 보험가입면적이 1,000m^2 미만인 농지
② 가입하는 해의 나무 수령이 7년 미만인 차나무
③ 깊은 전지로 인해 차나무의 높이가 지면으로부터 30cm 이하인 경우 가입면적에서 제외
④ 통상적인 영농활동을 하지 않는 농지
⑤ 말차 재배를 목적으로 하는 농지
⑥ 보험계약 시 피해가 확인된 농지
⑦ 시설(비닐하우스, 온실 등)에서 촉성재배 하는 농지</td></tr>
</table>

인삼	① 보험가입금액이 200만원 미만인 농지 ② 2년근 미만 또는 6년근 이상 인삼 ※ 단, 직전년도 인삼1형 상품에 5년근으로 가입한 농지에 한하여 6년근 가입 가능 ③ 산양삼(장뇌삼), 묘삼, 수경재배 인삼 ④ 식재년도 기준 과거 10년 이내(논은 6년 이내)에 인삼을 재배했던 농지 (단, 채굴 후 8년 이상 경과되고 올해 성토(60cm이상)된 농지의 경우 인수 가능) ⑤ 두둑 높이가 15cm 미만인 농지 ⑥ 보험가입 이전에 피해가 이미 발생한 농지 ※ 단, 자기부담비율 미만의 피해가 발생한 경우이거나 피해 발생 부분을 수확한 경우에는 농지의 남은 부분에 한해 인수 가능
해가림 시설	① 농림축산식품부가 고시하는 내재해형 인삼재배시설 규격에 맞지 않는 시설 ② 목적물의 소유권에 대한 확인이 불가능한 시설 ③ 보험가입 당시 공사 중인 시설 ④ 정부에서 보험료의 일부를 지원하는 다른 보험계약에 이미 가입되어 있는 시설

④ 밭작물(생산비보장방식)

구 분	인수제한사유
공 통	① 보험계약 시 피해가 확인된 농지 ② 여러 품목이 혼식된 농지(다른 작물과 혼식되어 있는 농지) ③ 하천부지, 상습침수 지역에 소재한 농지 ④ 통상적인 재배 및 영농활동을 하지 않는 농지 ⑤ 시설재배 농지 ⑥ 판매를 목적으로 경작하지 않는 농지 ⑦ 도서 지역의 경우 연륙교가 설치되어 있지 않고 정기선이 운항하지 않는 등 신속한 손해평가가 불가능한 지역에 소재한 농지 ⑧ 군사시설보호구역 중 통제보호구역내의 농지 (단, 통상적인 영농활동 및 손해평가가 가능하다고 판단되는 농지는 인수 가능) ※ 통제보호구역 : 민간인통제선 이북지역 또는 군사기지 및 군사시설의 최외곽 경계선으로부터 300미터 범위 이내의 지역 ※ 대파, 쪽파(실파) 품목은 미해당
고 추	① 보험가입금액이 200만원 미만인 농지 ② 재식밀도가 조밀(1,000㎡당 4,000주 초과) 또는 넓은(1,000㎡당 1,500주 미만) 농지 ③ 노지재배, 터널재배 이외의 재배작형으로 재배하는 농지 ④ 비닐멀칭이 되어 있지 않은 농지 ⑤ 직파한 농지 ⑥ 4월 1일 이전과 5월 31일 이후에 고추를 식재한 농지 ⑦ 동일 농지 내 재배 방법이 동일하지 않은 농지(단, 보장생산비가 낮은 재배 방법으로 가입하는 경우 인수 가능) ⑦ 동일 농지 내 재식 일자가 동일하지 않은 농지(단, 농지 전체의 정식이 완료된 날짜로 가입하는 경우 인수 가능) ⑧ 고추 정식 6개월 이내에 인삼을 재배한 농지 ⑨ 풋고추 형태로 판매하기 위해 재배하는 농지
브로콜리	① 보험가입금액이 200만원 미만인 농지 ② 정식을 하지 않았거나, 정식을 **9월 30일** 이후에 실시한 농지 ③ 목초지, 목야지 등 지목이 목인 농지

메밀	① 보험가입금액이 50만원 미만인 농지 ② 춘파재배 방식에 의한 봄 파종을 실시한 농지 ③ 9월 15일 이후에 파종을 실시 또는 할 예정인 농지 ④ 오염 및 훼손 등의 피해를 입어 복구가 완전히 이루어지지 않은 농지 ⑤ 최근 5년 이내에 간척된 농지 ⑥ 전환지(개간, 복토 등을 통해 논으로 변경한 농지), 휴경지 등 농지로 변경하여 경작한 지 3년 이내인 농지 ⑦ 최근 3년 연속 침수피해를 입은 농지(다만, 호우주의보 및 호우경보 등 기상특보에 해당되는 재해로 피해를 입은 경우는 제외함) ⑧ 목초지, 목야지 등 지목이 목인 농지
단호박	① 보험가입금액이 100만원 미만인 농지 ② 5월 29일을 초과하여 정식한 농지 ③ 미니 단호박을 재배하는 농지
당근	① 보험가입금액이 100만원 미만인 농지 ② 미니당근 재배 농지(대상 품종 : 베이비당근, 미뇽, 파맥스, 미니당근 등) ③ 8월 31일을 지나 파종을 실시하였거나 또는 할 예정인 농지 ④ 목초지, 목야지 등 지목이 목인 농지
시금치 (노지)	① 보험가입금액이 100만원 미만인 농지 ② 10월 31일을 지나 파종을 실시하였거나 또는 할 예정인 농지 ③ 다른 광역시 · 도에 소재하는 농지(단, 인접한 광역시 · 도에 소재하는 농지로서 보험사고 시 지역 농 · 축협의 통상적인 손해소사가 가능한 농지는 본부의 승인을 받아 인수 가능) ④ 최근 3년 연속 침수피해를 입은 농지 ⑤ 오염 및 훼손 등의 피해를 입어 복구가 완전히 이루어지지 않은 농지 ⑥ 최근 5년 이내에 간척된 농지 ⑦ 농업용지가 다른 용도로 전용되어 수용예정농지로 결정된 농지 ⑧ 전환지(개간, 복토 등을 통해 논으로 변경한 농지), 휴경지 등 농지로 변경하여 경작한 지 3년 이내인 농지

<table>
<tr><th>구 분</th><th colspan="2">인수제한사유</th></tr>
<tr><td>고랭지 배추, 가을배추 월동배추</td><td colspan="2">① 보험가입금액이 100만원 미만인 농지
② 정식을 9월25일(월동배추), 9월10일(가을배추) 이후에 실시한 농지
③ 다른 품종 및 품목을 정식한 농지(월동배추, 가을배추에만 해당)
④ 다른 광역시 · 도에 소재하는 농지(단, 인접한 광역시 · 도에 소재하는 농지로서 보험사고 시 지역 농 · 축협의 통상적인 손해조사가 가능한 농지는 본부의 승인을 받아 인수 가능)
⑤ 최근 3년 연속 침수피해를 입은 농지, 다만, 호우주의보 및 호우경보 등 기상특보에 해당되는 재해로 피해를 입은 경우는 제외함
⑥ 오염 및 훼손 등의 피해를 입어 복구가 완전히 이루어지지 않은 농지
⑦ 최근 5년 이내에 간척된 농지
⑧ 농업용지가 다른 용도로 전용되어 수용 예정 농지로 결정된 농지
⑨ 전환지(개간, 복토 등을 통해 논으로 변경한 농지), 휴경지 등 농지로 변경하여 경작한 지 3년 이내인 농지</td></tr>
<tr><td>고랭지무</td><td colspan="2">① 보험가입금액이 100만원 미만인 농지
② 판매개시연도 7월 31일을 초과하여 정식한 농지
③ ‘고랭지여름재배’ 작형에 해당하지 않는 농지 또는 고랭지무에 해당하지 않는 품종(예 : 알타리무, 월동무 등)</td></tr>
<tr><td>월동 무</td><td colspan="2">① 보험가입금액이 100만원 미만인 농지
② 10월15일 이후에 무를 파종한 농지
③ ‘월동재배’ 작형에 해당하지 않는 농지 또는 월동무에 해당하지 않는 품종(예 : 알타리무, 단무지무 등)
④ 가을무에 해당하는 품종 또는 가을무로 수확할 목적으로 재배하는 농지
⑤ 오염 및 훼손 등의 피해를 입어 복구가 완전히 이루어지지 않은 농지
⑥ 목초지, 목야지 등 지목이 목인 농지</td></tr>
<tr><td rowspan="2">파</td><th>대파</th><th>쪽파, 실파</th></tr>
<tr><td>① 보험가입금액이 100만원 미만인 농지
② 5월 20일을 초과하여 정식한 농지
③ 재식밀도가 15,000주/10a 미만인 농지</td><td>① 보험가입금액이 100만원 미만인 농지
② 종구용(씨쪽파)으로 재배하는 농지
③ 상품 유형별 파종기간을 초과하여 파종한 농지</td></tr>
<tr><td>양상추</td><td colspan="2">① 보험가입금액이 100만원 미만인 농지
② 판매개시연도 8월 31일 이후에 정식한 농지(단, 재정식은 판매개시연도 9월 10일 이내 정식)
③ 시설(비닐하우스, 온실 등)에서 재배하는 농지</td></tr>
</table>

⑤ 원예시설/버섯

구분	인수제한사유
농업용 시설물 (버섯 재배사 포함) 및 부대 시설	① 판매를 목적으로 작물을 경작하지 않는 시설 ② 작업동, 창고동 등 작물 경작용으로 사용되지 않는 시설 ※ 농업용 시설물 한 동 면적의 80% 이상을 작물 재배용으로 사용하는 경우 가입 가능 ※ 원예시설(버섯재배사 제외)의 경우, 연중 8개월 이상 육묘를 키우는 육묘장의 경우 하우스만 가입 가능 ③ 피복재가 없거나 작물을 재배하고 있지 않은 시설 ※ 다만, 지역적 기후 특성에 따른 한시적 휴경은 제외 ④ 목재, 죽재로 시공된 시설 ⑤ 비가림시설 ⑥ 구조체, 피복재 등 목적물이 변형되거나 훼손된 시설 ⑦ 목적물의 소유권에 대한 확인이 불가능한 시설 ⑧ 건축 또는 공사 중인 시설 ⑨ 1년 이내에 철거 예정인 고정식 시설 ⑩ 하천부지 및 상습침수지역에 소재한 시설 ※ 다만, 수재위험 부보장특약에 가입하여 풍재만은 보장 가능 ⑪ 연륙교가 설치되어 있지 않고 정기선이 운항하지 않는 등 신속한 손해평가가 불가능한 도서 지역 시설 ⑫ 정부에서 보험료의 일부를 지원하는 다른 계약에 이미 가입되어 있는 시설
시설 작물	① 작물의 재배면적이 시설 면적의 50% 미만인 경우 ※ 다만, 백합 · 카네이션의 경우 하우스 면적의 50% 미만이라도 동당 작기별 200㎡이상 재배 시 가입 가능 ② 분화류의 국화, 장미, 백합, 카네이션을 재배하는 경우 ③ 판매를 목적으로 재배하지 않는 시설작물 ④ 한 시설에서 화훼류와 비화훼류를 혼식 재배중이거나, 또는 재배 예정인 경우 ⑤ 통상적인 재배시기, 재배품목, 재배방식이 아닌 경우 ※ 예 : 여름재배 토마토가 불가능한 지역에서 여름재배 토마토를 가입하는 경우, 파프리카 토경재배가 불가능한 지역에서 토경재배 파프리카를 가입하는 경우 등 ⑥ 시설작물별 10a당 인수제한 재식밀도 미만인 경우 ⑦ 품목별 표준생장일수와 현저히 차이나는 생장일수를 가지는 품종

〈품목별 인수제한 품종 〉

품목	인수제한 품종
배추(시설재배)	얼갈이 배추, 쌈배추, 양배추
딸기(시설재배)	산딸기
수박(시설재배)	애플수박, 미니수박, 복수박
고추(시설재배)	홍고추
오이(시설재배)	노각
상추(시설재배)	양상추, 프릴라이스, 버터헤드(볼라레), 오버레드, 이자벨, 멀티레드, 카이피라, 아지르카, 이자트릭스, 크리스피아노

⑥ 버섯작물

표고버섯 (원목재배 · 톱밥배지재배)	느타리버섯 (균상재배 · 병재배)	새송이버섯 (병재배)	양송이버섯 (균상재배)
① 통상적인 재배 및 영농활동을 하지 않는다고 판단되는 하우스	① 통상적인 재배 및 영농활동을 하지 않는다고 판단되는 하우스	① 통상적인 재배 및 영농활동을 하지 않는다고 판단되는 하우스	① 통상적인 재배 및 영농활동을 하지 않는다고 판단되는 하우스
② 원목 5년차 이상의 표고버섯			
③ 원목재배, 톱밥배지재배 이외의 방법으로 재배하는 표고버섯	② 균상재배, 병재배 이외의 방법으로 재배하는 느타리버섯	② 병재배 외의 방법으로 재배하는 새송이버섯	② 균상재배 외의 방법으로 재배하는 양송이버섯
④ 판매를 목적으로 재배하지 않는 표고버섯	③ 판매를 목적으로 재배하지 않는 느타리버섯	③ 판매를 목적으로 재배하지 않는 새송이버섯	③ 판매를 목적으로 재배하지 않는 양송이버섯
⑤ 기타 인수가 부적절한 표고버섯	④ 기타 인수가 부적절한 느타리버섯	④ 기타 인수가 부적절한 새송이버섯	④ 기타 인수가 부적절한 양송이버섯

10 평년수확량 (착과량, 결실수) 공식

(1) 정의 및 산정

품 목	정의 및 산정	
평년착과량 (적과전종합위험Ⅱ)	정의	• 가입수확량 산정 및 적과 종료 전 보험사고 시 감수량 산정의 기준이 되는 수확량 • 보험가입금액 (가입수확량)의 결정 및 적과 종료 전 보험사고 발생시 감수량 산정을 위한 기준으로 활용
	산정	• 최근 5년 이내 보험에 가입한 이력이 있는 과수원은 최근 5개년 적과후착과량 및 표준수확량에 의해 평년착과량을 산정 • 신규 가입하는 과수원은 표준수확량표를 기준으로 평년착과량 산정
평년수확량 (평년결실수 : 오디)	정의	• 농지(과수원) 단위로 산출하며, 가입년도 직전 5년 중 보험에 가입한 연도의 실제 수확량과 표준수확량을 가입 횟수에 따라 가중평균하여 산출한다. • 농지의 기후가 평년 수준이고 비배관리 등 영농활동을 평년수준으로 실시하였을 때 기대할 수 있는 수확량 • 보험가입금액의 결정 및 보험사고 발생 시 감수량 산정을 위한 기준으로 활용
	산정	• 농지(과수원) 단위로 산출하며, 가입년도 직전 5년 중 보험에 가입한 연도의 실제 수확량과 표준수확량을 가입 횟수에 따라 가중평균하여 산출한다. • 신규 가입하는 과수원은 표준수확량을 기준으로 평년수확량 산정
표준수확량	정의	• 과거의 통계를 바탕으로 지역별 기준수량에 농지별 경작요소를 고려하여 산출한 예상 수확량 • 과거수확량 자료가 없는 경우(신규 가입), 표준수확량의 100%를 평년수확량으로 결정한다 ※ 살구, 대추(사과대추에 한함), 유자, 팥의 경우 표준수확량의 70%를 평년수확량으로 결정

※ 자연재해가 없는 이상적인 상황에서 수확할 수 있는 수확량이 아니라 평년수준의 재해가 있다는 것을 전제로 한다.

※ 가입수확량

원칙 : 평년수확량의 50%~10%

과수 4종 : 평년착과량의 100%

옥수수 : 표준수확량의 80~130%

(2) 산출방법

① 과거수확량 자료가 없는 경우(신규보험가입시) : 산출된 표준수확량의 100%를 평년수확량으로 결정

※ 살구, 대추(사과대추에 한함), 유자, 팥의 경우 표준수확량의 70%를 평년수확량으로 결정

② 과거수확량 자료가 있는 경우 : 과거수확량 자료가 있는 경우의 산출식

품 목	내 용	
평년착과량 (적과전 종합위험Ⅱ)	$\left\{A+(B-A)\times(1-\frac{Y}{5})\right\}\times\frac{C}{D}$ ※ 과거기준표준수확량(D) 할인적용(대상품목 : 사과) - 3년생 : 일반재배방식의 표준수확량 5년생의 50% 4년생 : 일반재배방식의 표준수확량 5년생의 75%	A = Σ과거 5년간 적과후착과량 ÷ Y 21년 적과후착과량부터 아래 상 · 하한 적용 상한 : 평년착과량의 300% 하한 :평년착과량의 30% B = Σ과거 5년간 표준수확량 ÷ Y C = 당해연도(가입연도) 기준표준수확량 D = Σ과거 5년간 기준표준수확량 ÷ Y Y = 과거 5년간 가입횟수
벼	$\left\{A+(B\times D-A)\times(1-\frac{Y}{5})\right\}\times\frac{C}{D}$	A(과거평균수확량) = Σ(과거 5년간 수확량) ÷ Y B = 가입년도 지역별 기준수량 C(가입년도 보정계수) = 가입년도의 품종, 이앙일자, 친환경재배 보정계수를 곱한 값 D(과거평균보정계수)=Σ(과거 5년간 보정계수) ÷ Y Y = 과거 5년간 가입횟수 ※ 평년수확량은 보험가입연도 표준수확량의 130%를 초과할 수 없음 ※ 조사료용 벼 제외(생산비보장방식)
복분자 (결과모지수) 오디 (결실수)	$\left\{A\times(\frac{Y}{5})+(B\times(1-\frac{Y}{5})\right\}$	A (과거 평균 결실수(결과모지수) = Σ과거 5개년 결실수(포기당 평균결과모지수)÷Y B(표준결과모지수)=포기당5개(2~4년)또는4개(5~11년) B(평균표준결실수) = Σ과거 5개년 표준결실수 ÷Y Y = 과거수확량 산출연도 횟수(가입횟수)
그 외 종목 (과수작물, 밭작물, 밀,보리, 귀리 포함)	$\left\{A+(B-A)\times(1-\frac{Y}{5})\right\}\times\frac{C}{B}$	A(과거평균수확량) = Σ(과거 5년간 수확량) ÷ Y B(평균표준수확량)=Σ(과거 5년간 표준수확량)÷Y C : 당해연도(가입연도) 표준수확량 Y = 과거수확량 산출연도 횟수(가입횟수) ※ 평년수확량은 보험가입연도 표준수확량의 130%를 초과할 수 없음(복숭아,밤,포도,무화과 제외)

11 과거수확량 산출방법

① 사고가 발생하지 않아 수확량 조사를 하지 않은 경우

구 분	수확량
포도, 복숭아, 감귤(만감류)	조사한 착과수 × 평균과중
기타 품목	Max(평년수확량, 표준수확량) × 1.1
복분자	Max(평년결과모지수, 표준결과모지수) × 1.1
오디	Max(평년결실수, 표준결실수) × 1.1

② 사고가 발생하여 수확량 조사를 한 경우

<table>
<tr><th>품 목</th><th colspan="2">과거수확량 산출방법</th></tr>
<tr><td rowspan="3">원 칙
(벼 포함)</td><td>구 분</td><td>수확량</td></tr>
<tr><td>조사수확량 > 평년수확량의 50%</td><td>조사수확량</td></tr>
<tr><td>평년수확량의 50% ≧ 조사수확량</td><td>평년수확량의 50%</td></tr>
<tr><td rowspan="3">감귤
(온주밀감류)</td><td>구 분</td><td>수확량</td></tr>
<tr><td>평년수확량≥평년수확량×(1−피해율)≥평년수확량의 50%</td><td>평년수확량×(1−피해율)</td></tr>
<tr><td>평년수확량의 50% > 평년수확량×(1−피해율)</td><td>평년수확량 50%</td></tr>
<tr><td rowspan="3">차(茶)</td><td>구 분</td><td>수확량</td></tr>
<tr><td>환산조사수확량〉기준평년수확량의 50%
* 환산조사수확량= = 조사수확량 ÷ 수확면적률</td><td>환산조사수확량</td></tr>
<tr><td>기준평년수확량의 50%≧환산조사수확량</td><td>기준평년수확량의 50%</td></tr>
</table>

12 수확기 잔존비율 (2024년 변경)

품 목	사고발생 월	잔존비율(%)
감귤 (온주밀감류)	12월	(100 - 38) - (1 × 사고 발생일자)
	1월	(100 - 68) - (0.8 × 사고 발생일자)
	2월	(100 - 93) - (0.3 × 사고 발생일자)

핵심요약

제3장 가축재해보험 제도

1 가축재해보험 운영기관

구 분	운영기관
사업총괄	농림축산식품부(재해보험정책과)
사업관리	농업정책보험금융원
사업운영	농업정책보험금융원과 사업 운영 약정을 체결한 자 (NH손보, KB손보, DB손보, 한화손보, 현대해상, **삼성화재**)
보험업 감독기관	금융위원회
분쟁해결	금융감독원
심의기구	농업재해보험심의회

2 사업대상자 및 보험 목적물

구 분	내 용	
사업대상자	농림축산식품부장관이 고시하는 가축을 사육하는 개인 또는 법인	
보험목적물	보험 대상 축종 (16종)	소, 말, 돼지, 닭, 오리, 꿩, 메추리, 칠면조, 거위, 타조, 관상조, 사슴, 양, 벌, 토끼, 오소리
	가축사육시설 (축산시설물)	가축을 수용하는 건물 및 가축 사육과 관련된 건물 (축사, 부속물, 부착물, 부속설비) 가) 단, 태양광 및 태양열 발전 시설 제외

3 가축사육업 허가 및 등록기준

허가대상 (4개 축종)	– 소ㆍ돼지ㆍ닭ㆍ오리 : 사육시설 50㎡ 초과시
(등록대상 (11개 축종)	– 소ㆍ돼지ㆍ닭ㆍ오리(4개 축종) : 허가대상 사육시설 면적 이하인 경우 – 양ㆍ사슴ㆍ거위ㆍ칠면조ㆍ메추리ㆍ타조ㆍ꿩(7개 축종)
등록제외 대상	– 등록대상 가금 중 사육시설면적이 10㎡ 미만은 등록 제외(닭, 오리, 거위, 칠면조, 메추리, 타조, 꿩 또는 기러기 사육업) – 말, 노새, 당나귀, 토끼, 개, 꿀벌

4 정부지원 범위

구 분	내 용
원 칙	가축재해보험에 가입한 재해보험가입자의 납입 보험료의 50% 지원 단, 농업인(주민등록번호) 또는 법인별(법인등록번호) 5천만원 한도 지원 ※ 예시 : 보험 가입하여 4천만원 국고지원 받고 계약 만기일 전 중도 해지한 후 보험을 재가입할 경우 1천만원 국고 한도 내 지원 가능
말(馬)	① 마리당 가입금액 4천만원 한도내 보험료의 50%를 지원 ② 4천만원을 초과하는 경우는 초과 금액의 70%까지 가입금액을 산정하여 보험료의 50% 지원(단, 외국산 경주마는 정부지원 제외)
닭(육계 · 토종닭 · **삼계**) 돼지, 오리	가축재해보험 가입두수가 축산업 허가(등록)증의 가축사육 면적을 기준으로 일정 범위를 초과하는 경우 정부 지원 제외

5 축종별 가입대상 · 형태 및 지원비율

1) 가축재해보험은 사육하는 가축 및 축사를 전부 보험가입하는 것이 원칙
   가) 종모우와 말은 개별 가입 가능
   나) 소는 1년 이내 출하 예정인 경우 아래 조건에서 일부 가입 가능
      (1) 축종별 및 성별을 구분하지 않고 보험가입 시에는 소 이력제 현황의 70% 이상
      (2) 축종별 및 성별을 구분하여 보험가입 시에는 소 이력제 현황의 80% 이상

구 분	소			돼 지	말	가 금	기타가축	축 사
	Ⅰ(송아지)	Ⅱ(큰소)	종모우					
가입대상	**생후 15일~ 12개월 미만**	**12개월~ 13세미만**	• 종모우	제한 없음	• 종빈마 • 종모마 • 경주마 • 육성마 • 일반마 • 제주마	• 닭 • 오리 • 꿩 • 메추리 • 타조 • 거위 • 관상조 • 칠면조	• 사슴 (만 2개월 이상) • 양 (만 3개월 이상) • 꿀벌 • 토끼 • 오소리	• 가축사육 건물 및 부속설비
가입형태	포괄가입		개별가입	포괄가입	개별가입	포괄가입	포괄가입	포괄가입
지원비율	총 보험료의 50% 국고 지원 총 보험료의 0~50% 지자체 지원							

6 보상하는 재해의 범위 및 축종별 보장 수준(2023년 기준)

축종		보상하는 재해		보장수준(%) 60	70	80	90	95	100
소	주계약	질병 또는 사고로 인한 폐사	가축전염병예방법 제2조 제2항에서 정한 가축전염병 제외	O	O	O	–	–	–
		긴급도축	부상(경추골절 · 사지골절 · 탈구), 난산, 산욕마비, 급성고창증, 젖소의 유량감소 등으로 즉시 도살해야 하는 경우						
		도난 · 행방불명(종모우 제외)							
		경제적도살(종모우 한정)							
	특약	도체결함		–	–	O	–	–	–
돼지	주계약	자연재해(풍재 · 수재 · 설해 · 지진), 화재로 인한 폐사		–	–	O	O	O	–
	특약	질병위험, 전기적장치위험, 폭염 ※질병: TGE(전염성위장염), PED(돼지유행성설사병),로타바이러스감염증		O	O	O	O		
		축산휴지위험(보장수준 미적용 특약)		–	–	–	–	–	
가금	주계약	자연재해(풍재 · 수재 · 설해 · 지진), 화재로 인한 폐사		O	O	O	O	–	–
	특약	전기적장치위험, 폭염		O	O	O	O		
말	주계약	질병 또는 사고로 인한 폐사	가축전염병예방법 제2조 제2항에서 정한 가축전염병 제외	–	–	O	O	O	–
		긴급도축	부상(경추골절 · 사지골절 · 탈구), 난산, 산욕마비, 산통, 경주마 중 실명으로 즉시 도살해야 하는 경우						
		불임(암컷)							
	특약	씨수말 번식첫해 불임, 운송위험, 경주마 부적격 경주마 보험기간 설정		–	–	O	O	O	–
기타 가축	주계약	자연재해(풍재 · 수재 · 설해 · 지진), 화재로 인한 폐사		O	O	O	O	O	–
	특약	(사슴, 양) 폐사 · 긴급도축 확장보장		O	O	O	O	O	–
		(꿀벌) 부저병 · 낭충봉아부패병으로 인한 폐사		O	O	O	O	O	–
축사	주계약	자연재해(풍재 · 수재 · 설해 · 지진), 화재로 인한 손해		–	–	–	O	O	O
	특약	설해손해 부보장(돈사 · 가금사에 한함)		–	–	–	–	–	–
공통특약		구내폭발위험, 화재대물배상책임		–	–	–	–	–	–

7 소 보상하는 사고 및 자기부담금

구 분		보상하는 사고	자기부담금
주계약	한우, 육우, 젖소	• 법정전염병을 제외한 질병 또는 각종사고(풍해 · 수해 · 설해 등 자연재해, 화재)로 인한 폐사 • 부상(경추골절, 사지골절, 탈구 · 탈골), 난산, 산욕마비, 급성고창증 및 젖소의 유량 감소로 긴급도축을 하여야 하는 경우 ※ 젖소유량감소는 유방염, 불임 및 각종 대사성 질병으로 인하여 젖소로서의 경제적 가치가 없는 경우에 한함 ※ 신규가입일 경우 가입일로부터 1개월 이내 질병 관련 사고 (긴급도축 제외)는 보상하지 아니함 • 소 도난 및 행방불명에 의한 손해 ※ 도난손해는 보험증권에 기재된 보관장소 내에 보관되어 있는 동안에 불법침입자, 절도 또는 강도의 도난행위로 입은 직접손해(가축의 상해, 폐사 포함)에 한함 • 가축사체 잔존물 처리비용	보험금의 20%, 30%, 40%
	종모우	• 연속 6주 동안 정상적으로 정액을 생산하지 못하고, 종모우로서의 경제적 가치가 없다고 판정 시 ※ 정액생산은 6주 동안 일주일에 2번에 걸쳐 정액을 채취한 후 이를 근거로 경제적 도살여부 판단 • 그 이 보상하는 사고는 한우 · 육우 · 젖소와 동일	보험금의 20%
	축사	• 화재(벼락 포함)에 의한 손해 • 화재(벼락 포함)에 따른 소방손해 • 태풍, 홍수, 호우(豪雨), 강풍, 풍랑, 해일, 조수, 우박, 지진, 분화 및 이와 비슷한 풍재 또는 수재로 입은 손해 • 설해로 입은 손해 • 화재(벼락 포함) 및 풍재, 수재, 설해, 지진에 의한 피난 손해 • 잔존물 제거비용	※풍재 · 수재 · 설해 · 지진 : 보험금에 0%, 5%, 10%을 곱한 금액 또는 50만원 중 큰 금액 ※ 화재 : 보험금에 0%, 5%, 10%를 곱한 금액
특별약관	소 도체 결함보장	• 도축장에서 도축되어 경매시까지 발견된 도체의 결함(근출혈, 수종, 근염, 외상, 근육제거, 기타 등)으로 손해액이 발생한 경우	보험금의 20%
	협정보험가액	• 협의 평가로 보험 가입한 금액 ※ 시가와 관계없이 가입금액을 보험가액으로 평가	주계약, 특약조건 준용
	화재대물배상	• 축사 화재로 인해 인접 농가에 피해가 발생한 경우	

(2) 돼지

구 분		보상하는 손해	자기부담금
주계약 (보통 약관)	돼지	• 화재 및 풍재, 수재, 설해, 지진에 의한 손해 • 화재 및 풍재, 수재, 설해, 지진 발생시 방재 또는 긴급피난에 필요한 조치로 목적물에 발생한 손해 • 가축사체 잔존물 처리 비용	보험금의 5%, 10%, 20%
	축사	• 화재(벼락 포함)에 의한 손해 • 화재(벼락 포함)에 따른 소방손해 • 태풍, 홍수, 호우(豪雨), 강풍, 풍랑, 해일(海溢), 조수(潮水), 우박, 지진, 분화 및 이와 비슷한 풍재 또는 수재로 입은 손해 • 설해로 입은 손해 • 화재(벼락 포함) 및 풍재, 수재, 설해, 지진에 의한 피난손해 • 잔존물 제거비용	풍재 · 수재 · 설해 · 지진 : 지급보험금 계산 방식에 따라 계산한 금액에 0%, 5%, 10%을 곱한 금액 또는 50만원 중 큰 금액 화재 : 지급보험금 계산 방식에 따라 계산한 금액에 자기부담비율 0%, 5%, 10%를 곱한 금액
특별 약관	질병위험 보장	• TGE, PED, Rota virus에 의한 손해 ※ 신규가입일 경우 가입일로부터 1개월 이내 질병 관련 사고는 보상하지 아니함	보험금의 10%, 20%, 30%, 40% 또는 200만원 중 큰 금액
	축산휴지 위험보장	• 주계약 및 특별약관에서 보상하는 사고의 원인으로 축산업이 휴지되었을 경우에 생긴 손해액	−
	전기적장치 위험보장	• 전기장치가 파손되어 온도의 변화로 가축 폐사 시	보험금의 10%, 20%, 30%, 40% 또는 200만원 중 큰 금액
	폭염재해 보장	• 폭염에 의한 가축 피해 보상	
	협정보험 가액	• 협의 평가로 보험 가입한 금액 ※ 시가와 관계없이 가입금액을 보험가액으로 평가	주계약, 특약 조건 준용
	설해손해 부보장	• 설해에 의한 손해는 보장하지 않음	−
	화재대물 배상책임	• 축사 화재로 인해 인접 농가에 피해가 발생한 경우	−

※ 폭염재해보장 특약은 전기적장치위험보장특약 가입자에 한하여 가입 가능

(3) 축사

① 보상하는 손해

보상하는 손해	내 용
1) 화재에 따른 손해	
2) 화재에 따른 소방손해	
3) 태풍, 홍수, 호우(豪雨), 강풍, 풍랑, 해일(海溢), 조수(潮水), 우박, 지진, 분화 및 이와 비슷한 풍재 또는 수재로 입은 손해	
4) 설해에 따른 손해	
5) 화재 또는 풍재 · 수재 · 설해 · 지진에 따른 피난손해 (피난지에서 보험기간 내의 5일 동안에 생긴 상기 손해를 포함한다.)	지진 피해의 경우 아래의 최저기준을 초과하는 손해를 담보한다. (1) 기둥 또는 보 1개 이하를 해체하여 수선 또는 보강하는 것 (2) 지붕틀의 1개 이하를 해체하여 수선 또는 보강하는 것 (3) 기둥, 보, 지붕틀, 벽 등에 2m 이하의 균열이 발생한 것 (4) 지붕재의 2㎡ 이하를 수선하는 것

② 축사의 잔존물 제거비용

보상하는 손해	보상하지 않는 손해
손해액의 10%를 한도로 지급보험금 계산방식에 따라서 보상 ① 잔존물의 해체 비용 ② 청소비용 ③ 차에 싣는 비용	① 사고 현장 및 인근 지역의 토양, 대기 및 수질 오염물질 제거비용 ② 차에 실은 후 폐기물 처리비용

(4) 가축재해보험 비용손해 (5가지)

보상하는 손해	내 용	
	비용에 포함	비용에 불포함
잔존물 처리비용 (목적물이 폐사한 경우에 한하여 인정)	① 잔존물의 견인비용 ② 차에 싣는 비용 ③ 적법한 시설에서의 렌더링비용	① 사고 현장 및 인근 지역의 토양, 대기수질 오염물질 제거 비용 ② 차에 실은 후 폐기물 처리비용 ③ 보장하지 않는 위험으로 보험의 목적이 손해를 입은 비용 ④ 관계 법령에 의하여 제거됨으로써 생긴 손해
손해방지비용	보험사고가 발생 시 손해의 방지 또는 경감을 위하여 지출한 필요 또는 유익한 비용	보험목적의 관리의무에 따른 비용 ① 일상적인 관리에 소요되는 비용 ② 예방접종, 정기검진, 기생충구제 등에 소용되는 비용 ③ 보험목적이 질병에 걸리거나 부상을 당한 경우 신속하게 치료 및 조치를 취하는 비용
대위권 보전비용	보험사고와 관련하여 제3자로부터 손해의 배상을 받을 수 있는 경우에 그 권리를 지키거나 행사하기 위하여 지출한 필요 또는 유익한 비용을 보상 –재해보험사업자가 보험사고로 인한 피보험자의 손실을 보상해주고, 피보험자가 보험사고와 관련하여 제3자에 대하여 가지는 권리가 있는 경우 보험금을 지급한 재해보험사업자는 그 지급한 금액의 한도에서 그 권리를 법률상 당연히 취득	
잔존물 보전비용	보험사고로 인해 멸실된 보험목적물의 잔존물을 보전하기 위하여 지출한 필요 또는 유익한 비용을 보상	
기타 협력비용	재해보험사업자의 요구에 따라 지출한 필요 또는 유익한 비용을 보상	

10 각 부문 특별약관

구 분	특별약관	내 용
공통	화재대물 배상책임	피보험자가 보험증권에 기재된 축사구내에서 발생한 화재 사고로 인하여 타인의 재물에 손해를 입혀서 법률상의 배상책임을 부담함으로써 입은 손해를 보상
	구내폭발 위험보장	보험의 목적이 있는 구내에서 생긴 폭발, 파열(폭발, 파열이라 함은 급격한 산화반응을 포함하는 파괴 또는 그 현상)로 보험의 목적에 생긴 손해를 보상
	협정보험 가액 특약	•특별약관에서 적용하는 가축에 대하여 계약 체결 시 재해보험사업자와 계약자 또는 피보험자와 협의하여 평가한 보험가액을 보험기간 중에 보험가액 및 보험가입금액으로 하는 기평가보험 특약 • 대상축종 : 소 (유량검정젖소 가입 시), 돼지 (종돈 가입 시), 가금
소	소(牛)도체 결함보장 특약	• 도축 후 경매 시까지 발견된 예상치 못한 소 도체 결함으로 인하여 경락가격이 하락하여 발생되는 손해를 보상하여 주는 특약 • 결함 : 근출혈, 수종, 근염, 외상, 근육 제거, 기타의 결함
돼지	질병위험 보장	• 질병을 직접적인 원인으로 보험기간 중에 질병으로 폐사하거나 보험기간 종료일 이전에 질병의 발생을 서면 통지한 후 30일 이내에 폐사한 경우 손해를 보상 • 질병(3가지) : 전염성위장염(TGE virus 감염증), 돼지유행성설사병(PED virus 감염증), 로타바이러스감염증(Rota virus 감염증)
	축산휴지 위험보장	• 보험기간 동안에 보험증권에 명기된 구내에서 보통약관 및 특별약관에서 보상하는 사고의 원인으로 구내 가축의 보험금 지급이 확정되고 피보험자가 영위하는 축산업이 중단 또는 휴지 되었을 때 생긴 손해액을 보상
돼지, 가금	전기적장치 위험보장	• 전기적 장치로 인한 손해를 보상하는 특약 • 단 보험자가 인정하는 특별한 경우를 제외하고 사고 발생한 때로부터 24시간 이내에 폐사된 보험목적에 한하여 보상
	폭염재해 보장추가 특약	• 보험목적 수용장소 지역에 발효된 폭염특보의 발령 전 24시간(1일) 전부터 해제 후 24시간(1일) 이내에 폐사되는 보험목적에 한하여 보상 • 보험기간 종료일까지 폭염특보가 해제되지 않은 경우에는 보험기간 종료일을 폭염특보 해제일로 본다.
꿀벌	낭충봉아 부패병보장	• 벌통의 꿀벌이 제2종 가축전염병인 꿀벌 낭충봉아부패병으로 폐사(감염 벌통 소각 포함)했을 경우 벌통의 손해를 보상하는 특약
	부저병 보장	• 벌통의 꿀벌이 제3종 가축전염병인 꿀벌 부저병으로 폐사(감염 벌통 소각 포함)했을 경우 벌통의 손해를 보상하는 특약

핵심요약

2 농작물재해보험 및 가축재해보험 손해평가의 이론과 실무

제1장 농업재해보험 손해평가 개관

1 품목별 현지조사 종류

<table>
<tr><th>구분</th><th>상품군</th><th>해당 품목</th><th colspan="3">조사 종류</th></tr>
<tr><td colspan="3">공통조사</td><td colspan="3">피해사실확인조사</td></tr>
<tr><td rowspan="9">과수</td><td rowspan="3">적과전 종합Ⅱ</td><td rowspan="3">사과, 배, 단감, 떫은감</td><td>적과전 손해조사</td><td>피해사실확인조사(확인사항 : 유과타박률, 낙엽률, 나무피해, 미보상비율)</td><td>재해에 따라 확인사항은 다름</td></tr>
<tr><td>적과후 착과수조사</td><td>고사나무조사(나무손해특약 가입건)</td><td rowspan="2">고사나무조사(나무손해특약 가입건)</td></tr>
<tr><td>적과후 손해조사</td><td>낙과피해조사(단감, 떫은감은 낙엽률 포함), 착과피해조사</td></tr>
<tr><td rowspan="6">종합위험</td><td>포도(수입보장 포함), 복숭아, 자두, 감귤(만감류), 유자</td><td colspan="3">착과수조사, 과중조사, 착과피해조사, 낙과피해조사</td></tr>
<tr><td>밤, 참다래, 대추, 매실, 오미자, 유자, 살구, 호두</td><td colspan="3">수확 개시 전·후 수확량조사</td></tr>
<tr><td>복분자, 무화과</td><td colspan="3">종합위험 과실손해조사, 특정위험 과실손해조사</td></tr>
<tr><td>복분자</td><td colspan="3">경작불능조사</td></tr>
<tr><td>오디, 감귤 (온주밀감류)</td><td colspan="3">과실손해조사</td></tr>
<tr><td>포도(수입보장포함), 복숭아, 자두, 참다래, 매실, 무화과, 유자, 감귤(온주밀감류), 살구</td><td colspan="3">고사나무조사(나무손해보장 가입건)</td></tr>
</table>

논/밭 작물	특정위험	인삼(작물)	수확량조사
	종합위험	벼	이앙 · 직파 불능조사, 재이앙 · 재직파조사, 경작불능조사, 수확량(수량요소)조사, 수확량(표본)조사, 수확량(전수)조사, 수확불능확인조사
		마늘(수입보장 포함)	재파종조사, 경작불능조사, 수확량(표본)조사
		양파, 감자, 고구마, 양배추(수입보장 포함), 옥수수	경작불능조사, 수확량(표본)조사
		차(茶)	수확량(표본)조사
		밀, 콩(수입보장 포함)	경작불능조사, 수확량(표본, 전수)조사
		고추, 브로콜리, 메밀, 배추, 무, 단호박, 파, 당근, 시금치(노지), **양상추**	생산비보장 손해조사
		인삼(해가림시설)	해가림시설 손해조사
원예시설	종합위험	〈시설하우스〉 단동하우스, 연동하우스, 유리온실, 버섯재배사	시설하우스 손해조사
		〈시설작물〉 수박, 딸기, 오이, 토마토, 참외, 풋고추, 호박, 국화, 장미, 멜론, 파프리카, 상추, 부추, 시금치, 배추, 가지, 파, 무, 백합, 카네이션, 미나리, 쑥갓, 느타리, 표고버섯, 양송이, 새송이	시설작물 손해조사

※낙엽피해와 잎피해 (단감, 떫은감 품목에 한함)

구 분	기 간	내 용
낙엽피해	6월 1일부터 적과 종료 이전 〈적과전 손해조사〉	• 적과전 5종한정보장특약건에 한하여 낙엽률 조사 • 태풍(강풍) · 집중호우 · 화재 · 지진으로 인한 낙엽피해가 발생한 경우 낙엽률을 조사
	적과 종료일 이후부터 당해연도 10월까지 〈적과후 손해조사〉	〈낙엽피해조사〉 • 태풍(강풍) · 집중호우 · 화재 · 지진으로 인한 낙엽피해가 발생한 경우 낙엽률과 인정피해율에 의한 감수과실수 산출
잎피해	10월 31일까지 발생한 가을동상해 〈착과피해조사〉	• 가을동상해로 나무의 전체 잎 중 50% 이상이 고사한 경우에 피해를 인정하고 피해인정계수를 적용하여 착과감수과실수 산출 피해인정계수 = 0.0031 × 잔여일수 ※잔여일수:사고발생일부터 가을동상해 보장종료일까지 일자수

2 보험금 산정

① 적과전 종합위험 품목 (사과, 배, 단감, 떫은감)

적과전	(착과감소량－미보상감수량－자기부담감수량) × 가입가격 × 보장수준 (50%, 70%)
적과후	(적과종료이후누적감수량 － 자기부담감수량) × 가입가격

② 원칙 = 보험금 = 보험가입금액 × (피해율 - 자기부담비율) = 손해액 - 자기부담금

수확감소보험금 (과수, 벼) 과실손해보험금 (오디, 복분자), 나무손해보험금, 인삼, 수확전종합위험보장(복분자, 무화과) 생산비보장(밭작물), 농업수입감소보험금	보험금 = 보험가입금액 × (피해율 - 자기부담비율)
과실손해보험금 (감귤(온주밀감류) 동상해과실손해특약(감귤(온주밀감류) 농업용 시설물 및 부대시설	보험금 = 손해액 － 자기부담금 － 손해액 = 보험가입금액 × 피해율 － 자기부담금 = 보험가입금액 × 자기부담비율
비가림시설	보험금 = MIN(손해액－자기부담금, 보험가입금액)
해가림시설 (인삼)	보험금 = (손해액－자기부담금) × (보험가입금액 ÷ 보험가액)
옥수수	보험금 = MIN [보험가입금액, 손해액]－자기부담금

③ 보험금 = ~ 보험가입금액 × % 유형

수확량감소 (포도, 복숭아, 감귤(만감류))	추가 보장 특약	보험금 = 보험가입금액 × (피해율 × 10%)
과실손해 (감귤(온주밀감류)		
이앙·직파불능 보험금 (벼)		보험금 = 보험가입금액 × 15%
재파종보험금 (마늘)		보험금 = 보험가입금액 × 35% × 표준출현 피해율
조기파종 보험금 (마늘)		보험금 = 보험가입금액 × 25% × 표준출현 피해율
재이앙·재직파 보험금 (벼)		보험금 = 보험가입금액 × 25% × 면적 피해율 단, 면적피해율이 10%를 초과하고 재이앙(재직파) 한 경우
재정식보험금 (양배추)		보험금 = 보험가입금액 × 20% × 면적피해율 단, 면적피해율이 자기부담비율을 초과하는 경우에 한함

※ 표준출현피해율(10a 기준) = (30,000 - 출현주수) ÷ 30,000

※ 면적피해율 = 피해면적 ÷ 보험가입면적

④ 벼

이앙 · 직파불능 보험금	보험금 = 보험가입금액 × 15%	
재이앙 · 재직파 보험금	보험금 = 보험가입금액 × 25% × 면적 피해율 단, 면적피해율이 10%를 초과하고 재이앙(재직파) 한 경우 ※ 면적피해율 = 피해면적 ÷ 보험가입면적	
경작불능조사 보험금	벼, 밀, 보리	보험금 = 보험가입금액 × 자기부담비율별 보장비율
	조사료용 벼 사료용 옥수수	보험금=보험가입금액×보장비율 × 경과비율
수확감소보험금	보험금 = 보험가입금액 × (피해율 – 자기부담비율)	
수확불능보험금	자기부담비율에 따른 보험가입금액의 일정 비율	

⑤ 생산비보장 보험금

㉠ 보험금 = (~ 경과비율 × 피해율)– 자기부담금(비율)

원 칙	보험금 = 보험가입금액 × (피해율 – 자기부담비율)
고 추	보험금 = (잔존보험가입금액×경과비율×피해율×병충해등급별인정비율) – 자기부담금
브로콜리	보험금 = (잔존보험가입금액 × 경과비율 × 피해율) – 자기부담금

㉡ 보험금 = ~ 보장생산비× 피해율 (소손해면책 : 10만원 초과할 때 지급)

장미	나무가 산 경우	보험금 = 재배면적 × 단위면적당 나무생존시 보장생산비× 피해율
	나무가 죽은 경우	보험금 = 재배면적 × 단위면적당 나무고사 보장생산비 × 피해율
부추		보험금 = 재배면적 × 단위면적당 보장생산비 × 피해율 × 70%

㉢ 보험금 = 보장생산비 × 경과비율 × 피해율 (소손해면책 : 10만원 초과할 때 지급)

시설작물		보험금 = 재배면적 × 단위면적당 보장생산비 × 경과비율 × 피해율
버섯	표고버섯(원목재배)	보험금 = 재배원목(본)수 × 원목(본)당 보장생산비 × 피해율
	표고버섯 (톱밥배지재배)	보험금 = 재배배지(봉)수×배지(봉)당 보장생산비×경과비율× 피해율 ※ 준비기 생산비 계수 = α (66.3%)
	느타리, 양송이버섯 (균상재배)	보험금 = 재배면적 × 단위면적당 보장생산비 × 경과비율 × 피해율 ※ 준비기 생산비 계수 α : 느타리버섯 (67.6%) 양송이버섯 (75.3%)
	느타리, 새송이버섯 (병재배)	보험금 = 재배병수 × 병당 보장생산비 × 경과비율 × 피해율 ※ 경과비율 : 느타리버섯 88.7% 세송이버섯 91.7%

※ 부추, 장미, 표고버섯 원목재배는 경과비율 적용하지 않음

⑦ 경작불능보험금 및 수확불능보험금 공식

<table>
<tr><th colspan="3">자기부담비율</th><th>10%</th><th>15%</th><th>20%</th><th>30%</th><th>40%</th></tr>
<tr><td rowspan="7">경작
불능
보험금</td><td>종합위험
밭작물</td><td>마늘, 양파, 고구마,
감자(고랭지,봄,가을),
옥수수, 콩, 팥,</td><td rowspan="3">가입금액
의 45%</td><td rowspan="3">42%</td><td rowspan="3">40%</td><td rowspan="3">35%</td><td rowspan="3">30%</td></tr>
<tr><td>논작물</td><td>벼(조곡),밀, 보리, 귀리</td></tr>
<tr><td>생산비
보장</td><td>단호박,배추(고랭지),무(고랭지),
시금치, 파(대파)</td></tr>
<tr><td>밭작물</td><td>양배추,</td><td></td><td>42%</td><td>40%</td><td>35%</td><td>30%</td></tr>
<tr><td>생산비
보장</td><td>메밀, 당근, 배추(월동 · 가을),
무(월동), 파(쪽파 · 실파), 양상추</td><td rowspan="2" colspan="2"></td><td rowspan="2">40%</td><td rowspan="2">35%</td><td rowspan="2">30%</td></tr>
<tr><td>농업수입
보장</td><td>마늘, 양파, 양배추,
감자(가을재배), 고구마, 콩</td></tr>
<tr><td colspan="2">조기파종특약(남도종 마늘 제주도)</td><td>32%</td><td>30%</td><td>28%</td><td>25%</td><td>25%</td></tr>
<tr><td colspan="3">수확불능보험금(벼(조곡))</td><td>60%</td><td>57%</td><td>55%</td><td>50%</td><td>45%</td></tr>
</table>

※ 조사료용벼, 사료용 옥수수 경작불능보험금 = 보험가입금액 × 보장비율 × 경과비율

보장비율	45%형	42%형	40%형	35%형	30%형
구 분	45%	42%	40%	35%	30%

주1) 45%형 가입가능 자격 : 3년 연속 가입 및 3년간 수령보험금이 **순보험료의 120% 미만**
주2) 42%형 가입가능 자격 : 2년 연속 가입 및 2년간 수령보험금이 **순보험료의 120% 미만**

<table>
<tr><th colspan="2">월 별</th><th>5월</th><th>6월</th><th>7월</th><th>8월</th></tr>
<tr><td rowspan="2">경과
비율</td><td>사료용 옥수수</td><td>80%</td><td>80%</td><td>90%</td><td>100%</td></tr>
<tr><td>조사료용벼</td><td>80%</td><td>85%</td><td>90%</td><td>100%</td></tr>
</table>

3 피해율

(1) **수확감소보험금 공식** : 보험금 = 보험가입금액 × (피해율 − 자기부담비율)

품 목	피해율	
포도, 자두, 유자, 밀, 오미자, 밤, 참다래, 매실 대추, 차, 콩 양파, 마늘, 고구마, 벼 감귤(만감류)	• 피해율 = (평년수확량 − 수확량 − 미보상감수량) ÷ 평년수확량 − 미보상감수량 = (평년수확량 − 수확량) × 미보상비율	
복숭아, 감자(봄재배, 가을재배 고랭지재배)	• 피해율 = {(평년수확량 − 수확량 − 미보상감수량) + 병충해감수량} ÷ 평년수확량 − 병충해감수량(복숭아) = 병충해 입은 과실의 무게 × 0.5 − 병충해감수량(감자) = 병충해 입은 괴경의 무게 × 손해정도비율 × 인정비율	
무화과	• 피해율 = 이듬해 7.31 이전피해율 + 이듬해 8.1 이후 피해율 • 수확(7.31) 전 피해율 = (평년수확량 − 수확량 − 미보상감수량) ÷ 평년수확량 • 수확(8.1) 후 피해율 = (1 − 수확전사고피해율) × 잔여수확량비율 × 결과지피해율	
인삼	전수조사	$\left(1-\frac{수확량}{연근별기준수확량}\right)\times\frac{피해면적}{재배면적}$
	표본조사	
오디	• 피해율 = (평년결실수 − 조사결실수 − 미보상감수결실수) ÷ 평년결실수 − 조사결실수 : 손해평가 시 표본으로 선정한 결과모지의 결실수	
복분자	• 피해율 = 고사결과모지수 ÷ 평년결과모지수 • 고사결과모지수= 종합위험과실손해고사결과모지수+특정위험과실손해고사결과모지수	
감귤(온주밀감류)	• 피해율 = $\left(\frac{피해과실수}{기준과실수}\right)\times(1-미보상비율)$	

(2) **생산비보장방식 밭작물** (보험금= 보험가입금액 × (피해율 - 자기부담비율))

① 배추, 무, 파, 단호박, 당근, 시금치(노지), 메밀

품 목	피해율 및 손해정도비율
메 밀	• 피해율 = 피해면적 ÷ 재배면적 ※ 피해면적 = (도복피해면적 × 70%) + (도복 이외 피해면적 × 손해정도비율) • 손해정도비율={(20%피해표본면적×0.2)+(40%×0.4)+(60%×0.6)+(80%×0.8)+ (100% × 1)} ÷ 표본면적 합계
배추, 무, 파, 당근, 단호박, 시금치 (노지)	• 피해율 = 피해비율 × 손해정도비율 × **(1-미보상비율)** - 피해비율 = 피해면적 ÷ 실제경작면적(재배면적) - 손해정도비율 = {(20%형피해작물개수×0.2)+(40%×0.4)+(60%×0.6)+(80%×0.8)+(100%)} ÷ (정상작물 개수 + 20%형 피해작물 개수+40% + 60% + 80%+ 100%)

② 고추, 브로콜리, 시설작물

품 목	보험금 및 피해율
고 추	• 보험금 = (잔존보험가입금액×경과비율×피해율×병충해등급별 인정비율) -자기부담금 • 피해율 = 피해비율 × 손해정도비율(심도) × **(1-미보상비율)** - 피해비율 = 피해면적 ÷ 실제경작면적(재배면적) -손해정도비율={(20%형피해주수×0.2)+(40%×0.4)+(60%×0.6)+(80%×0.8)+(100%)} ÷ (정상 주수 + 20%형 피해주수 + 40% + 60% + 80% + 100%)
브로콜리	• 보험금 = (잔존보험가입금액 × 경과비율 × 피해율) - 자기부담금 • 피해율 = 피해비율 × 작물피해율 - 피해비율 = 피해면적 ÷ 실제경작면적(재배면적) - 작물피해율 = {(50%형 피해송이 개수 × 0.5) + (80% × 0.8) + (100%)} ÷ (정상송이개수 + 50%형 + 80%형 + 100%형)
시설 작물	• 보험금 = 재배면적× 단위면적당보장생산비 × 경과비율 × 피해율 • 피해율 = 피해비율 × 손해정도비율 (20% ~ 100%) × **(1-미보상비율)** • 피해비율 = 피해면적 ÷ 재배면적

구 분	준비기 생산비 계수 및 경과비율
수확기 이전 사고	•경과비율 : $\alpha+(1-\alpha)\times\frac{\text{생장일수}}{\text{표준생장일수}}$ * α = 준비기 생산비 계수 α(준비기생산비계수) – 고추 : 54.4%, – 브로콜리 : 49.5% – 시설작물(원칙) : 40% – 국화·카네이션 재절화 재배 : 20%, – 시금치 · 파(쪽파) · 무 · 쑥갓 : 10% – 표고버섯(톱밥배지재배) : 66.3% – 느타리버섯(균상재배) : 67.6% – 양송이버섯(균상재배) : 75.3%
수확기 중 사고	•경과비율 $1-\left(\frac{\text{수확일수}}{\text{표준수확일수}}\right)$ • 경과비율 – 국화 · 수박 · 멜론의 경과 비율은 1 – 위 계산식에 따라 계산된 경과비율이 10% 미만인 경우 경과비율을 10%로 한다. (단, 오이 · 토마토 · 풋고추 · 호박 · 상추의 경우는 제외한다)

표준생장일수 : 정식일로부터 수확개시일까지의 일수로 작목별로 사전에 설정된 값 (고추 : 100일, 브로콜리 : 130일)

③ **버 섯**

구 분		보험금 및 피해율
표고버섯	원목재배	• 보험금 = 재배원목(본)수 × 원목(본)당 보장생산비 × 피해율 • 피해율 = 피해비율 × 손해정도비율× **(1−미보상비율)** – 피해비율 = 피해원목(본)수 ÷ 재배원목(본)수 – 손해정도비율 = (표본원목의 피해면적 ÷ 표본원목의 전체면적)
	톱밥배지재배	• 보험금 = 재배배지(봉)수 × 배지(봉)당 보장생산비 × 경과비율 ×피해율 • 피해율 = 피해비율 × 손해정도비율(50% 또는 100%) × **(1−미보상비율)** – 피해비율 : 피해배지(봉)수 ÷ 재배배지(봉)수
느타리버섯 양송이버섯	균상재배	• 보험금 = 재배면적× 단위면적당 보장생산비 × 경과비율 × 피해율 • 피해율 = 피해비율 × 손해정도비율 × **(1−미보상비율)** – 피해비율 = 피해면적 ÷ 재배면적
느타리버섯 새송이버섯	병재배	• 보험금 = 재배병수 × 병당 보장 생산비 × 경과비율 × 피해율 피해율 = 피해비율 × 손해정도비율 × **(1−미보상비율)** ※ 피해비율 = 피해병수 ÷ 재배병수

〈버섯작물별 표준생장일수〉

품목	표준생장일수	준비기생산비계수	경과비율
표고버섯(원목재배)	보험금 계산시 경과비율은 계산안함		
표고버섯(톱밥배지재배)	90일	66.3%	
느타리버섯(균상재배)	28일	67.6%	
양송이버섯(균상재배)	30일	75.3%	
느타리버섯(병재배)			88.7%
새송이버섯(병재배)			91.7%

(3) 농업수입감소보장

구 분	보험금 및 피해율
마늘, 양파, 감자(가을재배), 콩, 고구마, 양배추	• 보험가입금액 × (피해율 - 자기부담비율) ※ 피해율 = (기준수입 - 실제수입) ÷ 기준수입 • 기준수입 = 평년수확량 × 기준가격

4 농업수입감소보장 기준가격 및 수확기 가격

구 분			계산식
마늘	기준가격		기초통계의 연도별 평균값의 보험가입 직전 5년 올림픽 평균값으로 산출
	수확기가격		기초통계의 수확년도의 평균값
고구마 감자(가을재배) 양배추	기준가격		서울시농수산식품공사 가락도매시장 연도별 중품과 상품 평균가격의 보험가입 직전 5년 올림픽 평균값×농가수취비율
	수확기가격		수확연도의 서울시농수산식품공사의 가락도매시장 중품과 상품 평균가격××농가수취비율
양파, 포도,	기준가격		서울시농수산식품공사 가락도매시장 연도별 중품과 상품 평균가격의 보험가입 직전 5년 올림픽평균값× 농가수취비율
	수확기가격		기초통계기간 동안 서울시농수산식품공사 가락도매시장 중품과 상품 평균가격 × **농가수취비율의 최근 5년간 올림픽 평균값**
콩	기준가격	장류 두부용 밥밑용	서울 양곡도매시장의 연도별 중품과 상품 평균가격의 보험가입 직전 5년 올림픽 평균값 × 농가수취비율
		나물용	사업 대상 시 · 군의 지역농협의 보험가입 직전 5년 연도별 평균 수매가를 올림픽 평균하여 산출
	수확기가격	장류 두부용 밥밑용	수확연도의 서울 양곡도매시장 중품과 상품 평균가격 ×농가수취비율
		나물용	사업 대상 시 · 군 지역농협 수매가격

※ 콩, 고구마 : 하나의 농지에 2개 이상 용도(또는 품종)의 콩(고구마)이 식재된 경우에는 기준가격과 수확기 가격을 해당 용도(또는 품종)의 면적의 비율에 따라 가중 평균하여 산출

※ 농가수취비율을 곱하지 않는 작물 : 마늘, 콩(나물용)

핵심요약

제2장 가축재해보험 손해평가

1 부문별 보상하는 손해

(1) 소 : 각종 재해 및 우연한 사고로 보험의 목적이 폐사, 긴급도축, 도난 및 행방불명으로 인하여 입은 손해를 보장

구 분	내 용	
폐 사	• 질병 또는 불의의 사고에 의하여 수의학적으로 구할 수 없는 상태가 되고 맥박, 호흡, 그외 일반증상으로 폐사한 것이 확실한 때로 한다. • 통상적으로는 수의사의 검안서 등의 소견을 기준으로 판단한다.	
긴급도축 (사육하는 장소에서 부상, 난산 산욕마비, 급성 고창증 및 젖소의 유량 감소 등이 발생한 소(牛)를 즉시 도축장에서 도살하여야 할 불가피한 사유가 있는 경우	부 상	• 경추골절, 사지골절 및 탈구(탈골)에 한함
	난 산	
	산욕마비	• 일반적으로 분만 후 체내의 칼슘이 급격히 저하되어 근육의 마비를 일으켜 기립불능이 되는 질병
	급성 고창증	• 이상발효에 의한 개스의 충만으로 조치를 취하지 못하면 폐사로 이어질수 있는 중요한 소화기 질병 • 변질 또는 부패 발효된 사료, 비맞은 풀, 두과풀(알파파류) 다량 섭취, 갑작스런 사료변경 등으로 인하여 반추위내의 이상 발효로 장마로 인한 사료 변패 등으로 인하여 여름철에 많이 발생함.
	젖소의 유량감소	• 유방염, 불임 및 각종 대사성질병으로 인하여 수의학적으로 유량 감소가 예견되어 젖소로서의 경제적 가치가 없다고 판단이 확실시되는 경우에 한정 • 대사성질병 : 비정상적인 대사 과정에서 유발되는 질병(대사 : 생명 유지를 위해 생물체가 필요한 것을 섭취하고 불필요한 것을 배출하는 일)
도 난	• 보험증권에 기재된 보관장소 내에 보관되어 있는 동안에 불법침입자, 절도 또는 강도의 도난 행위로 입은 직접손해(가축의 상해, 폐사를 포함)로 한정 • 보험증권에 기재된 보관장소에서 이탈하여 운송 도중 등에 발생한 도난손해 및 도난 행위로 입은 간접손해(경제능력 저하, 전신쇠약, 성장 지체·저하 등)는 도난 손해에서 제외 • 도난, 행방불명의 경우는 관할 경찰서와 재해보험사업자에 신고를 의무화	

(2) **종모우** : 폐사, 긴급도축, 경제적 도살의 사유로 입은 손해를 보장

<table>
<tr><th>구 분</th><th colspan="2">내 용</th></tr>
<tr><td>폐 사</td><td colspan="2">• 위 내용 참조</td></tr>
<tr><td rowspan="2">긴급도축</td><td>부 상</td><td>• 경추골절, 사지골절 및 탈구(탈골)에 한함</td></tr>
<tr><td>급성고창증</td><td>• 위 내용 참조</td></tr>
<tr><td>경제적 도살</td><td colspan="2">• 종모우가 연속 6주 동안 정상적으로 정액을 생산하지 못하고, 자격있는 수의사에 의하여 종모우로서의 경제적 가치가 없다고 판정되었을 때로 한다.
• 이 경우 정액 생산은 6주 동안 일주일에 2번에 걸쳐 정액을 채취한 후 이를 근거로 경제적 도살 여부를 판단한다.</td></tr>
</table>

(3) **돼지**

① 화재 및 풍재 · 수재 · 설해 · 지진의 직접적인 원인으로 보험목적이 폐사 또는 맥박, 호흡 그 외 일반증상이 수의학적으로 폐사가 확실시되는 경우 그 손해를 보상

② 화재 및 풍재 • 수재 • 설해 • 지진의 발생에 따라서 보험의 목적의 피해를 방재 또는 긴급피난에 필요한 조치로 보험목적에 생긴 손해도 보상

③ 상기 손해는 사고 발생 때부터 120시간(5일) 이내에 폐사되는 보험목적에 한하여 보상하며 다만, 재해보험사업자가 인정하는 경우에 한하여 사고 발생 때부터 120시간(5일) 이후에 폐사되어도 보상한다.

2 농작물재해보험 및 가축재해보험 비용 손해 및 지급한도

(1) 가축비용손해

$$보험금 = (손해액 \times \frac{보험가입금액}{보험가액}) - 자기부담금$$

구 분	내 용	지급한도
잔존물 처리비용	1. 보험목적물이 폐사한 경우 사고 현장에서의 잔존물의 견인비용 및 차에 싣는 비용은 보상 2. 적법한 시설에서의 렌더링 비용보상 ※ 사고 현장 및 인근 지역의 토양, 대기 및 수질 오염물질 제거비용과 차에 실은 후 폐기물 처리비용 불포함.	1. 지급보험금의 계산을 준용하여 계산하며, 그 합계액은 보험증권에 기재된 보험가입금액을 한도로 한다. 2. 다만, 잔존물처리비용은 손해액의 10%를 초과할 수 없다.
손해방지 비용	보험사고가 발생 시 손해의 방지 또는 경감을 위하여 지출한 필요 또는 유익한 비용을 보상한다	1. 지급보험금의 계산을 준용하여 계산한 금액이 보험가입금액을 초과하는 경우에도 지급한다. 2. 단, 이 경우에 자기부담금은 차감하지 않는다. 3. 일부보험이나 중복보험인 경우에는 비례분담방식 등으로 계산
대위권 보전비용	보험사고와 관련하여 제3자로부터 손해의 배상을 받을 수 있는 경우에는 그 권리를 지키거나 행사하기 위하여 지출한 필요 또는 유익한 비용을 보상한다.	
잔존물 보전비용	보험사고로 인해 멸실된 보험목적물의 잔존물을 보전하기 위하여 지출한 필요 또는 유익한 비용을 보상한다.	
기타 협력비용	재해보험사업자의 요구에 따르기 위하여 지출한 필요 또는 유익한 비용을 보상한다	1. 보험가입금액을 초과한 경우에도 이를 전액 지급 2. 일부보험이나 중복보험인 경우 에도 비례분담방식 등으로 계산하지 않고 전액 지급

(2) 축사비용손해

$$지급보험금 = 손해액 \times \frac{보험가입금액}{보험가액의\ 80\%\ 해당액} - 자기부담금$$

※ 손해방지비용도 부보비율(80%) 조건부 실손 보상조항을 적용하여 계산한다.

구 분	내 용	자기부담금
축 사	• 화재(벼락 포함)에 의한 손해 • 화재(벼락 포함)에 따른 소방손해 • 풍재, 수재, 설해, 지진에 의한 손해 • 화재(벼락 포함) 및 풍재, 수재, 설해, 지진에 의한 피난 손해 • 잔존물 제거비용	• 풍재 · 수재 · 설해 · 지진 : 지급보험금 계산 방식에 따라 계산한 금액에 0%, 5%, 10%을 곱한 금액 또는 50만원 중 큰 금액 • 화재 : 지급보험금 계산 방식에 따라 계산한 금액에 자기부담비율 0%, 5%, 10%를 곱한 금액

(참고) 비가림시설 / 해가림시설/ 농업용 시설물 및 부대시설 비용손해와 비교

① 비가림시설 보험금 = MIN(손해액 - 자기부담금, 보험가입금액)

※ 자기부담금 : 최소자기부담금(30만 원) ≦ 손해액의 10% ≦ 최대자기부담금(100만 원)
피복재 단독사고 : 최소자기부담금(10만원)≦ 손해액의 10% ≦ 최대자기부담금 (30만 원)

② 해가림시설 보험금 = (손해액 - 자기부담금) × (보험가입금액 ÷ 보험가액)

※ 자기부담금 : 최소자기부담금(10만 원) ≦ 손해액의 10% ≦ 최대자기부담금(100만 원)

③ 농업용 시설물 및 부대시설 지급보험금 = (손해액 - 자기부담금)

※ 자기부담금 : 최소자기부담금(30만 원) ≦ 손해액의 10% ≦ 최대자기부담금(100만 원)
피복재 단독사고 : 최소자기부담금(10만원)≦ 손해액의 10% ≦ 최대자기부담금 (30만 원)

구 분	비가림시설	해가림시설	농업용 시설물 및 부대시설
잔존물 제거비용	1. 보상하는 손해로 지급할 보험금과 잔존물 제거비용은 위 지급보험금 계산방법을 적용하여 계산한다. 2. 보험금과 잔존물 제거비용 합계액은 보험증권에 기재된 비가림시설의 보험가입금액을 한도로 한다. 3. 잔존물 제거비용은 손해액의 10%를 초과할 수 없다.	1. 보상하는 재해로 재해보험사업자가 지급할 보험금과 잔존물 제거비용은 각각 위 식을 적용하여 계산한다. 2. 보험금과 잔존물 제거비용 합계액은 보험증권에 기재된 해가림시설의 보험가입금액을 한도로 한다. 3. 잔존물 제거비용은 손해액의 10%를 초과할 수 없다.	1. 사고현장에서의 잔존물의 해체비용, 청소비용 및 차에 싣는 비용. 2. 보험금과 잔존물 제거비용의 합계액은 보험증권에 기재된 보험가입금액을 한도로 한다 3. 잔존물 제거비용은 손해액의 10%를 초과할 수 없다.
손해방지비용 대위권 보전비용 잔존물 보전비용	1. 상기의 방법을 적용하여 계산한 금액이 보험가입금액을 초과하는 경우에도 지급한다.	1. 상기의 방법을 적용하여 계산한 금액이 보험가입금액을 초과하는 경우에도 지급한다. 2. 단, 농지별 손해방지비용은 20만원을 한도로 지급한다.	1. 상기의 방법을 적용하여 계산한 금액이 농업용 시설물 및 부대시설의 보험가입금액을 초과하는 경우에도 지급한다. 2. 단, 이 경우에 자기부담금은 차감하지 않는다.
기타 협력비용	보험가입금액을 초과한 경우에도 전액지급한다.	보험가입금액을 초과한 경우에도 이를 전액 지급한다.	보험가입금액을 초과한 경우에도 전액 지급한다.

※ 해가림시설, 비가림시설 : 손해방지비용, 대위권보존비용, 잔존물 보전비용 자기부담금 차감
※ 농업용 시설물 및 부대시설, 가축, 축사 : 손해방지비용, 대위권보존비용, 잔존물 보전비용은 자기부담금 차감하시 않음

3 손해액 및 보험가액 산정

(1) 소

<table>
<tr><th>구분</th><th>손해액 및 보험가액 산정</th></tr>
<tr><td>손해액
산정</td><td>손해액 = 보험가액 − 이용물 처분액
<table><tr><th colspan="2">이용물 처분액 산정</th></tr><tr><td>도축장발행 정산자료인 경우</td><td>도축장발행 정산자료의 지육금액 × 75%</td></tr><tr><td>도축장발행 정산자료가 아닌 경우</td><td>중량 × 지육가격 × 75%</td></tr></table>※ 중량 : 도축장발행 사고소의 도체(지육)중량
※ 지육가격 : 축산물품질평가원에서 고시하는 사고일 기준 사고소의 등급에 해당 하는 전국평균가격(원/kg)</td></tr>
</table>

① 한우(암컷, 수컷–거세우 포함)

<table>
<tr><th>월 령</th><th>보험가액</th></tr>
<tr><td>1개월 이상
6개월 이하</td><td>보험가액 = 「농협축산정보센터」에 등재된 전전월 전국산지평균 송아지 가격
(연령(월령) 2개월 미만(질병사고는 3개월미만)일때는 50% 적용)
※ 「농협축산정보센터」에 등재된 송아지 가격이 없는 경우<table><tr><td>① 연령(월령)이 1개월 이상 3개월 이하인 경우</td><td>보험가액 = 「농협축산정보센터」에 등재된 전전월 전국산지평균가격 4~5월령 송아지 가격
(단, 연령(월령)이 2개월 미만(질병사고는 3개월 미만)일때는 50% 적용).
※ 「농협축산정보센터」에 등재된 4~5월령송아지 가격이 없는 경우
– 아래 ②의 4~5월령 송아지 가격을 적용</td></tr><tr><td>② 연령(월령)이 4개월 이상 5개월 이하인 경우</td><td>보험가액 = 「농협축산정보센터」에 등재된 전전월 전국산지평균가격 6~7월령 송아지 가격의 암송아지는 85%, 수송아지는 80% 적용</td></tr></table></td></tr>
<tr><td>7개월 이상</td><td>보험가액 = 체중 × kg당 금액<table><tr><td>체중</td><td>월령별 "발육표준표"에서 정한 사고소의 연령(월령)에 해당하는 체중<table><tr><td>한우수컷 월령이 25개월을 초과한 경우</td><td>655kg</td></tr><tr><td>한우 암컷 월령이 40개월을 초과한 경우</td><td>470kg</td></tr></table></td></tr><tr><td>kg당 금액</td><td>「산지가격 적용범위표」에서 사고소의 축종별, 성별, 월령에 해당되는 「농협축산정보센터」에 등록된 사고 전전월 전국산지평균가격 ÷ 체중
※ 「산지가격 적용범위표」 : 성별 350kg 해당 전국 산지평균가격 및 성별 600kg 해당 전국 산지평균 가격 중 kg당 가격이 높은 금액</td></tr></table></td></tr>
</table>

② 육우

<table>
<tr><th>월 령</th><th colspan="2">보험가액</th></tr>
<tr><td>2개월 이하</td><td colspan="2">「농협축산정보센터」에 등재된 전전월 전국산지평균 분유떼기 젖소 수컷 가격
(단, 연령(월령)이 2개월 미만(질병사고는 3개월 미만)일때는 50% 적용)</td></tr>
<tr><td rowspan="3">3개월 이상</td><td colspan="2">체중 × kg당 금액</td></tr>
<tr><td>체중</td><td>㉠ 약관에서 확정하여 정하고 있는 월령별 "발육표준표"에서 정한 사고소 (牛)의 월령에 해당 되는 체중을 적용한다.
㉡ 다만 육우 월령이 25개월을 초과한 경우에는 600kg으로 인정한다</td></tr>
<tr><td>kg당 금액</td><td>보험사고「농협축산정보센터」에 등재된 전전월 젖소 수컷 500kg 해당 전국 산지 평균가격 ÷ 그 체중
※전국산지평균가격이 없는 경우
「농협축산정보센터」에 등재된 전전월 전국도매시장 지육평균 가격×지육율(도체율) 58%</td></tr>
</table>

※ 사고 시점에서 산정한 월령별 보험가액 < 사고 시점의 분유떼기 젖소 수컷 가격 일때 분유떼기 젖소 수컷 가격을 적용

③ 젖소(암컷) 보험가액 산정

월 령	보험가액
1개월 ~ 7개월	분유떼기 암컷 가격 (연령(월령)이 2개월미만(질병사고는 3개월 미만) 일때는 50% 적용)
8개월~12개월	$\text{분유떼기암컷가격} + \frac{(\text{수정단계가격} - \text{분유떼기암컷가격})}{6} \times (\text{사고월령} - 7\text{개월})$
13개월~18개월	수정단계가격
19개월~23개월	$\text{수정단계가격} + \frac{(\text{초산우가격} - \text{수정단계가격})}{6} \times (\text{사고월령} - 18\text{개월})$
24개월~31개월	초산우가격
32개월~39개월	$\text{초산우가격} + \frac{(\text{다산우가격} - \text{초산우가격})}{9} \times (\text{사고월령} - 31\text{개월})$
40개월~55개월	다산우가격
56개월~66개월	$\text{다산우가격} + \frac{(\text{노산우가격} - \text{다산우가격})}{12} \times (\text{사고월령} - 55\text{개월})$
67개월 이상	노산우가격

(2) 돼지의 보험가액

손해액 = 보험가액 = 이용물 처분액

<table>
<tr><th>구 분</th><th>보험가액</th></tr>
<tr><td>종모돈</td><td>종빈돈의 평가 방법에 따라 계산한 금액의 20%를 가산한 금액</td></tr>
<tr><td>종빈돈</td><td>전국 도매시장 비육돈 평균지육단가(탕박)에 의하여 〈비육돈 지육단가〉 범위에 해당하는 종빈돈 가격
※ 임신, 분만 및 포유 등 종빈돈으로서 기능을 하지 않는 경우에는 비육돈의 산출방식과 같이 계산</td></tr>
<tr><td>비육돈
육성돈
후보돈</td><td>① 대상범위(적용체중) : 육성돈 {31kg초과~110kg 미만(출하 대기 규격돈 포함)까지 10kg 단위구간의 중간 생체중량}
<table>
<tr><td>단위구간(kg)</td><td>31~40</td><td>41~50</td><td>51~60</td><td>61~70</td><td>71~80</td><td>81~90</td><td>91~100</td><td>101~110 미만</td></tr>
<tr><td>적용체중(kg)</td><td>35</td><td>45</td><td>55</td><td>65</td><td>75</td><td>85</td><td>95</td><td>105</td></tr>
</table>
주) 1. 단위구간은 사고돼지의 실측중량(kg/1두) 임
2. 110kg 이상은 110kg으로 한다.
② 110kg 비육돈 수취가격 = 사고 당일 포함 직전 5영업일 평균돈육대표가격 (전체, 탕박) × 110kg×지급(육)율(76.8%)
③ 보험가액 = 자돈가격(30kg 기준)+(적용체중- 30kg)×[110kg 비육돈 수취가격 - 자돈가격(30kg 기준)]/80
④ 위 ②의 돈육대표가격은 축산물품질평가원에서 고시하는 가격(원/kg) 적용</td></tr>
<tr><td>자돈</td><td>포유돈(젖먹이 돼지)과 이유돈(젖을 뗀 돼지)으로 구분하여 재해보험사업자와 계약 당시 협정한 가액</td></tr>
<tr><td>기타
돼지</td><td>재해보험사업자와 계약 당시 협정한 가액으로 한다.</td></tr>
</table>

4 보험사기방지

구 분	내 용
보험사기의 정의	보험계약자 등이 보험제도의 원리상으로는 취할 수 없는 보험혜택을 부당하게 얻거나 보험제도를 역이용하여 고액의 보험금을 수취할 목적으로 고의적이며 악의적으로 행동하는 일체의 불법행위로서 형법상의 형법상 사기죄의 한 유형이다. **보험사기 방지 특별법** • 보험사기행위로 보험금을 취득하거나 제3자에게 보험금을 취득하게 한 자 • 10년 이하의 징역 또는 5,000만 원 이하 벌금 부과
성립요건	1. 계약자 또는 보험대상자에게 고의가 있을 것 ① 보험자를 기망하여 착오에 빠뜨리는 고의 ② 그 착오로 인해 승낙의 의사표시를 하게 하는 고의 2. 기망행위가 있을 것 : 기망이란 허위진술을 하거나 진실을 은폐하는 것을 말함 ① 통상 진실이 아닌 사실을 진실이라 표시하는 행위 ② 알려야 할 경우에 침묵하는 행위 ③ 진실을 은폐하는 행위 3. 상대방인 보험자가 착오에 빠지는 것 : 상대방인 보험자가 착오에 빠지는 것에 대하여 보험자의 과실 유무는 문제되지 않음 4. 상대방인 보험자가 착오에 빠져 그 결과 승낙의 의사표시를 한 것 : 착오에 빠진 것과 그로인해 승낙 의사표시 한 것과 인과관계 필요 5. 사기가 위법일 것 : 사회생활상 신의성실의 원칙에 반하지 않는 정도의 기망행위는 보통 위법성이 없다고 해석
사기행위자	사기행위에 있어 권유자가 사기를 교사하는 경우도 있으며, 권유자가 개입해도 계약자 또는 피보험자 자신에게도 사기행위가 있다면 고지의무 위반과 달리 보장개시일로부터 5년 이내에 계약의 취소가 가능
사기증명	계약자 또는 피보험자의 사기를 이유로 보험계약의 무효를 주장하는 경우에 사기를 주장하는 재해보험사업자 측에서 사기 사실 및 그로 인한 착오존재를 증명해야 함.
보험사기 조치	1. 청구한 사고보험금에 대하여 지급 거절 가능 2. 약관에 의거하여 해당 계약을 취소 가능

맛보기 문제

Ⅰ (　　　)넣기 대비 문제

1 2023년 제9회 기출문제

【문제 1】 작물특정 및 시설종합위험 인삼손해보장방식의 자연재해에 대한 설명이다. ( )에 들어갈 내용을 쓰시오. (5점)

> ○ 폭설은 기상청에서 대설에 대한 특보(대설주의보, 대설경보)를 발령한 때 해당 지역의 눈 또는 (①)시간 신적설이 (②)cm 이상인 상태
> ○ 냉해는 출아 및 전엽기(4~5월) 중에 해당 지역에 최저기온 (③)℃ 이하의 찬 기온으로 인하여 발생하는 피해를 말하며, 육안으로 판별 가능한 냉해증상이 있는 경우에 피해를 인정
> ○ 폭염은 해당 지역에 최고기온 (④)℃ 이상이 7일 이상 지속되는 상태를 말하며, 잎에 육안으로 판별 가능한 타들어간 증상이 (⑤)%이상 있는 경우에 인정

답

정답 ① 24, ② 5, ③ 0.5, ④ 30, ⑤ 50

【문제 2】 가축재해보험 협정보험가액 특별약관이 적용되는 가축 중 유량검정젖소에 관한 내용이다. ( )에 들어갈 내용을 쓰시오. (5점)

> 유량검정젖소란 젖소개량사업소의 검정사업에 참여하는 농가 중에서 일정한 요건을 충족하는 농가(직전 월의 (①)일 평균유량이 (②)kg 이상이고 평균 체세포수가(③)만 마리 이하를 충족하는 농가)의 소(최근 산차 305일 유량이 (④)kg이상이고, 체세포수가 (⑤)만 마리 이하인 젖소)를 의미하며 요건을 충족하는 유량검정젖소는 시가에 관계 없이 협정보험가액 특약으로 보험 가입이 가능하다.

답

정답 ① 305 ② 10,000 ③ 30 ④ 11,000 ⑤ 20

【문제 3】 농작물재해보험 보험료 방재시설 할인율의 방재시설 판정기준에 관한 내용이다. ( )에 들어갈 내용을 쓰시오. (5점)

- ○ 방풍림은 높이가 (①)미터 이상의 영년생 침엽수와 상록활엽수가 (②)미터 이하의 간격으로 과수원 둘레 전체에 식재되어 과수원의 바람 피해를 줄일 수 있는 나무
- ○ 방풍망은 망구멍 가로 및 세로가 6~10mm의 망목네트를 과수원 둘레 전체나 둘레일부(1면 이상 또는 전체둘레의 (③)% 이상)에 설치
- ○ 방충망은 망구멍이 가로 및 세로가 (④)mm 이하의 망목네트로 과수원 전체를 피복
- ○ 방조망은 망구멍의 가로 및 세로가 (⑤)mm를 초과하고 새의 입출이 불가능한 그물, 주 지주대와 보조 지주대를 설치하여 과수원 전체를 피복

답

정답 ① 6, ② 5, ③ 20, ④ 6, ⑤ 10

【문제 4】 가축재해보험에 가입한 A축사에 다음과 같은 지진 피해가 발생하였다. 보상하는 손해내용에 해당하는 경우에는 "해당"을, 보상하지 않는 손해내용에 해당하는 경우에는 "미해당"을 쓰시오. (단, 주어진 조건 외 다른사항은 고려하지 않음) (5점)

- ○ 지진으로 축사의 급배수설비가 파손되어 이를 복구한 비용 500만원. (①)
- ○ 지진으로 축사 벽의 2m 균열을 수리한 비용 150만원: (②)
- ○ 지진 발생 시 축사의 기계장치 도난손해 200만원: (③)
- ○ 지진으로 축사 내 배전반이 물리적으로 파손되어 복구한 비용 150만원: (④)
- ○ 지진으로 축사의 대문이 파손되어 이를 복구한 비용 130만원: (⑤)

답

정답 ① 해당(지진으로 축사의 부속설비에 입은 직접손해이므로) ② 미해당(기둥, 보, 지붕틀, 벽 등에 2m 이하의 균열이 발생한 것은 보상하지 않음) ③ 미해당(화재 또는 풍재 · 수재 · 설해 · 지진 발생 시 도난 또는 분실로 생긴 손해는 미보상) ④ 해당(전기적 사고로 생긴 손해는 미보상이지만 물리적 파손으로 인한 손해는 보상) ⑤해당(지진으로 인해 축사의 부속물에 입은 직접손해 이므로 보상)

2 2022년 제8회 기출문제

【문제 1】 보통보험약관의 해석에 관한 내용이다. ( )에 들어갈 내용을 쓰시오. (5점)

○ 기본원칙
보험약관은 보험계약의 성질과 관련하여 (①)에 따라 공정하게 해석되어야 하며, 계약자에 따라 다르게 해석되어서는 안 된다. 보험 약관상의 (②) 조항과(③) 조항 간에 충돌이 발생하는 경우 (③) 조항이 우선한다.
○ 작성자 불이익의 원칙
보험약관의 내용이 모호한 경우에는 (④)에게 엄격·불리하게 (⑤)에게 유리하게 풀이해야 한다.

답

정답 ① 신의성실의 원칙 ② 인쇄조항 ③ 수기조항
④ 보험자 ⑤ 계약자

【문제 2】 인수심사의 인수제한 목적물에 관한 내용이다. ( )에 들어갈 내용을 쓰시오. (5점)

○ 오미자 – 주간거리가 (①)cm 이상으로 과도하게 넓은 과수원
○ 포도 – 가입하는 해의 나무 수령이 (②)년 미만인 과수원
○ 복분자 – 가입연도 기준, 수령이 1년 이하 또는 (③)년 이상인 포기로만 구성된 과수원
○ 보리 – 파종을 10월 1일 이전과 11월 (④)일 이후에 실시한 농지
○ 양파 – 재식밀도가 (⑤) 주/10a 미만, 40,000 주/10a 초과한 농지

답

정답 ① 50㎝ ② 3년 ③11년
④ 20일 ⑤ 23,000

※보리 – 파종을 10월 1일 이전과 11월 20일 이후에 실시한 농지 (23년 학습서)
보리 – 파종을 11월 20일 이후에 실시한 농지 (24년 학습서)

3 2021년 제7회 기출문제

【문제 1】 종합위험보장 원예시설 상품에서 정하는 시설작물 인수제한 내용이다. (　　)에 들어갈 내용을 각각 쓰시오. [문제수정] [3점]

> • 작물의 재배면적이 시설 면적의 (①)인 경우 인수 제한한다.
> 다만, 백합 · 카네이션의 경우 하우스 면적의 (①)이라도 동당 작기별 (②) 재배시 가입 가능

답

정답 ① 50%미만 ② 200㎡이상

【문제 2】 업무방법에서 정하는 보험사기 방지에 관한 내용이다. (　　)에 들어갈 내용을 각각 쓰시오. [5점]

성립요건	• (①) 또는 보험대상자에게 고의가 있을 것 : (①) 또는 보험대상자의 고의에 회사를 기망하여 착오에 빠뜨리는 고의와 그 착오로 인해 승낙의 의사표시를 하게 하는 것이 있음 • (②) 행위가 있을 것 : (②)이란 허위진술을 하거나 진실을 은폐하는 것, 통상 진실이 아닌 사실을 진실이라 표시하는 행위를 말하거나 알려야 할 경우에 침묵, 진실을 은폐하는 것도 (②) 행위에 해당 • 상대방인 보험자가 착오에 빠지는 것 : 상대방인 보험자가 착오에 빠지는 것에 대하여 보험자의 (③) 유무는 문제되지 않음
보험사기 조치	• 청구한 사고보험금 (④) 가능 • 약관에 의거하여 해당 (⑤)할 수 있음

답

정답 ① 계약자 ② 기망 ③ 과실 ④ 지급을 거절 ⑤ 계약을 취소

【문제 3】 포도 상품 비가림시설에 대한 보험가입기준과 인수제한 내용이다. (   )에 들어갈 내용을 각각 쓰시오. [6점]

- 비가림시설 보험가입기준 : (①) 단위로 가입(구조체 + 피복재)하고 최소가입면적은 (②) 이다. 단위면적당 시설단가를 기준으로 80% ~ 130% 범위에서 가입금액 선택(10% 단위 선택)
- 비가림시설 인수제한 : 비가림 폭이 2.4m ± 15%, 동고가 (③)의 범위를 벗어나는 비가림 시설(과수원의 형태 및 품종에 따라 조정)

답

정답 ① 단지 ② 200m^2 ③ 3m ± 5%

【문제 4】 업무방법에서 정하는 종합위험 수확감소보장방식 밭작물 품목의 품목별 표본구간별 수확량 조사 방법에 관한 내용이다. (   )에 들어갈 내용을 각각 쓰시오. [5점]

품 목	표본구간별 수확량 조사방법
옥수수	표본구간 내 작물을 수확한 후 착립장 길이에 따라 상(①)·중(②)·하(③)로 구분한 후 해당 개수를 조사
차(茶)	표본구간 중 두 곳에 (④) 테를 두고 테 내의 수확이 완료된 새싹의 수를 세고, 남아있는 모든 새싹(1심 2엽)을 따서 개수를 세고 무게를 조사
감 자	표본구간 내 작물을 수확한 후 정상 감자, 병충해별 20% 이하, 21% ~ 40% 이하, 41% ~ 60% 이하, 61% ~ 80% 이하, 81% ~ 100% 이하 발병감자로 구분하여 해당 병충해명과 무게를 조사하고 최대 지름이 (⑤) 미만이거나 피해정도 50% 이상인 감자의 무게는 실제 무게의 50%를 조사무게로 함

답

정답 ① 17cm 이상 ② 15cm 이상 17cm 미만 ③ 15cm 미만 ④ 20cm × 20cm ⑤ 5cm

4 2020년 제6회 기출문제

【문제1】 농작물재해보험의 업무방법 통칙에서 정하는 용어의 정의로 ( )에 들어갈 내용 을 쓰시오.[5점]

- "과수원(농지)"이라 함은 (①)의 토지의 개념으로 (②)와는 관계없이 과실(농작물)을 재배하는 하나의 경작지를 의미한다.
- (③)이란 보험사고로 인하여 발생한 손해에 대하여 계약자 또는 피보험자가 부담하는 일정비율로 보험가입금액에 대한 비율을 말한다.
- "신초 발아기"란 과수원에서 전체 신초가 (④)% 정도 발아한 시점을 말한다.
- "개화기"란 꽃이 피는 시기를 말하며, 작물의 생물조사에서의 개화기는 꽃이 (⑤)% 정도 핀 날의 시점을 말한다. (2024 이론서에 개화기 내용 삭제됨)

답

정답 ① 한 덩어리 ② 필지(지번) ③ 자기부담비율 ④ 50 ⑤ 40

5 2019년 제5회 기출문제

【문제 1】 농작물재해보험의 업무방법 통칙에서 정하는 용어의 정의로 ( )에 들어갈 내용을 쓰시오.[5점]

- "보험가액"이란 농작물재해보험에 있어 (①)을(를) (②)으로 평가한 금액으로 보험목적에 발생할 수 있는 (③)을(를) 말한다.
- "적과후착과수"란 통상적인 (④) 및 (⑤) 종료 시점의 나무에 달린 과실수(착과수)를 말한다.

답

정답 ① 피보험이익 ② 금전 ③ 최대손해액
④ 적과 ⑤ 자연낙과

5 실전 대비 문제

【문제1】 농작물재해보험에서 정하는 용어의 정의이다. (　　)에 들어갈 내용을 쓰시오. [5점]

- 가입금액 : 재해보험사업자와 (　①　)간에 약정한 금액으로 (　②　)가 발생할 때 재해보험사업자가 지급할 (　③　) 산출의 기준이 되는 금액을 말한다.
- 자기부담비율 : (　④　)로 인하여 발생한 손해에 대하여 (　⑤　)가 부담하는 (　⑥　)로 (　⑦　)에 대한 비율을 말한다.
- 자기부담제도 : (　⑧　)의 보험처리를 배제함으로써 비합리적인 운영비 지출의 억제, 계약자 보험료 절약, 피보험자의 도덕적 위험 축소 및 방관적 위험의 배재 등의 효과를 위하여 실시하는 제도로, 가입자의 (　⑨　)를 방지하기 위한 수단으로 손해보험에서 대부분 운용

답

정답 ① 보험가입자 ② 보험사고 ③ 최대보험금
④ 보험사고 ⑤ 보험가입자 ⑥ 일정비율
⑦ 보험가입금액 ⑧ 소액손해 ⑨ 도덕적 해이

【문제2】 농작물재해보험에서 정하는 용어의 정의이다. (　　)에 들어갈 내용을 쓰시오. [5점]

- 표준수확량 : 가입품목의 품종, (　①　), (　②　)등에 따라 정해진 수확량
- 평년수확량 : 가입년도 직전 (　③　)년 중 보험에 가입한 연도의 (　④　)과 (　⑤　)(가입품목의 품종, 수령, 재배방식 등에 따라 정해진 수확량)을 가입횟수에 따라 (　⑥　)하여 산출한 해당 과수원(농지)에 기대되는 수확량을 말한다.(2016. 기출문제)
- 가입수확량 : 보험에 가입한 수확량으로 (　⑦　)의 일정범위(50% ~ 100%) 내에서 계약자가 결정한 수확량으로 가입금액의 기준
- 가입가격 : 보험에 가입한 농작물의 (　⑧　)당 가격 (나무손해보장 특별약관의 경우에는 보험에 가입한 나무의 (　⑨　)당 가격)을 말한다.
- 미보상 감수량 : (　⑩　) 이외의 원인으로 수확량이 감소되었다고 평가되는 부분을 말하며, 계약 당시 이미 발생한 피해, 병해충으로 인한 피해 및 제초상태 불량 등으로 인한 수확감소량으로서 (　⑪　) 산정 시 (　⑫　)에서 제외한다.(2019년 용어정의 문제 출제)

답

정답 ① 수령 ② 재배방식 ③ 5 ④ 실제수확량 ⑤ 표준수확량 ⑥ 가중평균
⑦ 평년수확량 ⑧ kg ⑨ 1주 ⑩ 보상하는 재해 ⑪ 피해율 ⑫ 감수량

【문제3】 농작물재해보험에서 정하는 용어의 정의이다. (　　)에 들어갈 내용을 쓰시오. [5점]

- 침수 : 나무에 달린 (①)이 물에 잠긴 상태
- 유실 : 나무가 과수원 내에서의 (②)를 벗어나 그 점유를 잃은 상태
- 절단(1/2) : 나무의 (③)가 분리되거나 전체 주지・꽃(눈) 등의 1/2 이상이 분리된 상태
- 소실(1/2) : 화재로 인하여 나무의 (④) 이상이 사라지는 것
- 절단 : 나무의 주간부가 분리되거나 전체 주지・꽃(눈) 등의 (⑤)이상이 분리된 상태
- 신초 절단 : 단감, 떫은감의 신초의 (⑥) 이상이 (⑦)된 상태
- 소실 : 화재로 인하여 나무의 (⑧) 이상이 사라지는 것

답

정답 ① 과실(꽃) ② 정위치 ③ 주간부 ④ 1/2
⑤ 2/3 ⑥ 2/3 ⑦ 분리 ⑧ 2/3

【문제4】 농작물재해보험에서 정하는 용어의 정의이다. (　　)에 들어갈 내용을 쓰시오. [5점]

- 매몰 : 나무가 토사 및 산사태 등으로 주간부의 (①) 이상이 묻힌 상태
- 도복 : 나무가 (②) 이상 기울어지거나 넘어진 상태
- 꽃눈 분화기 : 과수원에서 꽃눈 분화가 (③) 정도 진행된 때를 말한다.
- 발아기 : 과수원에서 전체 눈이 (④) 정도 발아한 시기
- 신초발아기 : 신초(당년에 자라난 새가지)가 (⑤) 정도 발아한 시점을 말한다.
- 출수기 : 농지에서 전체 이삭이 (⑥) 정도 출수한 시점
- 발아 : (꽃 또는 잎) 눈의 (⑦)이 (⑧) 정도 밀려나오는 현상
- 신초 발아 : 신초(당년에 자라난 새가지)가 (⑨)정도 자라기 시작하는 현상을 말한다.

답

정답 ① 30% ② 45° ③ 50% ④ 50%
⑤ 50% ⑥ 70% ⑦ 인편 ⑧ 1~2mm ⑨ 1~2mm

Ⅱ 산출식 암기문제

1 2022년 기출문제 (12번)

【문제 12】 종합위험 수확감소보장방식의 품목별 과중조사에 관한 내용의 일부이다. ( )에 들어갈 내용을 쓰시오. (5점)

ㅇ 밤(수확 개시 전 수확량조사 시 과중조사)
품종별 개당 과중=품종별 {정상 표본과실 무게 합 + (소과 표본과실 무게 합 × (①))} ÷ 표본과실 수
ㅇ 참다래
품종별 개당 과중 = 품종별 {50g 초과 표본과실 무게 합+(50g 이하 표본과실 무게 합 × (②))} ÷ 표본과실 수
ㅇ 오미자(수확 개시 후 수확량 조사 시 과중조사)
선정된 표본구간별로 표본구간 내 (③)된 과실과 (④)된 과실의 무게를 조사한다.
ㅇ 유자(수확 개시 전 수확량 조사 시 과중조사)
농지에서 품종별로 착과가 평균적인 3개 이상의 표본주에서 크기가 평균적인 과실을 품종별 (⑤)개 이상(농지당 최소 60개 이상) 추출하여 품종별 과실개수와 무게를 조사한다.

답

정답 ① 0.8 ② 0.7 ③ 착과 ④ 낙과 ⑤ 20

2 2019년 기출문제(02번, 07번, 08번)

【문제2】 농업수입감소보장 양파 상품의 내용 중 보험금의 계산식에 관한 것이다. 다음 내용에서 (   )의 ① 용어와 ② 정의를 쓰시오. [5점]

• 실제수입 = {조사수확량 + (   )} × 최솟값(농지별 기준가격, 농지별 수확기가격)

답

정답 ① 미보상 감수량
② "미보상 감수량"이란 보상하는 재해 이외의 원인으로 수확량이 감소되었다고 평가되는 부분을 말하며, 계약 당시 이미 발생한 피해, 병해충으로 인한 피해 및 제초상태 불량 등으로 인한 수확감소량으로서 피해율 산정시 감수량에서 제외한다.

【문제7】 ○○도 △△시 관내 농업용 시설물에서 딸기를 재배하는 A씨, 시금치를 재배하는 B씨, 부추를 재배하는 C씨, 장미를 재배하는 D씨는 모두 농작물재해보험 종합위험방식 원예시설 상품에 가입한 상태에서 자연재해로 시설물이 직접적인 피해를 받았다. 이 때, A, B, C, D씨의 작물에 대한 지급보험금 산출식을 각각 쓰시오. (단, D씨의 장미는 보상하는 재해로 나무가 죽은 경우에 해당함) [15점]

답

정답
- A씨 지급보험금 산출식 = 딸기 재배면적 × 딸기 단위면적당 보장생산비 ×경과비율 × 피해율
- B씨 지급보험금 산출식 = 시금치 재배면적×시금치 단위면적당 보장생산비 × 경과비율×피해율
- C씨 지급보험금 산출식 = 부추 재배면적 × 부추 단위면적당 보장생산비 × 피해율 × 70%
- D씨 지급보험금 산출식= 장미 재배면적 × 장미 단위면적당 나무고사 보장생산비 × 피해율

※ 생산비보장 보험금에서 장미, 부추, 표고버섯 원목재배는 경과비율을 계산하지 않는 것이 key point!!!

【문제8】 농작물재해보험 종합위험 수확감소보장 상품에 관한 내용이다. 다음 보장방식에 대한 ① 보험의 목적과 ② 보험금 지급사유를 서술하고, ③ 보험금 산출식을 쓰시오,[15점]

(1) 재이앙ㆍ재직파보장

(2) 재파종보장

(3) 재정식보장

답

정답 (1) 재이앙ㆍ재직파보장
① 보험의 목적 : 벼
② 보험금 지급사유 : 보상하는 손해로 면적피해율이 10%을 초과하고, 재이앙・재직파한 경우에 1회 지급한다.
③ 보험금 산출식 : 보험가입금액 × 25% × 면적피해율

(2) 재파종보장
① 보험의 목적 : 마늘 (월동무, 쪽파, 시금치, 메밀는 생산비보장상품임)
② 보험금 지급사유 : 보상하는 재해로 10a당 출현주수가 30,000주보다 작고, 10a당 30,000주 이상으로 재파종한 경우
③ 보험금 산출식 : 보험가입금액 × 35% × 표준출현 피해율

(3)재정식보장
① 보험의 목적 : 양배추 (가을배추, 월동배추, 브로콜리, 양상추는 생산비보장상품임)
② 보험금 지급사유 : 보상하는 손해로 면적피해율이 자기부담비율을 초과하고, 재정식을 한 경우에 1회 지급한다.
③ 보험금 산출식 : 보험가입금액 × 20% × 면적피해율

3 실전 대비 문제

【문제 1】 보험금 공식 정리 표이다. (　　　)안에 알맞은 용어를 쓰시오.

① 기본공식

<table>
<tr><th colspan="2">구 분</th><th>보험금 공식</th></tr>
<tr><td colspan="2">농업수입감소보험금</td><td rowspan="10">보험가입금액 × {(　①　) − (　②　)}

※ 옥수수수확감소보험금
보험금=MIN[보험가입금액, 손해액]−자기부담금
※ 고추생산비보장보험금
보험금 = (잔존보험가입금액 × 경과비율 × 피해율 × 병충해 등급별 인정비율) − 자기부담금
※ 브로콜리생산비보장보험금
보험금=(잔존보험가입금액×경과비율×피해율) − 자기부담금</td></tr>
<tr><td rowspan="2">수확감소보험금</td><td>과 수</td></tr>
<tr><td>논/밭작물
(※ 옥수수제외)</td></tr>
<tr><td>과실손해보험금</td><td>감귤(온주밀감류), 오디</td></tr>
<tr><td>수확전
종합위험보장</td><td>복분자, 무화과</td></tr>
<tr><td>생산비보장보험금</td><td>밭작물
(※고추, 브로콜리 제외)</td></tr>
<tr><td colspan="2">인삼</td></tr>
<tr><td colspan="2">나무손해보험금(특약)</td></tr>
</table>

답

정답 ① 피해율 ② 자기부담비율

② 보험금 = 보험가입금액 × 피해율 × (%)형 공식

<table>
<tr><th colspan="2">구 분</th><th>보험금 공식</th></tr>
<tr><td colspan="2">수확량감소추가보장 특약(포도, 복숭아, 감귤(만감류))
과실손해추가보장 특약 (감귤(온주밀감류))</td><td>보험가입금액 × 피해율 × (　①　)</td></tr>
<tr><td colspan="2">이앙 · 직파불능 보험금(벼)</td><td>보험가입금액 × (　②　)</td></tr>
<tr><td colspan="2">재이앙·재직파보험금(벼)</td><td>보험가입금액 × 면적피해율 × (　③　)</td></tr>
<tr><td>재정식
보험금</td><td>양배추, 배추(월동 · 가을), 브로콜리, 양상추</td><td>보험가입금액 × 면적피해율 × (　④　)</td></tr>
<tr><td rowspan="3">재파종
보험금</td><td>무(월동), 쪽파 · 실파, 시금치(노지), 메밀</td><td>보험가입금액 × 면적피해율 × (　④　)</td></tr>
<tr><td>마늘</td><td>보험가입금액 × 표준출현피해율 × (⑤)</td></tr>
<tr><td>조기파종 보장 특약 (남도종 마늘)</td><td>보험가입금액 × 표준출현피해율 × (⑥)</td></tr>
</table>

답

정답 ① 10% ② **15% (24년도에 15%로 변경)** ③ 25% ④ 20% ⑤ 35% ⑥ 25%

③ MIN (　　　)형 공식

㉠ 옥수수 수확감소 보험금

수확감소 보험금 = MIN [(　　　①　　　), 손해액] – 자기부담금 ※ 손해액 = (　　　②　　　– 미보상감수량) × 가입가격 ※ 자기부담금 = 보험가입금액 × 자기부담비율

답

정답 ① 보험가입금액 ② 피해수확량

㉡ 비가림시설보험금

지급액 = MIN {(　　　①　　　) – 자기부담금, (　　　②　　　)}

답

정답 ① 손해액 ② 보험가입금액

㉢ 해가림시설

1. 보험가입금액이 보험가액과 같거나 클 때 : 보험가입금액을 한도로 손해액에서 자기부담금을 차감한 금액. 단, 보험가입금액이 보험가액보다 클 때에는 보험가액을 한도로 함 2. 보험가입금액이 보험가액보다 작을 때 : 보험가입금액을 한도로 비례보상 (손해액 –　　①　　) × {(　　　②　　　) ÷ (　　　③　　　)}

답

정답 ① 자기부담금 ② 보험가입금액 ③ 보험가액

【문제 2】 다음 (　　　)안에 알맞은 용어를 쓰시오.

• 면적피해율 = (　　　①　　　) ÷ 보험가입면적 • 표준출현피해율 = (30,000주 – (　　　②　　　)) ÷ 30,000주

답

정답 ① 피해면적 ② 출현주수

【문제 3】 종합위험보장 오디 상품의 내용 중 피해율의 계산식에 관한 것이다. 다음 내용에서 (　　　)의 ① 용어와 ② 정의를 쓰시오. [5점]

• 피해율 = (평년결실수– (　　　①　　　) – 미보상감수 결실수) ÷ 평년결실수

답

정답 ① 조사결실수 ② 정의 : 손해평가 시 표본으로 선정한 결과모지의 결실수

Ⅲ 보험기간 총정리 편

【문제 1】 다음은 각 작물의 수확감소보장기간이다. (　　　)안에 알맞은 용어를 쓰시오.

품 목	보장개시	보장종료
옥수수	계약체결일 24시	수확기 종료 시점(단,판매개시연도 (①) 초과 불가)
고구마,감자(고랭지)	계약체결일 24시	수확기 종료 시점(단, 판매개시연도 (②) 초과 불가
팥	계약체결일 24시	수확기 종료 시점(단, 판매개시연도(③) 초과 불가
콩	계약체결일 24시	수확기 종료 시점 (단,판매개시연도 11월 30일초과불가
감귤(만감류)	계약체결일 24시	수확기 종료 시점(단, 이듬해 2월 말일 초과 불가)
보리,밀,양파,마늘,귀리	계약체결일 24시	수확기 종료 시점(단, 이듬해(④) 초과 불가)
살 구	계약체결일 24시	수확기 종료 시점(단, 이듬해 7월 20일 초과 불가)
매 실	계약체결일 24시	수확기 종료 시점(단, 이듬해 (⑤) 초과 불가)
자 두	계약체결일 24시	수확기 종료 시점(단, 이듬해 (⑥) 초과 불가)
포도, 복숭아,오미자	계약체결일 24시	수확기 종료 시점(단, 이듬해 (⑦) 초과 불가)
차	계약체결일 24시	(⑧)(단, 이듬해 (⑨) 초과 불가)
이듬해에 맺은 유자 과실	계약체결일 24시	(⑩)(단, 10월 31일 초과 불가)
벼 (조곡)	(⑪) 단, 경과한 경우에는 계약체결일 24시	수확기 종료 시점. 다만, 판매개시연도 11월 30일을 초과할 수 없음
양배추	정식완료일 24시 (단, 경과한 경우 계약체결 24시 정식완료일은 판매개시연도 9월 30일 초과불가	〈수확기 종료시점〉 (단, 아래 날짜 초과불가) • 극조생, 조생종 : 이듬해 2월 28일 • 중생종 : 이듬해 3월 15일 • 만생종 : 이듬해 3월 31일
감자 (봄재배, 가을재배)	파종완료일 24시(단, 계약시 파종완료일이 경과한 경우에는 계약체결일 24시)	〈수확기 종료 시점〉 • 봄재배 : 판매개시연도 7월31일 초과불가 • 가을재배 : 판매개시연도 제주는12월 15일, 제주 이외는 판매개시연도 11월 30일 초과 불가
밤	(⑫) (경과한 경우에는 계약체결일 24시)	수확기 종료 시점(단,판매개시연도10월 31일초과 불가
호두	(⑫) (경과한 경우에는 계약체결일 24시)	수확기 종료 시점(단,판매개시연도 9월 30일 초과불가
대추	(⑬) (경과한 경우에는 계약체결일 24시)	수확기 종료 시점(단, 판매개시연도 10월 31일 초과 불가
이듬해에 맺은 참다래 과실	(⑭) (경과한 경우에는 계약체결일 24시)	해당 꽃눈이 성장하여 맺은 과실의 수확기 종료시점 (단, 이듬해 11월 30일 초과 불가)

정답 ① 9월 30일 ② 10월 31일 ③ 11월 13일 ④ 6월 30일 ⑤ 7월 31일 ⑥ 9월 30일⑦ 10월 10일 ⑧ 햇차 수확종료시점⑨ 5월 10일⑩ 수확개시 시점⑪이앙(직파)완료일 24시⑫발아기 ⑬ 신초발아기 ⑭꽃눈분화기

【문제 2】 다음은 경작불능보장 보험기간이다. (　　) 안에 알맞은 용어를 쓰시오.

품 목	보장개시	보장종료
벼(조곡), 조사료용 벼	이앙(직파)완료일 24시 다만, 보험계약시 이앙(직파)완료일이 경과한 경우에는 계약체결일 24시	(　①　) 다만, 조사료용 벼의 경우 판매개시연도 8월 31일
밀, 보리, 귀리	계약체결일 24시 다만, 마늘은 조기파종 보장 특약 가입 시 해당 특약 보장종료 시점	수확 개시 시점 단, 사료용옥수수는 판매개시연도 8월 31일을 초과할 수 없음
마늘, 양파, 고구마, 감자(고랭지)옥수수, 사료용 옥수수		
감자(봄재배), 감자(가을재배)	파종완료일 24시 (단, 파종완료일 경과후에는 계약체결일 24시)	
양배추 (종합, 수입)	정식완료일 24시 (단, 정식완료일 경과후에는 계약체결 24시) ※ 정식완료일은 판매개시연도 (②) 초과 불가	
복분자 (과수중에 유일하게 경작불능보장)	계약체결일 24시	수확 개시 시점 단, 이듬해(③)을 초과 불가
팥, 콩 (종합, 수입)	계약체결일 24시	(　④　)
단호박, 대파, 고랭지배추, 가을배추, 월동배추, 양상추 (정식작물)	정식(파종)완료일 24시(단, 보험계약 시 정식(파종)완료일이 경과한 경우에는 계약체결일 24시) • 대파 : 판매개시연도(⑥) 초과 불가 • 단호박 : 판매개시연도(⑦) 초과 불가 • 고랭지배추 : 판매개시연도(⑧)초과 불가 • 고랭지 무 :판매개시연도 7월 31일 초과 불가 • 당근 : 판매개시연도(⑨) 초과 불가 • 양상추 : 판매개시연도 8월 31일 • 가을배추 : 판매개시연도 (⑩)초과 불가 • 월동배추 : 판매개시연도 9월 25일 초과 불가 • 월동무 :판매개시연도 10월 15일 초과 불가 • 쪽파(실파[1·2형]) 판매개시연도(⑪)초과 불가 • 시금치(노지) : 판매개시연도(⑫) 초과 불가	(　⑤　) (단, 종합위험생산비 보장에서 정하는 보장종료일 초과불가
고랭지무, 월동무 당근, 메밀, 쪽파(실파)[1형, 2형], 시금치(노지) (파종작물)		

정답 ① 출수기 전 ② 9월 30일 ③ 5월 31일 ④ 종실 비대기전 ⑤ 최초 수확직전 ⑥ 5월 20일 ⑦ 5월 29일 ⑧ 7월 31일 ⑨ 8월 31일 ⑩ 9월 10일 ⑪ 10월 15일 ⑫ 10월 31일

【문제 3】 다음은 과실손해보장 보험기간이다. (　　　)안에 알맞은 용어를 쓰시오.

구 분		보장개시	보장종료
복분자	수확개시전	계약체결일 24시	이듬해 (①)
	수확개시후	이듬해 6월 1일	이듬해 수확기 종료시점 단, 이듬해 (②) 초과 불가
무화과	수확개시전	계약체결일 24시	이듬해 7월 31일
	수확개시후	이듬해 8월 1일	이듬해 수확기 종료시점 단, 이듬해 (③) 초과 불가
감 귤 (온주밀감류)	과실손해보장	계약체결일 24시	수확기 종료 시점 다만, 판매개시연도 (④) 을 초과불가
	과실손해 추가보장(특약)		
	수확개시 이후 동상해 보장	판매개시연도 (⑤)	이듬해 2월 말일
오 디	과실손해보장	계약체결일 24시	(⑥) 단, 이듬해 5월 31일을 초과 불가

답

정답 ① 5월 31일 ② 6월 20일 ③ 10월 31일 ④ 12월 20일 ⑤ 12월 21일 ⑥ 결실완료시점

【문제 4】 다음은 나무손해보험특약 보험기간이다. (　　　)안에 알맞은 용어를 쓰시오.

상 품	보장개시	보장종료
적과전종합위험 과수 4종	판매개시연도 2월 1일 다만, 판매개시연도 2월 1일 이후 보험에 가입하는 경우에는 계약체결일 24시	이듬해 (①)
포도, 복숭아, 자두, 유자, 무화과, 매실, 살구	판매개시연도 12월 1일 단, 12월 1일 이후에는 계약체결일 24시	이듬해 (②)
참다래	판매개시연도 (③) 단, (③) 이후에는 계약체결일 24시	이듬해 (④)
감귤(온주밀감류) 감귤(만감류)	(⑤)	이듬해 (⑥)

답

정답 ① 1월 31일 ② 11월 30일 ③ 7월 1일 ④ 6월 30일 ⑤ 계약체결일 24시 ⑥4월 30일

【문제 5】 다음은 농업수입감소보장 보험기간이다. (　　)안에 알맞은 용어를 쓰시오.

<table>
<tr><th rowspan="2">구 분</th><th rowspan="2">보장개시</th><th colspan="2">보장종료</th></tr>
<tr><th>가격하락</th><th>자연재해, 조수해, 화재</th></tr>
<tr><td>마늘, 양파, 콩, 고구마</td><td>계약체결일 24시</td><td rowspan="4">(④)</td><td rowspan="4">(⑤)
다만, 아래 날짜를 초과불가
• 고구마 : 판매개시연도 10월 31일
• 콩, 감자(가을재배): 판매개시연도 11월 30일
• 양배추
– 극조생, 조생 : 이듬해 2월 28일
– 중생 : 이듬해 3월 15일
– 만생 : 이듬해 3월 31
• 양파, 마늘 : 이듬해 6월 30일
• 포도 : 이듬해 10월 10일</td></tr>
<tr><td>(①)</td><td>파종완료일 24시
다만, 보험계약시 파종완료일이 경과한 경우에는 계약체결일 24시</td></tr>
<tr><td>(②)</td><td>정식완료일 24시
다만, 보험계약시 정식완료일이 경과한 경우에는 계약체결일 24시이며
정식 완료일은 (　③　)을 초과할 수 없음</td></tr>
<tr><td>포도</td><td>계약체결일 24시</td></tr>
</table>

답

정답 ① 감자(가을재배) ② 양배추 ③ 9월 30일 ④ 수확기가격 공시시점 ⑤ 수확기 종료 시점

【문제 6】 다음은 생산비보장 보험기간에 관한 내용이다. (　　)안에 알맞은 용어를 쓰시오.

구 분	보장개시	보장종료
고 추	계약체결일 24시	정식일부터 (①) 일째 되는 날 24시
대파, 단호박, 고랭지배추, 월동배추 가을배추 브로콜리 양상추 (정식) 고랭지무, 월동무, 당근, 메밀, 쪽파(실파) [1형, 2형], 시금치(노지) (파종)	정식(파종)완료일 24시 (단, 정식(파종)완료일이 경과한 경우에는 계약체결일 24시) ※ 정식(파종)완료일 다음 기간 초과 불가 • 대파 : 판매개시연도 5월20일 • 단호박 : 판매개시연도 (③) • 고랭지배추 : 판매개시연도 7월 31일 • 고랭지 무 : 판매개시연도 7월 31일 • 당근, 양상추 : 판매개시연도 8월 31일 • 가을배추 : 판매개시연도 9월 10일 • 메밀 : 판매개시연도 9월 15일 • 월동배추 : 판매개시연도 (④) • 브로콜리 : 판매개시연도 9월 30일 • 월동무 : 판매개시연도 10월 15일 • 쪽파(실파)[1・2형] : 판매개시연도(⑤) • 시금치(노지) : 판매개시연도 (⑥)	**※ 정식(파종)일로부터 다음이 되는 날 24시** • 고랭지배추 : (②)일 • 양상추 : 70일 (다만, 판매개시연도 11월 10일을 초과할 수 없음) • 고랭지무 : 80일 • 단호박 : 90일 • 가을배추 : 110일 (다만, 판매개시 연도 12월 15일을 초과할 수 없음) • 브로콜리 : 160일 • 대파 : 200일 **※ 최초 수확 직전(단, 다음 기간 초과 불가)** • 메밀 : 판매개시연도 11월 20일 • 쪽파(실파)[1형] : 판매개시연도 12월 31일 • 시금치(노지) : 이듬해 1월 15일 • 당근 : 이듬해 2월 29일 • 월동배추, 월동무 : 이듬해 3월 31일 • 쪽파(실파)[2형] : 이듬해 5월 31일

답

정답 ① 150 ② 70 ③ 5월 29일 ④ 9월 25일 ⑤ 10월 15일 ⑥ 10월 31일

02

실전 모의고사

문제 · 해설

제1회	모의고사	제6회	모의고사
제2회	모의고사	제7회	모의고사
제3회	모의고사	제8회	모의고사
제4회	모의고사	제9회	모의고사
제5회	모의고사	제10회	모의고사

PART 02

제1회 실전모의고사

Ⅰ 농작물재해보험 및 가축재해보험의 이론과 실무

※ 단답형 문제에 답하시오. (1～5번 문제)

01 위험의 개념정의 및 분류에 관한 설명이다. (　　)안에 알맞은 용어를 쓰시오 [5점]

- 위험관리의 일반적인 목표는 첫째, (①)으로 손실(위험비용)을 최소화하는 것이며, 둘째, 개인이나 조직의 (②)을 확보하는 것이다.
- 위험관리의 목적은 사전적 목적과 사후적 목적으로 구분할 수 있다. 사전적 목적은 경제적 효율성 확보, (③), 타인에 전가할 수 없는 (④)의 이행 그리고 기업의 최고 경영자에게 예상되는 위험에 대하여 안심을 제공하는 것 등이다,
- 농업부문 위험의 유형에는 생산위험, (⑤), 제도적 위험, 인적위험을 들 수 있다.

답

02 초래하는 손실의 특성에 따른 순수위험의 종류 4개를 쓰시오. [4점]

답

03 보험료율 적용, 보험료 할인·할증에 관한 내용이다. (   ) 안에 알맞은 용어를 쓰시오 [8점]

1) 보험료율 적용

보험료율은 각 주계약, 특약의 지역별 자연재해 특성을 반영하여 산정된다. 기본적으로 보험료율을 산출하는 지역단위는 시 · 군 · 구 또는 (①)이다. 시 · 군내 자연재해로 인한 피해의 양상이 상이하여 보험료가 공정하지 않다는 지적이 제기되어, 2022년부터 사과, 배 품목을 대상으로 통계신뢰도를 일정수준 충족하는 읍 · 면 · 동에 대해 시범적으로 보험료율 산출 단위 세분화(시 · 군 · 구 → 읍 · 면 · 동)를 적용한다.

한편, 2018년 재해 발생 빈도와 심도가 높은 시군의 보험료율과 타 시군과의 보험료율 격차가 커지자 보험료율 안정화를 위해 단감, 떫은감, (②)를 대상으로 시 · 군별 보험료율의 분포를 고려하여 보험료율 (③)를 도입하였다.

2) 보험료 할인 · 할증 적용

품목별 시 · 군별 보험료율에 가입자별 특성에 따라 보험료 할인 · 할증이 적용된다. 보험료의 할인 · 할증의 종류는 각 품목별 재해보험 요율서에 따라 적용되며 과거의 손해율 및 가입연수에 따른 할인 · 할증, 방재시설별 할인율 등을 적용한다. 과거 5년간 누적손해율이 (④)일 경우 누적손해율과 가입기간에 따른 보험료 할인이 적용된다. 또한 일부 품목을 대상으로 방재시설 설치시 보험료 할인이 적용된다. 반면, 과거 5년간 누적손해율이 (⑤)일 경우 누적손해율과 가입기간에 따른 보험료 할증이 적용된다. 보험료 할인 · 할증에 대한 자세한 내용은 다음의 표에 제시되어 있다.

〈손해율 및 가입연수에 따른 할인 · 할증률〉

손해율	평가기간				
	1년	2년	3년	4년	5년
30%미만	-8%	-13%	-18%	-25%	(⑥)
30%이상 60%미만	-5%	-8%	-13%	-18%	-25%
60%이상 80%미만	-4%	-5%	-8%	-13%	-18%
80%이상 120%미만	-	-	-	-	-
120%이상 150%미만	3%	5%	7%	8%	13%
150%이상 200%미만	5%	7%	8%	13%	17%
200%이상 300%미만	7%	8%	13%	17%	25%
300%이상 400%미만	8%	13%	17%	25%	33%
400%이상 500%미만	13%	17%	25%	33%	42%
500%이상	17%	25%	33%	42%	(⑦)

※ 손해율 = 최근 5개년 보험금 합계 ÷ 최근 5개년 (⑧) 합계

답

04 위험관리의 구성 요소에 대한 설명이다. ( ) 안에 들어갈 내용을 순서대로 답란에 쓰시오. [3점]

- (㉠) : 위험 원인과 잠재적인 결과(outcomes) 등을 파악하는 활동을 의미한다
- (㉡) : 위험관리 차원에서 사고로부터 발생가능한 손실의 위험을 적정한 보험상품 가입을 통해 전가하는 것이다.
- (㉢) : 좋지 않은 결과의 가능성을 축소하는 활동을 의미한다.
- (㉣) ; 좋지 않은 결과를 사후적으로(ex post) 완화하는 활동을 의미한다.

답

※ 서술형 문제에 답하시오. (5 ~ 10번 문제)

05 다음 보기의 계약내용을 보고 해가림시설의 ① 재조달가액, ② 감가상각률 ③ 보험가입금액 ④ 지급액을 을 구하시오. (보험가입금액은 천원미만 절사, 기타 금액은 원미만 절사하시오) [15점]

- 계약내용

재배칸수	설치단가	재 료	시설년도	가입연월	보험가액
250칸	5,500원/㎡	목 재	2020. 4.	2022. 11.	4,033,000원

- 사고내용

사고일	총피해칸수	사고원인	지주목간격	고랑폭	두둑폭	잔존물제거비용
2023.2.14	100칸	폭설	2m	0.5m	1.5m	300,000원

- 총 피해칸수에 대한 피해정도 조사내용

손해정도	1%~20%	21%~40%	41%~60%	61%~80%	81%~100%
칸	10	20	10	6	54

답

06 농작물재해보험의 종합위험보장 포도 상품에 가입하려는 농지에 대하여 인수 가능 여부와 그 사유를 쓰시오.(단, 제시된 조건 이외의 사항은 고려하지 않음) [20점]

1) 네오마스캇 품종 450주와 캠벨얼리품종 150주가 혼식되어 있으며 사과 부사 품종이 50주 식재된 A과수원
2) 2021년에 발생한 궤양병으로 인하여 2022년 보험 가입일 현재 기준 총 400주 중에서 50주가 고사하여 30주는 제거하고 현재 20주만 남아있는 B과수원
3) 비가림폭 2.3m, 동고 3.5m의 비가림 시설을 한 C과수원

답

07 종합위험 벼 품종의 다음 제시된 계약내용을 이론서에서 정하는 기준에 따라 물음에 답하시오. [20점]

• 계약사항

• 직파 재배하고 있으며 보험 가입이 가능한 해부터 연속 농작물재해보험가입 중
• 계약자는 2024년에 가입 가능한 최저자기부담비율을 선택하여 보험에 가입할 예정임
• 최근 5년간 순보험료 및 지급보험금

	2019	2020	2021	2022	2023
순보험료	100만원	100만원	120만원	120만원	130만원
지급보험금	800만원	300만원	무사고	300만원	무사고

• 지자체지원 : 순보험료의 39%

평년수확량	가입수확량	표준(가입)가격	순보험료율	부가보험료율
7,000kg,	7,000kg	1,200원/kg	10%	2%

손해율에 따른 할인할증률	직파재배 할증률	친환경재배 시 할증률
-10%	5%	0%

1) 계약자가 가입 가능한 최저 자기부담비율을 구하시오.
2) 보험가입금액을 구하시오.
3) 계약사항을 참조하여 계약자부담 보험료를 구하시오.

답

08 다음은 보험 대상 농작물 표이다. (　　)에 들어갈 알맞은 작물명칭을 쓰시오. [5점]

구 분	작 물
식량작물 (10개)	벼, 밀, 보리, 감자, 고구마, 옥수수 , 콩, 팥, 메밀, (①)
과수작물 (12개)	사과, 배, 단감, 감귤, 포도, 복숭아, 자두, 살구, 매실, (②), 유자, 무화과
채소작물 (12개)	양파, 마늘, 고추, 양배추, 배추, 무, 파, 당근, 브로콜리, 단호박, 시금치(노지), (③)
특용작물 (3개)	인삼, 차(茶), 오디
임산물 (7개)	(④), 대추, 밤, 호두, 복분자, 오미자, 표고버섯
버섯작물 (3개)	느타리버섯, 새송이버섯, 양송이버섯
시설작물 (23개)	• 화훼류 : 국화, 장미, 백합, 카네이션 • 비화훼류 : 딸기, 오이, 토마토, 참외, 풋고추, 호박, 수박, 멜론, 파프리카, 상추, 부추, 시금치, 가지, 배추, 파(대파 · 쪽파), 무, 미나리, 쑥갓, (⑤)

답

09 가축재해보험 말 상품 인수절차를 거쳐 아래와 같이 주계약 보험가입시 총농가납입보험료를 구하시오.(단, 제시 외 요건은 고려하지 않음) (5점)

- 종빈마 가입금액 : 50,000,000원, 요율 : 6%
- 경주마(외국산) : 60,000,000원, 요율 : 10.7%
- 지자체 :지원 없음

답

10 가축재해보험의 정부지원에 관한 설명이다. (　　)안에 들어갈 알맞은 용어를 쓰시오. [5점]

> 가축재해보험 가입방식은 농작물재해보험과 같은 방식으로 가입 대상자(축산농업인)가 가입 여부를 판단하여 가입하는 "(　①　)" 방식이다.
> 가축재해보험에 가입하여 정부의 지원을 받는 요건은 (　②　)에 등록하고, (　③　) 허가(등록)를 받은 자로 한다. 가축재해보험과 관련하여 정부의 지원은 개인 또는 법인당 (　④　)원 한도 내에서 납입보험료의 (　⑤　)%까지 받을 수 있다.

답

Ⅱ 농작물재해보험 및 가축재해보험 손해평가의 이론과 실무

※ 단답형 문제에 답하시오.

11 다음은 적과전 종합위험보장 품목의 현지조사에 대한 설명이다. 다음 (　　)에 들어갈 알맞은 용어를 쓰시오. [5점]

> - (　㉠　)는 사고여부와 관계없이 가입 전건에 대해 실시
> - 「적과종료 이전 특정위험 5종 한정보장특별약관」을 가입한 경우에는 적과종료이전 사고가 5종(태풍(강풍), 우박, 집중호우, 화재, (　㉡　))시에만 해당 조사를 실시
> - 적과종료전 5종 한정 특약 가입 건의 우박피해 시 (　㉢　) 확인
> - 적과종료 이후 (　㉣　) 사고 시에는 착과피해조사만을 실시한다.
> - 단감 또는 떫은감, 수확연도 6월 1일 이후 낙엽피해 시 (　㉤　) 조사를 실시 (적과종료 이전 특정 5종 한정 특약 가입건)

답

※ 서술형 문제에 답하시오. (12 ~ 18번 문제)

12 종합위험 생산비보장 메밀 품목에 조사내용과 같이 피해가 발생하였다. 다음 물음에 답하시오.(단, 피해율은 %단위로 소수점 셋째자리에서 반올림하며 제시된 조건이외는 고려하지 않음) [10점]

- 계약 및 조사내용

계약내용	• 보험가입금액 : 20,000,000원 • 가입면적 : 9,200㎡ • 자기부담비율 : 최소자기부담비율
조사내용	• 실제경작면적 : 9,200㎡ • 도복피해면적 5,000㎡ • 도복이외 피해면적 : 2,500㎡ • 도복이외 표본구간면적 8㎡ • 도복이외면적 표본구간 피해정도 면적 합계

구분	정상	20%형	40%형	60%형	80%형	100%형	타작물
면적(㎡)	1.5	1	0	0	1.5	3	1

1) 피해면적을 구하시오.

2) 피해율을 구하시오

3) 생산비보장보험금을 구하시오.

답

13 농업수입보장보험 포도 품목의 아래 계약내용과 착과수 조사내용을 기준으로 물음에 답하시오. (단, 수확량은 kg 단위로 소수점 첫째 자리에서 반올림하고, 피해율은 % 단위로 소수점 셋째 자리에서 반올림함) [15점]

• 계약내용

• 품종 캠벨얼리(7년생)	• 보험가입금액 : 32,500,000원
• 가입주수 : 500주	• 평년수확량 : 6,500kg
• 기준가격 : 5,000원/kg	• 자기부담비율 : 20%
• 평균 과중 : 450g	

• 조사내용

• 표본주수 : 최소표본주 선정조사	
• 실제결과주수 : 500주	• 미보상주수 : 10주
• 표본주 착과수 : 350개	• 수확량 : 6,500kg
• 미보상비율 : 10%	• 수확기 가격 : 3,600원/kg

1) 실제수입을 구하시오.

2) 피해율을 구하시오.

3) 지급보험금을 구하시오.

답

14 다음 보기의 내용을 보고 조기파종보험금을 산정하시오. [5점]

- 지급대상 : 조기파종특약 판매시기 중 가입한 남도종 마늘을 재배하는 제주도 지역 농지
- 한지형 마늘 판매기간 : 23. 10. 4 ~ 22.11. 26
- 조기파종특약 보험가입금액 : 10,000,000원
- 가입면적 : 4,000㎡
- 사고발생일 : 23.9.26
- 대상재해 : 태풍
- 1차조사 : 출현주수 : 60,000주
- 23.10.29 2차조사 : 재파종주수 : 70,000주

답

15 적과전 종합위험 사과품목의 적과후착과수 현지조사서 일부 내용을 참조하여 ① 적과후착과수, ② 조사대상주수, ③ 기준착과수, ④착과감소보험금을 산출하시오.(단, 과실수는 소수점 첫째자리에서 반올림하며, 제시 이외 조건은 고려하지 않음) (10점)

품종	재배방식	가입연령	실제결과주수	적과전			미보상주수	조사대상주수	표본주수	표본주 착과수합계
				고사주수	수확불능주수	미보상주수				
부사	반밀식	9	220	10	20	0	0	-	-	920

- 보험가입금액 : 52,110,000원
- 가입주수 : 220주
- 평년착과수 : 37,228개
- 가입과실수 : 37,228개
- 가입과중 : 400g
- 가입가격 : 3,500원/kg
- 자기부담비율 : 20%
- 보장수준 : 70%
- 4월 6일 냉해피해 사실확인조사 : 피해있음
- 8월 4일 최소 표본주 선정 적과후착과수 조사 실시

답

16 종합위험보장 원예시설 품목 시금치의 보험사고가 수확기 이전에 발생한 경우, 보기의 조건에 따른 생산비보장보험금을 산정하시오. [10점]

• 가입면적 : 4a	• 재배면적 : 4a
• 단위면적당 보장생산비 : 1,700원/㎡	• 미보상비율 : 10%
• 피해면적 : 2a	• 손해정도비율(사고심도) : 60 %
• 파종일 : 3월 1일	• 자기부담비율 : 20%
• 표준생장일수 : 40일	• 표준수확일수 : 30일
• 수확일수 : 15일	• 사고발생일 : 3월 20일(일수 양편넣기)

답

17 다음 적과전 종합위험보장의 계약내용을 토대로 착과감소보험금을 구하시오. [15점]

계약사항

상품명	가 입	평년착과수	보장비율
적과전 종합 위험 사과	적과전 특정 5종한정보장특약	70,000개	신규가입

자기부담비율	가입가격	가입과중	실제결과주수	
			A품종	B품종
20%	1,000원/kg	0.5kg	200주	300주

조사사항

구 분	재해종류	사고일자	조사일자	조사내용
계약체결 24시 ~ 적과전	우 박	4.20	4.21	〈피해사실 확인조사〉 • 표본주의 피해 유과수 합계 200개 • 표본주의 정상 유과수 합계 300개 • 미보상비율 10%
	집중호우	5.1	5.2	〈피해사실 확인조사〉 나무피해 • 유실 : 20주 • 절단(1/2) : 30주 • 침수주수 : 50주 • 미보상주수 : 10주 • 미보상비율 0%
적과후 착과수			7.3	• 50,000개

답

18 종합위험 수확감소보장방식 밭작물 마늘 상품에 관한 다음 물음에 답하시오. [15점]

1) 재파종 보험금, 경작불능 보험금, 수확감소 보험금의 지급사유를 각각 서술하시오.

재파종 보험금	
경작불능 보험금	
수확감소 보험금	

2) 아래 조건(1, 2, 3)에 따른 보험금을 산정하시오.

〈조건 1 : 경작불능 보험금〉

- 보험가입금액 : 2,000,000원
- 자기부담비율 : 10 %
- 식물체 65 % 고사

답 •계산과정 :

• 보험금 :

〈조건 2 : 재파종 보험금〉

- 보험가입금액 : 2,000,000원
- 10a당 출현주수 : 24,000주
- 10a당 40,000주로 재파종

답 • 계산과정 :

〈조건 3 : 수확감소 보험금〉

- 보험가입금액 : 2,000,000원
- 자기부담비율 : 20 %
- 평년수확량 : 1,500kg
- 수확량 : 600kg
- 미보상감수량 : 150kg

답 • 계산과정 :

※ 가축재해보험에 관한 내용이다. 물음에 답하시오. (19 ~ 20번 문제)

19 가축재해보험에서 보험금 지급심사 시 확인해야 할 면책사유 5가지를 쓰시오. [5점]

답

20 다음은 가축재해보험 소의 긴급도축에 관한 내용이다. 보기의 ( )안에 들어갈 알맞은 용어를 쓰시오. [5점]

- (①) : 일반적으로 분만 후 체내의 (②)이 급격히 저하되어 근육의 마비를 일으켜 (③) 이 되는 질병이다.
- (④) : 이상발효에 의한 개스의 충만으로 조치를 취하지 못하면 폐사로 이어질 수 있는 중요한 소화기 질병으로 변질 또는 부패 발효된 사료, 비맞은 풀, 두과풀(알파파류) 다량 섭취, 갑작스런 사료변경 등으로 인하여 (⑤)내의 이상 발효로 장마로 인한 사료 변패 등으로 인하여 여름철에 많이 발생함.
- (⑥) : 비정상적인 대사 과정에서 유발되는 질병(대사 : 생명 유지를 위해 생물체가 필요한 것을 섭취하고 불필요한 것을 배출하는 일)

답

PART 02

제2회 실전모의고사

Ⅰ 농작물재해보험 및 가축재해보험의 이론과 실무

※ 단답형 문제에 답하시오. (1～5번 문제)

01 다음 보기의 (　)안에 알맞은 용어를 쓰시오. [5점]

> (①) : 손실의 기회도 있지만 이익을 얻는 기회도 있는 위험
> (②) : 손실의 기회만 있고 이득의 기회는 없는 위험
> (③) : 재산손실위험에서 파생되는 2차적인 손실위험
> (④) : 민사적으로 타인에게 위법행위로 인해 손해를 입힌 경우에 부담해야 하는 법적 손해배상 책임위험
> (⑤) : 개인의 사망, 부상, 질병, 퇴직, 실업 등으로 인해 초래되는 위험

답

02 보험의 순기능 5가지를 쓰시오. [15점]

답

제1회
제2회
제3회
제4회
제5회
제6회
제7회
제8회
제9회
제10회

03 농업재해보험 이론서에서 정하는 용어를 순서대로 답란에 쓰시오. [5점]

- (①) : [사고수(농가 또는 농지수) ÷ 가입수(농가 또는 농지수)] × 100
- (②) : 생산비에서 수확기에 발생되는 생산비를 차감한 값
- (③) : 두류(콩, 팥)의 꼬투리 형성기
- (④) : 화재로 인하여 나무의 1/2 이상이 사라지는 것
- (⑤) : 화재로 인하여 나무의 2/3 이상이 사라지는 것

답

04 다음 종합위험보장 벼 (분질미)상품의 경작불능보험금 지급금액의 합을 구하시오. [15점]

자기부담비율	보험가입금액	피해유형
10 %형	1,000만원	식물체가 80 % 고사
15 %형	1,000만원	식물체가 70 % 고사
20 %형	1,000만원	식물체가 60 % 고사
30 %형	1,000만원	식물체가 55 % 고사
40 %형	1,000만원	식물체가 65 % 고사

답

05 작물특정 및 시설종합위험 인삼손해보장에 대한 설명이다. ( )안에 알맞은 용어를 쓰시오. [5점]

- (①)년근 미만 또는 (②)년근 이상인 인삼은 인수가 제한된다.
- 인삼의 보험가입금액은 (③)에 재배면적을 곱하여 산출한다,
- 인삼의 가액은 농협 통계 및 농촌진흥청의 자료를 기초로 연근별로 투입되는 (④)를 고려하여 연근별로 차등 설정한다.
- 인삼 해가림시설의 보험가입금액은 (⑤)에 (⑥)을 감하여 결정한다.

답

※ 서술형 문제에 답하시오. (6 ~ 8번 문제)

06 적과전종합위험 II 사과품목에 대해 다음 제시된 내용을 기준으로 2024년의 평년착과량을 구하시오. (단, 제시한 조건이외는 고려하지 않으며, 소수점 첫째자리에서 반올림함 〈예〉 2021.4kg⇨ 2,021kg) (5점)

구 분	2019년	2020년	2021년	2022년	2023년
표준수확량(밀식)	850	1,600	2,400	3,000	4,400
표준수확량(일반)			1,000	1,600	2,000
적과후착과량	미가입	2,100	미가입	3,500	4,000
2024년 현재 홍로품종 8년생 밀식재배과수원, 2024년 기준표준수확량 2,000kg, 표준수확량 일반재배는 2021년 기준 수령 5년임					

답

07 농업수입감소보장방식 포도 품목 캠벨얼리(노지)의 기준가격(원/kg)과 수확기가격(원/kg)을 구하고 산출식을 답란에 서술하시오. (단, 2024년에 수확하는 포도를 2023년 11월에 보험가입함) [15점]

서울 가락도매시장 캠벨얼리(노지) 연도별 평균 가격(원/kg)

년 도	2018	2019	2020	2021	2022	2023	2024
상 품	3,700	3,600	5,400	3,200	3,600	3,700	3,900
중 품	3,500	3,000	3,200	2,500	3,000	2,900	3,000
농가수취비율	70	60	80	70	90	80	60

답 • 기준가격 : (단, 농가수취비율은 80%)

산출식 :

• 수확기가격 :

산출식 :

08 다음 조건에서 종합위험보장 오디의 과실손해보장보험금을 구하시오. [15점]

- 보험가입금액 : 12,000,000원
- 평년결실수(청일뽕 : 200개/m)
- 조사결실수 : 100개/m
- 미보상비율 : 20%
- 자기부담비율 : 20%

답

※ 가축재해보험에 관한 내용이다. 물음에 답하시오. (9 ~ 10)

09 다음은 〈가축사육업 허가 및 등록기준〉 표이다. ( )안에 알맞은 가축의 이름을 쓰시오. [5점]

구분	허가 및 등록
허가대상 (4개 축종)	• 소ㆍ돼지ㆍ(①)ㆍ오리: (②)초과
등록대상 (11개 축종)	• 소 · 돼지 · (①) · 오리(4개 축종) : 허가대상 사육시설 면적 이하인 경우 • (③) · 사슴 · 거위 · 칠면조 · 메추리 · 타조 · 꿩(7개 축종)
등록제외대상	• 등록대상 가금 중 사육시설면적이 (④)미만은 등록 제외 (닭, 오리, 거위, 칠면조, 메추리, 타조, 꿩 또는 기러기 사육업) • 말 , (⑤), 당나귀, 토끼, 개, 꿀벌

답

10 가축재해보험의 보험가입단위 및 보험판매기간에 대한 설명이다. (　　)안에 알맞은 용어를 쓰시오. [5점]

> 소는 (①) 이내 출하 예정인 경우 아래 조건에서 일부 가입 가능
> • 축종별 및 성별을 구분하지 않고 보험가입 시에는 소 이력제 현황의 (②)이상
> • 축종별 및 성별을 구분하여 보험가입 시에는 소 이력제 현황의 이상 (③)이상
> [보험 판매 기간]
> 보험 판매 기간은 연중으로 상시 가입 가능, 단, 재해보험사업자는 폭염・태풍 등 기상상황에 따라 신규 가입에 한해 보험 가입 기간을 제한 할 수 있고, 이 경우 농업정책보험금융원에 보험 가입 제한 기간을 통보해야 한다.
> 1) 폭염 : (④)
> 2) 태풍 : (⑤)

답

Ⅱ 농작물재해보험 및 가축재해보험 손해평가의 이론과 실무

※ 단답형 문제에 답하시오. (11 ~ 14번 문제)

11 적과전종합위험보장 과수에서 5종 한정 특약 가입건에 대하여 최대인정감소량을 구하기 위한 확인내용을 설명한 것이다. (　　)안에 들어갈 알맞은 용어를 쓰시오. [5점]

> • 나무피해율 확인 : 유실 · 매몰 · 도복 · (①)(1/2) · 소실(1/2) · 침수로 인한 피해나무를 확인한다. 단, 침수의 경우에는 나무별로 (②)을 곱하여 계산한다.
> • 유과타박률 확인 : 표본주수표에 따라 표본주수를 선정한 후 조사용 리본을 부착한다. 선정된 표본주마다 동서남북 4곳의 가지에 각 가지별로 (③)개 이상의 유과 (꽃눈 등)를 표본으로 추출하여 피해유과(꽃눈 등)와 정상 유과(꽃눈 등)의 개수를 조사한다.
> (단, 사과, 배는 선택된 (④) 동일한 위치(번호)의 유과(꽃)에 대하여 우박 피해여부를 조사)
> • 낙엽률 확인 : 표본주 간격에 따라 표본주를 정하고, 선정된 표본주에 조사용 리본을 묶고 동서남북 4곳의 결과지(⑤), (⑥))를 무작위로 정하여 각 가지별로 낙엽수와 착엽수를 조사하여 리본에 기재한 후 낙엽률을 산정한다.

답

제1회 제2회 제3회 제4회 제5회 제6회 제7회 제8회 제9회 제10회

12 사과 품목 "중생/홍로"에 대한 낙과 피해 구성 비율 산정표이다. 표를 보고 피해구성비율을 구하시오. [5점]

• 과실 피해 구성 비율(품종구분 여 ☑ / 부□)

숙기/품종	정상	50%형	80%형	100%형	합계	피해구성비율
중생/홍로	40	30	10	20	100	

답

13 「적과종료 이전 특정위험 5종 한정보장 특별약관」에 가입한 경우에 다음 ( ) 안에 알맞은 용어를 쓰시오. [10점]

• (①) = 최솟값(평년착과수 － 적과후착과수, 최대인정감소과실수)
• 최대인정감소량 = (②) × 최대인정피해율
• 최대인정피해율은 적과종료 이전까지 조사한 [(③), 낙엽률에 따른 (④), 우박 발생시 (⑤)] 중 가장 큰 값으로 한다.

답

14 다음은 농작물재해보험 이론서에서 정하는 용어의 정의에 대한 내용이다. ( )안에 알맞은 용어를 답란에 순서대로 쓰시오.[5점]

• (①) : 가입일자를 기준으로 농지(과수원)에 식재된 모든 나무수
• (②) : 실제결과나무수 중 보상하는 손해로 고사된 나무 수
• (③) : 실제결과나무수 중 보상하는 손해 이외의 원인으로 고사되거나 수확량(착과량)이 현저하게 감소된 나무 수
• (④) : 실제결과나무수 중 조사일자를 기준으로 수확이 완료된 나무 수
• (⑤) : 실제결과나무수에서 고사나무수, 미보상나무수 및 수확완료나무수, 수확불능나무수를 뺀 나무 수로 과실에 대한 표본조사의 대상이 되는 나무 수
• (⑥) : 실제결과나무수 중 보상하는 손해로 전체주지・꽃(눈) 등이 보험약관에서 정하는 수준이상 분리되었거나 침수되어, 보험기간 내 수확이 불가능하나 나무가 죽지는 않아 향후에는 수확이 가능한 나무 수

답

※ 서술형 문제에 답하시오. (15 ~ 18번 문제)

15 종합위험보장 원예시설의 시설하우스에서 보험사고가 발생한 경우 보기의 조건에 따른 보험금을 산정하시오. (단, 2023년도 판매분 기준) [15점]

〈조건 1〉 복구를 하였으며, 화재가 아닌 보험사고로 인한 경우

- 보험가입금액 : 3,000,000원
- 구조체 손해액 : 650,000원
- 피복재 손해액 : 450,000원

• 계산과정 :

〈조건 2〉 복구를 하였으며, 화재로 인한 보험사고인 경우

- 보험가입금액 : 3,000,000원
- 화재위험보장 특약 가입
- 구조체 손해액 : 650,000원
- 피복재 손해액 : 450,000원

• 계산과정 :

〈조건3〉 피복재 단독사고인 경우(화재가 아닌 보험사고로 인한 경우)

- 보험가입금액 : 3,000,000원
- 구조체 손해액 : 0원
- 피복재 손해액 : 500,000원

• 계산과정 :

제1회 제2회 제3회 제4회 제5회 제6회 제7회 제8회 제9회 제10회

16 종합위험보장 수확감소보장방식 포도 품목의 계약내용과 조사내용을 기준으로 물음에 답하시오. (단, 착과량, 주당 평년수확량, 감수량은 kg 단위로 소수점 첫째 자리에서 반올림하고, 피해율은 % 단위로 소수점 셋째 자리에서 반올림함) [15점]

• 계약내용

품종	숙 기	가입주수 (실제결과주수)	표준수확량	보험가입금액	평년수확량	자기부담비율
캠벨얼리(6년생)	조생종	300주	3,000kg	36,000,000원	9,000kg	20%
거봉(6년생)	중생종	300주	5,000kg			

• 조사내용

조사 종류	조사내용
착과수 조사	• 착과수 : 캠벨얼리 : 8,000개, 거봉 : 6,000개 • 실제결과주수 : 600주 • 거봉 고사주수 : 20주 • 거봉 미보상주수 15주 • 미보상비율 : 10%
과중 조사/ 착과피해조사/ 낙과피해조사	• 캠벨얼리 착과량 :3,375kg •거봉 개당 과중 : 550g • 거봉 착과 피해구성 내용 (구 분 / 정상 / 50% 피해형 / 80% 피해형 / 100% 피해형 — 개 수 / 20개 / 5개 / 0개 / 15개) • 거봉 실제결과주수 : 300주 • 거봉 고사주수 : 20주(착과수조사시와 동일) • 거봉 미보상주수 : 15주(착과수 조사시와 동일) • 거봉 낙과 피해 : 400개, • 낙과피해구성율 : 53.33%

거봉 착과 피해구성 내용:

구 분	정상	50% 피해형	80% 피해형	100% 피해형
개 수	20개	5개	0개	15개

1) 거봉 품종 착과량을 구하시오.
2) 거봉 감수량 누계를 구하시오.(주당 낙과수는 소수점 첫째자리에서 반올림함)
3) 피해율을 구하시오
4) 지급보험금을 구하시오

답

17 다음 제시된 내용을 기준으로 물음에 답하시오.(단, 과실수는 소수점 첫째자리에서 반올림하여 정수로 계산하고, 착과율, 피해율은 %단위로 소수점 셋째자리에서 반올림하고 제시 이외 조건은 고려하지 않음) [15점]

• 계약내용

상품명	평년착과수	가입가격	가입과중	자기부담비율
적과전종합위험Ⅱ 단감	80,000개	5,000원/kg	0.2kg	10%

실제결과주수	특약	보장수준
600주	특약가입 없음	50%

• 조사내용

구분	재해종류	사고일자	조사일자	조사내용
적과종료 이전	냉 해	4. 5	4. 6	• 과수원전체 냉해 피해있음 • 미보상비율 10%
	우 박	5. 14	5. 16	• 유과타박률 : 18%, • 미보상비율 5%
	태 풍	6. 20	6. 25	• 도복 : 25주 • 절단(1/2) : 20주 • 미보상주수 : 10주 • 미보상비율 : 15% • 낙엽률 : 22%
적과후 착과수			7. 15	• 적과후 착과수 : 60,000개

1) 착과감소보험금을 구하시오.

2) 적과 종료이전 피해로 인한 적과 종료이후 착과손해감수과실수와 착과피해율을 구하시오.

답

18 종합위험보장 밭작물 고추에 관하여 수확기 중에 보험사고가 발생한 경우 보기의 조건에 따른 생산비보장보험금을 산정하시오. (일수는 양편넣기 적용하고, 경과비율, 피해율은 % 단위로 소수점 셋째자리에서 반올림하여 둘째자리까지 다음 예시와 같이 구하시오. 예시 : 0.12345는 → 12.35 %로 기재)) [15점]

• 잔존보험가입금액 : 5,000,000원	• 자기부담금 : 최대 자기부담금
• 생장일수 : 50일	• 준비기생산비계수 : 54.4%
• 수확개시일 : 7.15	• 사고발생일 : 7.24
• 수확종료일 : 8.3	• 피해면적 : 5,000㎡
• 손해정도비율 : 80 %	• 실제경작면적(재배면적) : 10,000㎡
• 미보상비율 : 0%	• 병충해 : 진딧물

답

※ 가축재해보험에 관한 내용이다. 물음에 답하시오. (19 ~ 20번 문제)

19 종모우에서 인정하는 보상하는 손해에 대한 다음 질문에 대하여 답란에 쓰시오. [10점]

① 긴급도축으로 인정받을 수 있는 범위 (2가지)

② 부상의 범위 (3가지)

③ 보상하는 손해 (3가지)

답

20 다음 보기의 ( )안에 알맞은 용어를 쓰시오. [5점]

〈보험금 지급의 면·부책 판단의 요건〉

1) 보험기간 내에 (①)에서 담보하는 사고인지 여부

2) 원인이 되는 사고와 결과적인 손해사이의 (②) 여부

3) 보험사고가 (③)과 보험약관에서 정하고 있는 (④)에 해당되는지 여부

4) 약관에서 보상하는 손해 및 보상하지 아니하는 손해 조항 이외에도 (⑤) 위반 효과에 의거 손해보상책임이 달라질 수 있으므로 주의

답

PART 02

제3회 실전모의고사

Ⅰ 농작물재해보험 및 가축재해보험의 이론과 실무

※ 단답형 문제에 답하시오. (1 ~ 5번 문제)

01 다음 보기의 ( ) 안에 들어갈 알맞은 용어를 순서대로 답란에 쓰시오. [5점]

- (①) : 화산 폭발, 지진 발생, 사고와 같이 시간의 경과에 따라 성격이나 발생 정도가 크게 변하지 않을 것으로 예상되는 위험
- 위험이 미치는 범위가 얼마나 넓은가 혹은 좁은가에 따라 특정적 위험과 (②)으로 구분할 수 있다.
- 보험계약이 성립되었을 때 보험자가 책임을 부담하는지 여부에 따라 담보위험, 비담보위험 및 (③)으로 구분할 수 있다.
- (④) : 위험을 발견하고 그 발생 빈도나 심도를 분석하여 가능한 최소의 비용으로 손실 발생을 최소화하기 위한 제반 활동을 의미한다.
- (⑤) : 우발적 손실을 자신이 부담하는 것을 말한다.

답

02 보험에 적합한 위험 4가지를 쓰시오. [5점]

답

03 적과전종합위험보장 보험기간 표이다. (　　　)안에 들어갈 알맞은 날짜를 쓰시오. [5점]

구분				보험의 목적	보험기간	
보장	약관	대상재해			보장개시	보장종료
과실손해보장	보통약관	적과 종료 이전	자연재해, 조수해, 화재	사과, 배	계약체결일 24시	적과 종료 시점 다만, 판매개시연도 (　①　)을 초과할 수 없음
				단감, 떫은감	계약체결일 24시	적과 종료 시점 다만, 판매개시연도 (　②　)을 초과할 수 없음
		적과 종료 이후	태풍(강풍), 우박, 집중호우, 화재, 지진	사과, 배, 단감, 떫은감	적과 종료 이후	판매개시연도 수확기 종료시점 다만, 판매개시연도 (③)을 초과할 수 없음
			가을동상해	사과, 배	판매개시연도 9월 1일	판매개시연도 수확기 종료 시점 다만, 판매개시연도 (④)을 초과할 수 없음
				단감, 떫은감	판매개시연도 9월 1일	판매개시연도 수확기 종료 시점 다만, 판매개시연도 (⑤　)을 초과할 수 없음
			일소피해	사과, 배, 단감, 떫은감	적과종료 이후	판매개시연도 (　⑥　)
나무손해보장	특별약관	자연재해, 조수해, 화재		사과, 배, 단감, 떫은감	판매개시연도(⑦) 다만, (⑦) 이후 보험에 가입하는 경우에는 계약체결일 24시	이듬해 (　⑧　)

답

04 적과전 종합위험 과수 4종과 종합위험보장 벼상품의 정부보조보험료를 순서대로 답란에 쓰시오. [5점]

순보험료	자기부담비율	정부보조보험료	
		사과, 배, 단감, 떫은감	벼
100만 원	10 %형	①	④
100만 원	15 %형	②	⑤
200만 원	20 %형	100만원	100만원
200만 원	30 %형	③	⑥
200만 원	40 %형	120만원	120만원

답

※ 서술형 문제에 답하시오. (5 ~ 8번 문제)

05 농업수입보장품목에 가입하려는 농지에 대하여 인수 가능 여부와 그 사유를 쓰시오. (단, 제시된 조건 이외는 고려하지 않음) [15점]

1) 가입 면적 1,200㎡에 출현 개체수를 15,200개로 보험에 가입하고, 출현 후 고사한 싹의 콩 개체수가 800개인 A농지
2) 조생종과 극조생종을 혼식 재배하고 양파 식물체가 80도 기울게 정식한 B농지
3) 고랭지 봄 파종 재배 적응품종인 양파 게투린 품종을 멀칭하여 재배한 C농지
4) 가입 면적 2,200㎡에 마늘 45,000주가 정식된 D농지

답

06 A과수원의 적과전종합위험Ⅱ 사과품목의 적과후착과수 현지조사서 요약내용이다. 이 내용을 기준으로 다음 물음에 답하시오.(단, 적정표본주수는 소수점 첫째 자리에서 올림하며, 제시한 조건이외는 고려하지 않음) (20점)

품종	재배방식	가입수령	실제결과주수	고사주수	미보상주수	수확불능주수	표본주 착과수 합계
부사	밀식	7년	200주	5주	12주	3주	580
부사	반밀식	7년	300주	15주	10주	10주	720
홍로	반밀식	6년	150주	5주	10주	0주	400
양광	밀식	5년	250주	10주	10주	5주	540

- 평년착과수 : 140,000주
- 가입과중 : 350g
- 가입가격 : 2,500원/kg
- 자기부담비율 : 10%
- 적과 전 냉해피해발생
- 보장수준 : 70%
- 미보상비율 : 10%

조사대상주수	표본주수	조사대상주수	표본주수
50주 미만	5	400주 이상 500주 미만	11
50주 이상 100주 미만	6	500주 이상 600주 미만	12
100주 이상 150주 미만	7	600주 이상 700주 미만	13
150주 이상 200주 미만	8	700주 이상 800주 미만	14
200주 이상 300주 미만	9	800주 이상 900주 미만	15
300주 이상 400주 미만	10	900주 이상 1,000주 미만	16
		1,000주 이상	17

1) 적과후 착과수를 구하시오.
2) 기준착과수를 구하시오.
3) 착과감소보험금을 산출하시오.

답

07 다음 물음에 알맞은 내용을 답란에 쓰시오 [20점]

(1) 전산(電算)으로 산정된 기준 보험가입금액이 10,000,000원 일 때 원예시설(버섯 재배사)의 보험가입금액의 범위

답

(2) 유리온실(경량철골조) 또는 버섯재배사(콘크리트조, 경량철골조)가 20㎡일 때 보험가입금액의 범위

답

(3) 하우스별 연간 재배 예정인 시설작물 중 생산비가 다음과 같을 때 보험가액의 범위

생산비가 2,000원/㎡이고 보험가액이 10,000,000원인 A작물 생산비가 1,000원/㎡이고 보험가액이 20,000,000원인 B작물

답

08 종합위험보장 옥수수 상품 보험 가입 기준이다. (　　)안에 알맞은 용어를 쓰시오.[5점]

- 최저 보험가입금액 : 농지 당 (①)원
- 경작불능보장 보장종료 시기 : 수확(②)시점. 다만, 사료용 옥수수는 판매개시연도 (③)을 초과할 수 없음
- 수확감소보장 보장종료 시기 : 수확기 (④)시점. 다만, 판매개시연도(⑤)을 초과할 수 없음
- 사료용 옥수수의 경우, 농지 단위로 가입하고 최저 가입면적은 (⑥)㎡ 이상

답

※ 가축재해보험에 관한 내용이다. 물음에 답하시오. (9 ~ 10번 문제)

09 가축재해보험의 한우 · 육우 · 젖소 및 종모우의 주계약에서 보상하는 사고에 관한 내용이다. (   ) 안에 들어갈 알맞은 용어를 쓰시오. [5점]

구 분	보상하는 사고	자기부담금
한우 육우 젖소	• 법정전염병을 제외한 질병 또는 각종 사고(풍해 · 수해 · 설해 등 자연재해, 화재)로 인한 폐사 • 부상(사지골절, (①), 탈골), 난산, (②), 급성고창증 및 젖소의 유량 감소로 (③)을 하여야 하는 경우 ※ 젖소 유량 감소는 유방염, 불임 및 각종 (④) 질병으로 인하여 젖소로서의 경제적 가치가 없는 경우에 한함 ※ 신규가입일 경우 가입일로부터 1개월 이내 질병관련 사고(긴급도축 제외)는 보상하지 아니한다. • 소 도난 및 행방불명에 의한 손해 • 가축 사체 잔존물 처리비용	보험금의 20%, 30%, 40%
종모우	• 연속 (⑤) 동안 정상적으로 정액을 생산하지 못하고, 종모우로서의 경제적 가치가 없다고 판정 시 • 그 외 보상하는 사고는 한우 · 육우 · 젖소와 동일	보험금의 20%

답

10 돼지 질병위험보장특약에서 <u>① 보상하는 손해</u> 및 <u>② 자기부담금</u>을 쓰시오. [10점]

답

Ⅱ 농작물재해보험 및 가축재해보험 손해평가의 이론과 실무

※ 단답형 문제에 답하시오. (11 ~ 13번 문제)

11 다음은 시설작물버섯 사고일자 및 손해조사에 대한 설명이다. (   )안에 알맞은 내용을 답란에 쓰시오. [5점]

- 수확기 이전 사고 : 연속적인 자연재해(폭염, 냉해 등)로 사고 일자를 특정할 수 없는 경우에는 (①)를 사고 일자로 추정한다.
- 수확기 중 사고 : 연속적인 자연재해(폭염, 냉해 등)로 사고 일자를 특정할 수 없는 경우에는 (②)를 사고 일자로 추정한다.
- 경과비율 산출 : 사고현장 방문 시 확인 한 (③)(파종・종균접종일), 수확개시일자, 수확종료일자, (④)를 토대로 작물 별 경과비율을 산출한다.
- 피해비율 확인 : 해당작물의 (⑤)(주수) 및 피해면적(주수)를 조사한다.
- 손해정도비율 : 보험목적물의 뿌리, 줄기, 잎, (⑥) 등에 발생한 부분의 손해정도 비율을 산정한다.

답

12 다음 보기의 (   )안에 들어갈 알맞은 용어를 쓰시오. (단, ①, ⑤는 시설명과 작물명을 모두 쓰시오.) [5점]

품목(상품명)	대상 재해	보장 수준
(①)	자연재해, 조수해, 화재	(자기부담금) 최소 (②)만 원에서 최대 100만 원 한도 내에서 손해액의 10%를 적용
농업용 시설물 버섯재배사, 부대시설	자연재해, 조수해 특약 : 화재, 화재대물배상책임 (③)	(자기부담금) 최소 30만 원에서 최대 100만 원 한도 내에서 손해액의 10%를 적용(단, 피복재 단독사고는 최소 10만 원에서 최대 30만 원 한도 내에서 손해액의 10%를 적용하고, 화재특약의 경우 화재로 인한 손해는 (④)을 적용하지 않음)
(⑤)	자연재해, 조수해 특약 : 화재	(자기부담금) 최소 30만 원에서 최대 100만 원 한도 내에서 손해액의 10%를 적용(단, 피복재 단독사고는 최소 10만 원에서 최대 30만 원 한도 내에서 손해액의 10%를 적용하고, 화재특약의 경우 화재로 인한 손해는 (④)을 적용하지 않음)

답

13 다음 조건을 보고 2023년도 평년수확량을 산출하시오. (수확량은 소수점 첫째 자리에서 반올림하시오) [10점]

- 품 목 : 포 도
- 2020년, 2021년은 사고가 없어 조사수확량이 없음
- 2020년 수확전 조사한 착과량 : 9,020kg
- 2021년 수확전 조사한 착과량 : 9,130kg
- 2023년의 표준수확량은 8,200kg임

구 분	2018년	2019년	2020년	2021년	2022년
평년수확량	8,000	8,100	8,100	8,300	8,400
표준수확량	8,200	8,200	8,200	8,200	8,200
조사수확량	7,000	4,000	무사고	무사고	8,500
가입여부	가입	가입	가입	가입	가입

답

※ 서술형 문제에 답하시오. (14 ~ 18번 문제)

14 농작물재해보험 종합위험 수확감소보장 복숭아 상품에 관한 내용이다. 다음 조건을 바탕으로 보험금을 구하시오. (단, 보험금은 계산과정을 반드시 쓰시오.) [15점]

1. 계약사항
   - 보험가입품목 : (종합)복숭아
   - 품종 : 백도
   - 수령 : 10년
   - 가입주수 : 150주
   - 보험가입금액 : 25,000,000원
   - 평년수확량 : 9,000kg
   - 가입수확량 : 9,000kg
   - 자기부담비율 : 최근 2년 연속가입 및 2년간 수령보험금이 순보험료의 120%미만인 과수원으로 최저 자기부담비율 선택
   - 특별약관 : 수확량감소추가보장 가입
2. 조사내용
   - 사고접수 : 2023. 07.05.기타 자연재해,병충해
   - 조사일 : 2023. 07. 06.
   - 사고조사내용: 강풍, 병충해 (세균구멍병)
   - 수확량 : 4,500kg (병충해과실무게 포함)
   - 병충해 입은 과실무게 : 900 kg
   - 미보상비율 : 10 %

답

15 적과전종합위험 Ⅱ 사과 품목의 계약내용과 적과후착과수 현지조사서 내용의 일부이다. 이 내용을 기준으로 ① 최대인정피해율과 ② 최대인정감소량을 구하시오.(단, 피해율은 %단위 소수점 셋째자리에서 반올림하고 감소량은 소수점 첫째자리에서 반올림하며, 제시한 조건 이외는 고려하지 않음) [20점]

계약사항

상품명	특약 가입	평년착과수	자기부담비율
사과	적과 종료 이전 5종 한정보장 특약 가입	16,000개	20%

실제결과주수	가입과중	가입가격	보장수준
300주	350g	2,500원/kg	70%

조사내용

구 분	재해종류	사고일자	조사일자	조사내용
적과 종료 이전	우 박	5.1	5.2	• 피해사실확인조사 – 표본주의 피해유과수 45개 – 표본주의 정상유과수 155개
	우 박	5.10	5.11	• 피해사실확인조사 – 표본주의 피해유과수 40개 – 표본주의 정상유과수 160개
	화 재	5.20	5.21	• 피해사실확인조사 • 일부 피해 확인 – 나무소실(1/2이상) : 45주
	집중호우	5.29	5.30	• 침수 피해 주수 : 50주 – 표본주의 침수착과수 240개 – 표본주의 전체착과수 600개

답

16 종합위험보장방식 상품의 재정식보험금에 대한 다음 질문에 답하시오. [15점]

(1) 해당작물, 피해면적의 판정기준 및 지급사유를 쓰시오.

해당작물	
피해면적의 판정기준	
지급 사유	

(2) 재정식 보험금을 계산하시오.

- 보험가입금액 : 10,000,000원
- 피해면적 : 400㎡
- 보험가입면적 : 1,000㎡

• 계산과정 :

17 종합위험보장 원예시설 품목의 보험사고가 발생한 경우 보기의 조건에 따른 보험금을 산정하시오. [15점]

〈조건 1〉 토마토 (9월~11월에 정식하여 겨울을 나는 재배일정으로 3월이후 수확종료) · 파(대파)의 수확기 이전사고

- 단위면적당 보장생산비 : 10만원/a
- 생장일수 : 40일
- 피해면적 : 4a
- 표준생장일수 : 120일
- 재배면적 : 10a
- 미보상비율 : 10%
- 손해정도비율 : 60%

• 계산과정 :

• 지급보험금 : ________________원

〈조건 2〉 국화 · 수박 · 멜론의 수확기 중 사고

• 재배면적 : 10a	• 단위면적당 보장생산비 : 10만원/a
• 수확일수 : 14일	• 표준수확일수 : 20일
• 피해면적 : 5a	• 손해정도 : 30 %
• 미보상비율 : 20%	

• 계산과정 :

• 지급보험금 : ______________ 원

〈조건 3〉 장미상품(3년생)의 나무가 죽은 보험사고

• 단위면적당 보장생산비 : 15만원/a	• 미보상비율 :20%
• 피해면적 : 4a	• 재배면적 : 8a

• 계산과정 :

• 지급보험금 : ______________ 원

18 재이앙 · 재직파 보험금 지급대상 확인(재이앙 · 재직파 전조사) 시 피해면적의 판정 기준이 되는 면적을 쓰시오. [10점]

답

※ 가축재해보험에 관한 내용이다. 물음에 답하시오. (19 ~ 20번 문제)

19 가축재해보험에서 돼지 및 축사 보상하는 손해에 대한 내용이다. (　　) 안에 들어갈 알맞은 용어를 쓰시오. [5점]

<table>
<tr><th colspan="2">구 분</th><th>보상하는 손해</th><th colspan="2">자기부담금</th></tr>
<tr><td rowspan="3">주계약
(보통
약관)</td><td>돼지</td><td>• 화재 및 풍재, 수재, 설해, 지진으로 인한 폐사
• 화재 및 풍재, 수재, 설해, 지진 발생 시 방재 또는 (①)에 필요한 조치로 목적물에 발생한 손해
• 가축사체 (②) 비용</td><td colspan="2">보험금의
5%, 10%, 20%</td></tr>
<tr><td rowspan="2">축사</td><td rowspan="2">• 화재(벼락 포함)에 의한 손해
• 화재(벼락 포함)에 따른 (③)손해
•태풍, 홍수, 호우(豪雨), 강풍, 풍랑, 해일(海溢), 조수(潮水), 우박, 지진, (④) 및 이와 비슷한 풍재 또는 수재로 입은 손해
•설해로 입은 손해
•화재(벼락 포함) 및 풍재, 수재, 설해, 지진에 의한 (⑤)
•잔존물 제거비용</td><td>풍재
수재
설해
지진</td><td>지급보험금 계산 방식에 따라 계산한 금액에 0%, 5%, 10%을 곱한 금액 또는 (⑥)중 큰 금액</td></tr>
<tr><td>화재</td><td>지급보험금 계산 방식에 따라 계산한 금액에 자기부담비율 0%, 5%, 10%를 곱한 금액</td></tr>
</table>

답

20 가축재해보험에서 목적물이 폐사한 경우 보상하는 비용손해 5가지를 나열하시오. [5점]

답

PART 02

제4회 실전모의고사

Ⅰ 농작물재해보험 및 가축재해보험의 이론과 실무

※ 단답형 문제에 답하시오. (1～5번 문제)

01 농작물재해보험 이론서의 위험관리에 대한 설명이다. (　) 안에 알맞은 용어를 쓰시오. [5점]

- (　①　) : 손실의 발생 횟수나 규모를 줄이려는 기법, 도구, 또는 전략을 의미한다.
- (　②　) : 특정 손실의 발생 가능성 또는 손실 발생의 빈도를 줄이려는 조치
- 위험 요소의 분리는 잠재적 손실의 규모가 감당하기 어려울 만큼 커지지 않도록 하는 데 초점을 두는 것이다. 위험 분산 원리에 기초하며, 복제와 (　③　)로 구분할 수 있다.
- 손실 규모와 발생 빈도가 낮은 경우는 개인이나 조직 스스로 발생 손실을 부담하는 (　④　)가 적절하다.
- 손실 발생 빈도가 높고 손실 규모도 큰 경우에는 (　⑤　)가 적절하다.

답

02 보험의 특성 5가지를 쓰시오. [5점]

답

제1회 제2회 제3회 제4회 제5회 제6회 제7회 제8회 제9회 제10회

03 보험가입시 다음의 인수제한조건이 적용되는 작물 5개를 모두 쓰시오 [5점]

• 보험가입금액이 50만원 미만인 농지
• 최근 3년 연속 침수피해를 입은 농지. 다만, 호우주의보 및 호우경보 등 기상특보에 해당되는 재해로 피해를 입은 경우는 제외함.
• 최근 5년 이내에 간척된 농지
• 전환지, 휴경지 등 농지로 변경하여 경작한 지 3년 이내의 농지
• 농업용지가 다른 용도로 전용되어 수용예정농지로 결정된 농지
• 오염 및 훼손 등의 피해를 입어 복구가 완전히 이루어지지 않은 농지

답

04 낙엽률조사 (우박 · 일소피해는 제외)에 대한 설명이다, ( )안에 알맞은 용어를 쓰시오 [5점]

• 사고 당시 (①)에 낙엽률에 따른 인정피해율을 곱하여 해당 (②)로 산정한다.

품목	낙엽률에 따른 인정피해율 계산식
(③)	(1.0115 × (⑤)) - (0.0014 × (⑥))
(④)	0.9662 × (⑦) - 0.0703

※경과일수 : (⑧) 부터 낙엽피해 발생일까지 경과된 일수

답

05 농작물재해보험 종합위험 오디상품에 가입할 아래 자료를 참조하여 2023년 적용할 평년결실수를 구하시오.(결실수는 소수점 첫째자리에서 반올림할 것) (5점)

	2018	2019	2020	2021	2022	2023
표준결실수(개)	150	152	155	153	158	170
평년결실수(개)	154	153	151	155	160	
조사결실수(개)		155	145	무사고	무사고	
보험가입여부	미가입	가입	가입	가입	가입	

답

※ 서술형 문제에 답하시오. (6～8번 문제)

06 종합위험보장 옥수수 상품에서 다음 조건에 따른 가입수확량의 ① 최소값과 ② 최대값, 가입수확량이 최소값일 때의 ③ 보험가입금액, ④ 보험료를 구하시오. [15점]

- 표준수확량 : 2,500kg
- 가입가격(kg당) : 3,000원
- 지역별 보통약관 영업요율 : 10%
- 방재시설 할인율 : 20%
- 손해율에 따른 할증률 : 5%

답

제1회 제2회 제3회 제5회 제6회 제7회 제8회 제9회 제10회

07 종합위험보장 참다래 비가림시설 계약사항과 피해조사내용을 참조하여 지급금액을 구하시오.
(단, 재조달가액은 변동이 없는 것으로 하며, 제시된 내용 이외 조건은 고려하지 않음) [20점]

• 계약사항

보험가입면적	보험가입금액	구조체 재조달가액	피복재 재조달가액	가 입
2,000㎡	22,000,000원	6,800원/㎡	2,000원/㎡	화재위험보장특약 가입

• 조사내용

구조체피해	피복재피해	재 해	복구 및 비용내용
1,500㎡	전체파손	화 재	• 구조체, 피복재 미복구 • 구조체 감가상각율 : 32% • 피복재 감가상각율 : 40% • 잔존물 제거비용 : 800,000원

답

08 작물 특정위험보장 인삼의 주어진 조건에 따른 지급보험금을 계산하시오. [20점]

- 보험가입금액 : 10,000,000원
- 재배면적 : 500㎡
- 피해면적 : 200㎡
- 수확량 : 0.4kg/㎡
- 연근별 기준수확량 : 0.64kg/㎡
- 자기부담비율 : 보험 가입 직전 4년 연속 가입 이력이 있고 최근 2년간 수령한 보험금이 순보험료의 120%인 계약자가 선택할 수 있는 최저 자기부담비율

답

※ 가축재해보험에 관한 내용이다. 물음에 답하시오. (9～10번 문제)

09 돼지 가축재해보험의 특약 내용이다. (　　　)안에 알맞은 특약의 이름을 쓰시오. [5점]

질병위험 보장	• (①), PED, Rota virus에 의한 손해 ※ 신규가입일 경우 가입일로부터 1개월 이내 질병 관련 사고는 보상하지 아니함	보험금의 10%, 20%, 30%, 40% 또는 (②)원 중 큰 금액
축산휴지 위험보장	• 주계약 및 특별약관에서 보상하는 사고의 원인으로 축산업이 휴지되었을 경우에 생긴 손해액	-
전기적장치 위험보장	• 전기장치가 파손되어 (　　③　　)로 가축 폐사 시	보험금의 10%, 20%, 30%, 40% 또는 200만원 중 큰 금액
폭염재해 보장	• 폭염에 의한 가축 피해 보상	
협정보험 가액	• 협의 평가로 보험 가입한 금액 ※ 시가와 관계없이 가입금액을 보험가액으로 평가	주계약, 특약 조건 준용
(④)손해 부보장	• (④)에 의한 손해는 보장하지 않음	-
(⑤)	• 축사 화재로 인해 인접 농가에 피해가 발생한 경우	-

※ 폭염재해보장 특약은 (　　　⑥　　　)특약 가입자에 한하여 가입 가능

답

10 가축재해보험 보통약관에서는 보험의 목적인 가축과 축사를 6개 부문 16개 축종, 1개축사로 분류하고 있다. 이중 6개부문을 모두 쓰시오. [5점]

답

Ⅱ 농작물재해보험 및 가축재해보험 손해평가의 이론과 실무

※ 단답형 문제에 답하시오. (11 ~ 14번 문제)

11 종합위험보장 밤과 호두의 수확량 조사시 과중조사의 방법이다. (　　)안에 알맞은 용어나 숫자를 쓰시오 [5점]

> 1) 농지에서 품종별로 평균적인 착과량을 가진 (　①　)주 이상의 표본주에서 크기가 평균적인 과실을 품종별 (　②　)개 이상(농지당 최소 (　③　)개 이상) 추출한다.
> 2) 밤의 경우, 품종별 과실 (　④　) 개수를 파악하고, 과실 (　④　) 내 과립을 분리하여 지름 길이를 기준으로 정상((　⑤　)mm 초과) · 소과((　⑤　)mm 이하)를 구분하여 무게를 조사한다. 이때 소과((　⑤　)mm 이하)인 과실은 해당 과실 무게를 실제 무게의 (　⑥　)%로 적용한다.
> 3) 호두의 경우, 품종별 과실 (　⑦　) 개수를 파악하고, 무게를 조사한다.
> ※ ④와 ⑦은 밤과 호두의 과실수의 기준이 되는 명칭을 쓰시오,

답

12 A과수원의 종합위험 수확감소보장방식 과수(포도, 복숭아, 자두, 감귤(만감류))품목의 낙과피해를 전수조사하고자 한다. 다음 조건을 이용하여 알맞은 내용을 답란에 쓰시오. [5점]

> • 낙과수 전수조사 시에는 농지 내 전체 낙과를 품종별로 구분하여 조사한다. 단, 전체 낙과에 대하여 품종별 구분이 어려운 경우에는 전체 낙과수를 세고 전체 낙과수중 표본을 추출하여 해당 표본의 품종을 구분하는 방법을 사용한다.
> • 낙과수 확인이 끝나면 낙과 중 품종별로 표본 과실을 추출한다.
> • 위 조건외 단서조항은 고려하지 않는다.

답 • 전체 낙과수중 표본을 추출할 경우 최소 표본개수 : ________개
• 품종별로 추출해야 하는 최소 표본과실수 : ________개
• 포도, 감귤(만감류)의 농지당 추출해야 하는 최소 표본과실수 : ________개
• 복숭아, 자두의 농지당 추출해야 하는 최소 표본과실수 : ________개
• 해당기준미만으로도 조사가 가능한 최대 전체낙과수 : ________개미만

13 적과전종합위험Ⅱ 떫은 감 품목의 적과 종료 이후 가을동상해로 인해 이론서에서 정하는 과실의 피해인정계수에 따라 아래의 자료를 참조하여 ①과 ②의 착과피해율을 각각 구하시오.(단, 잔여일수는 10일이며, 피해율은 %단위소수점 셋째자리에서 반올림함)(5점)

구분	정상	50%형	80%형	100%형	미보상
① 잎 고사피해 45.83%인 경우	127	44	10	33	5
② 잎 고사피해 62.34%인 경우	28	24	30	62	8

답

14 다음은 농작물재해보험 이론서에서 정하는 용어의 정의에 대한 내용이다. (　　) 안에 알맞은 내용을 답란에 순서대로 쓰시오. [5점]

- "실제경작면적"이라 함은 (㉠)를 기준으로 실제 경작이 이루어지고 있는 모든 면적을 의미하며, 수확불능(고사)면적, 타작물 및 미보상면적, 기수확면적을 포함한다.
- "수확불능(고사)면적"이라 함은 실제경작면적 중 (㉡)로 수확이 불가능한 면적을 의미한다.
- "기수확면적"이라 함은 실제경작면적 중 (㉢)를 기준으로 수확이 완료된 면적을 의미한다.
- (㉣)라 함은 (㉤)를 방지하고 안정적인 수확을 위해 알맞은 양의 과실만 남기고 나무로부터 과실을 따버리는 것을 말한다.
- (㉥)라 함은 과실이 숙기에 과다한 수분을 흡수하고 난 후 고온이 지속 될 경우 수분을 배출하면서 과실이 갈라지는 현상을 말한다.

답

※ 서술형 문제에 답하시오. (15～18번 문제)

15 농작물재해보험 종합위험 버섯 손해보장보험에 가입한 톱밥배지재배 표고버섯에 보상하는 재해에 해당하는 피해가 발생하였다. 다음 물음에 답하시오.(단, 제 비율과 피해율은 % 단위로 소수점 셋째 자리에서 반올림하며 일수는 양편 넣기로 하고 제시된 내용 이외 조건은 고려하지 않음) [15점]

• 계약내용

• 보험가입금액 : 8,100,000원	• 보장생산비 : 2,400원/봉
• 보험가입봉수 : 3,000봉	• 준비기생산비계수 : 66.3% (2024기준)

• 조사내용

• 재배봉수 : 3,000봉	• 피해봉수 : 1,000봉
• 종균접종일 : 4월 10일	• 사고발생일 : 5월 12일 (생장일수 33일)
• 피해봉수	• 미보상비율 : 20%

손해정도비율	50%형	100%형
비 율	피해봉수의 50%	피해봉수의 50%

• 수확종료일 : 수확개시일로부터 10일

• 수확기 중 피해봉수 : 250봉 • 수확기 중 손해정도비율 : 30%

1) 수확기 이전 사고 피해율과 생산비보장보험금을 구하시오.

2) 수확개시일로부터 5일 경과시점에 사고가 발생한 경우 피해율과 생산비보장보험금을 구하시오.

답

16 완주군소재 농지로 2023년 농작물재해보험 종합위험 벼(조생종)의 다음 제시된 내용을 기준으로 평년수확량을 구하시오. (각 수확량은 소수점 첫째자리에서 반올림하고 주어진 조건이외 다른 조건은 고려하지 않음) (15점)

〈2024년 가입내용 〉
기준수량 : 1,000kg,
품종보정계수 : 7.0 (조생종)   이앙일자보정계수 : 1.0 (기계이앙)
친환경재배보정계수 : 1.0 (일반재배)

연도	2019	2020	2021	2022	2023
표준수확량	850	800	850	900	1,000
평균수확량	850	800	900	1,000	1,100
조사수확량		900	1,000	무사고	1,000
보정계수	0.8	0.8	0.9	0.9	0.8
가입여부	미가입	가입	가입	가입	가입

답

17 종합위험 수확감소보장방식 콩 상품의 전수조사 시 수확량과 지급보험금을 구하시오. [15점]

보험가입금액	전수조사 수확량	실제경작면적	타작물 및 미보상면적	기수확면적
2,000,000원	2,000kg	500㎡	20㎡	80㎡

함수율	평년수확량	미보상비율	자기부담비율
57%	2,500kg	10%	최저자기부담비율

답

18 종합위험 수확감소보장방식 밭작물에 관하여 보험사고가 발생한 경우 보기의 조건에 따른 수확감소보험금을 산정하시오. [20점]

보험가입금액	단위면적당 평년수확량	표본구간 수확량	미보상비율	자기부담비율	손해정도비율
2,000,000원	300kg/a	8kg	10%	20 %	40%

실제경작면적	표본구간면적	고사면적	타작물 및 미보상면적	기수확면적
10a	0.04a	0.2a	0.3a	1.5a

병충해입은 괴경의 무게	병·해충 등급별 인정비율
1kg	50%

양 파	• 계산식 : • 수확감소보험금 :
감 자	• 계산식 : • 수확감소보험금 :

※ 가축재해보험에 관한 내용이다. 물음에 답하시오. (19 ~ 20번 문제)

19 다음은 가축재해보험 소(牛) 부문별 보험의 목적에 대한 설명이다. (   )안에 알맞은 용어를 쓰시오. [5점]

보험의 목적인 소는 보험기간 중에 계약에서 정한 소(牛)의 수용장소(소재지)에서 사육하는 소(牛)는 모두 보험에 가입하여야 하며 위반 시 보험자는 그 사실을 안 날부터 (①)개월 이내에 이 계약을 해지할 수 있다. 그러나 나 1년 이내 출하 예정인 송아지나 큰소의 경우, ① 축종별 및 성별을 구분하지 않고 보험가입 시에는 소 이력제 현황의 (②)이상 ② 축종별 및 성별을 구분하여 보험가입 시에는 소 이력제 현황의 80%이상 가입 시 (③)으로 간주하고 있으며 소는 생후 15일령부터 (④)세 미만까지 보험 가입이 가능하고, 보험에 가입하는 소는 모두 귀표가 부착되어 있어야 하고 젖소 불임우(프리마틴 등)는 (⑤)으로, 거세우는 (⑥)으로 분류한다.

답

20 가축재해보험 돼지 부문에서 질병위험보장 특약의 계약내용 및 조사내용을 보고 다음 물음에 답하시오 [10점]

• 계약내용

• 질병위험보장특약 • 보험가입금액 ; 10,000,000원
• 자기부담비율 : 최대자기부담비율

• 조사내용

• 사고당시 모돈두수 : 40두 • 자돈가격 : 100,000원
• 전염성위장염(Transmissible gastroenteritis ; TGE virus 감염증)으로 폐사
• 손해액 : 5,000,000원

답 1) 이 특약의 보험가액을 산정하시오

2) 자기부담금을 계산하시오

3) 지급보험금을 계산하시오

PART 02

제5회 실전모의고사

Ⅰ 농작물재해보험 및 가축재해보험의 이론과 실무

※ 단답형 문제에 답하시오. (1 ~ 3번 문제)

01 농작물재해보험 이론서의 보험의 성립조건이다. (　　)안에 알맞은 용어를 쓰시오. [5점]

- (　　①　　) 위험의 다수 존재
- 손실의 (　　②　　) 발생
- 한정적 손실
- (　　③　　) 손실
- (　　④　　)으로 계산 가능한 손실
- 경제적으로 부담 가능한 (　　⑤　　)

답

02 역선택과 도덕적 해이의 비교에 대한 설명이다. (　　)안에 알맞은 용어를 쓰시오. [5점]

- 보험자가 계약자에 대한 정보를 완전히 파악하지 못하고 계약자는 자신의 정보를 보험자에게 제대로 알려주지 않는 (　①　)이 발생하면 역선택과 도덕적 해이가 발생한다.
- (　②　) 는 일단 보험에 가입한 사람들이 최선을 다해 나쁜 결과를 미연에 방지하려는 노력을 하지 않는 경향을 의미한다.
- 역선택과 도덕적 해이는 (　③　)에 비해 (　④　)의 비율이 클수록 발생 가능성이 높다.
- 역선택과 도덕적 위태의 차이점은 (　⑤　)은/는 계약 체결 전에 예측한 위험보다 높은 위험(집단)이 가입하여 사고 발생률을 증가시키는데 비해, (　⑥　)은/는 계약 체결 후 계약자가 사고 발생 예방 노력 수준을 낮추는 선택을 한다는 점이다.

답

03 농업재해보험 이론서를 기준으로 다음 내용을 쓰시오. [15점]

① 농업수입보장 품목 (7개)

② 농지당 최소 가입금액이 100만원 이상인 생산비 보장 + 경작불능보장 품목 (7개)

③ 농지당 최소 가입금액이 100만원 이상인 수확감소보장 +경작불능보장 품목 (3개)

④ 농지당 최소 가입금액이 50만원 이상인 품목 (5개)

답

※ 서술형 문제에 답하시오. (4~8번 문제)

04 다음 조건에 따른 과수 4종(사과,배, 단감, 떫은감)의 적용보험료를 산출하시오. [5점]

보험가입금액	지역별 보통약관 영업요율	손해율에 따른 할증률	개별지주	방충망	방상팬
10,000,000원	20%	20%	7%	20%	20%

답 계산식 :

05 다음 조건에 따른 인삼재배시설(해가림시설)의 경과기간, 감가상각율, 재조달가액과 보험가입금액을 구하시오. (보험가입금액은 천원 단위미만 절사하시오) [10점]

- 단위면적(1㎡)당 시설비 : 10,000원
- 재배면적(㎡) : 500㎡
- 경년감가율 : 13.33% (목재)
- 시설년도 : 2020년 12월
- 가입시기 : 2022년 11월 1일
- 사고시기 : 2023년 1월 3일

답

06 농작물재해보험의 농업수입보장 상품으로 다음 품목에 가입하려는 농지에 대하여 인수 가능 여부와 불가능한 경우 그 사유를 쓰시오. (단, 제시된 조건 이외는 고려하지 않음) [10점]

1) 10월 15일에 파종하면서 내년 4월 초에 수확할 것이라고 한 한지형 마늘품목 A농지
2) 9월 10일에 정식하였고 재식밀도가 단위면적당 30주/㎡이며 노지에 멀칭을 하지 않은 양파품목 B농지

답

07 종합위험보장 벼 상품의 보험금을 각각 구하시오 [15점]

- 보험가입금액 : 10,000,000원
- 보험가입면적 : 1,000㎡
- 피해면적 : 200㎡
- 제현율 : 70%
- 평년수확량 : 8,000kg
- 수확량 : 6,000kg
- 미보상감수량 : 400kg
- 식물체피해율 : 65%
- 자기부담비율 : 최근 2년 연속 가입 및 2년간 수령보험금이 순보험료의 120% 미만인 자

보험금의 종류	지급 금액
이앙・직파불능 보험금	계산식 : 보험금 :
재이앙・재직파 보험금	계산식 : 보험금 :
경작불능 보험금	계산식 : 보험금 :
수확감소보험금 (경작불능보험금 및 수확불능보험금 지급 없음)	계산식 : 보험금 :
수확불능보험금	계산식 : 보험금 :

08 종합위험 수확감소보장방식(복숭아, 자두, 매실, 살구, 오미자, 밤, 호두, 유자 8개 품목)의 보험기간에 대한 도표이다. (　　　)안에 알맞은 용어를 쓰시오. [10점]

<table>
<tr><th colspan="2">구분</th><th rowspan="2">보험의 목적</th><th colspan="2">보험기간</th></tr>
<tr><th>약관</th><th>보장</th><th>보장개시</th><th>보장종료</th></tr>
<tr><td rowspan="4">보통약관</td><td rowspan="4">종합위험 수확감소 보장</td><td>복숭아
자두
매실
살구
오미자
감귤(만감류)</td><td>계약체결일 24시</td><td>수확기 종료 시점
다만, 아래 날짜를 초과할 수 없음
- 복숭아 : 이듬해 10월 10일
- 자두 : 이듬해 9월 30일
- 매실 : 이듬해 7월 31일
- 살구 : 이듬해 7월 20일
- 오미자 : 이듬해 (①)
- 감귤(만감류) : 이듬해 2월 말일</td></tr>
<tr><td>(②)</td><td rowspan="2">발아기
다만, 발아기가 지난 경우에는 계약체결일 24시</td><td>수확기 종료 시점
다만, 판매개시연도 10월 31일을 초과할 수 없음</td></tr>
<tr><td>(③)</td><td>수확기 종료 시점
다만, 판매개시연도 9월 30일을 초과할 수 없음</td></tr>
<tr><td>(④)</td><td>계약체결일 24시</td><td>수확개시 시점
다만, 이듬해 10월 31일을 초과할 수 없음</td></tr>
<tr><td rowspan="3">특별약관</td><td rowspan="2">종합위험 나무손해 보장</td><td>복숭아
자두
매실
살구
유자</td><td>판매개시연도 12월 1일
다만, 12월 1일 이후 보험에 가입하는 경우에는
계약체결일 24시</td><td>이듬해 11월 30일</td></tr>
<tr><td>감귤(만감류)</td><td>계약체결일 24시</td><td>이듬해 (⑥)</td></tr>
<tr><td>수확량 감소 추가보장</td><td>복숭아
(⑤)</td><td>계약체결일 24시</td><td>수확기 종료 시점
다만, 아래 날짜를 초과할 수 없음
- 복숭아 : 이듬해 10월 10일
- (⑤) : 이듬해 2월 말일</td></tr>
</table>

답

※ 가축재해보험에 관한 내용이다. 물음에 답하시오. (9 ~ 10번 문제)

09 가축재해보험의 특별약관 중 다음 물음에 답하시오. [15점]

1) 소부문에만 적용되는 특별약관 (1개)
2) 돼지부문에만 적용되는 특별약관 (2개)
3) 돼지 가금 공통으로 적용되는 특별약관 (2개)
4) 돈사, 가금사에 한하여 가입 가능한 축사특약 (1)

답

10 다음 조건하에서 가축재해보험 가입자의 자기부담금을 계산하시오. [10점]

1) 한우, 육우, 젖소 주계약 약관에 따라 계산한 보험금 : 1,000,000원
2) 종모우 주계약 약관에 따라 계산한 보험금 : 1,000,000원
3) 소도체결함보장특약 약관에 따라 계산한 금액 : 1,000,000원
4) 축사보통약관에 따라 계산한 금액 (풍·수재, 설해, 지진) : 1,000,000원
5) 지급보험금 계산 방식에 따라 계산한 금액 (화재) : 1,000,000원

답 1) 한우, 육우, 젖소 주계약 최대 자기부담금 :

2) 종모우 주계약 자기부담금 :

3) 소도체결함보장특약 자기부담금 :

4) 축사보통약관(풍·수재, 설해, 지진) 자기부담금 :

5) 축사보통약관(화재) 최대 자기부담금 :

Ⅱ 농작물재해보험 및 가축재해보험 손해평가의 이론과 실무

※ 단답형 문제에 답하시오. (11 ~13번 문제)

11 다음은 종합위험보장 품목별 현지조사 종류에 관한 내용이다. 다음 물음에 답하시오. ( )안에 들어갈 알맞은 용어를 쓰시오. [5점]

해당 품목	조사 종류
포도(수입보장 포함), 복숭아, 자두, 감귤(만감류), 유자	착과수조사, (①), 착과피해조사, 낙과피해조사
밤, 참다래, 대추, 매실, 오미자, 유자, 살구, 호두	수확 개시 전・후 수확량조사 (②)는 수확 개시 전 수확량조사만 해당
복분자, (③)	종합위험 과실손해조사, 특정위험 과실손해조사
복분자	(④)
오디, 감귤(온주밀감류)	(⑤)
포도(수입보장포함), 복숭아, 자두, 참다래, 매실, 무화과, 유자, 감귤(온주밀감류), 살구	고사나무조사(나무손해보장특약 가입건)

답

12 농작물재해보험 이론서의 보험금 산정방법 중 피해율을 구하는 방식이다. ( )안에 알맞은 내용을 답란에 쓰시오. [5점]

구 분	피해율
나무손해보장 특별약관	피해주수 (고사된 나무) ÷ (①)
버섯 상품	(②) × 손해정도비율 × **(1-미보상비율)**
브로콜리	피해비율 × (③)
인삼 (전수조사, 표본조사)	$(1 - \frac{수확량}{④}) \times \frac{피해면적}{재배면적}$
복분자 과실손해보험금	고사결과모지수 ÷ (⑤)

답

13 종합위험 및 수확전 종합위험 과실손해보장방식 과수품목 (복분자, 오디, 감귤(온주밀감류), 무화과)의 조사에 관한 내용이다. (　　)에 알맞은 내용을 답란에 쓰시오. [5점]

<table>
<tr><th>구 분</th><th>품 목</th></tr>
<tr><td>과실손해보장 + 경작불능보장 품목</td><td>(①)</td></tr>
<tr><td>과실손해보장 + 나무손해보장 품목</td><td>(② 품목 2개)</td></tr>
<tr><td>(수확전) 종합위험 과실손해보장 품목</td><td rowspan="2">(③ 품목 2개)</td></tr>
<tr><td>(수확후) 특정위험 과실손해보장 품목</td></tr>
<tr><td>동상해 과실손해보장품목
과실손해추가보장 품목</td><td>(④)</td></tr>
</table>

답

※ 서술형 문제에 답하시오. (14 ~18번 문제)

14 종합위험 수확감소보장 벼 상품의 수확감소보험금을 계산하시오. (피해율은 % 단위로 소수점 셋째자리에서 반올림하여 둘째자리까지 다음 예시와 같이 구하시오. 예시 : 0.12345는 → 12.35 %로 기재) [10점]

가입수확량	평년수확량	수확량	미보상비율	자기부담비율	가입가격
최대 가입수확량	5,000kg	3,500kg	20%	10 %	2,000원/kg

답

15 **종합위험 수확감소보장방식 콩, 팥 품목의 수확량 전수조사방법이다. (　　)안에 알맞은 용어를 쓰시오** [5점]

전수조사 대상 농지여부 확인	전수조사는 기계수확(탈곡 포함)을 하는 농지 또는 수확 직전 상태가 확인된 농지 중 (①)을 농지에 그대로 둔 상태에서 (②)을 시행하는 농지에 한한다.
콩(종실), 팥(종실)의 중량 조사	대상 농지에서 수확한 전체 콩(종실), 팥(종실)의 무게를 조사하며, 전체 무게측정이 어려운 경우에는 (③)포대 이상의 포대를 임의로 선정하여 포대 당 평균 무게를 구한 후 해당 수치에 수확한 전체 포대 수를 곱하여 전체 무게를 산출한다.
콩(종실), 팥(종실)의 함수율조사	(④)회 이상 종실의 함수율을 측정 후 (⑤)을 산출한다. 단, 함수율을 측정할 때에는 각 횟수마다 각기 다른 포대에서 추출한 콩, 팥을 사용한다

16 **적과전종합위험보장Ⅱ상품의 「적과종료 이전 특정위험 5종 한정보장 특별약관」에 가입한 경우, 다음 내용을 서술하시오.** [15점]

적과종료이전 대상재해	
최대인정감소량 계산식	
최대인정피해율 구하는 방법	
나무피해율 구하는 방법 및 계산식	
낙엽률에 따른 인정피해율 구하는 방법 및 계산식	

17 종합위험보장 표고버섯(톱밥배지재배)에서 ① 수확기 이전 보험사고 발생시의 생산비보장보험금과 ② 수확기 중에 보험사고가 발생한 경우 보기의 조건에 따른 생산비보장보험금을 산정하시오. (일수는 양편넣기 적용하고, 경과비율, 피해율은 % 단위로 소수점 셋째자리에서 반올림하여 둘째자리까지 다음 예시와 같이 구하시오. 예시 : 0.12345는 → 12.35 %로 기재)) [15점]

보험가입금액	배지(봉)당 보장생산비	재배배지(봉)수	피해배지(봉)수	손해정도비율	미보상비율
10,000,000원	1,000원	3,000배지(봉)	600배지(봉)	50%	10%

〈수확기 이전 보험사고발생 조건〉

사고발생일	균상접종일	수확개시일	수확종료일	준비기 생산비계수
6.1	5.18	8.15	9.3	66.3%

〈수확기 중 보험사고발생 조건〉

사고발생일	균상접종일	수확개시일	수확종료일
8.24	3.19	8.15	9.3

• 계산과정 :

18 종합위험보장 밭작물 대학찰 품종 옥수수 보험계약과 표본 조사한 내용을 기준으로 아래 물음에 답하시오.(단, 각 수확량은 소수점 첫째자리에서 반올림하고 단위면적당 수확량은 kg 단위로, 피해율은 %단위로 소수점 셋째 자리에서 반올림하고 재식밀도지수, 재식시기지수는 고려하지 않음)(20점)

•계약 및 조사내용

- 보험가입금액 : 23,000,000원
- 가입면적 : 10,000㎡
- 표준수확량 : 9,000kg
- 자기부담비율 : 20%
- 실제가입면적 : 10,000㎡
- 고사면적 : 1,000㎡
- 표본구간면적 : 10㎡
- 미보상비율 : 10%
- 표본구간조사 내용

착립장 길이	18cm²	16cm	14cm
개 수	5개	20개	30개

- 가입(표준) 가격 : 2,000원/kg

1) 피해수확량을 구하시오.(산출과정 포함)
2) ① 손해액과 ② 수확감소보험금을 각각 구하시오.
3) 옥수수품목의 ① 수확량조사 적기와 ② 표본구간 면적조사방법을 쓰시오.

답

※ 가축재해보험에 관한 내용이다. 물음에 답하시오. (19 ~ 20번 문제)

19 가축재해보험의 비용손해에 대한 설명이다. ( )안에 들어갈 알맞은 용어를 쓰시오. [5점]

- 잔존물처리비용은 목적물이 (①)한 경우에 한정하여 인정하고 있으며, 인정하는 비용의 범위는 (①)한 가축에 대한 매몰 비용이 아니라 (②) 및 차에 싣는 비용에 한정하여 인정하고 있으나 매몰에 따른 환경오염 문제 때문에 적법한 시설에서의 (③)비용은 잔존물처리비용으로 보상하고 있다.
- 보험사고가 발생 시 손해의 방지 또는 (④)을 위하여 지출한 필요 또는 (⑤)한 비용을 손해방지비용으로 보상한다

답

20 가축재해보험 소부문의 이용물 처분액 및 보험가액 산정내용이다. ( ) 안에 들어갈 알맞은 내용을 답란에 쓰시오. [5점]

(1) 이용물 처분액의 산정

도축장발행 정산자료인 경우	도축장발행 정산자료의 지육금액 × 75%
도축장발행 정산자료가 아닌 경우	중량 × (①) × 75%

(2) 한우(암컷, 수컷-거세우 포함) 보험가액 산정

월 령	보험가액
1개월 이상 (②)개월 이하	「농협축산정보센터」에 등재된 전전월 전국산지평균 (③)가격
(④)개월 이상	체중 × kg당 금액

(3) 육우 보험가액 산정

월 령	보험가액
(⑤)개월 이하	「농협축산정보센터」에 등재된 전전월 전국산지평균 (⑥)가격
(⑦)개월 이상	체중 × kg당 금액

답

PART 02

제6회 실전모의고사

Ⅰ 농작물재해보험 및 가축재해보험의 이론과 실무

※ 단답형 문제에 답하시오. (1 ~2번 문제)

01 농작물재해보험 이론서에서 설명하는 급부 반대급부 균등의 원칙, 수지상등의 원칙에 관한 내용이다. (　　)안에 들어갈 알맞은 용어를 답란에 쓰시오[5점]

급부 반대급부 균등의 원칙

보험료 = 평균지급보험금 × (　①　)

수지상등의 원칙

(　②　) 보험료 합계 = (　③　) 보험금의 합계
(　④　) × 보험료 = (　⑤　) × 평균 지급보험금

답

02 다음 보기의 내용이 설명하는 것을 답란에 쓰시오. [5점]

(　①　) : 전손(全損)이 발생한 경우 미리 약정한 금액을 지급하기로 한 계약
(　②　) : 손실지급액을 결정할 때 감가상각을 고려하지 않는 보험
(　③　) : 보험의 목적이 전부 멸실한 경우 보험금액의 전부를 지급한 보험자는 그 목적에 대한 피보험자의 권리를 취득하는 것
(　④　) : 손해가 제3자의 행위로 인하여 발생한 경우 보험금을 지급한 보험자는 그 지급한 금액의 한도 내에서 그 제3자에 대한 계약자 또는 피보험자의 권리를 취득하는 것
(　⑤　) : 계약자가 보험담보물에 대해 가지는 경제적 이해관계

답

03 계약자 또는 피보험자의 '책임 있는 사유'에 의하여 보험료를 환급하는 경우, 계산한 해당월 미경과비율에 따른 환급보험료을 반환하는데, 여기에 해당하는 '책임있는 사유' 3가지를 쓰시오. [5점]

답

※ 서술형 문제에 답하시오. (4 ~ 10번 문제)

04 A계약자는 종합위험보장 감자(봄재배) 상품보험계약을 하고 보상하는 손해로 경작불능보험금을 신청하였다. 아래 내용을 참조하여 경작불능보험금을 받기위한 ① 최소 고사면적과 경작불능보험금이 다음과 같을 때 ② 자기부담비율을 구하시오. (단, 제시 외 조건은 고려하지 않음) [15점]

보험가입금액	가입면적	경작불능보험금	미보상 비율
10,000,000원	2,000㎡	4,200,000원	10%

답

제1회 제2회 제3회 제4회 제5회 제6회 제7회 제8회 제9회 제10회

05 A계약자는 적과전종합위험 과수상품에 가입하고자 한다. 과수원별 가입가능주수를 구하시오.
(단, 수령은 가입하는 해의 나무수령이며 제시사항 이외는 고려하지 않음) [10점]

과수원 소재	과수원내 주수현황
A과수원 00 리 100	• 품목 : 사과 - 밀식 : 3년 450주, 4년 200주 - 반밀식 : 3년 220주, 4년 100주, - 일반재배 : 4년 120주
B과수원 00리 105	• 품목 : 배 - 2년 150주, 3년 500주, 4년 210주
C과수원 00리 산 220	• 품목 : 감 - 단감 : 4년 300주 떫은 감 : 5년 150주

답

06 특별약관에 관한 내용이다. (　　)에 알맞은 용어를 쓰시오. [5점]

약 관	내 용
조수해(鳥獸害) 부보장 특별약관(호두)	조수해로 의하거나 조수해의 방재와 (①)에 필요한 조치로 보험의 목적에 생긴 손해는 보상하지 않는다.
동상해 과실손해보장 특별약관 (감귤(온주밀감류))	동상해라 함은 (②) 또는 과수원에서 가장 가까운 3개 관측소의 기상관측장비(기상청 설치 또는 기상청이 인증하고 실시간 관측자료를 확인할 수 있는 관측소)로 측정한 기온이 제주도 이외의 지역의 경우 0℃ 이하로 (③)시간 이상 지속됨에 따라 농작물 등이 얼어서 생기는 피해를 말한다.
수확기 부보장 특별약관 (④)	과실 손해보험금 중 이듬해 (⑤) 이후 태풍(강풍), 우박으로 발생한 손해는 보상하지 않는다.
농작물 부보장 특별약관 (⑥ 해당상품명 3개)	보상하는 손해에도 불구하고 농작물에 입은 손해를 보상하지 않는다.

07 농작물재해보험 종합위험 버섯 손해보장보험에 별도로 가입한 균상재배 버섯에 보상하는 재해에 해당하는 피해가 발생하였다. 다음 물음에 답하시오.(단, 제비율과 피해율은 %단위로 소수점 셋째자리에서 반올림하며 일수는 양편 넣기로 하고, 원 단위미만은 절사하며 제시된 내용 이외 조건은 고려하지 않음)(20점)

O 계약내용

O 품종 : 느타리버섯 (균상재배)	O 보험가입금액 : 15,000,000원
O 보장생산비 : 16,900/㎡	O 보험가입면적 : 1,200㎡
O 준비기생산비계수 : 67.6%	
O 품종 : 양송이버섯 (균상재배)	O 보험가입금액 : 보장생산비 100%가입
O 보장생산비 : 20,500/㎡	O 보험가입면적 : 1,000㎡
O 준비기생산비계수 : 75.3%	

O 조사내용

O 품종 : 느타리버섯	O 재배면적 : 1,200㎡
O 피해면적 : 300㎡	O 종균접종일 : 4월10일
O 사고발생일 : 4월 30일	O 손해정도비율 : 50%
O 미보상비율 : 20%	
O 품종 : 양송이버섯	O 재배면적 : 1,000㎡
O 피해면적 : 300㎡	O 종균접종일 : 4월 10일
O 사고발생일 : 4월20일	O 미보상비율 : 20%

* 양송이버섯 피해면적에 대한 피해정도(계 300㎡)

손해정도	1%~20%	21%~40%	41%~60%	61%~80%	81%~100%
면적(㎡)	100	20	16	60	104

1) 느타리버섯 ① 피해율과 ② 생산비보장보험금을 구하시오.

2) 양송이버섯 ① 피해율과 ② 생산비보장보험금을 구하시오.

답

08 다음의 각 농지에 대한 벼 조사 내용이다. 각 해당 농지의 보험금 지급대상여부와 그 근거나 사유를 쓰고 지급대상인 경우 지급보험금을 계산하시오.(단, 제시 외 조건은 고려하지 않음) [10점]

1) 2023년 4월 20일 보험에 가입하고 장기간 가뭄피해가 극심하여 이앙을 하지 못해 2023년 8월 2일에 보험금을 신청한 가입면적 3,000㎡, 보험가입금액 3,000,000원, 이앙불능면적 3,000㎡인 농지로 논둑정리와 제초제 살포 등 통상적인 영농활동을 하지 않은 계약자의 A농지
2) 2023년 5월 6일 보험을 가입하고 보상하는 재해 사유로 2023년 8월 10일에 직파불능보험금 신청한 가입면적 3,000㎡, 보험가입금액 3,000,000원, 직파불능면적 3,000㎡의 계약자 B농지
3) 2023년 4월 30일 보험에 가입하고 보상하는 재해로 2023년 7월 15일에 이앙직파불능보험금 신청한 가입면적 3,000㎡, 보험가입금액 3,000,000원, 이앙직파불능면적 2,000㎡, 논둑정리와 제초제 살포 등 통상적인 영농활동을 한 C농지

답

09 소 가축재해보험에서 긴급도축으로 보상받을 수 있는 사유 5가지를 쓰시오 [5점]

답

10 가축재해보험의 가금의 보상하는 손해에 대한 설명이다.(　　)안에 들어갈 알맞은 용어를 쓰시오 [5점]

1) 화재, 풍재 · 수재 · 설해 · 지진의 직접적인 원인으로 보험목적이 폐사 또는 맥박, 호흡 그 외 일반증상이 (①)으로 폐사가 확실시되는 경우 그 손해를 보상한다.
2) 화재, 풍재 · 수재 · 설해 · 지진의 발생에 따라서 보험의 목적의 피해를 방재 또는 (②)에 필요한 조치로 보험 목적에 생긴 손해도 보상한다.
3) 상기 손해는 사고 발생 때부터 (③) 이내에 폐사되는 보험 목적에 한하여 보상하며 다만, 재해보험사업자가 인정하는 경우에 한하여 사고 발생 때부터 (③) 이후에 폐사되어도 보상한다.
4) 폭염 손해는 폭염특보 발령 전 (④)시간 전부터 해제 후 (④)시간 이내에 폐사되는 보험 목적에 한하여 보상하고 폭염특보는 보험목적의 수용 장소(소재지)에 발표된 해당 지역별 폭염특보를 적용하며 보험기간 종료일까지 폭염특보가 해제되지 않을 경우 보험기간 종료일을 폭염특보 해제일로 본다. 폭염특보는 일 최고 (⑤)를 기준으로 발령되는 기상특보로 주의보와 경보로 구분되며 주의보와 경보 모두 폭염특보로 본다.

답

Ⅱ 농작물재해보험 및 가축재해보험 손해평가의 이론과 실무

※ 단답형 문제에 답하시오. (11 ~14번 문제)

11 수확 전 종합위험보장방식(복분자, 무화과) 시기별 조사종류에 대한 도표이다.(   )안에 들어갈 알맞은 용어를 순서대로 답란에 쓰시오. [5점]

생육시기	재 해	조사내용	조사시기	조사방법	비 고
수확 전	보상하는 재해전부	피해사실 확인 조사	사고접수 후 지체없이	보상하는 재해로 인한 피해발생여부 조사(피해사실이 명백한 경우 생략 가능)	전 품목
		경작불능 조사	사고접수 후 지체없이	해당 농지의 (①) 또는 보험목적인 식물체 피해율 조사	(②) 만 해당
		과실손해 조사	(③) 후	살아있는 결과모지수 조사 및 (④)(송이)피해율 조사 • 조사방법 : 표본조사	복분자만 해당
수확 직전	보상하는 재해전부	과실손해 조사	수확직전	사고발생 농지의 과실피해조사 • 조사방법 : 표본조사	(⑤) 만 해당
수확 시작 후 ~ 수확 종료	태풍(강풍), 우박	과실손해 조사	사고접수 후 지체 없이	전체 열매수(전체 개화수) 및 수확 가능 열매수 조사 6월1일 ~ (⑥) 사고 건에 한함 • 조사방법 : 표본조사	복분자만 해당
				표본주의 고사 및 정상 결과지수 조사 • 조사방법 : 표본조사	무화과만 해당
수확 완료 후 ~ 보험 종기	보상하는 재해전부	고사나무 조사	수확완료 후 보험 종기 전	보상하는 재해로 고사되거나 또는 회생이 불가능한 나무 수를 조사 - 특약 가입 농지만 해당 • 조사방법 : 전수조사	(무화과) 수확완료 후 추가 고사나무가 없는 경우 생략 가능

답

12 종합위험 수확감소보장방식 밭작물 품목(양파, 마늘, 고구마, 옥수수, 감자(봄재배, 가을재배, 고랭지재배), 차(茶), 콩, 양배추, 팥 품목)의 품목별 표본구간별 수확량 조사 방법에 관한 내용이다. (　　)안에 해당되는 품목을 쓰시오 [10점]

품 목	표본구간 수확량 합계 산정 방법
(①)	표본구간별 작물 무게의 합계
(②)	표본구간별 정상 품목 무게의 합계 + (80%형 품목의 무게 × 0.2)
(③)	표본구간별로 수확한 새싹무게를 수확한 새싹수로 나눈 값에 기수확 새싹수와 기수확지수를 곱하고, 여기에 수확한 새싹무게를 더하여 산정 ※ 표본구간 수확량 합계 = {(수확한 새싹무게 ÷ 수확한 새싹수) × 기수확 새싹수 × 기수확지수} + 수확한 새싹무게
(④)	(비대추정지수 + 1) × 표본구간별 작물 무게의 합계
(⑤)	(비대추정지수 + 1) × 표본구간별 작물 무게의 합계 × 품종별 환산계수
(⑥)	표본구간별 정상 품목의 무게 합계 + (50%형 무게×0.5) + (80%형 무게× 0.2)
(⑦)	표본구간 내 수확한 품목 중 "하" 항목의 개수에 "중" 항목 개수의 0.5 를 곱한 값을 더한 후 품종별 표준중량을 곱하여 피해수확량을 산정
(⑧, ⑨)	표본구간별 종실중량에 1에서 함수율을 뺀 값을 곱한 후 다시 0.86을 나누어 산정한 중량의 합계 ※ 표본구간 수확량 합계 = (종실중량) × (1 - 함수율)÷ 0.86

답

13 종합위험 생산비 보장방식의 경작불능보장 보험기간표이다. (　　)안에 들어갈 정식완료일 및 파종완료일을 순서대로 답란에 쓰시오. [10점]

정식 완료일 24시						파종 완료일 24시					
고랭지 배추	가을 배추	월동 배추	대파	단호박	양상추	고랭지 무	월동무	쪽파・실파 ([1형]・[2형])	시금치 (노지)	당근	메밀
①	②	③	④	⑤	⑥	⑦	⑧	⑨	⑩	⑪	⑫

답

14 농작물 재해보험 특정위험 과실손해보장 복분자 품목의 ① 고사결과모지수와 ② 피해율 및 ③ 과실손해보험금을 산출하시오.(단, 종합위험 과실손해조사를 실시하지 않았으며, 각 모지수는 소수점 셋째자리에서 반올림하고, 피해율은 %단위 소수점 셋째자리에서 반올림하고 제시이외 조건은 고려하지 않음) [15점]

O 계약내용

보험가입금액	가입 포기수	평년결과모지수	자연수정불량률	자기부담비율
6,000,000원	1,500포기	7개	15%	20%

O 조사내용

사고발생일자	재해	조사내용
6월 3일	우박	전체결실수 : 300개 전체개화수 : 400개 미보상비율 : 20%
6월 10일	태풍	결실율 : 70% 미보상비율 : 10%

답

15 종합위험보장 버섯의 적용품목이다. ( )안에 알맞은 용어를 쓰시오. [5점]

농업용 시설물	• 단동하우스(광폭형하우스 포함), 연동하우스, (①) 등
부대시설	• 버섯 재배를 위하여 농업용시설물에 설치한 시설 (단, 동산시설 제외)
버 섯	• 표고버섯 : (②), 톱밥배지재배 • 느타리버섯 : (③), 병재배 • 새송이버섯 : (④) • 양송이버섯 : (⑤)

답

※ 서술형 문제에 답하시오. (16 ~18번 문제)

16 다음 보기의 조건을 보고 참다래의 ① 피해율과 ② 과실손해보장 보험금을 구하시오. (단 수확개시전 수확량 조사 없음) [20점]

〈수확개시후 사고발생직후 수확량 조사 내용〉

보험가입금액	평년수확량	미보상비율	자기부담비율	재식면적	
				주간거리	열간거리
10,000,000원	4,000kg	10%	20%	4m	5m

실제결과 주수	미보상 주수	고사나무 주수	수확완료 주수	표본구간 착과수	과중조사	
					50g이하	50g초과
250주	10주	40주	0주	540개	900g/30개	1,770g/30개

착과피해 구성율 (%)	낙과피해 구성율(%)	금차 감수량	낙과수	표본주수	표본구간면적조사		
					윗변(m)	아랫변(m)	높이(m)
30%	20%	200kg	200개	8주	1.2	1.8	1.5

17 다음 보기의 조건에 따른 지급보험금을 산정하시오. [10점]

〈조건〉 종합위험보장 시설작물 부추

- 단위면적당 보장생산비 : 1,000,000원/a
- 재배면적 : 6a
- 미보상비율 : 10%
- 손해정도비율(사고심도) : 60 %
- 피해면적 : 3a

• 계산과정 :

18 농업수입감소보장방식 밭작물에 관한 다음의 조건에 따른 보험금을 산정하시오. [15점]

〈조건 1〉 농업수입감소보험금 (콩, 양배추, 양파, 마늘, 감자(가을재배), 고구마)

- 보험가입금액 : 10,000,000원
- 자기부담비율 : 20%
- 평년수확량 : 2,000kg
- 수확량 : 1,500kg
- 미보상비율 : 20%
- 농지별 기준가격 : 5,000원/kg
- 농지별 수확기 가격 : 4,000원/kg

• 계산과정 :

〈조건 2〉 경작불능보험금

• 보험가입금액 : 2,000,000원	• 자기부담비율 : 30 %

• 계산과정 :

※ 가축재해보험에 관한 내용이다. 물음에 답하시오. (19 ~ 20번 문제)

19 **가축재해보험 주계약 축사보험에 아래 조건으로 가입하고 사고가 발생하여 다음과 같이 조사하였다. 다음 물음에 답하시오.(단, 제시된 내용이외 조건은 고려하지 않음)** **(15점)**

O 계약과 조사내용

• 보험가입금액 ; 30,000,000원	• 보험가액 ; 40,000,000원
• 화재로 축사 파손	• 손해액 ; 30,000,000원
• 해체비용 : 1,000,000원	• 청소비용 : 1,000,000원
• 차에 싣는 비용 : 500,000원	• 자기부담비율 :최대자기부담비율
• 사고 현장 및 인근 지역의 토양, 대기 및 수질 오염물질 제거비용 :1,000,000원	

1) 지급할 잔존물제거비용을 구하시오.

2) 지급액을 구하시오.

제1회 제2회 제3회 제4회 제5회 제6회 제7회 제8회 제9회 제10회

20 가축재해보험의 보험사기에 대한 내용이다. ( )안에 알맞은 용어를 쓰시오. [5점]

- 사기행위에 있어 권유자가 사기를 교사하는 경우도 있으며, 권유자가 개입해도 계약자 또는 피보험자 자신에게도 사기행위가 있다면 고지의무 위반과 달리 보장개시일로부터 (㉠)이내에 계약을 (㉡)할 수 있다.
- 계약자 또는 피보험자의 사기를 이유로 보험계약의 (㉢)를 주장하는 경우에 사기를 주장하는 재해보험사업자측에서 사기 사실 및 그로 인한 (㉣)존재를 증명해야 한다.
- 보험사기의 경우에는 청구한 사고보험금의 지급 거절이 가능하고 약관에 의거하여 해당 계약을 (㉤)할 수 있다.

답

PART 02

제7회 실전모의고사

Ⅰ 농작물재해보험 및 가축재해보험의 이론과 실무

※ 단답형 문제에 답하시오. (1 ~ 4번 문제)

01 다음은 보험과 관련한 용어를 설명한 것이다. (　　)안에 알맞은 용어를 쓰시오. [5점]

- (①) : 계약자가 보험계약이 체결되기 전에 보험자가 요구하는 사항에 대해 사실 및 의견을 제시하는 것
- (②) : 계약자가 보험계약 시에 보험자에게 중대한 사실을 고지하지 않고 의도적이거나 무의식적으로 숨기는 것
- (③) : 보험계약의 일부로서 피보험자가 진술한 사실이나 약속
- (④) : 피보험자가 보험계약의 전 기간을 통해 이행할 것을 약속한 조건
- (⑤) : 보험계약이 성립되는 시점에서 어떤 특정의 사실 또는 조건이 진실이거나 이행되었다는 것을 약속하는 것

답

02 손해보험계약에서 보험계약자 또는 피보험자가 지켜야 할 의무 5가지 (통지의무 3개 포함)를 쓰시오. [5점]

답

03 다음은 종합위험보장 보험금 산출공식이다 . 보기의 ( ) 들어갈 알맞은 내용 답안에 쓰시오. [5점]

<table>
<tr><th>보 장</th><th colspan="2">보험금 계산(지급금액)</th></tr>
<tr><td>재파종 보장
(보통약관)</td><td colspan="2">보험가입금액 ×(①) %× 표준출현 피해율
※ 표준출현피해율(10a 기준) = (30,000 - 출현주수) ÷ 30,000</td></tr>
<tr><td rowspan="3">조기파종
보장
(특별약관)</td><td>재파종
보험금</td><td>보험가입금액 × (②)%× 표준출현 피해율
※ 표준출현피해율(10a 기준) = (30,000 - 출현주수) ÷ 30,000</td></tr>
<tr><td>경작불능
보험금</td><td>보험가입금액 × 일정비율
※ 일정비율
<table><tr><td>자기부담비율</td><td>10%</td><td>15%</td><td>20%</td><td>30%</td><td>40%</td></tr><tr><td>경작불능보험금</td><td>보험가입금액의 (③)%</td><td>(④)%</td><td>(⑤)%</td><td>(⑥) %</td><td>(⑦)%</td></tr></table></td></tr>
<tr><td>수확감소
보험금</td><td>보험가입금액 × (피해율 - 자기부담비율)
※ 피해율 = (평년수확량 - 수확량 - 미보상감수량) ÷ 평년수확량</td></tr>
<tr><td>재정식 보장
(보통약관)</td><td colspan="2">보험가입금액 × (⑧)% × 면적피해율
※ 면적피해율 = 피해면적 ÷ 보험가입면적</td></tr>
<tr><td>조사료용벼
경작불능
보험금</td><td colspan="2">지급보험금 = 보험가입금액 × 보장비율 × 경과비율
<table><tr><th>구 분</th><th>보장비율</th><th>월 별</th><th>경과비율</th></tr><tr><td>45%형</td><td>45%</td><td>5월</td><td>80%</td></tr><tr><td>42%형</td><td>42%</td><td>6월</td><td>(⑨)%</td></tr><tr><td>40%형</td><td>40%</td><td>7월</td><td>90%</td></tr><tr><td>35%형</td><td>35%</td><td>8월</td><td>100%</td></tr><tr><td>30%형</td><td>30%</td><td></td><td></td></tr></table></td></tr>
<tr><td>사료용옥수수
경작불능
보험금</td><td colspan="2">지급보험금 = 보험가입금액 × 보장비율 × 경과비율
<table><tr><th>구 분</th><th>보장비율</th><th>월 별</th><th>경과비율</th></tr><tr><td>45%형</td><td>45%</td><td>5월</td><td>80%</td></tr><tr><td>42%형</td><td>42%</td><td>6월</td><td>(⑩)%</td></tr><tr><td>40%형</td><td>40%</td><td>7월</td><td>90%</td></tr><tr><td>35%형</td><td>35%</td><td>8월</td><td>100%</td></tr><tr><td>30%형</td><td>30%</td><td></td><td></td></tr></table></td></tr>
<tr><td>수확량감소
추가보장특약
과실손해보장
추가보장특약</td><td colspan="2">보험금 = 보험가입금액 × (피해율 × (⑪)%)</td></tr>
</table>

답

04 농작물재해보험 이론서에서 정하는 용어를 순서대로 답란에 쓰시오. [5점]

- (　①　) : 보장하는 자연재해로 손해가 발생한 것으로 인정되는 과실 수
- (　②　) : 보험사고로 인하여 발생한 손해에 대하여 계약자 또는 피보험자가 부담하는 일정비율로 보험가입금액에 대한 비율
- (　③　) : 영양조건, 기간, 기온, 일조시간 따위의 필요조건이 다차서 꽃눈이 형성되는 현상
- (　④　) : 통상적인 적과 및 자연낙과 종료시점의 착과수
- (　⑤　) : (꽃 또는 잎) 눈의 인편이 1~2mm 정도 밀려나오는 현상

답

※ 서술형 문제에 답하시오. (5 ~ 8번 문제)

05 다음 주어진 조건을 보고 각각의 보험금을 구하시오. (제시된 조건이외에 다른 조건은 고려하지 않음) [15점]

• 보험가입금액 : 600만원	• 보험가액 : 600만원
• 손해액 : 500만원	• 자기부담비율 : 20%

① 감귤(온주밀감류)의 과실손해보험금
② 감귤(온주밀감류)의 동상해과실손해보험금
③ 옥수수의 수확감소보험금
④ 원예시설 (농업용 시설물, 부대시설 화재로 인한 경우) 손해보험금 (복구를 한 경우)
⑤ 비가림시설 손해보험금 (화재로 인한 경우)
⑥ 인삼 해가림시설 손해보험금 (화재로 인한 경우)

답

06 다음 보기의 조건에서 양파의 농업수입감소보험금을 구하시오. (단, 보험금은 원단위미만 버리고, 피해율은 % 단위로 소수점 셋째자리에서 반올림하여 둘째자리까지 다음 예시와 같이 구하시오.
예시 : 0.12345는 → 12.35 %로 기재) [15점]

가입수확량	평년수확량	조사(실제)수확량	미보상비율
7,000kg	10,000kg	5,000kg	20%

농지별 기준가격	농지별 수확기가격	자기부담비율
540원/kg	400원/kg	최소 자기부담비율

답

07 다음 사례에서 종합위험보장 옥수수보험의 가입가능여부 및 사유를 모두 서술하시오.[15점]

> 2016년에 A씨는 서울에서 아내와 경북 청도시로 귀농하여, △△리 1번지 농지(보험가입금액 150만원)에 자가채종으로 10a당 정식주수가 3,000주인 1주재배형식으로 경작하고 있다. 출현율은 80%이며, 3월 16일 파종하였다.
> A씨가 2024년 농작물재해보험 종합위협보장 옥수수 상품에 가입하려고 한다.

답

08 적과전종합위험 사과 품목의 다음 제시된 내용을 참조하여 ① 최초 보험가입금액과 ② 감액후 보험가입금액을 구하시오. (단, 평년착과량의 100%를 가입수확량으로 결정하며, 적과 전 보상하는 손해의 발생이 없으며 제시사항 이외는 고려하지 않음) [15점]

특 약	평년착과수	적과후착과수	가입과중	가입가격
적과전5종 한정특약가입	76,500개	70,000개	350g /개	2,000원/kg

답

09 소 가축재해보험에서 가입자가 젖소의 유량감소로 긴급도축을 할 경우 보상받기 위한 조건을 쓰시오. [10점]

답

10 연천에 소재한 계약자 A는 가축재해보험에 가입하고 보상하는 사고가 발생하였다. 다음 물음에 답하시오.(단, 제시된 내용이외 조건은 고려하지 않으며 원미만은 절사함)(15점)

O 조사내용

사고일	내 용
2023.8.15	2023년 6월2일 출생한 젖소수컷 5마리에게 질병사고가 발생
2023.8.18	2022년 9월5일 출생한 젖소수컷 3마리에게 긴급도축사유가 발생

O 젖소산지가격 및 육우지육평균가격

구분	초유떼기(수컷)	분유떼기(수컷)	수정단계	육우지육평균가격(kg당)
5월	510,000원	950,000원	2,200,000원	10,600원
6월	500,000원	910,000원	2,100,000원	10,450원
7월	480,000원	860,000원	1,950,000원	10,000원
8월	450,000원	830,000원	1,900,000원	10,000원

* 발육 표준표(육우): 11월령 330kg, 12월령 350kg

1) 2023년 8월 15일 발생한 사고 소에 적용되는 보험가액을 구하고 산출내용을 쓰시오.

2) 전국산지평균가격이 없는 경우, 2023년 8월 18일 발생한 소에 적용되는 보험가액을 산출하시오.

답

Ⅱ 농작물재해보험 및 가축재해보험 손해평가의 이론과 실무

※ 단답형 문제에 답하시오. (11 ~ 13번 문제)

11 **농작물재해보험 종합위험 포도 비가림시설 보험가입내용과 피해조사내용이다. 다음 물음에 답하시오. (단, 재조달가액은 변동이 없는 것으로 하며, 제시된 내용 이외 조건은 고려하지 않음) [10점]**

O 계약 및 조사내용

구 분	재조달가액	보험가입금액	재해	피해내용 및 복구여부
A계약자	10,000,000원	재조달가액의 80%	태풍	O 비가림시설 전체 파손 O 구조체 감가상각율 24% O 피복재(장수PE)감가상각율 40%(고정감가) O 미 복구
B계약자	4,000,000원	재조달가액의 100%	강풍	O 비가림시설 전체파손 O 전체 복구

1) A계약자의 비가림시설 지급보험금을 구하시오.(재조달가액의 구조체와 피복재의 비율은 7:3임) (5점)

2) B계약자의 비가림시설 지급보험금을 구하시오. (5점)

답

12 **종합위험 생산비보장방식 고추, 브로콜리 품목의 보험금 산정방법이다. (   )안에 알맞은 내용을 쓰시오. [5점]**

생산비보장보험금은 (①)에 경과비율과 피해율을 곱하여 산정하며, 산정한 값에서 (②)을 차감하여 보험금을 지급한다. 단, 고추 품목은 병충해가 있는 경우 (③)을 피해율에 곱한다. 고추 피해율은 피해비율에 손해정도비율, (④)을 곱하여 산정한다. 브로콜리 피해율은 피해비율에 (⑤)을 곱하여 산정한다.

답

13 복숭아의 피해인정계수에 대한 내용이다. ( )안에 들어갈 알맞은 피해인정계수를 답안에 순서대로 쓰시오. [5점]

- (①) : 피해가 없거나 경미한 과실
- (②) : 일반시장에 출하할 때 정상과실에 비해 50%정도의 가격하락이 예상되는 품질의 과실(단, 가공공장 공급 및 판매 여부와 무관)
- (③) : 일반시장 출하가 불가능하나 가공용으로 공급될 수 있는 품질의 과실(단, 가공공장공급 및 판매 여부와 무관)
- (④) : 세균구멍병 피해를 입은 과실
- (⑤) : 일반시장 출하가 불가능하고 가공용으로도 공급될 수 없는 품질의 과실

답

※ 서술형 문제에 답하시오. (14 ~ 18번 문제)

14 특정위험보장 인삼 품목 전수조사시 (1) 피해율과 (2) 보험금을 구하시오. (단, 피해율은 소수점 셋째자리에서 반올림하시오) [15점]

보험가입금액	총조사수확량	연근별 기준수확량	미보상비율	자기부담비율
10,000,000원	80kg	0.5kg/㎡	10%	20%

지주목간격	두둑폭	고랑폭	실제 경작칸수	금차 수확칸수
2m	1m	1m	100칸	80칸

15 다음 조건에 따른 종합위험 수확감소보장방식 감자의 피해율을 구하시오. [15점]

- 가입면적 : 3,000㎡
- 표본구간 면적 : 50㎡
- 기수확면적 : 500㎡
- 타작물 및 미보상면적 : 100㎡
- 실제경작면적 : 3,000㎡
- 고사면적 : 900㎡
- 표본구간 정상감자 중량 : 50kg
- 표본구간 50%형 피해 감자 중량 : 15kg
- 표본구간 최대 지름이 5cm미만인 감자중량 : 5kg
- 미보상비율 : 10%
- 표본구간 병충해 입은 감자 중량 : 40kg
- 병충해입은 괴경의 무게 : 40kg
- 병충해명 : 모자이크병
- 손해정도 : 37%
- 평년수확량 : 6,000kg

답

제1회
제2회
제3회
제4회
제5회
제6회
제7회
제8회
제9회
제10회

16 농작물재해보험 특정위험보장 인삼 해가림시설 보험에 2023 11월 2일 가입하여 아래와 같이 피해를 입었다. 다음 물음에 답하시오.(단, 재조달가는 변동이 없는 것으로 하며, 보험가입금액은 천원단위 미만은 절사하고, 제시된 내용 이외 조건은 고려하지 않으며 비율은 소수점이하 셋째자리에서 반올림함) (15점)

O 계약내용

구분	설치면적	시설비	재료	설치연월
B계약자	1,000㎡	5,500원/㎡	목재	2021. 4.
D계약자	1,500㎡	7,000원/㎡	철재	2023.12.

O 사고내용

구분	사고일	피해내용	사고원인	잔존물제거비용
B계약자	2024.2.14	전체파손	폭설	1,000,000원
D계약자	2024.7.10	전체파손	태풍	800,000원

1) B계약자의 해가림시설 지급보험금을 구하시오.

2) D계약자의 해가림시설 지급보험금을 구하시오.

• 계산과정 :

• 보험금 : ______

17 종합위험보장 감귤(온주밀감류)상품의 다음 조건에 따른 ① 과실손해피해율 및 ② 과실손해보험금을 산정하시오. (단, 피해율은 % 단위로 소수점 셋째자리에서 반올림하여 둘째자리까지 다음 예시와 같이 구하시오. 예시 : 0.12345는 → 12.35 %로 기재) [15점]

- 보험가입금액 : 20,000,000원
- 기준과실수 : 4,000개
- 수확전 사고 없음
- 미보상비율 : 20%
- 자기부담비율 : 10%

〈등급내 과실〉

30%형 피해과실수	50%형 피해과실수	80%형 피해과실수	100%형 피해과실수
300개	200개	500개	100개

〈등급외 과실〉

30%형 피해과실수	50%형 피해과실수	80%형 피해과실수	100%형 피해과실수
100개	200개	300개	400개

- ① 과실손해피해율 :

- ② 과실손해보험금

18 종합위험 수확감소보장방식 밭작물 품목에서 표본구간수가 7일 때 다음 품목의 표본구간 면적 합계를 산정하시오. [10점]

품 목	표본구간 면적 합계 산정
양파, 마늘, 고구마, 감자, 옥수수, 양배추	〈조건〉 이랑폭 : 1m 이랑길이 : 2m
콩, 팥	〈조건〉 규격의 원형을 이용
차(茶)	〈조건〉 규격 면적을 이용

19 농업수입감소보장 포도 품목 계약내용과 착과수 조사 및 과중 조사한 다음 내용을 기준으로 보험금을 구하시오.(단, 각 수확량은 소수점 첫째자리에서 반올림하고 피해율은 %단위로 소수점 셋째자리에서 반올림함) [15점]

• 계약 및 조사내용

보험가입금액	평년수확량	기준가격	수확기가격	자기부담비율	미보상비율
18,000,000원	6,000kg	3,000원/kg	2,000원/kg	20%	10%

실제결과주수	표본주수	고사주수	미보상주수	평균과중	표본주 착과수	개당 과중
400주	10주	5주	5주	0.4kg	330개	0.38kg

답

20 보험금 지급 심사시 유의사항이다 ( ) 안에 알맞은 용어를 쓰시오. [5점]

1. 계약체결의 (①)확인
2. 고의, (②) 여부 확인
3. (③)위반 여부 확인 : 약관에서 규정하고 있는 계약 전, 후 (④) 및 각종 의무 위반 여부를 확인한다.
4. (⑤) 확인 : 고지의무 위반여부, 보험계약의 무효사유, 보험사고 발생의 고의성, 청구서류에 고의로 사실과 다른 표기, 청구시효 소멸 여부를 확인한다.
5. 기타 확인
   가) 개별약관을 확인하여 위에 언급한 사항 이외에 보험금 지급에 영향을 미치는 사항이 있는지 확인한다.
   나) 미비된 보험금 청구 서류의 보완 지시로 인한 지연지급, 불필요한 민원을 방지하기 위하여, 보험금 청구서류 중 사고의 유무, 손해액 또는 보험금의 확정에 영향을 미치지 않는 범위 내에서 일부 서류를 생략할 수 있으며, 사고내용에 따라 추가할 수 있다.

답

PART 02

제8회 실전모의고사

Ⅰ 농작물재해보험 및 가축재해보험의 이론과 실무

※ 단답형 문제에 답하시오. (1～5번 문제)

01 다음은 농업위험의 유형과 정책수단에 관한 내용이다. (   )에 들어갈 용어를 순서대로 답란에 쓰시오. [5점]

위험유형	주요 정책 수단
(①)	(②) (수량보험, 수입보험), 비보험작물재해지원, 긴급농업재해대책
(③)	최저가격보장제, 가격손실보상제, 수입손실보상제, 수입보장보험
(③)	환경보전 및 식품안전 규제에 대한 비용분담, 장려금 지원, 영농컨설팅 및 전업을 위한 교육훈련 지원, FTA 피해보전직불제 등
(④)	농업인안전보험, 농기계보험, 농업고용인력 중개지원 등

답

02 농업재해의 특성 5가지를 쓰시오. [5점]

답

03 농작물재해보험 이론서에서 정하는 용어를 순서대로 답란에 쓰시오. [5점]

- (발아기) 과수원에서 전체 눈이 (①)% 정도 발아한 시기
- (도복) 나무가 (②)이상 기울어지거나 넘어진 상태
- (절단) 나무의 주간부가 분리되거나 전체 주지·꽃(눈) 등의 (③) 이상이 분리된 상태
- (소실) 화재로 인하여 나무의 (④) 이상이 사라지는 것
- (출수기) 농지에서 전체 이삭이 (⑤) %정도 출수한 시점

답

04 다음 적과전종합위험 상품의 보험가입금액에 관한 설명 중 ( )안에 들어갈 내용을 순서대로 답란에 쓰시오. [5점]

1) 과실손해보장의 보험가입금액
가. 가입수확량에 (①)을 곱하여 산출하며 천원 단위 절사
나. 적과 종료 후 (②)(약관상 '기준수확량')이 (③)(약관상 '가입수확량')보다 적은 경우 가입수확량 조정을 통해 보험가입금액을 감액한다.
2) 나무손해보장특약의 보험가입금액
가. 보험에 가입한 (④)에 1주당 가입가격을 곱하여 계산한 금액
나. 보험에 가입한 (④)가 과수원 내 (⑤)를 초과하는 경우에는 보험가입금액을 감액한다.

답

05 다음은 보험료율 적용, 보험료 할인할증에 관한 내용 이다. ( )안에 알맞은 용어를 쓰시오. [5점]

- 2022년부터 (① (2품목을 적을 것))품목을 대상으로 통계신뢰도를 일정수준 충족하는 (②)에 대해 시범적으로 보험료율 산출 단위 세분화를 적용한다.
- 2018년 재해 발생 빈도와 심도가 높은 시군의 보험료율과 타 시군과의 보험료율 격차가 커지자 보험료율 안정화를 위해 단감, 떫은감, (③)를 대상으로 시·군별 보험료율의 분포를 고려하여 보험료율 (④)를 도입하였다.
- 과거 5년간 누적손해율이 (⑤)%미만일 경우 누적손해율과 가입기간에 따른 보험료 할인이 적용된다. 또한 일부 품목을 대상으로 방재시설 설치시 보험료 할인이 적용된다. 반면, 과거 5년간 누적손해율이 (⑥)% 이상일 경우 누적손해율과 가입기간에 따른 보험료 할증이 적용된다.

답

※ 서술형 문제에 답하시오. (6 ~ 10번 문제)

06 농작물재해보험 종합위험 아래품목 재배용 비가림시설 가입내용과 피해조사내용이다. 다음 물음에 답하시오.(단, 제시된 내용 이외 조건은 고려하지 않음) [20점]

• 계약 및 조사내용

구 분	가입약관	보험가입금액	재해종류	피해내용	손해액
X계약자(포도)	보통약관	20,000,000원	태풍	비가림시설	23,400,000원
Y계약자(포도)	특별약관	8,000,000원	화재	피복재	8,000,000원
Z계약자(대추)	보통약관	3,000,000원	강풍	피복재	3,000,000원

1) X계약자의 비가림시설 지급보험금을 구하시오.

2) Y계약자의 피복재 전체를 교체한 손해액이 8,000,000원인 경우 지급보험금을 구하시오.

3) Z계약자의 피복재 전체를 교체한 손해액이 3,000,000원인 경우 지급보험금을 구하시오.

답

07 다음은 종합위험보장 버섯의 농업용시설물, 부속시설 및 표고버섯의 보험가입 사례이다. 농작물 재해보험 인수가능여부와 그 사유를 모두 서술하시오. [15점]

- A씨는 목재로 200㎡의 버섯재배사를 짓고, 시설물 한 동 면적의 70%를 원목 재배방식으로 사용하고 있으며, 2024년도 현재 원목 4년차의 표고버섯을 재배하고 있다.
- 피복재가 훼손되었으며, 1년후에 산업단지로 지정되어 철거예정이다.
- 현재 정부에서 보험료의 일부를 지원하는 다른 계약에 이미 가입되어 있다.
- A씨는 3년연속 침수피해를 입어 2024년에는 농작물 재해보험에 가입하려고 한다.

답

08 다음은 농작물재해보험 인수제한 사유에 대한 내용이다. ( )안에 알맞은 내용을 쓰시오. [15점]

품 목	인수제한 사유
감자(봄재배, 고랭지재배)	파종을 (①) 이전에 실시 농지 (봄재배) 파종을 (②) 이전에 실시한 농지(고랭지재배)
팥	(③) 이전에 정식(파종)한 농지
양 파	(④) 이전 정식한 농지
마 늘	한지형은 (⑤) 이전 파종한 농지 마늘 파종 후 익년 (⑥)이전에 수확하는 농지
대 파	(⑦)을 초과하여 정식한 농지
단호박	(⑧)을 초과하여 정식한 농지
고랭지무	(⑨)을 초과하여 정식한 농지
당 근	(⑩)을 지나 파종을 실시하였거나 또는 할 예정인 농지
메 밀	파종을 (⑪)이후에 실시 또는 할 예정인 농지
양배추	(⑫)까지 정식하지 않은 농지(단, 재정식은 (⑬) 이내 정식)
브로콜리	정식을 하지 않았거나, 정식을 (⑭)이후에 실시한 농지
월동무	(⑮)까지 무를 파종하지 않은 농지
밀, 보리, 귀리	파종을 (⑯)이후에 실시한 농지

답

09 다음은 보험가입금액에 대한 설명이다. 보기의 ( )안에 알맞은 용어를 쓰시오 [10점]

구 분	보험가입금액
비가림시설	비가림시설의 ㎡당 시설비에 비가림시설 면적을 곱하여 산정 (산정된 금액의 (①) 범위 내에서 계약자가 보험가입금액 결정)한다. 단, (②) 비가림시설은 계약자 고지사항을 기초로 보험가입금액을 결정한다.
조사료용 벼 사료용 옥수수	(③) × 가입면적
생산비보장	고추 또는 (④)인 경우 손해를 보상한 경우에는 보험가입금액에서 (⑤)을 뺀 잔액을 손해가 생긴 후의 나머지 보험기간에 대한 잔존보험가입금으로 한다.
해가림시설	재조달가액 × (1 - (⑥))
농업용 시설물	전산으로 산정된 기준 보험가입금액의 (⑦) 범위 내에서 결정한다.

답

10 안성에 소재한 계약자A는 가축재해보험에 가입하고 보상하는 사고가 발생하였다. 다음 물음에 답하시오.(단, 제시된 내용이외 조건은 고려하지 않으며 원미만은 절사함) (15점)

O 조사내용

사고일	내 용
2023.8.5	2023년 6월2일 출생한 한우수컷 5마리가 질병사고가 발생
2023.8.12	2022년 9월5일 출생한 한우수컷 3마리가 긴급도축사유가 발생

O 한우월별산지가격

구분	송아지4~5월령(수컷)	송아지6~7월령(수컷)	350kg(수컷)	600kg(수컷)
5월	3,510,000원	4,350,000원	4,300,000원	5,300,000원
6월	4,300,000원	4,950,000원	4,800,000원	5,540,000원
7월	4,480,000원	4,860,000원	4,930,000원	5,620,000원
8월	4,910,000원	4,810,000원	4,630,000원	5,500,000원

*발육표준표(한우수컷): 11월령 330kg, 12월령 350kg

※ 「농협축산정보센터」에 등재된 송아지 가격이 없음

1) 2023년 8월 5일 발생한 한우에 적용되는 보험가액을 구하고 산출내용을 쓰시오.

2) 2023년 8월 12일 발생한 한우에 적용되는 보험가액을 산출하시오.

답

Ⅱ 농작물재해보험 및 가축재해보험 손해평가의 이론과 실무

※ 단답형 문제에 답하시오. (11 ~ 14번 문제)

11 다음은 농작물재해보험 이론서에서 규정하는 손해평가반 구성 및 방법에 대한 설명이다. ( )안에 알맞은 내용을 쓰시오. [5점]

- 재해보험사업자는 보험가입자가 손해평가반의 손해평가결과에 대하여 설명 또는 통지를 받은 날로부터 (①)이내에 손해평가가 잘못되었음을 증빙하는 서류 또는 사진 등을 제출하는 경우 재해보험사업자는 다른 손해평가반으로 하여금 재조사를 실시하게 할 수 있다.
- 손해평가반은 손해평가인 또는 「보험업법」 제 186조에 따른 손해사정사 또는 「농어업재해보험법」 제11조의4에 따른 손해평가사 (②)인 이상을 포함하여 (③)인 이내로 구성한다.
- 재해보험사업자 및 재해보험사업의 (④)는 손해평가반이 실시한 손해평가결과를 확인하기 위하여 손해평가를 실시한 보험목적물 중에서 일정수를 (⑤)하여 (⑥)를 할 수 있다.

답

12 농업수입감소보장방식 포도품목의 착과피해조사를 실시하고자 한다. 다음 조건을 이용하여 알맞은 내용을 답란에 쓰시오. [5점]

- A과수원의 품종은 5종이다.
- 최소표본주는 각 품종별 최소표본주의 합으로 본다.
- 최소표본 과실추출개수는 품종별 최소표본 과실추출개수의 합으로 본다.
- 위 조건외 단서조항은 고려하지 않는다.

답 품종별 최소표본주 : (①)주
최소표본주 : (②)주
최소표본 과실추출개수 : (③)개

13 종합위험보장 해가림시설 손해조사에 관한 내용이다. (　　)안에 알맞은 내용을 답란에 순서대로 쓰시오. [5점]

- 단위면적당 (①), (②) 및 파손정도 등을 참고하여 실제 피해에 대한 (③)을 기평가한 (④)으로 산출한 피해액을 산정한다.
- 산출된 피해액에 대하여 (⑤)을 적용하여 손해액을 산정한다. 다만, 피해액이 보험가액의 (⑥) 이하인 경우에는 감가를 적용하지 않고, 피해액이 보험가액의 20%를 초과하면서 감가 후 피해액이 보험가액의 20% 미만인 경우에는 (⑦)를 손해액으로 산출한다.
- 해가림시설 보험금과 잔존물 제거비용의 합은 보험가입금액을 한도로 한다. 단, 잔존물 제거비용은 손해액의 (⑧)를 초과할 수 없다.

답

14 종합위험 및 수확전 종합위험 과실손해보장방식 과수의 표본조사에 관한 설명이다. (　　)안에 알맞은 내용을 답란에 순서대로 쓰시오. [5점]

- 과실손해조사(오디) : 표본주에서 가장 긴 결과모지 (①)개를 표본가지로 선정하고, 표본가지별로 가지의 길이 및 결실수를 조사한다.
- 종합위험 과실손해조사(복분자) : 표본포기수 산정과 표본포기 선정을 한 후, 선정한 표본포기 전후 (②) 포기씩 추가하여 총 (③) 포기를 표본구간으로 선정한다. 각 표본포기에서 임의의 (④)송이를 선정하여 1송이당 맺혀있는 전체 열매수와 피해(수정불량) 열매수를 조사한다.
- 수확전 과실손해조사(감귤(온주밀감류)) : 농지별 가입면적을 기준으로 품목별 표본주수표에 따라 농지별 전체 표본주수를 과수원에 고루 분포되도록 최소 (⑤)주이상 선정한다.
- 과실손해조사(감귤(온주밀감류)) : 농지별 가입면적을 기준으로 품목별 표본주수표에 따라 농지별 전체 표본주수를 과수원에 고루 분포되도록 최소 (⑥)주이상 선정한다. 선정한 표본주에 리본을 묶고 주지별(원가지) (⑦) 1~3개를 수확한다.
- 종합위험 과실손해조사(무화과) : 착과피해조사는 품종별로 (⑧)개 이상의 표본주에서 임의의 과실 (⑨)개 이상을 추출한 후 피해 구성 구분 기준에 따라 구분하여 그 개수를 조사한다.
- 특정위험 과실손해조사(무화과) : (⑩)주이상의 표본주에 달려 있는 결과지수를 구분하여 고사결과지수, 미고사결과지수, 미보상고사결과지수를 각각 조사한다.

답

※ 서술형 문제에 답하시오. (15 ~ 20번 문제)

15 농작물재해보험 종합위험 생산비보장 브로콜리 품목에 가입하고 보상하는 재해에 해당하는 피해가 발생하였다. 다음 물음에 답하시오. (단, 피해율, 경과비율은 %단위로 소수점 셋째자리에서 반올림하며 일수는 양편 넣기로 하고, 제시된 내용 이외 조건은 고려하지 않음) [15점]

• 계약내용

보험가입금액	가입면적	자기부담비율
6,000,000원	3,000㎡	5%

• 수확기전 최초 조사

정식일	사고발생일	실제경작면적	작물피해율	피해면적	미보상비율
8월 22일	9월 30일	3,000㎡	40%	3,000㎡	10%

• 수확기 이후 조사

수확개시일	사고접수일 조사	수확종료일	피해면적
12월 26일	12월 31일	생산비보장 종료일	1,350㎡

* 표본이랑 피해정도 주수내역 (총 200개)

피해정도	정상	50%형	80%형	100%형
송이수	156	10	15	19

1) 수확기 전 지급보험금을 구하시오.
2) 수확기이후 조사한 표본이랑의 작물피해율을 구하시오.
3) 수확기 이후 조사한 지급보험금을 구하시오.(원미만은 절사함)

답

16 농작물재해보험 종합위험 생산비보장 메밀 품목에 가입하고 보상하는 재해에 해당하는 피해가 발생하였다. 다음 내용을 참조하여 생산비보장보험금을 산출하시오.(단, 피해율은 %단위로 소수점 셋째자리에서 반올림하며 제시된 내용 이외 조건은 고려하지 않음) [10점]

보험가입면적	보장생산비	수확기생산비	자기부담비율
2,000㎡	5,250원/㎡	1,850원/㎡	20%

실제경작면적	도복 피해면적	도복 외 피해면적	손해정도비율
2,000㎡	1,000㎡	500㎡	50%

답

17 다음 조건에서 종합위험 수확감소보장방식 양배추의 피해율을 구하시오. [10점]

- 가입면적 : 3,000㎡
- 표본구간 수확량 : 20kg
- 고사면적 : 900㎡
- 기수확면적 : 500㎡
- 미보상비율 : 10%
- 표본구간 면적 : 50㎡
- 실제경작면적 : 3,000㎡
- 타작물 및 미보상면적 : 100㎡
- 평년수확량 : 3,000kg

답

18 다음 종합위험 수확감소보장방식 마늘 (한지형)의 조사내용을 보고 다음 물음에 답하시오. (수확량은 kg단위로 소수셋째짜리에서, 피해율은 %단위로 소수 셋째자리에서 반올림한다.) [15점]

- 보험가입금액 : 10,000,000원
- 가입면적 : 3,000㎡
- 실제경작면적 : 3,000㎡
- 타작물 및 미보상면적 : 300㎡
- 기수확면적 : 500㎡
- 고사면적 : 0㎡
- 평년수확량 : 5,000kg
- 미보상비율 : 10%
- 자기부담비율 : 20%
- 수확적기까지 잔여일수 10일
- 비대추정지수 1일 0.8%
- 표본조사 5구간(이랑길이 1m, 이랑폭 1.4m 각 구간 동일)
- 표본구간 조사 내용

구 분	정 상	80% 피해 작물
작물중량	10kg	2kg

1) 수확량을 구하시오.
2) 피해율을 구하시오.
3) 수확감소보험금을 구하시오.

답

19 농작물재해보험 종합위험 생산비보장 단호박 품목에 가입하고 보상하는 재해에 해당하는 피해가 발생하였다. A농지 단호박의 보험금을 구하시오. (단, 손해정도비율과 피해율은 %단위로 소수점 셋째자리에서 반올림하며 제시된 내용 이외 조건은 고려하지 않음) [15점]

• 계약 및 조사내용

▶ A농지 (연천소재)

보험가입금액	실제재배면적	피해면적	자기부담비율	미보상비율	표본구간
8,000,000원	4,000㎡	2,500㎡	20%	10%	4구간 (각 구간 가로 1m, 세로 1m 동일)

• 피해조사를 실시해 A농지 단호박 피해면적에 대한 표본구간 피해정도 (누계 44)

손해정도비율	0%	1~20%형	21~40%형	41~60%형	61~80%형	81~100%형
수 량	4	5	2	6	10	17

답

20 다음은 가축재해보험에 가입하고 보상하는 사고가 발생하여 조사한 내용이다. 다음 물음에 답하시오.(단, 제시된 내용이외 조건은 고려하지 않으며 원미만은 절사함)(15점)

O 조사내용

사고일	내 용	
2023. 11.15	• 보험가입금액 : 3,500,000원 • 자기부담비율 : 최소자기부담비율 • 잔존물 견인비용 : 350,000원 • 랜더링비용 : 200,000원	• 보험가액 : 4,000,000원 • 한우 폐사 • 상차비용 : 100,000원 • 사고현장 오물처리비용 : 150,000원
2023. 11.18	• 보험가입금액 : 3,500,000원 • 자기부담비율 : 최소자기부담비율 • 이용물 처분액 1,000,000원	• 보험가액 : 4,000,000원 • 한우 사지골절부상 발생 : 긴급도축

1) 2023년 11월 15일 폐사한 한우의 지급보험금을 구하시오.

2) 2023년 11월 18일 긴급 도축한 한우의 지급보험금을 구하시오.

답

제1회 제2회 제3회 제4회 제5회 제6회 제7회 제8회 제9회 제10회

PART 02

제9회 실전모의고사

Ⅰ 농작물재해보험 및 가축재해보험의 이론과 실무

※ 단답형 문제에 답하시오. (1～2번 문제)

01 농작물재해보험 이론서에서 정하는 농작물재해보험의 특징이다. (　　　)안에 들어갈 용어를 답란에 쓰시오. [6점]

- 주요 담보위험이 (　①　)임
- (　②　) 의 어려움
- (　③　)에 대한 차별화 곤란
- (　④　) 에 따른 보험료 지원 일부 차등
- 물(物)보험－(　⑤　)
- 단기 (　⑥　) 보험
- 국가 (　⑦　) 운영

답

02 농업재해보험의 기능에 대한 설명이다. (　　　)안에 들어갈 용어를 답란에 쓰시오. [7점]

1. 재해농가의 (　①　)
2. 농가의 (　②　) 증대
3. 농촌지역 경제 및 사회 (　③　)
4. (　④　)의 안정적 추진
5. (　⑤　) 고취
6. (　⑥　)의 증가
7. (　⑦　) 농업발전과 안정적 식량공급에 기여

답

03 꿀벌가축재해보험에서 보장하는 병충해 특약 2가지를 쓰시오 [2점]

답

※ 서술형 문제에 답하시오. (4 ~ 10번 문제)

04 적과전 종합위험보장 상품의 보험가입금액의 감액에 관하여 다음 내용을 서술하시오. [15점]

① 감액사유 :

② 감액시 차액보험료 계산식 :

③ 차액보험료 지급기한 :

④ 차액보험료를 다시 정산하는 사유 :

답

05 다음 조건은 적과전종합위험 사과 상품의 보험가입내용이다. 보기의 조건을 보고 차액보험료를 구하시오. [15점]

- 가입수확량 : 2,000kg
- 가입가격 : 2,000원/kg
- 자기부담비율 : 15%
- 지방자치단체지원 : 20%
- 미납입보험료 : 없음
- 특약가입없음
- 적과전에 사고가 없는 과수원
- 적과후 착과량 1,500kg
- 방재시설할인율 : 20%
- 지역별 보통약관 영업요율 : 10%
- 손해율에 따른 할증률 : 0%
- 착과감소보험금 보장 수준 : 50%형

답

06 농작물재해보험 특정위험보장 인삼품목에 보상하는 재해에 해당하는 피해가 발생하여 전량 수확하였다. 2차사고에서 지급할 인삼손해보장보험금을 산출하시오. (단, 피해율은 %단위로 소수점 셋째자리에서 반올림하며 제시된 내용 이외 조건은 고려하지 않음) [20점]

• 계약 및 조사내용

계약내용	• 재배면적 : 3,000㎡ • 보험가입일 : 2023년 11월 5일 • 자기부담비율 : 15%
조사내용	• 1차사고 발생일 : 2024년 2월 15일 보험금 1,000,000원 지급 • 2차사고 발생일 : 2024년 8월 6일 • 미보상비율 : 10% • 피해면적 : 1,500㎡ • 조사수확량 : 0.09kg/㎡ • 인삼 불량으로 판정 • 인삼 3년근

• 연근별 (보상)가액

2년근	3년근	4년근	5년근	6년근
10,200원	11,600원	13,400원	15,000원	17,600원

• 연근별 기준수확량 (단위 : kg/㎡)

구 분	2년근	3년근	4년근	5년근
불 량	0.45	0.57	0.64	0.66
표 준	0.50	0.64	0.71	0.73

답

07 다음의 사례에서 농작물 재해보험가입이 거절된 사유를 모두 서술하시오. [10점]

> A씨는 전북 익산의 1,500㎡ 농지 (농지보험가액 200만원)에서 대대로 신남작 품종 씨감자 수확을 목적으로 감자(가을재배)를 시설재배하고 있다.
> 재식밀도는 3,500주/10a이고, 전작으로 유채를 재배하였다.
> 올해는 3년 동안 갱신하지 않은 씨감자를 7월 29일 파종하였다.
> 2023년 A씨가 수확감소보장 감자(가을재배)재해보험에 가입하려고 한다.

답

08 다음 보기의 사례에서 농작물재해보험의 계약인수 가능여부를 분화류 국화, 시설백합 및 농업용 시설물로 각각 분류하여 서술하시오. [10점]

> 2010년 2월에 아내와 귀농한 A씨는 충북 ○○시 소재, 연동하우스(면적 380㎡)의 50 %인 190㎡에는 분화류 국화를 재배하고, 시설면적의 50 %인 190㎡에는 시설백합을 재배하기 시작하였다.
> 2023년 4월에 농업용 시설물과 시설작물에 대하여 각각 아내이름으로 보험에 가입하고자 한다.

답

09 다음 가축재해보험의 업무를 담당하는 기관을 보기에서 찾아 순서대로 답란에 쓰시오 [5점]

- 농림축산식품부
- 농업정책보험금융원
- 금융감독원
- 금융위원회
- 농업재해보험심의회

주요 업무	대상
농림축산식품부장관 소속으로 차관을 위원장으로 설치되어 재해보험 목적물 선정, 보상하는 재해의 범위, 재해보험사업 재정지원, 손해평가방법 등 농업재해보험에 중요사항에 대해 심의	①
보험업에 대한 감독기관	②
분쟁 해결 기관	③
재해보험사업자의 선정·관리감독, 재해보험상품의 연구 및 보급, 재해 관련 통계 생산 및 데이터베이스 구축분석, 조사자의 육성, 손해평가기법의 연구개발 및 보급 등	④
재해보험 관계 법령의 개정, 보험료 국고 보조금 지원 등 전반적인 제도 업무를 총괄	⑤

답

10 다음 보기의 내용을 보고 가축재해보험 돼지의 보험가액을 산정하시오 [10점]

- 종빈돈 보험가액 : 500,000원 /두
- 자돈가격(30kg 기준) : 350,000원
- 생체중량 : 82kg
- 사고 당일 포함 직전 5영업일 평균돈육대표가격 (전체, 탕박) : 5,000원/kg

답 1) 종모돈 1두당 보험가액을 구하시오 [5점]

2) 비육돈 1두당 보험가액을 가액을 구하시오 [5점]

Ⅱ 농작물재해보험 및 가축재해보험 손해평가의 이론과 실무

※ 단답형 문제에 답하시오. (11 ~ 15번 문제)

11 다음은 농작물재해보험에서 정하는 농업수입감소보장방식 포도품목의 보험금산정시 피해율을 산출하는 방법이다. 밑줄의 틀린 내용을 알맞은 내용으로 수정하시오. [5점]

- 실제수입은 수확량에 ① 미보상감수량을 뺀 값에 농지별 기준가격과 농지별 수확기가격 중 큰 값을 곱하여 산출한다.
- 수확량조사를 하지 않아 조사한 ② 수확량이 없는 경우에는 표준수확량을 수확량으로 한다.
- ③ 계약자 또는 피보험자의 고의 또는 과실로 수확량조사를 하지 못하여 수확량을 확인할 수 없는 경우에는 농업수입감소보험금을 지급하지 않는다.
- 미보상감수량은 ④ 평년수확량에서 감수량을 뺀 값에 미보상비율을 곱하여 산출하며, 평년수확량보다 수확량이 감소하였으나 보상하는 재해로 인한 감소가 확인되지 않는 경우에는 감소한 수량을 모두 미보상감수량으로 한다.

답

12 다음 조건에 따른 종합위험보장 원예시설 작물의 경과비율을 답란에 쓰시오 [5점]

- 생장일수(수박, 멜론) : 50일
- 생장일수(국화) : 60일
- 생장일수(카네이션) : 75일
- 수확일수 : 10일
- 표준생장일수(수박, 멜론) : 100일
- 표준생장일수(국화 스탠다드형) : 120일
- 표준생장일수(카네이션) : 150일
- 표준수확일수 : 25일

답 (국화 · 카네이션 재절화재배) 수확기 이전 사고의 경과비율 : ___①___ %
(수박, 멜론) 수확기 이전 사고의 경과비율 : ___②___ %
(국화) 수확기 중 사고의 경과비율 : ___③___ %
(수박, 멜론) 수확기 중 사고의 경과비율 : ___④___ %
(카네이션) 수확기 중 사고의 경과비율 : ___⑤___ %

13 다음 ( )안에 알맞은 용어를 쓰시오. [5점]

다음의 어느 하나에 해당하는 손해평가에 대하여는 해당자를 손해평가반 구성에서 배제하여야 한다.
가. 자기 또는 자기와 (①)를 같이하는 친족(이하 "이해관계자"라 한다)이 가입한 보험계약에 관한 손해평가
나. 자기 또는 (②)가 모집한 보험계약에 관한 손해평가
다. (③)로부터 (④)일 이내의 보험가입자간 상호 손해평가
라. 자기가 실시한 손해평가에 대한 (⑤) 및 (⑥)

답

14 종합위험 수확감소보장방식 논작물의 수확량조사에 관한 설명이다. ( ) 안에 알맞은 내용을 답란에 순서대로 쓰시오. [5점]

수량요소조사 (벼만 해당)	• 표본포기 수 : (①)포기(가입면적과 무관함) • 표본포기 조사 : 선정한 표본 포기별로 (②) 및 (③)를 조사한다.
표본조사	• 표본구간 수 선정 : 조사대상면적에 따라 적정 표본구간 수 이상의 표본구간 수를 선정한다. 다만, 가입면적과 실제경작면적이 (④) 이상 차이가 날 경우 (계약 변경 대상)에는 실제경작면적을 기준으로 표본구간 수를 선정한다. • 표본구간 면적 : 표본구간마다 (⑤)포기의 길이와 포기 당 간격을 조사한다. (단, 농지 및 조사 상황 등을 고려하여 (⑥) 포기로 줄일 수 있다). • 표본중량조사 : 표본구간의 작물을 수확하여 해당 중량을 측정한다. • 함수율 조사 : 수확한 작물에 대하여 함수율 측정을 (⑦)회 이상 실시하여 평균값을 산출한다.
전수조사 (벼만 해당)	• 전수조사 대상 농지 여부 확인 : 전수조사는 (⑧)(탈곡 포함)을 하는 농지에 한한다
병해충단독사고 여부 확인 (벼만 해당) (수량요소조사 표본조사 전수조사)	• 농지의 피해가 자연재해, 조수해 및 화재와는 상관없이 보상하는 병해충만으로 발생한 병해충 단독사고인지 여부를 확인한다. 이때, 병해충 단독사고로 판단될 경우에는 가장 주된 병해충명을 조사한다.

15 종합위험 수확감소보장방식 밭작물 품목별 수확량조사 적기에 관한 내용이다. (   ) 안에 알맞은 내용을 답란에 순서대로 쓰시오. [10점]

<table>
<tr><th>품 목</th><th colspan="3">수확량조사 적기</th></tr>
<tr><td>양 파</td><td rowspan="6">비대가 종료된 시점</td><td colspan="2">식물체의 (①)이 완료된 때</td></tr>
<tr><td>마 늘</td><td colspan="2">잎과 줄기가 $\frac{1}{2}$~$\frac{2}{3}$ (②)하여 말랐을 때와 해당 지역의 통상 수확기가 도래하였을 때</td></tr>
<tr><td>고구마</td><td colspan="2">(③)로부터 120일 이후에 농지별로 적용</td></tr>
<tr><td>감 자
(고랭지재배)</td><td rowspan="3">파종일로 부터</td><td>(④) 이후</td></tr>
<tr><td>감자(봄재배)</td><td>(⑤) 이후</td></tr>
<tr><td>감자(가을재배)</td><td>제주지역은 110일 이후, 이외 지역은 95일 이후</td></tr>
<tr><td>옥수수</td><td rowspan="4">수확적기</td><td colspan="2">수염이 나온 후 (⑥) 이후</td></tr>
<tr><td>콩</td><td colspan="2">(콩잎이 누렇게 변하여 떨어지고 꼬투리의 80~90% 이상이 고유한 성숙(황색)색깔로 변하는 시기인 (⑦)로부터 (⑧)이 지난 시기)</td></tr>
<tr><td>팥</td><td colspan="2">꼬투리가 (⑨) 이상이 성숙한 시기</td></tr>
<tr><td>양배추</td><td colspan="2">(⑩) 형성이 완료된 때</td></tr>
<tr><td>차(茶)</td><td>조사 가능일 직전</td><td colspan="2">조사 가능일은 대상 농지에 식재된 차나무의 대다수 신초가 1심 2엽의 형태를 형성하며 수확이 가능할 정도의 크기(신초장 4.8cm 이상, 엽장 2.8cm 이상, 엽폭 0.9cm 이상)로 자란 시기를 의미하며 해당 시기가 수확년도 (⑪)을 초과하는 경우에는 수확연도 (⑪)을 기준으로 함</td></tr>
</table>

답

※ 서술형 문제에 답하시오. (16 ~ 18번 문제)

16 다음 종합위험 수확감소보장방식 벼의 피해율을 산정하시오. [20점]

〈조건 1〉 수량요소조사 (조사시기 : 수확 전 14일)

- 표준수확량 : 4,000kg
- 평년수확량 : 3,000kg
- 조사수확비율 : 35%
- 미보상비율 : 0%
- 피해면적 보정계수 (보통) : 1

• 피해율 :

〈조건 2〉 표본조사(메벼)(조사시기 : 수확 가능시기)

• 가입면적 : 3,000㎡	• 4포기 길이 : 12m
• 포기당 간격 : 1m	• 표본구간 작물중량합계 : 20kg
• 표본구간 수 : 5	• 실제경작면적 : 3,000㎡
• 고사면적 : 900㎡	• 타작물 및 미보상면적 : 100㎡
• 기수확면적 : 500㎡	• 평년수확량 : 3,000kg
• 미보상비율 : 10%	• 함수율 : 15%

• 〈조건 2〉피해율 :

〈조건 3〉 전수조사 (찰벼) (조사시기 : 수확시)

• 가입면적 : 3,000㎡	• 작물중량 : 1,000kg
• 실제경작면적 : 3,000㎡	• 함수율 : 56.5%
• 고사면적 : 900㎡	• 타작물 및 미보상면적 : 100㎡
• 기수확면적 : 500㎡	• 평년수확량 : 3,000kg
• 미보상비율 : 10%	

• 〈조건 3〉피해율 :

17 보기의 조건에 따른 종합위험보장 고구마의 수확감소보험금을 산정하시오. [20점]

보험가입금액	실제경작면적	표본구간 면적	타작물 및 미보상면적	기수확면적	고사면적
5,000,000원	40a	2a	4a	5a	6a

평년수확량	표본구간 고구마 중량			자기부담비율	미보상비율
	정상 중량	50%피해 중량	80%피해 중량		
4,000kg	60kg	160kg	200kg	10%	20%

답

18 다음의 조건에 따른 양파상품의 농업수입감소보험금을 산정하시오.(단, 피해율은 %단위로 소수점 셋째 자리에서 반올림하며 제시된 내용 이외 조건은 고려하지 않음) [20점]

보험가입금액	자기부담비율	미보상비율	평년수확량	농지별 기준가격	농지별 수확기가격
10,000,000원	20%	10%	6,000kg	10,000원/kg	12,000원/kg

실제경작면적	수확불능면적	타작물 및 미보상면적	기수확면적	표본구간면적
3,000㎡	900㎡	100㎡	500㎡	10㎡

표본구간 정상 양파중량	80%형 피해 양파중량	지역별 수확적기까지 잔여일수	비대추정지수
4kg	5kg	10일	1일 1%

답

※ 가축재해보험에 관한 내용이다. 물음에 답하시오. (19 ~ 20번 문제)

19 가축재해보험의 손해액의 산정에 관한 내용이다. (　) 안에 알맞은 용어를 쓰시오. [5점]

> 손해액은 그 손해가 생긴 때와 장소에서의 보험가액에 따라 계산한다. 보험목적물의 (①)은 손해보험협회의 "보험가액 및 손해액의 평가기준"을 준용하며, 이 보험목적물이 지속적인 개 · 보수가 이루어져 보험목적물의 가치증대가 인정된 경우 잔가율은 보온덮개 · 쇠파이프 조인 축사구조물의 경우에는 최대 (②)%까지, 그 외 기타 구조물의 경우에는 최대 (③)%까지로 수정하여 보험가액을 평가할 수 있다. 다만, 보험목적물이 손해를 입은 장소에서 (④)개월 이내 실제로 수리 또는 복구되지 않은 때에는 잔가율이 (⑤)% 이하인 경우에는 최대 (⑤)%로 수정하여 평가한다.

답

20 다음 돼지 축산휴지위험보장 특별약관내용을 보고, ① 사업이익과 ② 이익률 ③ 종빈돈의 보험가액(손해액) ④ 축산휴지 보험금을 구하시오. [5점]

- 특약 보험가입금액 : 3,000,000원
- 1두당 비육돈 (100kg 기준)의 평균가격 : 40만 원
- 통계청에서 발표한 최근의 비육돈 평균경영비 : 34만 원
- 종빈돈

임신, 분만 및 포유 등 가능 종빈돈	임신, 분만 및 포유 등 불가능 종빈돈	후보돈
5두	4두	3두

답

PART 02

제10회 실전모의고사

Ⅰ 농작물재해보험 및 가축재해보험의 이론과 실무

※ 단답형 문제에 답하시오. (1～4번 문제)

01 다음은 농업재해보험 관련 내용이다. (　　)안에 들어갈 알맞은 용어를 쓰시오. [5점]

> (①)은 2001년 제정된 (②)을 모태로 2010년 전부 개정하여 농작물, (③), 가축 및 농어업용 시설물을 통합하였다.
> 총 32개의 본문과 부칙으로 되어있으며, 32개 본문은 제1장 총칙, 제2장 재해보험사업, 제3장 (④) 및 농어업재해재보험기금, 제4장 (⑤), 제5장 벌칙으로 구성되어 있다.

답

02 다음은 농작물재해보험의 사업운영에 관한 내용이다. ( )안에 들어갈 알맞은 용어를 쓰시오. [5점]

> 농작물재해보험의 사업 주관부서는 (①)이고, 사업 관리기관은 (②)이다. 사업 시행기관은 사업 관리기관과 약정체결을 한 재해보험사업자로, 현재 농작물재해보험 사업자는 (③)이며, 농작물재해보험의 손해평가를 담당할 손해평가사의 자격시험의 실시 및 관리에 대한 업무 수행 주체는 농림축산식품부로부터 수탁받은 (④)이다.
> 보험료율의 산출은 (⑤)이며, 기초서류 확인은 (⑥)이 담당한다.

답

03 다음은 적과전종합위험의 적과종료 이전 자연재해로 인한 적과종료 이후 착과손해자료이다. 〈조건 1〉과 〈조건 2〉의 감수과실수를 각각 구하시오. (단, 적과종료이전 특정위험5종 한정 보장특약 미가입) [10점]

〈조건 1〉

• 적과후 착과수 : 2,000개	• 평년착과수 : 5,000개

〈조건 2〉

• 적과후 착과수 : 3,000개	• 평년착과수 : 5,000개

답

04 다음 괄호 안에 들어갈 내용을 순서대로 답란에 쓰시오. [5점]

동일한 계약의 목적과 동일한 사고에 관하여 보험금을 지급하는 다른 계약이 있고 이들의 (①) 의 합계액이 (②)보다 클 경우 아래의 식에 따라 계산

〈1〉 다른 계약이 이 계약과 지급보험금의 계산방법이 같은 경우

$$\text{보험금= 손해액}\times\left(\frac{\text{이 계약의 (③)}}{\text{다른 계약이 없는 것으로 하여 각각 계산한 (③)의 합계액}}\right)$$

〈2〉 다른 계약이 이 계약과 지급보험금의 계산방법이 다른 경우

$$\text{보험금=손해액}\times\left(\frac{\text{이 계약의 (④)}}{\text{다른 계약이 없는 것으로 하여 각각 계산한 (④)의 합계액}}\right)$$

답

05 다음 상품들의 보험가입자격이 되기위한 10a당 재식밀도 (또는 재식주수)를 쓰시오. [5점]

- 종합위험보장 감자(고랭지재배) : ________/10a 이상
- 종합위험보장 고추 재식주수 : ________/10a 이상 ________/10a 이하
- 종합위험보장 마늘 : ________/10a 이상
- 농업수입감소보장 양파 : ________/10a 이상, ________/10a 이하
- 종합위험보장 옥수수(2주재배) : ________/10a 이상, ________/10a 이하

답

※ 서술형 문제에 답하시오. (6 ~ 10번 문제)

06 농작물재해보험 종합위험보장 표고버섯(원목재배)재배사 손해보장보험에 가입하고 보상하는 재해로 인하여 피해가 발생하였다. 다음 내용을 참조하여 생산비보장보험금을 구하시오. (단, 제 비율과 피해율은 % 단위로 소수점 셋째자리에서 반올림하며 제시된 내용 이외 조건은 고려하지 않음) [15점]

보험가입금액	원목(본)당 보장생산비	재배원목(본)수	피해원목(본)수
25,000,000원	5,000원	4,000본	3,000본

표본원목 피해면적	표본원목 전체면적	미보상비율
13㎡	26㎡	20%

- 태풍특보발령 관련 재해사고
- 태풍으로 시설물에 직접적인 피해가 발생하여 버섯피해 발생
- 표고버섯 확장위험담보 특약 가입없음

07 다음 조건에서 무화과의 ① 수확전 사고피해율, ② 특정위험 피해율 및 보험금을 구하시오. (피해율은 % 단위로 소수점 셋째자리에서 반올림하여 둘째자리까지 다음 예시와 같이 구하시오.
예시 : 0.12345는 → 12.35 %로 기재) [20점]

- 보험가입금액 : 10,000,000원
- 자기부담비율 : 최대 자기부담비율

〈7월 26일 조수해사고〉

- 평년수확량 : 4,000kg
- 수확량 : 3,000kg
- 미보상비율 : 20%

〈8월 20일 우박 사고〉

- 잔여수확량 비율

사고발생 월	잔여수확량 산정식(%)
8월	{100 - (1.06 × 사고발생일자))
9월	{(100 - 33) - (1.13 × 사고발생일자)}
10월	{(100 - 67) - (0.84 × 사고발생일자)}

- 보상고사결과지수 : 3
- 미보상고사결과지수 : 2
- 착과피해율 : 20%
- 정상결과지수(미고사결과지수) : 19

답

08 다음 사례를 읽고 농작물재해보험 업무방법서에서 정하는 기준에 따라 인수가능여부사유를 모두 서술하시오. [15점]

A씨는 전북 고창시 △△리 1번지(본인소유 농지)에서 보험가입금액이 280만원인 복분자과수원, △△리 2번지에 보험가입금액이 100만원인 복분자과수원을 운영하고 있다.
두 과수원 모두 가입년도 나무수령은 2년이다. △△리 1번지는 계약인수후에 구결과모지의 전정활동을 할 예정이며, △△리 2번지는 계약인수전에 구결과모지 전정활동을 하였다.
A씨가 2024년 종합위험 과실손해보장보험에 가입하려고 한다.

답

09 A계약자는 농작물재해보험 인삼 해가림시설 보험에 갑 보험사와 을보험사에 동시에 가입하고 있다. 보상하는 재해로 발생한 조사결과를 토대로 각 보험사의 지급보험금을 구하시오.(단, 갑 보험사와 을 보험의 지급보험금 계산방법이 같으며 자기부담금은 없고, 제시된 내용 이외 조건은 고려하지 않음)[15점]

구 분	보험가입금액	보험가액	사고원인	손해액
갑 보험사	6,000,000원	6,000,000원	태풍	6,000,000원
을 보험사	4,000,000원			

답

10 가축재해보험의 정부지원에 관한 내용이다. ( )안에 알맞은 숫자를 쓰시오. [5점]

> 가축재해보험에 가입한 재해보험가입자의 납입 보험료의 (㉠)% 지원.
> 단, 농업인(주민등록번호) 또는 법인별(법인등록번호) (㉡)원 한도 지원
> 예시) 보험가입하여 1천만원 국고지원 받고 계약 만기일 전 중도 해지한 후 보험을 재가입할 경우 (㉢)원 국고 한도 내 지원 가능.
> 말은 마리당 가입금액 (㉣)원 한도내 보험료의 (㉤)%를 지원하되, (㉥)원을 초과하는 경우는 초과금액의 (㉦)%까지 가입금액을 산정하여 보험료의 (㉧)% 지원 (외국산 경주마는 정부지원 제외)

답

Ⅱ 농작물재해보험 및 가축재해보험 손해평가의 이론과 실무

11 다음은 종합위험 수확감소보장방식 벼 품목에서 정하는 수확량조사의 방법이다. ( )안에 알맞은 내용을 순서대로 답란에 쓰시오. [5점]

> • 피해사실확인조사 시 수확량조사가 필요하다고 판단된 농지에 대하여 실시하는 조사로, 수확량조사의 조사방법은 수량요소조사, 표본조사, 전수조사가 있으며, 현장 상황에 따라 조사방법을 선택하여 실시할 수 있다. 단, (①) 발생 시 대표농지를 선정하여 각 수확량조사의 조사결과 값 ((②), 단위면적당 조사수확량 등)을 대표농지의 인접농지 (동일 '리' 등 (③)이 유사한 인근 농지)에 적용할 수 있다.
> • 동일 농지에 대하여 복수의 조사방법을 실시한 경우 피해율 산정의 우선순위는 (④), (⑤), (⑥)순으로 적용한다.

답

12 종합위험 수확감소보장방식 참다래의 수확량 조사에 관한 내용이다. (　　　)안에 알맞은 용어를 답란에 쓰시오. [5점]

- 농지에서 품종별로 착과가 평균적인 (①)주 이상의 표본주에서 크기가 평균적인 과실을 품종별 (②)개 이상(농지당 최소 (③)개 이상) 추출하여 품종별 과실 개수와 무게를 조사한다.
  이때, 개별 과실 중량이 (④)이하인 과실은 해당 과실의 무게를 실제 무게의 (⑤)로 적용한다.
- 착과피해를 유발하는 재해가 있었을 경우에는 품종별로 (⑥)주 이상의 표본주에서 임의의 과실 (⑦)개 이상을 추출한 후 피해인정계수에 따라 구분하여 그 개수를 조사한다

답

13 종합위험 과실손해보장방식 오디보험의 피해율을 산출할 때 필요한 내용이다. (　　　) 안에 알맞은 용어를 답란에 쓰시오. [5점]

- (①) : 품종별·수령별로 환산결실수에 조사대상주수를 곱한 값에 주당 평년결실수에 미보상주수를 곱한 값을 더한 후 전체 실제결과주수로 나누어 산출한다.
- (②) : 평년결실수에서 조사결실수를 뺀 값에 미보상 비율을 곱하여 산출하며, 해당 값이 0보다 작을 때에는 0으로 한다.
- (③) : 표본가지 결실수 합계를 표본가지 길이 합계로 나누어 산출한다.
- (④) : 실제 결과주수에서 고사주수와 미보상 주수를 빼어 산출한다.
- (⑤) : 품종별로 평년결실수를 실제결과주수로 나누어 산출한다.

답

14 종합위험 수확감소보장 벼작물의 수확불능확인조사에서 수확을 포기한 것으로 하는 경우를 쓰시오. [5점]

답

제1회 제2회 제3회 제4회 제5회 제6회 제7회 제8회 제9회 제10회

15 종합위험 수확감소보장방식 밭작물 표본구간별 수확량 조사시 각 작물의 구분방법을 양파, 마늘의 (예)처럼 서술하시오. [10점]

구 분	구분 방법
양 파, 마 늘	(예) 80%피해, 100%피해로 구분
감 자 (병충해별 기준)	
고구마	
옥수수	
양배추	

※ 서술형 문제에 답하시오. (16 ~ 18번 문제)

16 복분자품목의 ① 고사결과모지수와 ② 피해율 및 ③ 보험금을 답란에 쓰시오. (단, 각 모지수는 소수점 셋째자리에서 반올림하고, 피해율은 % 단위로 소수점 셋째자리에서 반올림하여 둘째자리까지 다음 예시와 같이 구하시오. 예시 : 0.12345는 → 12.35 %로 기재한다) [15점]

- 보험가입금액 : 1,000만원
- 가입 포기수 : 1,500포기
- 평년결과모지수 : 7개
- 표본구간 살아있는 결과모지수의 합 : 250개
- 수정불량환산계수 : 20%
- 미보상비율 : 10%
- 자기부담비율 20 %
- 특정위험 과실손해보장 고사결과모지수 : 0.8개

답 • 종합위험과실손해 고사결과모지수 :

• 피해율 :

• 과실손해보험금 :

• 경작불능보험금 (식물체 피해율 65%) :

17 농업수입감소보장 마늘품목의 아래 계약과 조사 내용을 참조하여 수확량, 피해율, 지급보험금을 각각 구하시오.(단, 수확량과 단위면적당평년수확량, 미보상감수량은 kg단위 소수점 첫째자리에서, 표본구간 수확량과 표본구간단위면적당 수확량은 kg단위로, 피해율은 %단위로 소수점 셋째단위에서 반올림하고 제시 이외 조건은 고려하지 않음) (15점)

• 계약사항

품종	보험가입금액	실제경작면적	평년수확량	기준가격	자기부담비율
대서	25,000,000원	2,800㎡	14,000kg	1,800원/kg	20%

• 조사내용

실제경작면적	수확불능 면적	타작물및 미보상면적	기수확면적	표본구간	표본구간면 적합계
2,800㎡	200㎡	500㎡	300㎡	5구간	10㎡

표본구간 전체수확량	정상	80% 피해형	100% 피해형	미보상 비율	비대추정 지수	수확기가격	수확적기까지 잔여일수
20kg	10kg	5kg	5kg	10%	0.08	1,500원/kg	1일

답

18 종합위험 과실손해보장방식 감귤 품목의 아래 조사내용을 참조하여 동상해보험금을 산출하시오. (단, 피해율은 %단위로 소수점 둘째자리에서 반올림하고, 과실수는 소수점 첫째자리에서 반올림하고 원단위미만은 절사하며, 제시이외 조건은 고려하지 않음) [15점]

• 계약내용

품 종	보험가입금액	가입면적	표본주 조사	자기부담비율	특 약
온주귤(6년생)	38,000,000원	5,000㎡	2주선정	20%	동상해 특약가입

• 표본주 피해과실 조사내용 (이전 동상해사고 없음)

정상과실	피해과실		병충해 입은 과실	주계약 피해율	수확기 잔존비율	주계약 미보상비율	동상해 미보상비율
	80%형	100%형					
10개	30개	50개	5개	30.96%	50%	20%	10%

답

19 가축재해보험 축사 주계약보험에 아래 조건으로 가입하고 사고가 발생하여 다음과 같이 조사하였다. 다음 물음에 답하시오.(단, 잔가율은 최대 잔가율로 수정하여 손해액을 평가하며, 제시된 내용이외 조건은 고려하지 않음) (15점)

• 계약내용 (자기부담비율 : 10%)

계약자	보험가입 금액	피해면적 (m²)	면적당(m²) 재조달가액	재해	내용 연수	경과 년수	구조	비고
A	20,000,000원	500 (전손)	100,000	풍재	10년	15년	보온덮개 · 쇠파이프 조인 축사구조물	지속적인 개 · 보수가 이루어짐
B	20,000,000원	500 (전손)	100,000	화재	20년	25년	그외 기타구조물	지속적인 개 · 보수가 이루어짐
C	20,000,000원	500 (전손)	100,000	지진	10년	20년	보온덮개 · 쇠파이프 조인 축사구조물	보험목적물이 손해를 입은 장소에서 6개월 이내 실제로 수리 또는 복구되지 않고 잔가율이 20%

1) 각 계약자의 손해액을 산정하시오

2) 각 계약자의 지급보험금을 산정하시오

20 가축재해보험 축사주계약 보험에 아래 조건으로 가입하고 사고가 발생하여 다음과 같이 조사하였다. 다음 물음에 답하시오.(단, 제시된 내용이외 조건은 고려하지 않으며 경년감가율은 %단위 소수점 둘째 자리에서 반올림하고 보험료는 원미만은 절사함)(15점)

O 계약과 조사내용

• 보험가입금액 : 30,000,000원	• 신축가액 : 100,000,000원
• 축사(1급) : 경량철골조, 슬레이트지붕	• 내용년수 : 20년
• 경과년수 : 15년	• 경년감가율 : 4%
• 화재로 축사 파손	• 손해액 : 30,000,000원
• 잔존물 가액 : 4,000,000원	• (실제) 잔존물제거비용 : 2,500,000원
• (실제) 손해방지비용 : 500,000원	• 최소자기부담비율

1) ① 잔존물제거비용과 ② 손해방지비용을 구하시오.

2) 지급보험금을 구하시오.

답

제1회 정답과 해설

Ⅰ 농작물재해보험의 이론과 실무

01 정답 ① 최소의 비용 ② 생존 ③ 불안의 해소 ④ 법적 의무 ⑤ 가격위험

02 정답 ① 재산손실 위험 ② 간접손실 위험 ③ 배상책임위험 ④ 인적손실 위험

03 정답 ① 광역시 · 도 ② 벼 ③ 상한제 ④ 80%미만 ⑤ 120% 이상 ⑥ −30%
⑦ 50% ⑧ 순보험료

04 정답 ㉠ 지식 ㉡ 보험 ㉢ 보호 ㉣ 대응

05 정답 ① 재조달가액 = 단위면적당 시설비 × 재배면적 = 5,500원/㎡ × 1,000㎡ = 5,500,000원

② 감가상각률 = 경년감가율 × 경과년수 = 13.33% × 2년 = 0.2666 ⇨ 26.66%
　목재의 경년감가율 : 13.33%
　경과년수 : 2022년 11월 - 2020년 4월 = 2년 7개월 → 경과기간 2년 적용

③ 보험가입금액 = 재조달가액×(1−감가상각률) = 5,500,000원×(1 − 26.66%) = 4,033,700원
　천원단위미만 절사이므로 4,033,000원

④ 지급액 =min(손해액 - 자기부담금 + 잔존물제거비용, 보험가입금액, 보험가액)
　=min(1,206,883원 - 120,688원+120,688원, 4,033,000원, 4,033,000원)=1,206,883원

- 손해액 구하는 공식 = 중간값 [피해액×(1−감가상각율), 피해액, 보험가액×20%]
  = 중간값 (1,206,883원, 1,645,600원, 806,600원) =1,206,883원
- 피해액×(1−감가상각율)= 1,645,600원×(1−26.66%) = 1,206,883.04 → 1,206,883원
- 피해액= 피해칸면적×피해칸 손해정도비율×시설단가= 400㎡×74.8%×5,500원/㎡=1,645,600원
- 피해칸면적=피해칸수×(두둑폭+고랑폭)×지주목간격 = 100칸×(1.5m+0.5m)×2m = 400㎡
- 피해칸 손해정도비율=(20%형×0.2+40%형×0.4+60%형×0.6+80%형×0.8+100%형×1)/피해칸수합계
  ={(10×0.2)+(20×0.4)+(10×0.6)+(6×0.8)+(54×1)}/100칸=74.8/100=74.8%
- 자기부담금 =100,000원 ≦ 손해액의 10% ≦1,000,000원 → 120,688원
- 잔존물제거비용 = min(잔존물제거비용−자기부담금, 손해액×10%)
  =min(300,000원−30,000원, 120,688원)=120,688원

> 산출된 피해액에 대하여 감가상각을 적용하여 손해액을 산정한다. 다만, 피해액이 보험가액의 20% 이하인 경우에는 감가를 적용하지 않고, 피해액이 보험가액의 20%를 초과하면서 감가 후 피해액이 보험가액의 20% 미만인 경우에는 보험가액의 20%를 손해액으로 산출한다.

06 정답 1) 품종이 혼식되더라도 인수 가능하며 품목이 다른 사과 품목이 혼식되어 있으므로 포도의 결과 주수 비중을 확인하여야 한다. 포도와 사과 총 결과 주수가 650주이고, 그 중 포도는 600주로 포도의 비중이 90% 이상(92.3%)인 경우에 해당되어 인수가 가능하다.

2) 보험 가입 직전년도(이전)에 역병이나 궤양병이 발생하여 보험 가입 시 전체 나무의 20% 이상 고사하였거나 20% 미만이더라도 고사 나무를 제거하지 않으면 인수가 불가하다. 즉, 전체 나무의 20% 미만인 12.5%가 고사하였지만 20주를 제거하지 않았으므로 인수가 불가하다.

3) 비가림 시설을 설치한 경우 시설의 비가림 폭 2.4m ± 15%, 동고 3m ± 5%의 범위를 벗어나면 인수가 불가하다. 주어진 조건에서 비가림 폭은 2.3m로 2.04m ~ 2.76m 범위 내에 있으나, 동고는 3.5m로 2.85m ~ 3.15m 범위를 초과하였으므로 인수가 불가하다.

> 3) 포도 (비가림시설 포함)
> 가) 가입하는 해의 나무 수령(나이)이 3년 미만인 과수원
> ※ 수령(나이)은 나무의 나이를 말하며, 묘목이 가입과수원에 식재된 해를 1년으로 한다.
> 나) 보험가입 직전연도(이전)에 역병 및 궤양병 등의 병해가 발생하여 보험가입 시 전체 나무의 20% 이상이 고사하였거나 정상적인 결실을 하지 못할 것으로 판단되는 과수원
> ※ 다만, 고사한 나무가 전체의 20% 미만이더라도 고사된 나무를 제거하지 않거나, 방재조치를 하지 않은 경우에는 인수 제한
> 다) 친환경 재배과수원으로서 일반재배와 결실 차이가 현저히 있다고 판단되는 과수원
> 라) 비가림 폭이 2.4m ± 15%, 동고가 3m ± 5%의 범위를 벗어나는 비가림시설(과수원의 형태 및 품종에 따라 조정)

07 정답 1) 10%형은 최근 3년간 연속 보험가입계약자로서 3년간 수령한 보험금이 순보험료의 100% (즉 손해율이 100%)이하인 경우에 한하여 선택 가능하다.

$$\text{최근 3년간 손해율} = \frac{\text{3년간 지급보험금 300만원}}{\text{3년간 순보험료 370만원}} = 0.81\%$$

손해율이 81%이므로 10%자기부담비율형에 가입할 수 있다.

2) 보험가입금액 = 가입수확량 × 가입가격(표준가격) = 7,000kg × 1,200원/kg = 8,400,000원

3) 계약자부담보험료 = 순계약보험료 × (1 − 정부보조비율 − 지자체지원비율)
= 793,800원 × (1 − 41% − 39%) = 1,587,600원

• 순보험료 = 보험가입금액×지역별 순보험요율×(1+ 손해율에 따른 할인·할증률)×(1+직파재배 할증률) × (1 + 친환경재배 시 할증률)
= 8,400,000×10 %× (1 − 10%)×(1 + 5%)×(1 + 0) = 793,800원

〈 정부의 농가부담보험료 지원 비율(2024년 기준) 〉

구 분	품 목	보장 수준(%)				
		60	70	80	85	90
국고보조율(%)	사과, 배, 단감, 떫은감	60	60	50	38	**33**
	벼	60	55	50	**44**	**41**

08 정답 ① 귀리 ② 참다래 ③ 양상추 ④ 떫은감 ⑤ 감자

09 정답 농가부담 총보험료=1,590,000원 + 6,420,000원 = 8,010,000원

- 종빈마 농가부담보험료 =(40,000,000원×6%×50%)+(10,000,000원×6%×65%)
  =1,200,000원+390,000원=1,590,000원
- 경주마 농가부담보험료 = 보험가입금액×보험요율=60,000,000원×10.7%=6,420,000원

해설
- 말의 가입금액이 40,000,000원이하는 50%, 40,000,000원 초과하는 경우 초과 금액(1천만원)의 70%까지 가입금액을 산정 (700만원)하여 보험료의 50%지원, 즉 초과금액에 해당되는 보험료의 35%(70%×50%)만 국고 지원되므로, 나머지 65%의 보험료는 농민이 부담한다.
- 외국산 경주마의 경우는 정부지원대상에서 제외된다.

10 정답 ① 임의보험 ② 농업경영체 ③ 축산업 ④ 5,000만 ⑤ 50

II 농작물재해보험 손해평가의 이론과 실무

11 정답 ㉠ 적과후 착과수조사 ㉡ 지진 ㉢ 유과타박률 ㉣ 가을동상해 ㉤ 낙엽률

해설 낙과 피해 조사 대상 재해 : 태풍(강풍), 집중호우, 화재, 지진, 우박, 일소
착과 피해 조사 대상 재해 : 우박, 가을동상해, 일소피해

12 정답 1) 피해면적 = (도복으로 인한 피해면적 × 70%) + (도복 이외 피해면적 × 평균손해정도비율)
= (5,000㎡ × 70%) + (2,500㎡ × 0.55) = 3,500㎡ + 1,375㎡ = 4,875㎡

$$\text{평균손해정도비율} = \frac{(20\%\text{형 피해표본면적}\times0.2+40\%\text{형}\times0.4+60\%\text{형}\times0.6+80\%\text{형}\times0.8+100\%\text{형}\times1)}{\text{표본면적합계}}$$

$$= \frac{(1\times0.2+0\times0.4+0\times0.6+1.5\times0.8+3\times1)}{8} = 0.55$$

2) 피해율=피해면적/재배면적=4,875㎡/9,200㎡=0.52989 ⇨52.99%

3) 생산비보장보험금 = 보험가입금액 × (피해율 − 자기부담비율)
= 20,000,000원×(52.99%−20%) = 6,598,000원

13 정답 1) 실제수입 = (수확량 + 미보상감수량) × min(농지별 기준가격, 농지별 수확기 가격)
= (6,500kg + 0) × min(5,000원/kg, 3,600원/kg) = 23,400,000원

- 미보상감수량 = (평년수확량 − 수확량) × max(미보상비율) = (6,500kg − 6,500kg) × 10% = 0

$$\text{2) 피해율} = \frac{(\text{기준수입}-\text{실제수입})}{\text{기준수입}} = \frac{(32{,}500{,}000\text{원}-23{,}400{,}000\text{원})}{32{,}500{,}000\text{원}} = 0.28 \Rightarrow 28\%$$

- 기준수입 = 평년수확량 × 농지별 기준가격 = 6,500kg × 5,000원/kg = 32,500,000원

3) 지급보험금 = 보험가입금액 × (피해율 − 자기부담비율)
= 32,500,000원 × (28% − 20%) = 2,600,000원

14 정답 4,000㎡(40a)기준 120,000주 이상인 130,000주로 재파종하였으므로 조기파종보험금 지급
지급보험금 = 보험가입금액 × 25% × 표준출현피해율
= 10,000,000원 × 25% × 50% = 1,250,000원

표준출현 피해율(10a 기준)= $\frac{(30,000주-출현주수)}{30,000주}$ 이므로, $\frac{(30,000주\times4)-60,000)}{(30,000\times4)}$ = 50%

한지형 마늘 최초 판매개시일 24시 이전에 보장하는 재해로 10a당 출현주수가 30,000주보다 작고, 10월 31일 이전 10a당 30,000주 이상으로 재파종한 경우 아래와 같이 계산한 재파종보험금을 지급한다. 지급보험금 = 보험가입금액 × 25% × 표준출현피해율

15 정답 ① 적과후착과수= (표본주 착과수 합계 / 표본주수)×조사대상주수= (920/8)×190주 = 21,850개

-조사대상주수 190주 일때 표본주수 8주 (별표 1참조)

② 조사대상주수=실제결과주수-고사주수 -수확불능주수-적과전 미보상주수-적과후 미보상주수-수확완료주수

= 220주 - 10주 - 20주 - 0주 - 0주 -0주= 190주

• 착과감소과실수 = 평년착과수 - 적과후착과수 = 37,228개 - 21,850개 = 15,378개

③ 기준착과수 = 적과후착과수 + 착과감소과실수 = 21,850개 + 15,378개= 37,228개

④착과감소보험금 = (착과감소과실수-미보상감수과실수-자기부담감수과실수)×가입과중×가입가격×70%

= (15,378개 - 0 -7,446개)×0.4kg×3,500원×70%=7,773,360원

• 미보상감수과실수 = (착과감소과실수 × 미보상비율) + 미보상주수 감수과실수

= (착과감소과실수 × 미보상비율) + (미보상주수 × 1주당 평년착과수)

= (15,378개× 0) + (0 × 37,228개/220주) =0

•자기부담감수과실수 = 37,228개 × 20% = 7,445.6개 ⇨ 7,446개

16 정답 • 수확기 이전 보험금 = 재배면적 × 단위면적당 보장생산비 × 경과비율 × 피해율

= 400㎡(4a) × 1,700원/㎡ × 0.55 × 0.3 = 112,200원

• 경과비율 = α + (1-α) × (생장일수 ÷ 표준생장일수)=0.1+ (1-0.1) × (20일 ÷ 40일)= 0.55

α = 준비기생산비계수 (시금치, 파(쪽파), 무, 쑥갓) : 10%

생장일수(파종일부터 사고발생일까지 : 일수 양편넣기일 경우) : 20일

• 피해율 = 피해비율 × 손해정도비율(사고심도) = 0.5 × 0.6 = 0.3

☞ 피해비율 = 피해면적 ÷ 실제경작면적(재배면적) = 2a ÷ 4a = 0.5

보충 수확기 중 사고의 경우

• 보험금 = 재배면적 × 단위 면적당 보장생산비 × 경과비율 × 피해율

= 400㎡(4a) × 1,700원/㎡ × 0.5 × 0.3 = 102,000원

• 경과비율 = [1 - (수확일수 ÷ 표준수확일수)] = [1 - (15 ÷ 30)] = 0.5

• 피해율 = 피해비율 × 손해정도비율(사고심도) = 0.5 × 0.6 = 0.3

보충 종합위험보장 밭작물 시금치(노지)의 생산비보장보험금과 다름

• 보험금 = 보험가입금액 × (피해율 - 자기부담비율)

= 680,000원 × (0.27 - 0.2) = 47,600원(소손해면책이 적용되지 않으므로 지급됨)

☞ 보험가입금액 = 가입면적 × 보장생산비 = 400㎡ × 1,700원/㎡ = 680,000원

※ 피해율 = 피해비율 × 손해정도비율 × (1 - 미보상비율) = 0.5 × 0.6 × 0.9 = 0.27

17 정답 착과감소보험금 = (착과감소량 - 미보상감수량 - 자기부담감수량) × 가입가격 × (50%, 70%)

= (10,000kg - 1,700kg - 7,000kg) × 1,000원/kg × 50% = 650,000원

① 착과감소량 구하기 = 착과감소과실수 × 가입과중 = 20,000개 × 0.5kg = 10,000kg

☞ 착과감소과실수 = 최솟값(평년착과수 - 적과후착과수, 최대인정감소과실수) = 20,000개

• 평년착과수 - 적과후착과수 = 70,000개 - 50,000개 = 20,000개

◉「적과종료이전 특정위험 5종 한정 보장특별약관」가입 건이므로, 착과감소량(과실수)이 최대인정감소량(과실수)을 초과하는 경우에는 최대인정감소량(과실수)을 착과감소량(과실수)으로 함

• 최대인정감소과실수 = 평년착과수 × 최대인정피해율 = 70,000개 × 0.4 = 28,000개

☞ 최대인정피해율은 적과종료이전까지 조사한(나무피해율, 낙엽률에 따른 인정피해율, 우박 발생 시 유과타박률) 중 가장 큰 값으로 한다. (공식은 모두 별표 9의 관련산식에 있음)

㉠ $\text{유과타박률} = \dfrac{\text{표본주의 피해유과수 합계}}{\text{표본주의 피해유과수 합계} + \text{표본주의 정상유과수 합계}} = \dfrac{200}{200+300} = 40\%$

㉡ $\text{나무피해율} = \left(\dfrac{\text{유실주수} + \text{절단}\left(\frac{1}{2}\right) + \text{침수주수}}{\text{실제결과주수}}\right) = \left[\dfrac{20+30+50}{200+300}\right] = \dfrac{100}{500} = 0.2 = 20\%$

㉢ 유과타박률(40%)이 나무피해율(20%)보다 더 크므로 최대인정피해율은 40%이다.

② 미보상감수량 구하기

☞ 미보상감수량 = 미보상감수과실수 × 가입과중 = 3,400 개 × 0.5kg/개 = 1,700kg

☞ 미보상감수과실수 = {(평년착과수 – 적과후착과수) × 미보상비율) + 미보상주수 감수과실수}

= {(70,000개 - 50,000개) × 0.1) + 1,400개} = 3,400개

미보상주수 감수과실수 = 미보상주수 × 주당 평년착과수 = 10주 × 140개/주 = 1,400개

1주당 평년착과수 = 평년착과수 ÷ 실제결과주수 = 70,000개 ÷ 500주 = 140개/주

※ 적과전 사고 조사에서 미보상비율적용은 가장 큰 값만 적용 : 10%

③ 자기부담감수량 구하기

☞ 자기부담감수량 = 기준수확량 × 자기부담비율 = 35,000kg × 0.2 = 7,000kg

☞ 기준수확량 = 적과후착과량 + 착과감소량 = 25,000kg + 10,000kg = 35,000kg

④ 보장비율은 신규가입이므로 70%를 선택할 수 없고 50% 적용

18 정답 재파종보험금 · 경작불능보험금 · 수확감소보험금

재파종 보험금	보험기간 내에 보상하는 재해로 10a당 출현주수가 30,000주보다 작고, 10a당 30,000주 이상으로 재파종한 경우에 지급한다.
경작불능 보험금	보험기간 내에 보상하는 재해로 식물체 피해율이 65% 이상이고, 계약자가 경작불능보험금을 신청한 경우에 지급한다.
수확감소 보험금	보험기간 내에 보상하는 재해로 피해율이 자기부담비율을 초과하는 경우에 지급한다.

〈조건 1 : 경작불능 보험금〉

• 계산과정 : 보험가입금액 × 45%(자기부담비율 10%형) = 2,000,000원 × 0.45 = 900,000원

• 보험금 : 900,000원

〈조건 2 : 재파종 보험금〉

• 계산과정 : 보험금 = 보험가입금액 × 35% × 표준출현피해율

표준출현피해율(10a 기준) = $\frac{30,000 - \text{출현주수}}{30,000} = \frac{30,000 - 24,000}{30,000} = 0.2$

2,000,000원 × 0.35 × 0.2 = 140,000원 • 보험금 : 140,000원

〈조건 3 : 수확감소 보험금〉

• 계산과정 : 보험금 = 보험가입금액 × (피해율 − 자기부담비율)

= 2,000,000원 × (0.5 − 0.2) = 2,000,000 × 0.3 = 600,000원

피해율 = $\left(\frac{\text{평년수확량} - \text{수확량} - \text{미보상감수량}}{\text{평년수확량}} = \frac{1,500 - 600 - 150}{1,500} = 0.5\right)$ • 보험금 : 600,000원

19 정답 ① 고지의무 위반여부 ② 보험계약의 무효사유
③ 보험사고 발생의 고의성 ④ 청구서류에 고의로 사실과 다른 표기
⑤ 청구시효 소멸 여부

20 정답 ① 산욕마비 ② 칼슘 ③ 기립불능 ④ 급성고창증 ⑤ 반추위 ⑥ 대사성질병

Trial examination

제2회 정답과 해설

Ⅰ 농작물재해보험 및 가축재해보험의 이론과 실무

01 정답 ① 투기적 위험 ② 순수 위험 ③ 간접손실 위험 ④ 배상책임 위험 ⑤ 인적손실 위험

02 정답 ① 손실 회복 ② 불안 감소 ③ 신용력 증대
④ 투자 재원 마련 ⑤ 자원의 효율적 이용 기여 ⑥ 안전(위험 대비) 의식 고양

03 정답 ① 사고율 ② 보장생산비 ③ 종실비대기 ④ 소실(1/2) ⑤ 소실

04 정답 450만 원 + 420만 원 + 400만원 + 300만 원 = 1,570만 원

해설 경작불능보험금

이앙일(이앙 후 가입 시 보험 계약일) 24시부터 수확 개시 시점까지 보상하는 재해로 인해 식물체가 65% 이상(벼(조곡) 분질미는 60%) 고사하고, 계약자가 경작불능보험금을 신청한 경우에 지급한다.

자기부담비율	지급금액	지급금액
10%형	보험가입금액 × 45%	450만 원
15%형	보험가입금액 × 42%	420만 원
20%형	보험가입금액 × 40%	400만 원
30%형	보험가입금액 × 35%	지금 금액 없음
40%형	보험가입금액 × 30%	300만 원

05 정답 ① 2 ② 6 ③ 연근별(보상)가액 ④ 평균 누적 생산비 ⑤ 재조달가액 ⑥ 감가상각률

06 정답 평년착과량 ={A+(B−A)×(1−Y/5)}×C/D
={3,200+(3,000−3,200)×(1−3/5)}×2,000/1,450 = 4,303.4 = 4,303kg

- A=Σ과거 5년간 적과후착과량÷과거 5년간 가입횟수=(2,100+3,500+4,000)/3=3,200Kg
- B=Σ과거 5년간 표준수확량 ÷ 과거 5년간 가입횟수=(1,600+3,000+4,400)/3=3,000kg
- C= 당해연도(가입연도) 기준표준수확량 = 2,000kg
- D =Σ과거 5년간 기준표준수확량÷과거 5년간 가입횟수=(750+1,600+2,000)/3=1,450kg
- Y=과거5년간 가입횟수=3

참고 가입한 2020년은 4년생으로 사과일반재배 5년생(1,000)의 75%를 할인 적용한다.

※ 과거기준표준수확량(D) 적용 비율

· 대상품목 사과만 해당

· 3년생 : 일반재배방식의 표준수확량 5년생의 50%,
4년생 : 일반재배방식의 표준수확량 5년생의 75%

07 정답 • 기준가격 : 2,640원

산출식 : 보험가입 직전 5년 올림픽평균값×농가수취비율의 올림픽평균값 =3,300원 × 80.0% = 2,640원

> 2018 ~ 2022년 기간의 평균값중 최대값인 4,300원과 최저값인 2,850원을 제외한 3개의 평균값인 3,300원이 올림픽 평균값이 된다.

• 수확기가격 : 2,975원

산출식 : 수확연도의 가락도매시장 중품과 상품 평균가격 × 농가수취비율의 최근 5년간 올림픽 평균값
= 3,500원 × 85.0% = 2,975원 (87+79+89) ÷3 =

년 도	2018	2019	2020	2021	2022	2023(가입연도)	2024(수확연도)
상 품	3,700	3,600	5,400	3,200	3,450	3,700	4,000
중 품	3,200	3,000	3,200	2,500	3,000	2,900	3,000
평균값	3,450	3,300	4,300	2,850	3,150	3,300	3,500
농가수취비율	70	60	87	79	90	89	60

농업수입감소보장 기준가격 및 수확기 가격

구 분			계산식
콩	기준가격	장류, 두부용 밥밑용	서울 양곡도매시장의 중품과 상품 평균가격의 보험가입 직전 5년 올림픽 평균값 × 농가수취비율(사전에 결정된 값)
		나물용	시 · 군의 지역농협의 보험가입 직전 5년 연도별 평균 수매가를 올림픽 평균하여 산출
	수확기가격	장류, 두부용 밥밑용	수확연도의 서울 양곡도매시장 중품과 상품 평균가격 × **농가수취비율의 최근 5년간 올림픽 평균값**
		나물용	시 · 군 지역농협의 평균 수매가격
양파/포도	기준가격		가락도매시장 중품과 상품 평균가격의 보험가입 직전 5년 올림픽 평균값×농가수취비율
	수확기가격		가락도매시장 중품과 상품 평균가격×**농가수취비율의 최근 5년간 올림픽 평균값**
고구마 / 감자(가을재배)	기준가격		가락도매시장 중품과 상품 평균가격의 보험가입 직전 5년 올림픽 평균값×농가수취비율
	수확기가격		가락도매시장 중품과 상품 평균가격× 농가수취비율
	기준가격		가락도매시장 중품과 상품 평균가격의 보험가입 직전 5년 올림픽 평균값×농가수취비율
	수확기가격		가락도매시장 중품과 상품 평균가격× 농가수취비율
양배추	기준가격		가락도매시장 중품과 상품 평균가격의 보험가입 직전 5년 올림픽평균값× 농가수취비율
	수확기가격		가락도매시장 중품과 상품 평균 가격× 농가수취비율
마 늘	기준가격		시 · 군의 지역농협 연도별 평균값의 보험가입 직전 5년 올림픽 평균값
	수확기가격		시 · 군의 지역농협 수확년도의 평균값

※ 콩, 고구마 : 하나의 농지에 2개 이상 용도(또는 품종)의 콩(고구마)이 식재된 경우에는 기준가격과 수확기 가격을 해당 용도(또는 품종)의 면적의 비율에 따라 가중 평균하여 산출

※ 농가수취비율을 곱하지 않는 작물 : 마늘, 콩(나물용) : 시 · 군의 지역농협을 기준으로 함

※ 양파/포도의 경우 기준가격산출시 약관규정과 4.19학습서의 비교

약관규정	4.19학습서
보험가입 직전 5년 서울시농수산식품공사 가락도매시장중품과 상품 평균가격의 올림픽평균 값에 농가수취비율의 올림픽 평균값을 곱하여 산출한다.	서울시농수산식품공사 가락도매시장 연도별 중품과 상품 평균가격의 보험가입 직전 5년 올림픽평균값에 농가수취비율을 곱하여 산출한다.

08 정답 과실손해보장보험금 : 보험가입금액 × (피해율 − 자기부담비율)
= 1,200만 원 × (40% − 20%) = 24,000,000원

- 피해율 = (평년결실수 − 조사결실수 − 미보상감수결실수) ÷ 평년결실수
  = (200개/m − 100개/m − 20개/m) ÷ 200개/m = 0.4
- 미보상 감수결실수 = max((평년결실수 − 조사결실수) × 미보상비율, 0) = (200 − 100) × 0.2 = 20개

09 정답 ① 닭 ② 50㎡ ③ 양 ④ 10㎡ ⑤ 노새

10 정답 ① 1년 ② 70% ③ 80% ④ 6 ~ 8월
⑤ 태풍이 한반도에 영향을 주는 것이 확인된 날부터 태풍특보 해제 시

Ⅱ 농작물재해보험 및 가축재해보험 손해평가의 이론과 실무

11 정답 ① 절단 ② 과실침수율 ③ 5 ④ 과(화)총당 ⑤ 신초 ⑥ 1년생 가지

12 정답 피해구성률 $= \dfrac{(50\%\text{형피해과실수}\times0.5) + (80\%\text{형피해과실수}\times0.8) + (100\%\text{형피해과실수}\times1)}{\text{정상과실수}+50\%\text{형피해과실수} + 80\%\text{형피해과실수} + 100\%\text{형피해과실수}}$

$= \dfrac{\{(30\times0.5)+(10\times0.8)+(20\times1)\}}{\{40+30+10+20\}} = 43\%$

13 정답 ① 착과감소과실수 ② = 평년착과량(수) ③ 나무피해율 ④ 인정피해율 ⑤ 유과타박률

14 정답 ① 실제결과주수 ② 고사주수 ③ 미보상주수 ④ 기수확주수 ⑤ 조사대상주수 ⑥ 수확불능주수

15 〈조건 1〉 화재가 아닌 보험사고로 인한 경우

- 계산과정 : 보험금 = MIN(손해액 − 자기부담금, 보험가입금액)
  = (손해액 − 자기부담금) = (1,100,000원 − 300,000원)=800,000원
  - 손해액 : 구조체 손해액 + 피복재손해액 = 650,000원 + 450,000원 = 1,100,000원
  - 자기부담금 : 최소자기부담금(30만 원)과 최대자기부담금(100만 원)을 한도로 보험사고로 인하여 발생한 손해액의 10%에 해당하는 금액을 적용한다. 손해액의 10%는 11만 원이므로, 최소자기부담금 30만 원을 적용한다.

〈조건 2〉 화재로 인한 보험사고인 경우

- 계산과정 : 화재로 인한 손해는 자기부담금을 적용하지 않으므로, 보험금 산출공식은 다음과 같다.
  - 보험금 = MIN(손해액, 보험가입금액) = 1,100,000원
  - 손해액 : 구조체 손해액 + 피복재 손해액 = 650,000원 + 450,000원 = 1,100,000원

〈조건3〉 피복재 단독사고인 경우

- 보험금 = MIN(손해액 − 자기부담금, 보험가입금액) = (500,000원 − 100,000원) = 400,000원
  - 자기부담금 : 피복재 단독사고는 최소자기부담금(10만 원)과 최대자기부담금(30만 원)을 한도로 보험사고로 인하여 발생한 손해액의 10%에 해당하는 금액을 적용하므로, 10만 원이 된다.

16 정답 1) 거봉 품종 착과량 = (착과수 × 개당 과중) + (주당 평년수확량 × 미보상주수)

= (6,000개 × 0.55kg) + (19kg × 15주) = 3,585kg

• 주당 평년수확량 $= \frac{\text{평년수확량}}{\text{실제결과주수}} = \frac{5,625kg}{300\text{주}} = 18.75kg$ ⇨ $19kg$

⇨ 거봉 평년수확량 $= \text{평년수확량} \times \left(\frac{\text{거봉표준수확량}}{\text{표준수확량합계}}\right) = 9,000kg \times \left\{\frac{5,000kg}{(3000+5,000)kg}\right\} = 5,625kg$

2) 거봉 감수량 누계 = 금차 착과감수량 + 금차 낙과감수량 + 금차 고사주수감수량

=1,348kg+117kg+0kg=1,465kg

① 착과감수량 = 금차 착과수×개당 과중×금차 착과피해구성률

=(6,000개-400개)×0.55kg×43.75%=1,347.5 ⇨1,348kg

• 착과 피해구성률 $= \frac{(50\%\text{형} \times 05 + 80\%\text{형} \times 100\%\text{형} \times 1)}{\text{표본과실수}} - \max A = \frac{(5\text{개} \times 0.5 + 0 \times 0.8 + 15\text{개} \times 1)}{40} - 0 = 0.4375 = 43.75\%$

② 금차낙과감수량=금차낙과수×개당과중×낙과피해구성율=400개×0.55kg×53.33%=117.3⇨117kg

③ 금차고사주수감수량 = 0

3) 피해율 $= \frac{(\text{평년수확량} - \text{수확량} - \text{미보상 감수량})}{\text{평년수확량}} = \frac{(9,000kg - 5,495kg - 351kg)}{9,000kg} = 0.35044 \Rightarrow 35.04\%$

• 수확량 = 착과량 - 사고당 감수량 = 6,960kg − 1,465kg = 5,495kg

• 전체(캠벌얼리 + 거봉) 착과량 = 3,375kg + 3,585kg = 6,960kg

• 미보상감수량 = (평년수확량 − 수확량) × max(미보상비율)

= (9,000kg − 5,495kg) × max(10%) = 350.5kg ⇨ 351kg

4) 지급보험금 = 보험가입금액×(피해율 − 자기부담비율)=36,000,000원×(35.04%−20%) =5,414,400원

17 정답 1) 착과감소보험금

착과감소보험금 = (착과감소량 - 미보상감수량 − 자기부담감수량) × 가입가격 × 보장수준

= (4,000kg − 866kg − 1,600kg)×5,000원 × 50% = 3,835,000원

☞ 착과감소량 = 착과감소과실수 × 가입과중 = 20,000개 × 0.2kg/개 = 4,000kg

※ 착과감소과실수 = (평년착과수 - 적과후착과수) = 80,000개 - 60,000개 = 20,000개

(일부피해나 적과전 5종 한정 특약 가입건이 아니므로 최대인정감소과실수는 구하지 않음)

☞ 미보상감수량 = 미보상감수과실수 × 가입과중 = 4,330개 × 0.2kg/개 = 866kg

※ 미보상감수과실수 = 착과감소과실수 ×max(미보상비율) + 미보상주수 감수과실수

= (20,000개 × 0.15) + 1,330개 = 4,330개

※ 미보상주수 감수과실수 = 미보상주수 × 1주당 평년착과수 = 10주 × 133개/주 = 1,330개

※ 1주당 평년착과수 = 평년착과수 ÷ 실제결과주수 = 80,000개 ÷ 600주 = 133.3 = 133개/주

☞ 자기부담감수량 = 자기부담감수과실수 × 가입과중 = 8,000개 × 0.2kg/개 = 1,600kg

※ 자기부담감수과실수 = 기준착과수 × 자기부담비율 = 80,000개 × 10% = 8,000개

⇒ 기준착과수 = 적과후착과수 + 착과감소과실수 = 60,000개 + 20,000개 = 80,000개

2) 적과 종료이전 피해로 인한 적과 종료이후 착과손해감수과실수와 착과피해율

착과율 $= \frac{\text{적과후착과수}}{\text{평년착과수}} = \frac{60,000\text{개}}{80,000\text{개}} = 0.75 = 75\%$

적과후착과수가 평년착과수의 60% 이상 100% 미만인 경우(75%이므로)

$$감수과실수 = 적과후착과수 \times 5\% \times \frac{100\% - 착과율}{40\%} = 60{,}000개 \times 5\% \times \frac{100\% - 75\%}{40\%} = 1{,}878개$$

$$착과피해율(\max A) = 5\% \times \frac{100\% - 착과율}{40\%} = 5\% \times \frac{100\% - 75\%}{40\%} = 0.03125 \Rightarrow 3.13\%$$

18 정답 계산과정

– 보험금 = {잔존보험가입금액 × 경과비율 × 피해율 × 병충해등급별인정비율} – 자기부담금

= (500만 원 × 0.5 × 0.4 × 0.3)– 25만 원 = 5만 원

– 경과비율 : 수확기 중 사고이므로 $경과비율 = \left\{1 - \left(\frac{수확일수}{표준수확일수}\right)\right\} = \left\{1 - \left(\frac{10}{20}\right)\right\} = 0.5$

– 피해율 : 피해비율(50%) × 손해정도비율(심도)(80%) × (1 – 미보상비율) = 0.4

피해비율 = 피해면적 ÷ 실제경작면적(재배면적) =5,000㎡÷10,000㎡ =50%

–자기부담금 : 잔존 보험가입금액의 3% 또는 5%이므로 5,000,000원 × 0.05 = 250,000원

수확일수 : 7.15-7.24 =10일

표준수확일수 : 7.15 - 8.3 = 20일

(고추, 브로콜리의 경우 표준생장일수는 각각100일. 130일로 설정되어 있지만, 표준수확일수는 수확개시일로부터 수확종료일까지의 일수를 계산하여 구하여야 한다.)

• 생산비보장보험금 : 5만 원 (시설작물이 아니므로 소손해면책금 적용이 안되고 보험금 지급)

보충 수확기 이전보험사고일 경우

– 보험금 = {잔존보험가입금액 × 경과비율 × 피해율 × 병충해등급별인정비율} – 자기부담금

= (500만원 × 0.772 × 0.4 × 0.3) – 25만 원 = 213,200원

– $경과비율 = 준비기생산비계수 + (1 - 준비기생산비계수) \times \left(\frac{생장일수}{표준생장일수}\right)$

$= 0.544 + (1 - 0.544) \times \left(\frac{50}{100}\right)$(고추의 표준생장일수는 100일임) = 0.772

– 병충해 등급별 인정비율 : 진딧물 : 30%

등 급	종 류	인정비율
1등급	역병, 풋마름병, 바이러스병, 세균성점무늬병, 탄저병	70%
2등급	잿빛곰팡이병, 시들음병, 담배가루이, 담배나방	50%
3등급	흰가루병, 균핵병, 무름병, 진딧물 및 기타	30%

19 정답 ① 긴급도축의 범위(2가지) : 부상, 급성고창증
② 부상의 범위(3가지) : 경추골절, 사지골절, 탈구(탈골)
③ 보상하는 손해(3가지) : 폐사, 긴급도축, 경제적 도살

보충 소와 종모우의 보상하는 손해

<table>
<tr><th>구 분</th><th colspan="2">한우, 육우, 젖소</th><th colspan="2">종모우</th></tr>
<tr><td>보상하는 손해</td><td colspan="2">① 폐사 ② 긴급도축 ③ 도난 및 행방불명
④ 가축사체 잔존물 처리비용</td><td colspan="2">① 폐사, ② 긴급도축, ③ 경제적 도살</td></tr>
<tr><td>① 폐 사</td><td colspan="4">법정전염병을 제외한 질병 또는 불의의 사고에 의하여 수의학적으로 구할 수 없는 상태가 되고 맥박, 호흡, 그 외 일반증상으로 폐사한 것이 확실한 때</td></tr>
<tr><td>②긴급도축</td><td colspan="2">부상, 난산, 산욕마비, 급성고창증 및 젖소의 유량 감소 등</td><td colspan="2">부상, 급성고창증</td></tr>
<tr><td>부 상</td><td colspan="4">경추골절, 사지골절 및 탈구(탈골)</td></tr>
<tr><td>③도난 및 행방불명 / 경제적 도살</td><td>도난 및 행방불명</td><td>보험증권에 기재된 보관장소 내에 보관되어 있는 동안에 불법침입자, 절도 또는 강도의 도난 행위로 입은 직접손해(가축의 상해, 폐사를 포함)로 한정</td><td>경제적 도살</td><td>연속 6주 동안 정상적으로 정액을 생산하지 못하고, 자격 있는 수의사에 의하여 종모우로서의 경제적 가치가 없다고 판정되었을 때로 한다. 이 경우 정액 생산은 6주 동안 일주일에 2번에 걸쳐 정액을 채취한 후 이를 근거로 경제적 도살 여부를 판단</td></tr>
</table>

※ 긴급도축을 보상하는 가축 : 한우, 육우, 젖소, 종모우, 말 (돼지 ×)

20 정답 ① 보험약관 ② 상당인과관계 ③ 상법 ④ 면책조항 ⑤ 알릴 의무

제3회 정답과 해설

Ⅰ 농작물재해보험 및 가축재해보험의 이론과 실무

01 정답 ① 정태적 위험 ② 기본적 위험 ③ 면책위험 ④ 위험관리 ⑤ 위험보유

02 정답 ① 객관적 위험 ② 순수위험 ③ 정태적 위험 ④ 특정적 위험

03 정답 ① 6월 30일 ② 7월 31일 ③ 11월 30일 ④ 11월 10일
⑤ 11월 15일 ⑥ 9월 30일 ⑦ 2월 1일 ⑧ 1월 31일

04 정답 ① 35만 원, ② 38만 원, ③ 120만 원, ④ 44만원, ⑤ 46만원, ⑥ 110만원

해설 자기부담비율과 순보험료에 대한 정부보조보험료

순보험료	자기부담비율	사과, 배, 단감, 떫은감	벼	벼 정부보조보험료
100만 원	10%형	**33% (33만원)**	**41%**	**100만 원 × 41% = 41만 원**
100만 원	15%형	38% (38만원)	**44%**	**100만 원 × 44% = 44만 원**
200만 원	20%형	50%(100만원)	50%	200만 원 × 50% = 100만 원
200만 원	30%형	60%(120만원)	55%	200만 원 × 55% = 110만 원
200만 원	40%형	60%(120만원)	60%	200만 원 × 60% = 120만 원

05 정답 1) A농지 : 출현 후 고사한 싹을 제외한 개체수가 12개체/m²(=14,400개/1,200m²)로 10개체/m² 이상이고, 출현율(14,400개/15,200개 = 94.7%)이 90% 이상이므로 인수가 가능하다.

2) B농지 : 양파 식물체가 70도 이상(80도)으로 정식되었으므로 인수가능조건에 해당하지만, 조생종과 극조생종의 혼식 재배는 인수제한대상이므로 인수가 불가하다.

3) C농지 : 인수제한~~품~~종을 재배하는 농지로 인수 제한 농지이다.

4) D농지 : 마늘은 재식밀도가 30,000주/10a 미만이면 인수가 제한된다. 45,000주/2,200m²(22a)가 식재된 D 농지는 20,455주/10a 로 인수제한기준 30,000개/10a를 만족시키지 못하므로 인수 제한 농지이다.

06 정답 현지조사서

품종	재배 방식	가입 수령	실제결과 주수	고사 주수	미보상 주수	수확불능 주수	조사대상 주수	적정표본주수	표본주 착과수
부사	밀식	7년	200주	5주	12주	3주	180	15×(180/805)=3.3 → 4	580
부사	반밀식	7년	300주	15주	10주	10주	265	15×(265/805)=4.9→ 5	720
홍로	반밀식	6년	150주	5주	10주	0주	135	15×(135/805)=2.5→3	400
양광	밀식	5년	250주	10주	10주	5주	225	15×(225/805)=4,1→ 5	540
합계			900주	35주	42주	18주	805	17주	

1) 적과후 착과수 = Σ 품종별 재배방식 수령별 주당착과수×조사대상주수

$=(\frac{580개}{4주}\times 180주)+(\frac{720개}{5주}\times 265주)+(\frac{400개}{3주}\times 135주)+(\frac{540개}{5주}\times 225주)= 106,560개$

2) 기준착과수=적과후착과수+착과감소과실수=106,560개+33,440개=140,000주

적과종료 전에 냉해피해로 인정된 착과감소과실수 = 평년착과수 - 적과후 착과수

=140,000개-106,560개=33,440개

3)착과감소보험금=(착과감소과실수-미보상감수과실수-자기부담감수과실수)×가입과중×가입가격×보상수준

=(33,440개-9,877개-14,000개)×0.35kg/개×2,500원/kg×70% = 5,857,337.5= 5,857,338원

- 미보상감수과실수=(착과감소과실수×미보상비율)+(미보상주수×1주당평년착과수)

=(33,440개×10%)+(42주×140,000/900)=3,344+6,533.3=9,877.3 ⇨9,877개

- 자기부담감소과실수 = 기준착과수×자기부담비율=140,000개×10%=14,000개

07 정답 ① 전산(電算)으로 산정된 기준 보험가입금액의 90~130% 범위 내에서 결정되므로, 9,000,000원~13,000,000원

② 유리온실(경량철골조) 또는 또는 버섯재배사(콘크리트조, 경량철골조)는 ㎡당 5~50만 원 범위에서 가입금액 선택 가능하므로 1,000,000원 ~ 10,000,000원

③ 생산비가 가장 높은 작물의 보험가액의 50 ~ 100% 범위 내에서 계약자가 가입금액을 결정(10% 단위)하므로, 5,000,000원 ~ 10,000,000원

08 정답 ① 100만 ② 개시 ③ 8월 31일 ④ 종료 ⑤ 9월 30일 ⑥ 1,000

09 정답 ① 경추골절 ② 산욕마비 ③ 긴급도축 ④ 대사성 ⑤ 6주

10 정답 ① 보상하는 사고 : TGE, PED, Rota virus에 의한 손해

단, 신규가입일 경우 가입일로부터 1개월 이내 질병관련 사고는 보상하지 아니한다.

② 자기부담금 : 약관에 따라 계산한 금액의 10%, 20%, 30%, 40% 또는 200만 원 중 큰 금액

Ⅱ 농작물재해보험 및 가축재해보험 손해평가의 이론과 실무

11 정답 ① 기상특보 발령 일자 ② 최종 출하 일자 ③ 정식일자 ④ 사고일자 ⑤ 재배면적 ⑥ 과실

12 정답 ① 해가림시설(인삼) ② 10 ③ 수재위험부보장 ④ 자기부담금 ⑤ 비가림시설(포도, 대추, 참다래)

보충 ① 농업시설의 경우 시설의 종류에 따라 최소 10만원에서 100만원까지 한도 내에서 손해액의 10%를 자기부담금으로 적용한다. 다만, 해가림시설을 제외한 농업용 시설물과 비가림시설 보험의 화재특약의 경우 화재로 인한 손해 발생시 자기부담금을 적용하지 아니한다.

13 정답

평년수확량 $= \left\{A + (B - A) \times (1 - \frac{Y}{5})\right\} \times \frac{C}{B} = \left\{7,540 + (8,200 - 7,540) \times (1 - \frac{5}{5})\right\} \times \frac{8,200}{8,200} = 7,540\text{kg}$

A (과거평균수확량)

☞ 2018년 : 7,000,kg 2019년 : 4,050kg, 2022년 : 8,500kg

☞ 보험에 가입된 과수원에 사고가 없어 수확량 조사를 하지 않은 경우

㉠ 2020년 무사고 과거수확량 : 수확전 조사한 착과량 9,020kg

㉡ 2019년 무사고 과거수확량 : 수확전 조사한 착과량 9,130kg

A(과거평균수확량) = Σ(과거 5년간 수확량) ÷ Y

= (7,000kg + 4,050kg + 9,020kg + 9,130kg + 8,500kg)÷5 =7,540kg

② B(평균표준수확량) = Σ(과거 5년간 표준수확량) ÷ Y = 41,000 ÷ 5 = 8,200kg

※ C (표준수확량) = 가입하는 해의 표준수확량 = 8,200kg

※ Y = 과거 5년간 가입횟수 = 5

해설 과거수확량 산출식

<table>
<tr><th colspan="2">구 분</th><th colspan="2">과거수확량</th></tr>
<tr><td rowspan="2">원 칙</td><td>조사수확량 > 평년수확량× 50%</td><td colspan="2">조사수확량</td></tr>
<tr><td>평년수확량 50% ≧ 조사수확량</td><td colspan="2">평년수확량 50%</td></tr>
<tr><td rowspan="2">감귤
(온주밀
감류)</td><td>평년수확량≥평년수확량×(1−피해율)
≥평년수확량의 50%</td><td colspan="2">평년수확량×(1−피해율)</td></tr>
<tr><td>평년수확량의50%>평년수확량×(1−피해율)</td><td colspan="2">평년수확량 50%
피해율=MIN[보통약관피해율+(동상해 피해율×수확기잔존비율), 100%]</td></tr>
<tr><td colspan="2" rowspan="4">사고가 없어 조사를 하지 않은 경우</td><td>원 칙</td><td>MAX(평년수확량, 표준수확량)×1.1</td></tr>
<tr><td>복분자</td><td>MAX(평년결과모지수, 표준결과모지수) × 1.1</td></tr>
<tr><td>오디</td><td>MAX(평년결실수, 표준결실수) x 1.1</td></tr>
<tr><td>복숭아, 포도, 감귤(만감류)</td><td>수확전 조사한 착과량 = 조사한 착과수×평균과중</td></tr>
</table>

14 정답 ③ 보험금 : ㉠ 수확감소보험금 + ㉡ 수확량감소 추가보장 보험금

= 8,750,000원 + 1,250,000원 = 10,000,000원

㉠ 수확감소보험금 = 보험가입금액 × (피해율 − 자기부담비율)

= 25,000,000원 × (0.5 − 0.15) = 8,750,000원

※ 피해율 = {(평년수확량 - 수확량 - 미보상감수량) + 병충해감수량 } ÷ 평년수확량

= {(9,000kg - 4,500kg - 450kg) + 450kg } ÷ 9,000kg = 0.5 = 50%

미보상 감수량 = (평년수확량 - 수확량) × 미보상비율

= (9,000kg - 4,500kg) × 0.1 = 450kg

병충해 감수량 = 병충해 입은 과실의 무게 × 0.5 = 900kg× 0.5 = 450kg

자기부담비율 = 15%

㉡ 수확량감소추가보장보험금 = 보험가입금액 × (주계약피해율 × 10%)

= 25,000,000원 × (50% × 10%) = 1,250,000원

※ 주계약 피해율 = (평년수확량 - 수확량 - 미보상감수량 +병충해감수량) ÷ 평년수확량

= {(9,000kg - 4,500kg - 450kg+ 450kg} ÷ 9,000kg = 0.5 = 50%

15 정답 • 최대인정피해율 = max(우박의 유과타박률, 나무피해율, 낙엽에 따른 인정피해율)
= max(22.5%, 21.67%, 0) = 22.5%

• 5월1일우박유과타박률 = $\frac{\text{표본주의 피해유과수 합계}}{\text{표본주의 피해유과수 합계 + 표본주의 정상유과수 합계}} = \frac{45}{45+155}$ = 0.225 = 22.5%

• 5월 10일 우박 유과타박률 = $\frac{40}{40+160}$ = 0.20 = 20%

최댓값(유과타박률1, 유과타박률2, 유과타박률3, …) = (22.5%, 20%) =22.5%

• 5월 20일 소실(1/2이상) 나무피해 : 45주

• 5월 29일 침수주수나무피해 = 침수피해주수 × 과실침수율 = 50주 × 40% = 20주

• 과실침수율 = $\frac{\text{침수된 착과수}}{\text{전체 착과수}} = \frac{240\text{개}}{600\text{개}} = 0.4 = 40\%$

• 적과전 나무피해율 = $\frac{\left(\text{유실, 매몰, 도복, 절단}\left(\frac{1}{2}\right)\text{, 소실}\left(\frac{1}{2}\right)\text{, 침수주수}\right)}{\text{실제 결과주수}} = \frac{(45\text{주}+20\text{주})}{300\text{주}}$

= 0.2166 ⇒ 21.67%

• 사과, 배는 낙엽에 따른 인정피해율이 없음

② 최대인정감소량 = 평년착과수×가입과중×최대인정피해율
=16,000개×0.35kg/개×22.5% = 1,260kg

보충 나무피해율은 적과 종료 이전까지 누적합산, 낙엽률과 유과타박률은 적과 종료 이전까지 조사 시마다 최댓값을 적용하여 최대인정피해율을 구한다.

16 정답 1. 해당작물, 피해면적의 판정기준 및 지급사유

해당작물	양배추
피해면적의 판정기준	작물이 고사되거나 살아있으나 수확이 불가능할 것으로 판단된 면적
지급사유	보상하는 손해로 면적피해율이 자기부담비율을 초과하고, 재정식을 한 경우에 1회 지급한다.

2. 재정식보험금

• 보험금 = 보험가입금액 × 20% × 면적피해율 = 10,000,000원 × 0.2 × 0.4 = 800,000원

• 면적피해율 = 피해면적 ÷ 보험가입면적 = 400㎡ ÷ 1,000㎡ = 0.4

17 정답 〈조건 1〉 토마토(9월~11월에 정식하여 겨울을 나는 재배일정으로 3월 이후 수확종료)·파(대파)의 수확기 이전사고

• 계산과정

– 보험금 = 피해작물 재배면적 × 단위 면적당 보장생산비 × 경과비율 × 피해율
= 10a × 10만원/a × 0.6 × 0.216 = 129,600원

– 경과비율 = {a + (1 − a) × (생장일수 ÷ 표준생장일수)}

a = 준비기 생산비 계수(40%, 국화 · 카네이션 재절화재배는 20%)

토마토(3월 이후 수확) · 파(대파)의 표준생장일수 : 120일이므로 경과비율 = {0.4 + (1 − 0.4) × (40일 ÷ 120일)} = 0.6

– 피해율 = 피해비율×손해정도비율×**(1–미보상비율)** = 0.4 × 0.6 ×(1–0.1)= 0.216
피해비율 = 피해면적 ÷ 재배면적 = 4a ÷ 10a = 0.4 = 40%

〈조건 2〉 국화 · 수박 · 멜론의 수확기 중 사고

• 보험금 = 피해작물 재배면적 × 단위면적당 보장생산비 × 경과비율 × 피해율
= 10a × 10만 원/a × 1 × 0.16 = 160,000원

– 경과비율 = {1 – (수확일수 ÷ 표준수확일수)} = {1 – (14 ÷ 20)} = 0.3
단, 위 계산식에도 불구하고 국화·수박·멜론의 경과 비율은 1

– 피해율 = 피해비율 × 손해정도비율(사고심도) ×**(1–미보상비율)** = 0.5 × 0.4 ×(1–0.2)= 0.16
피해비율 = 피해면적 ÷ 재배면적 = 5a ÷ 10a = 0.5 = 50%

※ 손해정도가 30%이므로 손해정도비율은 40%

〈조건 3〉 장미상품(3년생)의 나무가 죽은 보험사고

• 보험금 = 재배면적 × 단위 면적당 나무고사 보장생산비 × 피해율
= 8a × 15만 원/a × 0.1 = 120,000원

– 피해비율 = 피해면적 ÷ 재배면적 = 4 a ÷ 8 a = 0.5
– 손해정도비율 = 입력값 = 100%(죽었으므로)
– 피해율 = 피해비율 × 손해정도비율(사고심도) ×**(1–미보상비율)**= 0.5 × 1 ×(1–0.2)= 0.1

> 보충 나무가 죽지 않은 경우의 보험금
> (재배면적 10a, 피해율 0.4, 나무생존 시 보장생산비 20만 원/a로 가정할 때)
> 보험금 = 재배면적 × 장미 단위 면적당 나무생존 시 보장생산비 × 피해율
> = 10a × 20만 원/a × 0.4 = 800,000만 원

※ 장미, 부추, 표고버섯(원목재배)는 보험금 계산시 경과비율을 계산하지 않음

18 정답 재이앙 · 재직파 보험금 지급대상 확인(재이앙 · 재직파 전조사) 시 피해면적의 판정 기준이 되는 면적
1. 묘가 본답의 바닥에 있는 흙과 분리되어 물 위에 뜬 면적
2. 묘가 토양에 의해 묻히거나 잎이 흙에 덮여져 햇빛이 차단된 면적
3. 묘는 살아있으나 수확이 불가능할 것으로 판단된 면적

19 정답 ① 긴급피난 ② 잔존물 처리 ③ 소방 ④ 분화 ⑤ 피난손해 ⑥ 50만원

20 정답 잔존물처리비용, 손해방지비용, 대위권 보전비용, 잔존물 보전비용, 기타 협력비용

Trial examination

제4회 정답과 해설

Ⅰ 농작물 재해보험 및 가축재해보험의 이론과 실무

01 정답 ① 손실통제 ② 손실예방 ③ 격리 ④ 위험 보유 ⑤ 위험회피

02 정답 ① 예기치 못한 손실의 집단화 ② 위험 분담 ③ 위험 전가
④ 실제 손실에 대한 보상 ⑤ 대수의 법칙

03 정답 벼, 밀, 메밀, 보리, 귀리

04 정답 ① 착과과실수 ② 감수과실수 ③ 단감 ④ 떫은 감
⑤ 낙엽률 ⑥ 경과일수 ⑦ 낙엽률 ⑧ 6월 1일

05 정답 • 평년결실수=(A×Y/5)+〔B×(1−Y/5)〕
=162×4/5+170×(1−4/5)=129.6+34 = 163.6 ⇨ 164

• 과거 5개년 평균결실수(A)=과거 5년간 결실수의 합/Y=(155+145+170.5+176)/4=161.6⇨162

	2018	2019	2020	2021	2022	2023
표준결실수(개)	150	152	155	153	158	170
평년결실수(개)	154	153	151	155	160	
조사결실수(개)		155	145	무사고	무사고	
과거결실수		155	145	170.5	176	
보험가입여부	미가입	가입	가입	가입	가입	

*과거 5년간 가입횟수(Y)=4
*품종별 표준결실수(B)=170

Case별 구분	산정한 후 적용할 과거 결실수
조사결실수 > 평년결실수의 50%	조사결실수
조사결실수 ≦ 평년결실수의 50%	평년결실수×50%
수확량조사 미실시(보험 가입한 무사고농지)	max(품종별 표준결실수×1.1, 평년결실수×1.1)

06 정답 가입수확량 : 가입수확량의 범위는 표준수확량의 80%~130% 사이에서 보험계약자가 결정하므로
① 가입수확량의 최솟값 : 2,500kg × 0.8 = 2,000kg
② 가입수확량의 최대값 : 2,500kg × 1.3 = 3,250kg
③ 가입수확량이 최솟값일 때의 보험가입금액 = 가입수확량 × 가입가격(kg당)
= 2,000kg × 3,000원 /kg= 6,000,000원
④ 가입수확량이 최솟값일 때의 보험료 = 보험가입금액 × 지역별 보통약관 영업요율× (1±손해율에 따른 할인·할증률)×(1−방재시설할인율)
= 6,000,000원 × 0.1×(1+0.05)×(1−0.2)= 504,000원

참고 ※ **감자(고랭지)**, 고구마, 팥, 차 품목의 경우 방재시설할인율 미적용
※ 살구, 대추(사과대추에 한함), 유자, **팥**의 경우 표준수확량의 70%를 평년수확량으로 결정

07 정답 지급금액 = MIN(손해액−자기부담금 + 잔존물제거비용, 보험가입금액)

= MIN(9,336,000원 − 0 + 800,000원, 22,000,000원) = 10,136,000원

☞ 손해액합계 = 구조체손해액 + 피복재손해액 = 6,936,000원 + 2,400,000원 = 9,336,000원

- 구조체손해액 = 재조달가액 × (1 − 감가상각률)

  = 1,500㎡ × 6,800원 × (1 − 0.32) = 6,936,000원

- 피복재손해액 = 재조달가액 × (1 − 감가상각률)

  = 2,000㎡ × 2,000원 × (1 − 0.4) = 2,400,000원

※ 구조체와 피복제 각각 전체면적은 2,000㎡ 임

☞ 자기부담금 : 비가림시설은 화재로 인한 보험금 산정 시 자기부담금 미적용

- 잔존물제거비용 = MIN(잔존물제거비용, 손해액의 10%)

  = MIN(800,000원, 933,600원) = 800,000원

08 정답 계산과정 : 지급보험금 = 보험가입금액 × (피해율 − 자기부담비율)

- 피해율 $=\left(1-\frac{\text{수확량}}{\text{연근별기준수확량}}\right)\times\frac{\text{피해면적}}{\text{재배면적}}=\left(1-\frac{0.4}{064}\right)\times\frac{200}{500}=0.15=15\%$
- 자기부담비율 : 2년간 수령한 보험금이 순보험료의 120%이므로 20%가 계약자가 선택할 수 있는 최저 자기부담비율이다. (120%미만인 경우 15%형 선택 가능)
- 지급보험금 = 1천만 원 × (0.15% − 0.2%) = 0원

09 정답 ① TGE ② 200만 ③ 온도의 변화 ④ 설해 ⑤ 화재대물 배상책임 ⑥ 전기적장치위험보장

10 정답 소, 돼지, 가금, 말, 종모우(種牡牛), 기타 가축

Ⅱ 농작물재해보험 및 가축재해보험 손해평가의 이론과 실무

11 정답 ① 3 ② 20 ③ 60 ④ 송이 ⑤ 30 ⑥ 80 ⑦ 청피

12 정답 • 전체 낙과수중 표본을 추출할 경우 최소표본개수 : 100개

- 품종별 최소 표본추출개수 : 20개
- 포도,감귤(만감류)의 농지당 최소 표본추출개수 : 30개
- 복숭아, 자두의 농지당 최소 표본추출개수 : 60개
- 해당기준 미만으로도 조사가 가능한 전체낙과수 : 60개 미만

해설 낙과수 전수조사 시에는 농지 내 전체 낙과를 품종별로 구분하여 조사한다. 단, 전체 낙과에 대하여 품종별 구분이 어려운 경우에는 전체 낙과수를 세고 전체 낙과수 중 100개 이상의 표본을 추출하여 해당 표본의 품종을 구분하는 방법을 사용한다. 이 때 추출하는 표본 과실수는 품종별 20개 이상(포도,감귤(만감류)는 농지당 30개 이상, 복숭아·자두는 농지당 60개 이상)으로 하며, 추출한 표본 과실을 품목별 피해 구성에 따라 품종별로 구분하여 해당 과실 개수를 조사한다.(다만, 전체 낙과수가 60개 미만일 경우 등에는 해당 기준 미만으로도 조사가 가능하다)

13 정답 ① 가을동상해로 잎 피해 50%가 되지 않는 착과피해구성률

$$= \frac{((50\%형피해과실수 \times 0.5) + (80\%형피해과실수 \times 0.8) + (100\%형피해과실수 \times 1)}{정상과실수 + 50\%형피해과실수 + 80\%형피해과실수 + 100\%형피해과실수}$$

$$= \frac{((44 \times 0.5) + (10 \times 0.8) + (33 \times 1)}{(127+5) + 44 + 10 + 33} = 0.28767 ⇨ 28.77\%$$

② 가을동상해로 잎 피해 50% 이상일 때 착과피해구성률

$$= \frac{(정상과실수 \times 0.0031 \times 잔여일수) + (50\%형피해과실수 \times 0.5) + (80\%형 \times 0.8) + (100\%형 \times 1)}{정상과실수 + 50\%형피해과실수 + 80\%형피해과실수 + 100\%형피해과실수}$$

$$= \frac{(28 \times 0.0031 \times 10일) + (24 \times 0.5) + (30 \times 0.8) + (62 \times 1)}{(28+8) + 24 + 30 + 62} = \frac{98.868}{152} = 0.65044 ⇨ 65.04\%$$

※ 미보상과실은 정상과실로 분류하되, 정상과실수×0.0031×잔여일수에서는 제외하고 계산

14 정답 ㉠ 가입일자 ㉡ 보상하는 손해 ㉢ 조사일자 ㉣ 적과 ㉤ 해거리 ㉥ 열과

15 정답 1) 수확기 이전 사고 피해율 = 피해비율 × 손해정도비율 ×**(1−미보상비율)**

= 33.33% × 75% ×(1−0.2) = 19.998%=20%

- 피해비율 $= \frac{피해배지봉수}{재배배지봉수} = \frac{1{,}000봉}{3{,}000봉} = 0.33333 \Rightarrow 33.33\%$
- 손해정도비율$= \frac{(50\%형 \times 0.5) + (100\%형 \times 1)}{피해봉수} = \frac{(500봉 \times 0.5) + (500봉 \times 1)}{1{,}000봉} = \frac{750}{1{,}000} = 0.75 \Rightarrow 75\%$
- 생산비보장보험금 = 보험가입배지봉수 × 배지봉당 보장생산비 × 경과비율 × 피해율

  = 3,000봉 × 2,400원/봉 × 0.7866× 0.2 = 1,569,780원 =1,132,704원
- 경과비율 $= 준비기생산비계수(a) + (1-a) \times \left(\frac{생장일수}{표준생장일수}\right)$

  $= 0.663 + (1-0.663) \times \frac{33일}{90일} = 0.663 + 0.1236 = 0.7866$
- 생장일수 = 종균접종일로부터 사고일(조사일)까지의 일수 = 33일, 표준생장일수(90일)

2) 수확기 중 피해율 = 피해비율×손해정도비율×**(1−미보상비율)**

= 8.33%×30% ×**(1−0.2)** =0.01999= 0.02= 2%

- 피해비율 $= \frac{피해배지봉수}{재배배지봉수} = \frac{250봉}{3{,}000봉} = 0.08333 \Rightarrow 8.33\%$
- 생산비보장보험금 = 보험가입배지봉수 × 배지봉당 보장생산비 × 경과비율 × 피해율

  = 3,000봉 × 2,400원/봉 × 0.5 × 0.02 = 72,000원
- 경과비율 $= 1 - \left(\frac{수확일수}{표준수확일수}\right) = 1 - \left(\frac{5일}{10일}\right) = 50\%$

수확일수 : 5일, 표준수확일수(수확 개시일로부터 종료 예정일까지 일수 : 10일)

버섯 준비기생산비계수와 표준생장일수 (2024)

품 목	준비기생산비계수(a)	표준생장일수
표고버섯(톱밥배지재배)	66.3%	90일
느타리버섯(균상재배)	67.6%	28일
양송이버섯(균상재배)	75.3%	30일

16 정답 평년수확량={A+(B×D−A)×(1−Y/5)}×C/D

= {1,000kg+(1,000kg×0.85−1,000kg)×(1−4/5)}×0.7/0.85

=970×0.7/0.85=798.8kg⇨799kg

- A(과거평균수확량)= (900kg+ 1,000kg+1,100kg+1,000kg)/4=1,000kg
- B(가입연도 기준수량)=1,000kg
- C(가입연도보정계수)= 가입년도의 품종, 이앙일자, 친환경재배 보정계수를 곱한 값= 1×1×0.7=0.7
- D(과거평균보정계수)=(0.8+0.9+0.9+0.8)/4=0.85
- Y(과거 5년간 가입횟수)=4
- 벼 품목 과거수확량 산정방법

Case별 구분	산정한 후 적용할 과거 수확량
조사수확량 〉 평년수확량 50%	조사수확량
조사수확량≤평년수확량 50%	평년수확량 50%
수확량조사 미실시(보험 가입한 무사고농지)	max(표준수확량×1.1, 평년수확량×1.1)

연도	2019	2020	2021	2022	2023	2024
표준수확량	850	800	850	900	1,000	
평균수확량	850	800	900	1,000	1,100	
조사수확량		900	1,000	무사고	1,000	
과거수확량		**900**	**1,000**	**1,100**	**1,000**	
보정계수	0.8	0.8	0.9	0.9	0.8	
가입여부	미가입	가입	가입	가입	가입	

17 정답 • 수확량(전수조사) = {전수조사수확량×(1− 함수율(%))÷(1−기준함수율)}+ {단위면적 당 평년수확량 × (타작물 및 미보상면적 + 기수확면적)}

= {2,000kg× (1− 0.57)÷(1− 0.14)}+{5kg/㎡ × (20㎡ + 80㎡)} = 1,500kg

☞ 단위면적당 평년수확량 = 평년수확량 ÷ 실제경작면적 = 2,500kg ÷ 500㎡ = 5kg/㎡

- 지급보험금 = 보험가입금액 × (피해율 - 자기부담비율) = 2,000,000원×(36% - 10%) = 520,000원
- 피해율 = (평년수확량 − 수확량 − 미보상감수량) ÷ 평년수확량

= (2,500kg − 1,500kg − 100kg) ÷ 2,500kg = 0.36 = 36%

☞ 미보상감수량 = (평년수확량 − 수확량) × 미보상비율 = (2,500kg − 1,500kg) × 0.1 = 100kg

18 정답 수확감소보장방식 밭작물

양 파	• 수확감소보험금 = 보험가입금액 × (피해율 − 자기부담비율) • 피해율 = (평년수확량 − 수확량 − 미보상감수량) ÷ 평년수확량 = (3,000kg − 2,140kg − 86kg) ÷ 3,000kg = 0.258 = 25.8% • 평년수확량 = 단위면적당 평년수확량 × 실제경작면적 = 300kg/a × 10a = 3,000kg • 수확량 = (표본구간 단위면적당 수확량 × 조사대상면적) + {단위면적당 평년수확량 × (타작물 및 미보상면적 + 기수확면적) = (200kg/a × 8a) + [300kg/a × (0.3a + 1.5a)] = 1,600kg + 540kg =2,140kg • 표본구간 단위면적당 수확량 = 표본구간 수확량(8kg) ÷ 표본구간 면적(0.04a) = 200kg/a **※ 마늘 : 표본구간 단위면적당 수확량 = (표본구간 수확량 × 환산계수) ÷ 표본구간 면적** **환산계수는 마늘에 한하여 0.7(한지형), 0.72(난지형)를 적용** • 조사대상면적 = 실제경작면적 − 고사면적 − 타작물 및 미보상면적 − 기수확면적 = 10a − 0.2a − 0.3a − 1.5a = 8a • 미보상감수량 = (평년수확량 − 수확량) × 미보상비율 = (3,000kg − 2,140kg) × 0.1 = 86kg • 수확감소보험금 = 2,000,000원 × (25.8% − 20%) = 116,000원
감 자	• 수확감소보험금 = 보험가입금액 × (피해율 − 자기부담비율) • 피해율 = (평년수확량 − 수확량 − 미보상감수량 + 병충해감수량) ÷ 평년수확량 = (3,000kg − 2,140kg − 86kg + 40kg) ÷ 3,000kg = 0.27133 = 27.13% • 평년수확량 = 위 양파공식 참조 • 수확량 = 위 양파공식 참조 • 조사대상면적 = 위 양파공식 참조 • 미보상감수량 = 위 양파공식 참조 • 표본구간 병충해감수량 = 병충해 입은 괴경의 무게 × 손해정도비율 × 인정비율 = 1kg × 0.4 × 0.5 = 0.2kg 단위면적당 표본구간 병충해감수량 = 0.2kg ÷ 0.04a = 5kg/a 전체병충해감수량 = 단위면적당 표본구간 병충해감수량 × 조사대상면적 = 5kg/a × 8a = 40kg • 수확감소보험금 = 2,000,000원 × (0.2713 − 0.2) = 142,600원

19 정답 ① 1 ② 70 ③ 포괄가입 ④ 13 ⑤ 암컷 ⑥ 수컷

20 정답 1) 보험가액=모돈두수×2.5×자돈가격 = 40두×2.5×100,000원=10,000,000원

2) 자기부담금 : 보통약관 지급보험금 계산방식에 따라서 계산한 금액(손해액× $\frac{\text{보험가입금액}}{\text{보험가액}}$)에서 보험증권에 기재된 자기부담비율을 곱한 금액과 200만 원 중 큰 금액을 자기부담금으로 한다 : 200만원

$$\text{손해액} \times \frac{\text{보험가입금액}}{\text{보험가액}} \times \text{최대자기부담비율} = 5,000,000\text{원} \times \frac{10,000,000\text{원}}{10,000,000\text{원}} \times 0.4 = 2,000,000\text{원}$$

3) 지급보험금을 구하시오

$$\text{손해액} \times \frac{\text{보험가입금액}}{\text{보험가액}} - \text{자기부담금}$$

$$= 5,000,000\text{원} \times \frac{10,000,000\text{원}}{10,000,000\text{원}} - 2,000,000\text{원} = 3,000,000\text{원}$$

제5회 정답과 해설

Trial examination

Ⅰ 농작물재해보험 및 가축재해보험의 이론과 실무

01 정답 ① 동질적 ② 우연적 ③ 비재난적 ④ 확률적 ⑤ 보험료

02 정답 ① 정보 비대칭 ② 도덕적 해이 ③ 보험가액 ④ 보험금액 ⑤ 역선택 ⑥ 도덕적 해이

03 정답 ① 포도, 마늘, 양파, 감자(가을재배), 고구마, 양배추, 콩

② 단호박, 당근, 시금치(노지), 배추(고랭지배추, 가을배추, 월동배추), 무(고랭지무, 월동무), 파(대파, 쪽파 · 실파), 양상추 ※ 메밀은 50만원이상이라 해당이 없음

③ 콩, 옥수수, 팥

④ 벼, 밀, 메밀, 보리, 귀리

04 정답 1,680,000원

1. 보험료 = 보통약관 보험가입금액 × 지역별 보통약관 영업요율 × (1-부보장 및 한정보장 특별약관 할인율) × (1±손해율에 따른 할인 · 할증률) × (1-방재시설할인율)
= 10,000,000원 × 0.2 × (1 + 0.2) × (1 - 0.3) = 1,680,000원

2. 방재시설 할인율은 방재시설이 설치된 과수원에 대하여 방재시설별, 대상재해별로 5% ~ 20%의 보험료 할인율을 적용하며, 2개 이상의 방재시설이 있는 경우 합산하여 적용하되 최대 30%를 적용한다.

05 정답 ① 경과기간 : 감가상각은 보험가입시점을 기준으로 적용하므로
경과기긴은 2022년 11월~2020년 12월 = 1년 11월인데, 연단위 감가상각을 적용하며 경과기간이 1년 미만은 적용하지 않으므로, 경과기간은 1년이다.

② 감가상각율 = 경과기간 × 경년감가율 = 1 × 13.33% = 13.33%

③ 재조달가액 = 단위면적(1㎡) 당 시설비 × 재배면적(㎡) = 10,000원 × 500㎡ = 5,000,000원

④ 보험가입금액 = 재조달가액 × (1 - 감가상각율) = 5,000,000원 × (1 - 13.33%)
= 4,333,500원인데 천원단위 절사하므로 4,330,000원

06 정답 1) A농지(불가능) : 한지형은 10월 10일 이후 파종한 농지는 인수가 가능하지만, 수확 시기가 익년 4월 15일 이전인 경우에는 인수가 제한되는데, A농지의 수확예정 시기는 4월 초이므로 인수가 제한된다.

2) B농지(불가능) : 재식밀도는 30,000주/10a이므로 인수가 가능하지만, 9월 30일 이전 정식한 농지이며 무멀칭농지이므로 인수제한대상이 된다.

07 정답 벼의 보험금의 종류 및 지급금액 계산

보험금의 종류	보험금
이앙·직파불능 보험금	계산식 : 보험금 = 보험가입금액 × **15%** 보험금 = 10,000,000원 × **15%** = 1,500,000원
재이앙·재직파 보험금	계산식 : 보험금 = 보험가입금액 × 25% × (면적)피해율 (면적)피해율 = 피해면적 ÷ 보험가입면적 = 200㎡ ÷ 1,000㎡ = 20% 보험금 = 10,000,000원 × 25% × 20% = 500,000원
경작불능 보험금	계산식 : 자기부담비율별 경작불능 보험금. 2년 연속 가입 및 2년간 수령한 보험금이 순보험료의 **120% 미만**인 자가 가입할 수 있는 최저 자기부담비율은 15%이므로, 42%를 곱하여 준다. 보험금 = 10,000,000원 × 42% = 4,200,000원
수확감소보험금	계산식 : 보험가입금액 × (피해율 – 자기부담비율) 피해율 = (평년수확량 - 수확량 - 미보상감수량) ÷ 평년수확량 = (8,000kg - 6,000kg - 400kg) ÷ 8,000kg = 20% 보험금 = 10,000,000원 × (0.2 – 0.15) = 500,000원
수확불능보험금	계산식 : 제현율이 65% 이상이므로 보험금 없음 보험금 = 0원

08 정답 ① 10월 10일 ② 밤 ③ 호두 ④ 이듬 해에 맺은 유자 과실 ⑤ 감귤(만감류) ⑥ 4월 30일

보강 종합위험 비가림과수 손해보장방식(포도)와 복숭아는 수확감소보장 종료시점(10월 10일) 나무손해보장, 수확량감소 추가보장 등이 모두 동일하다.

09 정답 1) 소(牛)도체결함보장 특약

2) ① 돼지 질병위험보장 특약 ② 돼지 축산휴지위험보장 특약

3) ① 전기적 장치 위험보장 특약 ② 폭염재해보장 추가보장 특약

4) 설해손해 부보장 추가특별약관

10 정답 1) 40만원 2) 20만원 3) 20만원 4) 50만원 5)10만원

구 분		자기부담금		문제 계산금액
주계약(보통약관)	한우, 육우, 젖소	보험금의 20%, 30%, 40%		40만원
	종모우	보험금의 20%		20만원
	축사	풍재 · 수재 · 설해 · 지진	지급보험금 계산 방식에 따라 계산한 금액에 0%, 5%, 10%을 곱한 금액 또는 50만원 중 큰 금액	50만원
		화재	지급보험금 계산 방식에 따라 계산한 금액에 자기부담비율 0%, 5%, 10%를 곱한 금액	10만원
특별약관	소도체결함보장	보험금의 20%		20만원

Ⅱ 농작물재해보험 및 가축재해보험 손해평가의 이론과 실무

11 정답 ① 과중조사 ② 유자 ③ 무화과 ④ 경작불능조사 ⑤ 과실손해조사

12 정답 ① 실제결과주수 ② 피해비율 ③ 작물피해율 ④ 연근별 기준수확량 ⑤ 평년결과모지수

해설 기타 피해율 공식

구 분	피해율
오디 과실손해보험금	(평년결실수 − 조사결실수 − 미보상감수결실수) ÷ 평년결실수
재파종보험금 조기파종보험금 표준출현 피해율(10a당 기준)	(30,000주 − 출현주수) ÷ 30,000주
수확감소보험금(밀, 밭 작물)	(평년수확량 − 수확량 − 미보상감수량) ÷ 평년수확량
농업수입감소보험금	(기준수입 − 실제수입) ÷ 기준수입
고추 피해율	피해비율 × 손해정도비율(심도) × (1 − 미보상비율)

13 정답 ① 복분자 ② 감귤(온주밀감류), 무화과 ③ 복분자, 무화과 ④ 감귤(온주밀감류)

14 정답 수확감소보험금 = 보험가입금액 × (피해율 − 자기부담비율)

= 10,000,000원 × (0.24 − 0.1) = 1,400,000원

- 보험가입금액 = 가입수확량 × 가입가격 = 5,000kg × 2,000원/kg = 10,000,000원
  - 가입수확량은 평년수확량의 50 ~ 100% 사이에서 최대 가입수확량이므로 : 5,000kg
- 피해율 = (평년수확량 − 수확량 − 미보상감수량) ÷ 평년수확량
  = (5,000kg − 3,500kg − 300kg) ÷ 5,000kg = 0.24
- 미보상감수량 = (평년수확량 − 수확량) × 미보상비율 = (5,000kg − 3,500kg) × 0.2 = 300kg

해설 가입수확량과 평년수확량

품목	가입수확량의 범위
원 칙	평년수확량의 50%~100%
과수 4종	평년착과량의 100%
옥수수	표준수확량의 80%~130%

15 정답 ① 자른 작물 ② 기계탈곡 ③ 10 ④ 10 ⑤ 평균값

보충 종합위험 수확감소보장방식 콩, 팥 품목 수확량 전수조사방법

전수조사 대상 농지여부 확인	전수조사는 기계수확(탈곡 포함)을 하는 농지 또는 수확전 상태가 확인된 농지 중 자른 작물을 농지에 그대로 둔 상태에서 기계탈곡을 시행하는 농지에 한한다.
콩(종실), 팥(종실)의 중량 조사	대상 농지에서 수확한 전체 콩(종실), 팥(종실)의 무게를 조사하며, 전체 무게측정이 어려운 경우에는 10포대 이상의 포대를 임의로 선정하여 포대 당 평균 무게를 구한 후 해당 수치에 수확한 전체 포대 수를 곱하여 전체 무게를 산출한다.
콩(종실), 팥(종실)의 함수율조사	10회 이상 종실의 함수율을 측정 후 평균값을 산출한다. 단, 함수율을 측정할 때에는 각 횟수마다 각기 다른 포대에서 추출한 콩, 팥을 사용한다.

종합위험 수확감소보장방식 벼 품목 수확량 전수조사방법

전수조사 대상 농지 여부 확인	전수조사는 기계수확(탈곡 포함)을 하는 농지에 한한다.
조곡의 중량 조사	대상 농지에서 수확한 전체 조곡의 중량을 조사하며, 전체 중량 측정이 어려운 경우에는 콤바인, 톤백, 콤바인용 포대, 곡물적재함 등을 이용하여 중량을 산출한다.
조곡의 함수율 조사	수확한 작물에 대하여 함수율 측정을 3회 이상 실시하여 평균값을 산출한다.
병해충 단독사고 여부 확인 (벼만 해당)	농지의 피해가 자연재해, 조수해 및 화재와는 상관없이 보상하는 병해충만으로 발생한 병해충 단독사고인지 여부를 확인한다. 이때, 병해충 단독사고로 판단될 경우에는 가장 주된 병해충명을 조사한다.

16 정답 적과종료이전 특정위험 5종 한정보장 특별약관 가입건

적과종료이전 대상재해	태풍(강풍), 우박, 집중호우, 화재, 지진
최대인정감소량 계산식	평년착과량 × 최대인정피해율
최대인정피해율 구하는 방법	적과종료 이전까지 조사한(나무피해율, 낙엽피해에 따른 인정피해율, 우박 피해에 따른 유과타박률) 중 가장 큰 값으로 한다.
나무피해율 구하는 방법 및 계산식	과수원별 유실·매몰·도복·절단(1/2)·소실(1/2)·침수 주수를 실제결과주수 나눈 값. 단, 침수주수는 침수피해를 입은 나무수에 과실침수율을 곱하여 계산함 $\text{나무피해율} = \dfrac{\text{(유실, 매몰, 도복, 절단(1/2), 소실(1/2), 침수주수)}}{\text{실제결과주수}}$
낙엽피해에 따른 인정피해율 구하는 방법 및 계산식	단감, 떫은감에 한하여 수확년도 6월 1일부터 적과종료 이전까지 태풍(강풍)·집중호우·화재·지진 (우박×)으로 인한 낙엽피해가 발생한 경우 낙엽피해를 조사하여 산출한 낙엽률에 따른 인정피해율 구한다. 단감 인정피해율 = (1.0115 × 낙엽률) − 0.0014 × 경과일수 떫은 감 인정피해율 = = 0.9662 × 낙엽률 − 0.0703

17 정답 ① 수확기 이전 보험사고 발생조건의 경우 생산비보장보험금

보험금 = 재배배지(봉)수 × 배지(봉)당 보장생산비 × 경과비율 × 피해율

= 3,000배지(봉) × 1,000원/배지(봉) × 0.7192 × 0.09 = 194,184원

경과비율 : [a + (1 − a) × (생장일수 ÷ 표준생장일수)]

= 0.663+ (1 − 0.663) × (15일 ÷ 90일) = 0.7192

생장일수 : 종균접종일(5.18)로부터 사고발생일(6.1)까지 경과일수 = 15일

표준생장일수 : 종균접종일로부터 수확개시일(8.15)까지 표준적인 생장일수 = 90일

a : 준비기 생산비계수 = 66.3%%

− 피해율 = 피해비율 × 손해정도비율 × **(1−미보상비율)** = 0.2 × 0.5×0.9 = 0.09

가) 피해비율 = 피해배지(봉)수 ÷ 재배배지(봉)수 = 600배지(봉) ÷ 3,000배지(봉) = 0.2

나) 손해정도비율 : 0.5

② 수확기 중 보험사고 발생조건의 경우 생산비보장보험금

- 보험금 = 재배배지(봉)수 × 배지(봉)당 보장생산비 × 경과비율 × 피해율
  = 3,000배지(봉) × 1,000원/배지(봉) × 0.5 × 0.09 = 135,000원
- 경과비율 : 수확기 중 사고이므로 경과비율 = $\left\{1-\left(\frac{\text{수확일수}}{\text{표준수확일수}}\right)\right\} = \left\{1-\left(\frac{10}{20}\right)\right\} = 0.5$

  수확일수 : 8.15 ~ 8.24까지 10일

  표준수확일수(수확개시일부터 수확종료일까지의 일수) : 8.15 ~ 9.3까지 20일
- 피해율 = 피해비율 × 손해정도비율 **×(1-미보상비율)** = 0.2 ×0.5 ×(1-0.1)= 0.09

  가) 피해비율 = 피해배지(봉)수 ÷ 재배배지(봉)수 = 600배지(봉) ÷ 3,000배지(봉) = 0.2

  나) 손해정도비율 : 0.5

18 정답 1) 피해수확량=(표본구간단위면적당피해수확량×조사대상면적)+(단위면적당표준수확량×고사면적)
= (0.64kg/㎡×9,000㎡)+(0.9kg/㎡×1,000㎡) = 5,760kg + 900kg = 6,660kg

- 표본구간단위면적당 피해수확량 = $\frac{\text{표본구간피해수확량}}{\text{표본구간면적}} = \frac{6.4kg}{10m^2} = 0.64kg/m^2$
- 조사대상면적 = 실제경작면적 – 고사면적 – 타작물 및 미보상면적 – 기수확면적
  = 10,000㎡ – 1,000㎡ – 0 – 0 = 9,000㎡
- 표본구간 피해수확량 = (표본구간 '하'이하개수 + '중' 개수×0.5)×표준중량×재식시기지수×재식밀도지수
  = (30 + 20 × 0.5) × 0.16kg = 6.4kg

  ※ 착립장 길이에 따라 상(17cm 이상) · 중(15cm 이상 17cm 미만) · 하(15cm 미만)로 구분
- 단위면적당 표준수확량= $\frac{\text{표준수확량}}{\text{실제경작면적}} = \frac{9{,}000kg}{10{,}000m^2} = 0.9kg/m^2$

2) ① 손해액 = (피해수확량 – 미보상감수량) × 가입가격
= (6,660kg – 666kg) × 2,000원/kg = 11,988,000원

- 미보상감수량 = 피해수확량 × 미보상비율 = 6,660kg × 10% = 666kg

② 수확감소보험금 = min(보험가입금액, 손해액) – 자기부담금
= min(23,000,000원, 11,988,000원) – 4,600,000원 = 7,388,000원

- 자기부담금 = 보험가입금액 × 자기부담비율 = 23,000,000원 × 20% = 4,600,000원

3) ① 수확량조사 적기는 수염이 나온 후 25일 이후이며 ② 표본구간 면적은 이랑길이(5주)와 이랑 폭을 조사대상면적을 기준으로 표본 구간수에 따라 조사한다.

- 옥수수, 고구마, 양파, 마늘, 양배추품목(밭작물)표본구간수표

조사대상면적(㎡)	표본구간수
1,500 미만	4
1,500 이상~3,000 미만	5
3,000 이상~4,500 미만	6
4,500 이상	7

- 옥수수 표준중량

대학찰(연농2호)	미백2호	미흑찰 등
160g	180g	190g

19 정답 ① 폐사 ② 견인비용 ③ 렌더링 ④ 경감 ⑤ 유익

20 정답 ① 지육가격 ② 6 ③ 송아지 ④ 7 ⑤ 2 ⑥ 분유떼기 젖소 수컷 ⑦ 3

제6회 정답과 해설

Ⅰ 농작물 재해보험 및 가축재해보험의 이론과 실무

01 정답 ① 사고 발생 확률 ② 수입 ③ 지출 ④ 계약자 수 ⑤ 사고 발생 건수

02 정답 ① 기평가계약 ② 대체비용보험 ③ 목적물대위(잔존물대위)
④ 제3자에 대한 보험대위(청구권대위) ⑤ 피보험이익

03 정답 ① 계약자 또는 피보험자가 임의 해지하는 경우
② 사기에 의한 계약, 계약의 해지 또는 중대 사유로 인한 해지에 따라 계약을 취소 또는 해지하는 경우
③ 보험료 미납으로 인한 계약의 효력 상실

04 정답 경작불능보험금을 신청하기 위해서는 식물체피해율이 65% 이상이어야 하므로 식물체피해율 공식을 이용하여 최소피해면적을 구한다.

① 최소식물체 피해율(65%) $= \dfrac{\text{최소고사면적}}{\text{가입면적}} = \dfrac{\text{최소고사면적}}{2{,}000\text{m}^2}$

최소 고사면적 = 1,300㎡

② 자기부담비율별 지급률 $= \dfrac{\text{경작불능보험금}}{\text{보험가입금액}} = \dfrac{4{,}200{,}000\text{원}}{10{,}000{,}000\text{원}} = 42\%$

경작불능보험금 지급률이 42%가 되기 위해서는 자기부담비율이 15%이어야 한다.

05 정답 A 과수원(사과) : 밀식 3년 450주 + 밀식 4년 200주 + 반밀식 4년 100주 = 750주
B 과수원(배) : 3년 500주 + 4년 210주 = 710주
C 과수원(감) : 5년 150주

해설 인수 제한 목적물(가입하는 해의 나무 수령(나이)이 다음 기준 미만인 경우)
가. 사과 : 밀식재배 3년, 반밀식재배 4년, 일반재배 5년
나. 배 : 3년
다. 단감 · 떫은감 : 5년

06 정답 ① 긴급피난 ② 서리 ③ 48 ④ 복분자 ⑤ 6월 1일 ⑥ 포도, 참다래, 대추

07 정답 1) ① 피해율=피해비율×손해정도비율×**(1-미보상비율)**= 0.25×0.5×0.8=0.1=10%
• 피해비율 = 피해면적/재배면적(균상면적, ㎡) = 300㎡/1,200㎡ = 0.25 ⇨ 25%
② 보험금 = 재배면적×단위면적당보장생산비×경과비율×피해율
= 1,200㎡×16,900/㎡×0.919×0.1= 1,863,732원
• 경과비율 = 준비기생산비계수(a)+(1-a)×(생장일수/표준생장일수)
=67.6%+(1-67.6%)×21일/28일=67.6%+24.3%=91.9% =0.919

- 생장일수=종균접종일로부터 사고일(조사일)까지의 일수=21일
- 재배면적에 단위면적당 보장생산비를 곱한 값이 보험가입금액보다 큰 경우에는 위에서 계산된 생산비 보장보험금을 아래와 같이 다시 계산하여 지급한다.

$$\text{위 (가)에서 계산된 생산비보장보험금} \times \frac{\text{보험가입금액}}{\text{단위면적당 보장생산비} \times \text{재배면적}}$$

- 재배면적×단위면적당 보장생산비 = 1,200㎡×16,900/㎡ = 20,280,000원으로 보험가입금액 15,000,000원 보다 크므로 보험금은 다음과 같다,

$$1{,}863{,}732\text{원} \times \frac{15{,}000{,}000\text{원}}{20{,}280{,}000\text{원}} = 1{,}378{,}500\text{원}$$

2) ① 피해율=피해비율×손해정도비율×(1−미보상비율) = 30%×63.2%×80%=15.17%

- 피해비율=피해면적/재배면적(균상면적)= 300㎡/1,000㎡=0.3 ⇨ 30%
- 손해정도비율= $\frac{(20\%\text{형면적}\times0.2)+(40\%\text{형면적}\times0.4+60\%\text{형면적}\times0.6+80\%\text{형면적}\times0.8+100\%\text{형면적}\times1)}{\text{피해면적 합계 (재배면적 합계가 아님에 주의)}}$

$= \frac{(100\times0.2)+(20\times0.4+16\times0.6+60\times0.8+104\times1)}{300}$ =189.6/300=63.2 ⇨ 63.2%

② 보험금 = 재배면적×단위면적당 보장생산비×경과비율×피해율

=1,000㎡×20,500/㎡×0.8436×0.1517 = 2,623,469원

•경과비율 =준비기생산비계수(a)+(1−a)×(생장일수/표준생장일수)

= 75.3%+(1− 75.3%)×11/30 =75.3%+ 9.06% =84.36%

- 생장일수=종균접종일로부터 사고일(조사일)까지의 일수=11일

⇨ 생장일수는 표준생장일수(30일)를 초과할 수 없다.

- 보험가입금액은 보장생산비 100% 가입이므로,(즉 보험가입금액=단위면적당보장생산비×재배면적)

위에서 계산된 생산비보장보험금× $\frac{\text{보험가입금액}}{\text{단위면적당 보장생산비} \times \text{재배면적}}$ 은 적용하지 않는다,

08 정답 1) (면책농지) 보상하는 손해이고 이앙한계일인 7월31일까지 해당농지 전체를 이앙하지 못해 이앙직파불능보험금 신청은 가능하나 이앙 전 통상적인 영농활동(논둑 정리, 논갈이, 비료시비, 제초제 살포 등)을 실시하지 않아 면책농지이다.

2) (보험금 지급대상) 보상하는 손해이고 직파한계일인 7월31일까지 해당농지 전체를 직파하지 못해 직파불능보험금 지급 대상농지이다.

지급보험금 = 보험가입금액 × 10% = 3,000,000원 × 10% = 300,000원

3) (면책농지) 보상하는 손해이고 이앙한계일인 7월 31일이 경과하지 않았고 농지 중 1,000㎡는 이앙하고 2,000㎡는 이앙하지 못해 농지전체를 이앙하지 않은 경우에 해당되어 면책농지이다.

09 정답 긴급도축으로 보상받을 수 있는 사유 5가지

① 부상(사지골절, 경추골절, 탈골) ② 난산 ③ 산욕마비 ④ 급성고창증 ⑤ 젖소의 유량감소

10 정답 ① 수의학적 ② 긴급피난 ③ 120시간(5일) ④ 24 ⑤ 체감온도

Ⅱ 농작물재해보험 및 가축재해보험 손해평가의 이론과 실무

11 정답 ① 피해면적비율 ② 복분자 ③ 수정완료 ④ 수정불량 ⑤ 무화과 ⑥ 6월 20일

12 정답 ① 감자 ② 양배추 ③ 차 ④ 양파 ⑤ 마늘 ⑥ 고구마 ⑦ 옥수수 ⑧ 콩 ⑨ 팥

13 정답 ① 7월 31일 ② 9월 10일 ③ 9월 25일 ④ 5월 20일 ⑤ 5월 29일 ⑥ 8월 31일 ⑦ 7월 31일 ⑧ 10월 15일 ⑨ 10월 15일 ⑩ 10월 31일 ⑪ 8월 31일 ⑫ 9월 15일

14 정답 ① 특정위험 과실손해보장 고사결과모지수 = 수확감소환산 고사결과모지수−미보상 고사결과모지수
= 1.4개 − 0.28개 = 1.12개

- 수확감소환산 고사결과모지수 (종합위험 과실손해조사를 실시하지 않은 경우)
  = 평년결과모지수×누적수확감소환산계수 = 7×0.2=1.4
- 누적수확감소환산계수 = 특정위험 과실손해조사별 수확감소환산계수의 합
  = 6.3 사고 수확감소환산계수 +6.10 사고 수확감소환산계수= 0.2+0=0.2
- 6.3 사고 수확감소환산계수 = 최댓값(기준일자별 잔여수확량 비율 − 결실율, 0)
  = 최댓값((98−3)% − 75%, 0) = 20%

품목	사고일자	경과비율(%)= 잔여수확량 비율
복분자	6월 1일~7일	98 − 사고발생일자
	6월 8일~20일	(사고발생일자² −43×사고발생일자+460)÷2

- 결실율 = $\frac{\text{전체결실수}}{\text{전체개화수}}=\frac{300}{400}=0.75$
- 6.10 사고 수확감소환산계수 = 최댓값(기준일자별 잔여수확량 비율 − 결실율, 0)
  = 최댓값(사고발생일자² −43×사고발생일자+460)÷2−결실율,0)
  = 최댓값(65% − 70%, 0) = 0%
- 미보상 고사결과모지수 = 수확감소환산 결과모지수×max(특정위험 과실손해별 미보상비율)
  =1.4×20% = 0.28

② 피해율 = 고사결과모지수 ÷ 평년결과모지수 =1.12÷7=0.16
고사결과모지수 = 종합위험 과실손해 고사결과모지수+특정위험 과실손해 고사결과모지수
= 0+1.12 =1.12

③ 보험금 = 보험가입금액×(피해율 − 자기부담비율)= 6,000,000원× (16%− 20%) =0원

15 정답 ① 경량철골조 ② 원목재배 ③ 균상재배 ④ 병재배 ⑤ 균상재배

16 정답 ① 피해율을 구하기 위해서는 다음표의 조건을 확인해야 한다.

금차 수확 개시 후 수확량조사가 최초 조사인 경우(이전 수확량조사가 없는 경우) 피해율 = (평년수확량 - 수확량 - 미보상감수량) ÷ 평년수확량 1)「금차 수확량 + 금차 감수량 + 기수확량 < 평년수확량」인 경우 수확량 = 평년수확량 - 금차 감수량 미보상 감수량 = 금차 감수량 × 미보상비율 2)「금차 수확량 + 금차 감수량 + 기수확량 ≧ 평년수확량」인 경우 수확량 = 금차 수확량 + 기수확량 미보상 감수량 = (평년수확량 - (금차 수확량 + 기수확량)) × 미보상비율

금차수확량 = (착과수 × 개당과중 × (1 - 금차 착과피해구성률)) + (낙과수×개당과중 × (1 - 금차 낙과 피해구성률)) + (면적(m^2)당 평년수확량 × 미보상주수 × 재식면적)

= (120,000개 × 0.04kg/개 × (1 - 0.3)) + (200개 × 0.04kg/개 × (1 - 0.2))

+ (0.8kg/m^2 × 10주 × 20m^2/주) = 3,360kg + 6.4kg + 160kg = 3526.4kg

① 착과수 구하기 • 착과수 = 표본조사 대상면적 × 면적(m^2)당 착과수 = 4,000m^2 × 30개/m^2 = 120,000개 • 표본조사 대상면적 = 재식 면적 × 표본조사 대상 주수 = 20m^2 × 200주 = 4,000m^2 -재식 면적 = 주간 거리 × 열간 거리 = 4m × 5m = 20m^2 -표본조사 대상주수 = 실제 결과주수 - 미보상주수 - 고사나무주수 - 수확완료주수 = 250주 - 10주 - 40주 - 0주 = 200주 • 면적(m^2)당 착과수 = 표본구간 착과수 ÷ 표본구간 넓이 = 540개 ÷ (8 × 2.25m^2) = 30개/m^2 -표본구간 넓이 = (표본구간 윗변길이 + 표본구간 아랫변길이)× 표본구간 높이(윗변과 아랫변의 거리) ÷ 2 = (1.2 + 1.8) × 1.5 ÷ 2 = 2.25m^2 ② 개당과중 = {(900g × 0.7) + 1,770g} ÷ 60개 = 40g개 = 0.04kg/개 ③ 면적(m^2)당 평년수확량 = 평년수확량 ÷ 재식면적의 합계 = 4,000kg ÷ 5,000m^2 = 0.8kg/m^2 -재식면적의 합계 = 재식면적 × 실제결과주수 = 20m^2/주 × 250주 = 5,000m^2

「금차수확량(3526.4kg) + 금차감수량(200kg) + 기수확량(0kg)〈평년수확량(4,000kg)」이므로

피해율 = (평년수확량-수확량 - 미보상감수량) ÷ 평년수확량

= (4,000kg - 3,800kg - 20kg) ÷ 4,000kg = 0.045

수확량 = 평년수확량 - 금차 감수량 = 4,000kg - 200kg = 3,800kg

미보상 감수량 = 금차 감수량 × 미보상비율 = 200kg × 0.1 = 20kg

② 보험금 = 보험가입금액 × (피해율 - 자기부담비율) = 10,000,000원 × (0.045 - 0.2) = 0원

17 정답 〈조건〉 종합위험방식 시설작물 부 추

• 보험금 = 재배면적 × 부추 단위면적당 보장 생산비 × 피해율 × 70%

= 6a × 1,000,000원/a × 0.27 × 0.7 =1,134,000원

• 피해비율 = 피해면적 ÷ 재배면적 = 3a ÷ 6a = 0.5

• 피해율 = 피해비율 × 손해정도비율(사고심도) × **(1-미보상비율)** = 0.5×0.6×0.9 = 0.27

18 정답 〈조건 1〉 농업수입감소보장보험금

- 보험금 = 보험가입금액 × (피해율 - 자기부담비율) = 10,000,000원 × (0.36 - 0.2) = 1,600,000원
- 피해율 = $\frac{\text{기준수입} - \text{실제수입}}{\text{기준수입}} = \frac{10{,}000{,}000\text{원} - 6{,}400{,}000\text{원}}{10{,}000{,}000\text{원}} = 0.36 = 36\%$
- 기준수입 = 평년수확량 × 농지별 기준가격 = 2,000kg × 5,000원/kg= 10,000,000원
- 실제수입 = (수확량 + 미보상감수량) × min(농지별 기준가격, 수확기가격)
  = (1,500kg + 100kg) × 4,000원/kg = 6,400,000원
- 미보상감수량 = (평년수확량 - 수확량) × 미보상비율 = (2,000kg - 1,500kg) × 0.2 = 100kg

〈조건 2〉 경작불능보험금

- 계산과정 : 보험금 = 보험 가입금액 × (30% ~ 45%)(자기부담비율(20%, 30%, 40%)에 따라 다름)

보험금 = 2,000,000원 × 35% = 700,000원 • 보험금 : 700,000원

19 정답 잔존물의 해체 비용, 청소비용 및 차에 싣는 비용인 잔존물제거비용은 손해액의 10%를 한도로 지급보험금 계산방식에 따라서 보상한다

보험가입금액이 보험가액의 80% 해당액보다 작을 때 (3천만원 ÷ 4천만원 = 75%이므로)

1) 잔존물제거비용보상 =min{실제 잔존물제거비용× $\frac{\text{보험가입금액}}{\text{보험가액의 80\% 해당액}}$ - 자기부담금, 손해액의 10%}

= min{ (1-0.1)× (2,500,000원× $\frac{30{,}000{,}000\text{원}}{40{,}000{,}000 \times 0.8}$}, 30,000,000원×10%}

= min(2,109,375원, 3,000,000원)= 2,109,375원,

- 실제 잔존물제거비용 = 헤체비용 +청소비용+차에 싣는 비용 = 2,500,000원
- 잔존물제거비용이 자기부담금= (실제 잔존물제거비용× $\frac{\text{보험가입금액}}{\text{보험가액의 80\% 해당액}}$)×자기부담비율(10%)

참조 (1-0.1) : (실제 잔존물제거비용× $\frac{\text{보험가입금액}}{\text{보험가액의 80\% 해당액}}$)를 A로 하면,A-0.1A=(1-0.1)A

해설 손해가 발생한 경우 그 손해액의 10%를 한도로 보험의 목적에 대한 실제의 잔존물 제거비용을 제4조(지급보험금의 계산)에 따라 보상한다.

※ 축사 화재시 자기부담금 : 지급보험금 계산 방식에 따라 계산한 금액에 자기부담비율 0%, 5%, 10%를 곱한 금액

2) 지급액 = (목적물보험금+잔존물제거비용) =(25,312,500원+2,109,375원=27,421,875원

*목적물보험금 = 손해액× $\frac{\text{보험가입금액}}{\text{보험가액의 80\% 해당액}}$ - 자기부담금

자기부담금 = (손해액× $\frac{\text{보험가입금액}}{\text{보험가액의 80\% 해당액}}$)×자기부담비율 이므로

(손해액× $\frac{\text{보험가입금액}}{\text{보험가액의 80\% 해당액}}$) - (손해액× $\frac{\text{보험가입금액}}{\text{보험가액의 80\% 해당액}}$)×자기부담비율

= (1-자기부담비율)×손해액× $\frac{\text{보험가입금액}}{\text{보험가액의 80\% 해당액}}$

= (1-0.1)×30,000,000원× $\frac{30{,}000{,}000\text{원}}{40{,}000{,}000\text{원} \times 80\%}$ = 25,312,500원

20 정답 ㉠ 5년 ㉡ 취소 ㉢ 무효 ㉣ 착오 ㉤ 취소

제7회 정답과 해설

Ⅰ 농작물 재해보험 및 가축재해보험의 이론과 실무

01 정답 ① 고지(또는 진술) ② 은폐(의식적 불고지) ③ 담보(보증) ④ 약속보증 ⑤ 긍정보증

02 정답 ① 고지의무 ② 위험변경·증가의 통지의무 ③ 위험 유지 의무
④ 보험사고 발생의 통지의무 ⑤ 손해 방지 경감 의무

03 정답 ① 35 ② 25 ③ 32 ④ 30 ⑤ 28 ⑥ 25 ⑦ 25 ⑧ 20 ⑨ 85 ⑩ 80 ⑪ 10

04 정답 ① 감수과실수 ② 자기부담비율 ③ 꽃눈분화 ④ 적과후착과수 ⑤ 발아

05 정답 ① 감귤(온주밀감류)의 과실손해보험금 : 손해액 − 자기부담금 = 500만 원 − 120만 원 = 380만 원
② 감귤(온주밀감류)의 동상해과실손해보험금 : 손해액 − 자기부담금 = 500만 원 − 120만 원 = 380만 원
③ 옥수수 수확감소보험금 : Min[보험가입금액, 손해액] − 자기부담금 = 500만 원 − 120만 원 = 380만 원
①,②,③ ※ 자기부담금 = 보험가입금액 × 자기부담비율 = 600만원 × 0.2% =120만원
④ 원예시설 손해보험금 : Min(손해액 − 자기부담금, 보험가입금액) = (500만 원 − 0원, 600만원) = 500만 원

- 복구를 하지 않는 경우 경년감가율을 적용한 시가로 보상
- 화재 손해는 자기부담금 미적용

⑤ 비가림시설 손해보험금 : Min(손해액 − 자기부담금(0), 보험가입금액) = 500만 원
⑥ 인삼해가림시설 손해보험금 : Min{(손해액 − 자기부담금), 보험가입금액}
= Min{(500만원 − 50만원), 600만원} = 450만 원

- 지급보험금 = Min(손해액 − 자기부담금, 보험가입금액)
- 자기부담금은 최소자기부담금(10만 원)과 최대자기부담금(100만 원)을 한도로 손해액의 10%에 해당하는 금액을 적용한다. (손해액 500만원이므로 자기부담금은 50만원)

※ 해가림 시설을 제외한 농업용 시설물과 비가림시설 보험의 화재특약의 경우 화재로 인한 손해 발생 시 자기부담금을 적용하지 아니한다.

06 정답 • 농업수입감소보험금 = 보험가입금액 × (피해율 − 자기부담비율)
= 3,780,000원 × (55.56% − 20%) = 1,344,168원

- 보험가입금액 = 가입수확량 × 기준가격 = 7,000kg × 540원/kg = 3,780,000원
- 피해율 = (기준수입 − 실제수입) ÷ 기준수입
  = (5,400,000원 − 2,400,000원) ÷ 5,400,000원 = 0.55555 = 55.56%
- 기준수입 = 평년수확량 × 농지별 기준가격 = 10,000kg × 540원/kg = 5,400,000원

- 실제수입 = (조사수확량 + 미보상감수량) × min(농지별 기준가격, 농지별 수확기가격)
  = (5,000kg + 1,000kg) × 400원/kg = 2,400,000원
- 미보상감수량 = (평년수확량 − 실제수확량) × 미보상비율 = (10,000 − 5,000) × 0.2 = 1,000kg
- 양파의 최소 자기부담비율 : 20%

07 정답 가입가능여부

1. 보험가입금액이 100만 원 이상이므로 가입이 가능하다.
2. 자가채종을 이용해 재배하는 농가는 가입이 불가능하다.
3. 경상북도 청도는 1주 재배의 경우 10a당 정식주수가 3,500주 이상 5,000주 이하인 농지가 가입이 가능한 데, 10a당 정식주수가 3,000주이므로 가입이 불가능하다.
4. 3.1 ~ 6.12 기간 내에 파종을 하였으므로 파종시기로는 가입이 가능하다.
5. 출현율이 90% 미만이므로 가입이 불가능하다.

결론적으로 2, 3, 5의 사유로 가입이 불가능하다.

08 정답 ※ 적과 전 보상하는 손해의 발생이 없었는데 적과후 착과수가 평년착과수보다 적으므로 보험가입금액 감액사유에 해당한다.

① 처음 보험가입금액 = 가입수확량 × 가입가격 = (평년착과수 × 가입과중) × 가입가격
= 76,500개 × 350g/개 × 2,000원/kg = 53,550,000원

② 감액후 보험가입금액 = 처음 보험가입금액 × $\frac{\text{적과후 착과수}}{\text{평년착과수}}$

$$= 53,550,000\text{원} \times \frac{70,000\text{개}}{76,500\text{개}} = 49,000,000\text{원}$$

09 정답 젖소유량감소는 유방염, 불임 및 각종 대사성 질병으로 인하여 젖소로서의 경제적 가치가 없어 긴급도축한 경우에 한하여 보상받을 수 있다.

해설 축종별 긴급도축사유⇨ 소, 말, 사슴, 양

구 분	사 유
소,	[부상(사지골절, 경추골절, 탈구(탈골)), 난산, 산욕마비, 급성고창증+ 젖소(유량감소)
종모우	[부상(사지골절, 경추골절, 탈구(탈골)), 급성고창증
사슴, 양	[부상(사지골절, 경추골절, 탈구(탈골)), 난산, 산욕마비
말	[부상(사지골절, 경추골절, 탈구(탈골)), 난산, 산욕마비, 산통, + 실명(경주마)

10 정답 1) 보험가액=전전월 (6월) 전국산지평균 분유떼기 젖소수컷가격×50%×5마리
= 910,000원×50%×5마리=2,275,000원

해설
- 출생일에서 사고일까지 2개월 13일로 2월령 적용하고 질병사고는 2월령까지 50% 적용 함
- 젖소 수컷 및 송아지를 낳은 경험이 없는 젖소는 육우로 분류

<table>
<tr><th colspan="2">월령</th><th colspan="2">보험가액</th></tr>
<tr><td rowspan="2">한우(암컷,수컷-거세우 포함)</td><td>1개월이상 6개월 이하</td><td colspan="2">「농협축산정보센터」에 등재된 전전월 전국산지평균 송아지 가격 (연령(월령) 2개월 미만(질병사고는 3개월미만)일때는 50% 적용)</td></tr>
<tr><td>7개월 이상</td><td colspan="2">체중 × kg당 금액</td></tr>
<tr><td rowspan="4">육우</td><td>2개월 이하</td><td colspan="2">「농협축산정보센터」에 등재된 전전월 전국산지평균 분유떼기 젖소 수컷 가격</td></tr>
<tr><td rowspan="3">3개월 이상</td><td colspan="2">체중 × kg당 금액</td></tr>
<tr><td>체중</td><td>약관에서 확정하여 정하고 있는 월령별 "발육표준표"에서 정한 사고소(牛)의 월령에 해당 되는 체중을 적용한다. 다만 육우 월령이 25개월을 초과한 경우에는 600kg으로 인정한다.</td></tr>
<tr><td>kg당 금액</td><td>전전월 젖소 수컷 500kg 해당 전국 산지평균가격 ÷그 체중
단, 전국산지평균가격이 없는 경우에는전전월 전국도매시장 지육평균가격에 지육율 58%를 곱한 가액을 kg당 금액으로 한다.</td></tr>
</table>

2) 11월령 보험가액 = 발육표준표 11월령 체중×전전월 전국도매시장지육평균가격×지육율 58%

= 330kg×10,450원×58%=2,000,130원

• 보험가액 = max(11월령가액,분유떼기수컷가격)×3마리

=max(2,000,130원,830,000원)×3 = 6,000,390원

해설 ① 출생일에서 사고일까지 11개월 13일로 11월령 육우 발육표준표 적용하고 전전월인 6월 전국도매시장 지육평균가격에 지육율 58% 적용함

② 사고 시점에서 산정한 월령별 보험가액이 사고 시점의 분유떼기 젖소 수컷 가격보다 낮은 경우는 분유떼기 젖소 수컷 가격을 적용한다.

Ⅱ 농작물재해보험 및 가축재해보험 손해평가의 이론과 실무

11 정답 1) A계약자의 지급보험금 = min (손해액-자기부담금, 보험가입금액)

= min(7,120,000원-712,000원,8,000,000원) =6,408,000원

• 손해액 =재조달가액 = 구조체조달가액×(1-감가상각률)+피복재조달가액× (1- 감가상각률)

= 7,000,000원×(1-24%)+3,000,000원×(1-40%)

= 5,320,000원+1,800,000원 = 7,120,000원

• 보험가입금액 = 재조달가액×80% = 10,000,000원× 80% = 8,000,000원

• 자기부담금 = 300,000원 ≦ (손해액의 10%) ≦ 1,000,000원 ⇨ 712,000원

2) B계약자의 지급보험금 = min(손해액-자기부담금, 보험가입금액)

= min(4,000,000원 - 400,000원, 4,000,000원) = 3,600,000원

• 손해액 = 재조달가액 = 4,000,000원

• 자기부담금 = 300,000원 ≦ (손해액의 10%) ≦ 1,000,000원 ⇨ 400,000원

• 보험가입금액 = 재조달가액의 100% = 4,000,000원

12 정답 ① 잔존보험가입금액 ② 자기부담금 ③ 병충해 등급별 인정비율
④ (1 - 미보상비율) ⑤ 작물피해율

13 정답 ① 0 ② 0.5 ③ 0.8 ④ 0.5 ⑤ 1

14 정답 특정위험방식 인삼 품목 전수조사 시 피해율 및 보험금

구 분	전수조사	표본조사
피해율	피해율 = $\left(1-\frac{\text{수확량}}{\text{연근별기준수확량}}\right)\times\frac{\text{피해면적}}{\text{재배면적}}$	
수확량	단위면적당 조사수확량 + 단위면적당 미보상감수량	
단위면적당 조사수확량	총조사수확량 ÷ 금차 수확면적	표본수확량 합계 ÷ 표본칸 면적
금차수확면적(전수조사)	금차 수확칸수 × 지주목간격 × (두둑폭 + 고랑폭)	
표본칸면적 (표본조사)	표본칸 수 × 지주목간격 × (두둑폭 + 고랑폭)	
단위면적당 미보상감수량	(기준수확량 - 단위면적당 조사수확량) × 미보상비율	
피해면적	금차 수확칸수	피해칸수
재배면적	실제 경작칸수	실제경작칸수

(1) 피해율 = $\left(1-\frac{\text{수확량}}{\text{연근별기준수확량}}\right)\times\frac{\text{피해면적}}{\text{재배면적}}=\left(1-\frac{0.275kg/㎡}{0.5kg/㎡}\right)\times\frac{80\text{칸}}{100\text{칸}}=0.36$

수확량을 구하기 위해서는 단위면적당 조사수확량, 단위면적당 미보상감수량을 구해야 한다.

① 단위면적당 조사수확량을 구하기 위해서는 총조사수확량이 나와있으므로 금차 수확면적만 구하면 된다.

> 금차수확면적 = 금차 수확칸수 × 지주목간격 × (두둑폭 + 고랑폭)
> = 80칸 × 2m × (1m + 1m)/칸 = 320㎡
> 단위면적당 조사수확량 = 80kg ÷ 320㎡ = 0.25kg/㎡

② 단위면적당 미보상감수량 구하기

> 단위면적당 미보상감수량 = (기준수확량 - 단위면적당 조사수확량) × 미보상비율
> = (0.5kg/㎡ - 0.25kg/㎡) × 10% = 0.025kg/㎡

③ 수확량 = 0.25kg/㎡ + 0.025kg/㎡ = 0.275kg/㎡

(2) 보험금 = 보험가입금액 × (피해율 - 자기부담비율) = 10,000,000원 × (0.36 - 0.2)
= 1,600,000원

15 정답 〈별표 7 감자피해율 공식〉

피해율 = {(평년수확량 − 수확량 − 미보상감수량) + 병충해감수량} ÷ 평년수확량 ▷ 수확량 = (표본구간 단위면적당 수확량 × 조사대상면적 + {단위면적당 평년수확량 × (타작물 및 미보상면적 + 기수확면적)} − 단위면적당 평년수확량 = 평년수확량 ÷ 실제경작면적 − 조사대상면적 = 실제경작면적 − 고사면적 − 타작물 및 미보상면적 − 기수확면적 − 표본구간 단위면적당 수확량 = 표본구간 수확량 합계 ÷ 표본구간 면적 • 표본구간 수확량 합계 = 표본구간별 정상 감자 중량 +(최대 지름이 5cm 미만이거나 50%형 피해 감자중량 × 0.5)+병충해 입은 감자 중량 ▷ 병충해감수량 = 병충해 입은 괴경의 무게 × 손해정도비율 × 인정비율 위 산식은 각각의 표본구간별로 적용되며, 각 표본구간 면적을 감안하여 전체 병충해 감수량을 산정 ▷ 미보상감수량 = (평년수확량 − 수확량) × 미보상비율

• 피해율 = {(평년수확량 − 수확량 − 미보상감수량) + 병충해감수량} ÷ 평년수확량
= (6,000kg − 4,200kg − 180kg + 432kg) ÷ 6,000kg = 0.342 = 34.2%

• 수확량 = {표본구간 단위면적당 수확량 × 조사 대상면적}
+ {단위면적당 평년수확량 × (타작물 및 미보상면적 + 기수확면적)}
= {2kg/㎡ × 1,500㎡} + {2kg/㎡ × (100㎡ + 500㎡)} = 4,200kg

• 표본구간 단위면적당 수확량 = 표본구간 수확량 합계 ÷ 표본구간면적 = 100kg ÷ 50㎡ = 2kg/㎡

• 표본구간수확량 = 표본구간 정상감자 중량+(표본구간 최대 지름이 5cm 미만이거나 50%형 피해 감자중량 ×0.5)+ 표본구간 병충해입은 감자 중량
= 50kg + (20kg × 0.5) + 40kg = 100kg

• 조사 대상면적 = 실제경작면적 − 고사면적 − 타작물 및 미보상면적 − 기수확면적
= 3,000㎡ − 900㎡ − 100㎡ − 500㎡ = 1,500㎡

• 단위면적당 평년수확량 = 평년수확량 ÷ 실제경작면적 = 6,000kg ÷ 3,000㎡ = 2kg/㎡

• 미보상감수량 = (평년수확량 − 수확량) × 미보상비율 = (6,000kg − 4,200kg) × 0.1 = 180kg

• 병충해 감수량 = 병충해 입은 괴경의 무게 × 손해정도비율 × 인정비율
= 40kg × 40% × 90% = 14.4kg

☞ 표본구간 병충해 감수량이므로 전체 병충해감수량은 14.4kg × 30 = 432kg
조사대상면적 ÷ 표본구간 면적 = 1,500㎡ ÷ 50㎡ = 30

• 손해정도가 37%이므로 손해정도비율은 40%

• 인정비율

급 수	병·해충	인정비율
1급	역병, 갈쭉병, 모자이크병, 무름병, 둘레썩음병, 가루더뎅이병, 잎말림병, 감자뿔나방	90%
2급	홍색부패병, 시들음병, 마른썩음병, 풋마름병, 줄기검은병, 더뎅이병, 균핵병, 검은무늬썩음병, 줄기기부썩음병, 진딧물류, 아메리카잎굴파리, 방아벌레류	70%
3급	반쪽시들음병, 흰비단병, 잿빛곰팡이병, 탄저병, 겹둥근무늬병, 오이총채벌레, 뿌리혹선충, 파밤나방, 큰28점박이무당벌레, 기타	50%

16 정답 1) 지급보험금=min(손해액-자기부담금+잔존물제거비용, 보험가입금액, 보험가액)
=min(4,033,700원-403,370원+403,370원, 4,030,000원, 4,033,700원)=4,030,000원

- 손해액 = 중간값〈감가 후 피해액, 피해액, 보험가액×20%〉
  =median(4,033,700원, 5,500,000원, 806,740원)=4,033,700원
- 피해액=1,000m^2 ×5,500원/m^2=5,500,000원
- 감가후 피해액 = 피해액×(1-감가상각률) =5,500,000원×(1-26.66%)=4,033,700원
- 보험가입금액=재조달가액×(1-감가상각률)=5,500,000원×(1-26.66%)
  ⇒ 4,033,700원 ⇒4,030,000원 (천원단위 절사)
- 보험가액=재조달가액×(1-감가상각률) =5,500,000원×(1-26.66%)=4,033,700원

=〉재조달가액=단위면적당시설비×재배면적=5,500원/m^2×1,000m^2=5,500,000원
=〉감가상각률=경년감가율×경과년수 = 13.33%×2년=0.2666 =〉26.66%

- 자기부담금 = 100,000원 ≦ (손해액의 10%) ≦ 1,000,000원 =〉 403,370원
- 잔존물제거비용=min(잔존물제거비용-자기부담금,손해액×10%)
  =min(1,000,000원-100,000원, 403,370원)=403,370원

2) 지급보험금=min(손해액-자기부담금+잔존물제거비용, 보험가입금액, 보험가액)
=min(10,500,000원-1,000,000원++720,000원,10,500,000원,10,500,000원)
=10,220,000원원

- 손해액 = med(감가 후 피해액, 피해액, 보험가액×20%)
  =med(10,500,000원,10,500,000원, 2,100,000원)=10,500,000원
- 피해액=1,500m^2×7,000원/m^2=10,500,000원
- 보험가액=재조달가액×(1-감가상각률)=10,500,000원×(1-0%)=10,500,000원

=〉재조달가액=단위면적당시설비×재배면적=7,000원/m^2×1,500m^2=10,500,000원
=〉감가상각률 = 경년감가율×경과년수=4.44%×0년=0

- 자기부담금=100,000원〈=(손해액의 10%)〈=1,000,000원 =〉1,000,000원
- 잔존물제거비용=min(잔존물제거비용-자기부담금, 손해액×10%)
  =min(800,000원-80,000원, 1,050,000원)=720,000원

=〉손해액×10%=10,500,000원×10%=1,050,000원

17 정답 〈별표9〉 감귤 (온주밀감류) 피해율 계산식

과실손해 피해율 = {(등급 내 피해과실수 + 등급 외 피해과실수×50%) ÷ 기준과실수} × (1 -미보상비율) 피해 인정 과실수 = 등급 내 피해 과실수 + 등급 외 피해과실수 × 50% 1) 등급 내 피해 과실수 = (등급 내 30%형 과실수 합계 × 0.3) + (등급 내 50%형 과실수 합계 × 0.5)+ (등급 내 80%형 과실수 합계 × 0.8) + (등급 내 100%형 과실수 × 1) 2) 등급 외 피해 과실수 = (등급 외 30%형 과실수 합계 × 0.3) + (등급 외 50%형 과실수 합계 × 0.5)+ (등급 외 80%형 과실수 합계 × 0.8) + (등급 외 100%형 과실수 × 1) ※ 만감류는 등급 외 피해 과실수를 피해 인정 과실수 및 과실손해 피해율에 반영하지 않음 3) 기준과실수 : 모든 표본주의 과실수 총 합계. 단, 수확전 사고조사를 실시한 경우에는 아래와 같이 적용한다. (수확 전 사고조사 결과가 있는 경우) 과실손해피해율 = {최종 수확전 과실손해 피해율 ÷ (1 - 최종 수확전 과실손해 조사 미보상비율)} + {(1 - (최종 수확전 과실손해 피해율 ÷ (1 - 최종 수확전 과실손해 조사 미보상비율))) × (과실손해 피해율 ÷ (1 - 과실손해미보상비율)} × {1 - 최댓값(최종 수확전 과실손해 조사 미보상비율, 과실손해 미보상비율)} ▶ 수확 전 과실손해 피해율 = $\frac{100\%형피해과실수}{(정상과실수+100\%형피해과실수)} \times (1-미보상비율)$ ▶ 최종 수확 전 과실손해 피해율 = $\frac{(이전100\%형피해과실수+금차100\%형피해과실수)}{(정상과실수+100\%형피해과실수)} \times (1-미보상비율)$

① 과실손해 피해율(수확전 사고조사가 없을 경우)

$= \frac{등급내피해과실수+등급외피해과실수\times 50\%}{기준과실수} \times (1 - 미보상비율)$

$= \frac{690개+770개\times 50\%}{4,000} \times (1-0.2) = 0.215 = 21.5\%$

1) 등급 내 피해 과실수(감귤(온주밀감류), 만감류)
(300개 × 0.3) + (200개 × 0.5) + (500개 × 0.8) + (100개 × 1) = 690개

2) 등급 외 피해 과실수(인정피해율(50%) 적용, 감귤(온주밀감류)만)
(100개 × 0.3) + (200개 × 0.5) + (300개 × 0.8) + (400개 × 1) = 770개

② 과실손해보험금 = 손해액 - 자기부담금 = 430만 원 - 200만 원 = 230만 원
※ 손해액 = 보험가입금액 × 피해율 = 2,000만 원 × 21.5% = 430만 원
※ 자기부담금 = 보험가입금액 × 자기부담비율 = 2,000만 원 × 10% = 200만 원

18 정답 표본구간 면적 합계 산정 방법

품 목	표본구간 면적 합계 산정 방법
양파, 마늘, 고구마, 감자, 옥수수, 양배추	정답 표본구간 면적 합계 = 7 × (1m × 2m) = 14㎡ 해설 표본구간별 면적(이랑길이 × 이랑폭)의 합계
콩, 팥	정답 표본구간 면적 합계 = 7 × 1㎡ = 7㎡ 해설 표본구간별 면적(이랑길이(또는 세로길이) × 이랑폭(또는 가로길이))의 합계로 산정한다. 단, 규격의 원형(1㎡)을 이용하여 조사한 경우에는 표본구간수에 규격 면적(1㎡)을 곱해 산정
차(茶)	정답 표본구간 면적 합계 = 7 × 0.08㎡ = 0.56㎡ 해설 표본구간수에 규격 면적(0.08㎡)을 곱하여 산정한다.

19 정답 보험금 = 보험가입금액 × (피해율 - 자기부담비율) = 18,000,000원 × (43.68% - 20%)
= 4,262,400원

$$피해율 = \frac{(기준수입 - 실제수입)}{기준수입} = \frac{(18,000,000원 - 10,138,000원)}{18,000,000원} = 43.677 ⇨ 43.68\%$$

- 기준수입 = 평년수확량 × 기준가격 = 6,000kg × 3,000원 = 18,000,000원
- 실제수입 = (조사수확량 + 미보상감수량) × min(농지별기준가격, 수확기가격)
  = (4,966kg + 103kg) × min(3,000원, 2,000원) = 10,138,000원
- 수확량 = (착과수 × 개당과중) + (주당 평년수확량 × 미보상주수)
  = (12,870개 × 0.38kg) + (15kg/주 × 5주) = 4,965.6 ⇨ 4,966kg
- 착과수 = 조사대상주수 × 주당착과수 = 390주 × 33개 = 12,870개
  - 조사대상주수 = 실제결과주수 - 고사주수 - 미보상주수
    = 400주 - 5주 - 5주 = 390주
  - 주당착과수 = 표본주 착과수 ÷ 표본주수
    = 330개 ÷ 10주 = 33개/주
- 주당평년수확량 = 평년수확량 ÷ 실제결과주수
  = 6,000kg ÷ 400주 = 15kg/주
- 미보상감수량 = (평년수확량 - 수확량) × 미보상비율
  = (6,000kg - 4,966kg) × 10% = 103.4 ⇨ 103kg

20 정답 ① 정당성 ② 역선택 ③ 고지의무 ④ 일릴 의무 ⑤ 면책사유

제1회 제2회 제3회 제4회 제5회 제6회 제7회 제8회 제9회 제10회

제8회 정답과 해설

Trial examination

Ⅰ 농작물 재해보험 및 가축재해보험의 이론과 실무

01 정답 ① 생산위험 ② 농작물재해보험 ③ 가격위험 ④ 제도위험 ⑤인적위험

02 정답 ① 불예측성 ② 광역성 ③ 동시성 · 복합성 ④ 계절성 ⑤ 피해의 대규모성 ⑥ 불가항력성

03 정답 ① 50 ② 45° ③ 2/3 ④ 2/3 ⑤ 70

04 정답 ① 가입가격 ② 적과후착과량 ③ 평년착과량 ④ 결과주수 ⑤ 실제결과주수

05 정답 ① 사과, 배 ② 읍 · 면 · 동 ③ 벼 ④ 상한제 ⑤ 80 ⑥ 120

06 정답 1) X계약자의 비가림시설 지급보험금 = 최솟값(손해액 – 자기부담금, 보험가입금액)
= 최솟값(23,400,000원 – 1,000,000원, 20,000,000원)= 20,000,000원
• 비가림시설 자기부담금 = 300,000원 ≤ (손해액의 10%) ≤ 1,000,000원⇨1,000,000원

2) Y 계약자의 피복재 화재 지급보험금 = 최솟값(손해액, 보험가입금액)
= 최솟값(8,000,000원, 8,000,000원) = 8,000,000원

3) Z 계약자의 피복재 지급보험금 = 최솟값(손해액 – 자기부담금, 보험가입금액)
= 최솟값(3,000,000원 – 300,000원,3,000,000원)= 2,700,000원
• 피복재 자기부담금 = 100,000원 ≤ (손해액의 10%) ≤ 300,000원⇨300,000원

참고 비가림 시설 지급보험금 산정 시 상황별 자기부담금 산식

구 분	자기부담금	지급보험금
비가림시설 손해	30만원 ≤ 손해액의 10% ≤ 100만 원	min(손해액 – 자기부담금, 보험가입금액)
피복재 단독사고	10만원 ≤ 손해액의 10% ≤ 30만 원	
화재손해	없음	min(손해액, 보험가입금액)

07 정답 ① 인수가능여부 : 농업용시설물, 부대시설 및 표고버섯 모두 인수가 불가능하다.

② 인수불가능사유

1. 버섯재배사의 경우 최소가입면적의 제한이 없으므로, 인수가 가능하지만, 목재로 시공되었으므로 인수가 불가능하다.
2. 농업용시설물 한 동 면적의 80% 이상을 버섯재배용으로 사용하는 경우 가입 가능하므로 인수가 제한된다.
3. 원목 5년차 이상의 표고버섯이 인수가 제한되므로, 원목 4년차인 경우에는 인수가 가능하다.
4. 구조체, 피복재 등 목적물이 변형되거나 훼손된 시설은 인수가 제한된다.
5. 1년 이내에 철거 예정인 고정식 시설이 인수제한목적물이므로, 1년후에 산업단지지정으로 철거예정인 경우에는 인수가 가능하다.
6. 정부에서 보험료의 일부를 지원하는 다른 계약에 이미 가입되어있는 경우에는 인수가 제한된다.
7. 하천부지 및 상습침수지역에 소재한 시설은 인수제한목적물에 해당한다.

결론적으로 1, 2, 4, 6, 7의 사유로 농작물재해보험에 가입할 수 없다.

08 정답 ① 3월 1일 ② 4월 10일 ③ 6월 1일 ④ 9월 30일 ⑤ 10월 10일 ⑥ 4월 15일
⑦ 5월 20일 ⑧ 5월 29일 ⑨ 7월 31일 ⑩ 8월 31일 ⑪ 9월 15일 ⑫ 9월 30일 ⑬ 10월 15일
⑭ 9월 30일 ⑮ 10월 15일 ⑯ 11월 20일

09 정답 ① 80 ~ 130% ② 참다래 ③ 보장생산비 ④ 브로콜리
⑤ 보상액 ⑥ 감가상각율 ⑦ 90~130%

10 정답 1) 보험가액 = 전전월 전국산지평균 송아지가격×50%×5마리
= 4,300,000원×50%×5마리=10,750,000원

*출생일에서 사고일까지 2개월 3일로 2월령 적용하고, 질병사고는 3월령미만까지 50%적용함

한우는 송아지(4-5월령), 송아지(6-7월령), 350kg, 600kg으로 분류하여 월별산지가격동향을 발표하고 있으며, 송아지 산지가격은 4~5월령 조사가격이 적용된다.

2) 보험가액=max(11월령가액,송아지가격)×3마리
=max(4,525,620원, 4,910,000원)×3=14,730,000원

사고 시점에서 산정한 월령 7개월 이상의 보험가액이 송아지 가격보다 낮은 경우는 송아지 가격을 적용한다.

*11월령 보험가액 = 발육표준표 11월령체중×전전월 kg당max(수컷350kg, 수컷600kg)
=330kg×max(4,800,000원/350kg,5,540,000원/600kg)
=330kg×max(13,714원, 9,233원) =4,525,620원

kg당 금액은 사고「농협축산정보센터」에 등재된 전전월 전국산지평균가격(350kg 및 600kg 성별 전국 산지평균가격 중 kg당 가격이 높은 금액)을 그 체중으로 나누어 구한다.

*출생일에서 사고일까지 11개월 7일로 11월령 한우수컷 발육표준표 적용함

II 농작물재해보험 및 가축재해보험 손해평가의 이론과 실무

11 정답 ① 7일 ② 1 ③ 5 ④ 재보험사업자 ⑤ 임의 추출 ⑥ 검증조사

12 정답
- 품종별 최소표본주 : 3개
- 최소표본주 : 15개(3 × 5품종)
- 최소표본과실추출개수 : 100개(품종별 20개 × 5품종)

해설 농지에서 품종별로 착과가 평균적인 3주 이상의 표본주에서 크기가 평균적인 과실을 품종별 20개 이상(농지당 30개 이상) 추출하여 품종별 과실 개수와 무게를 조사한다.

보충 • 적과전종합위험방식의 착과피해조사

착과수 확인이 끝나면 수확이 완료되지 않은 품종별로 표본 과실을 추출한다. 이 때 추출하는 표본 과실수는 품종별 1주 이상(과수원당 3주 이상)으로 하며, 추출한 표본 과실을「과실 분류에 따른 피해인정계수(별표3)」에 따라 품종별로 구분하여 해당 과실 개수를 조사한다.(다만, 거대재해 등 필요 시에는 해당 기준 표본수의 1/2만 조사도 가능)

• 종합위험방식 수확량조사(포도, 복숭아, 자두, 감귤(만감류))

착과수 확인이 끝나면 수확이 완료되지 않은 품종별로 표본 과실을 추출한다. 이 때 추출하는 표본 과실수는 품종별 20개 이상(포도, 감귤(만감류)는 농지당 30개 이상, 복숭아·자두는 농지당 60개 이상)으로 하며, 표본 과실을 추출할 때에는 품종별 3개 이상의 표본주에서 추출한다. 추출한 표본 과실을 과실 분류에 따른 피해인정계수〈별표 3〉에 따라 품종별로 구분하여 해당 과실 개수를 조사한다.

13 정답 ① 시설가액표 ② 파손 칸수 ③ 복구비용 ④ 재조달가액 ⑤ 감가상각
⑥ 20% ⑦ 보험가액의 20% ⑧ 10%

14 정답 ① 3 ② 2 ③ 5 ④ 6 ⑤ 3 ⑥ 2 ⑦ 아주지(버금가지) ⑧ 3 ⑨ 100 ⑩ 3

15 정답 1) 수확기 전 지급보험금 = (잔존보험가입금액 × 경과비율 × 피해율) − 자기부담금
= (6,000,000원 × 0.6483 × 0.4) − 300,000원 = 1,255,920원

- 경과비율 = 준비기 생산비계수(a) + (1 − a) × (생장일수 ÷ 표준생장일수)
  = 0.492 + (1 − 0.492) × (40일 ÷ 130일) = 64.83%
- 생장일수 = 정식일로부터 사고발생일까지의 일수 = 40일
- 피해율 = 피해비율 × 작물피해율 = 100% × 40% = 0.40 ⇨ 40%
  ⇨ 피해비율 = 피해면적 ÷ 재배면적 = 3,000㎡ ÷ 3,000㎡ = 1 ⇨ 100%
- 자기부담금 = 잔존보험가입금액 × 자기부담비율 = 6,000,000원 × 0.05 = 300,000원

2) 수확기 이후 조사한 표본이랑의 작물피해율

$$\frac{\{(50\%\text{형 피해송이 개수} \times 0.5) + (80\%\text{형 피해송이 개수} \times 0.8) + (100\%\text{형 피해송이 개수})\}}{(\text{정상송이 개수} + 50\%\text{형 피해송이 개수} + 80\%\text{형 피해송이 개수} + 100\%\text{형 피해송이 개수})}$$

$$= \frac{\{(10 \times 0.5) + (15 \times 0.8) + (19)\}}{(156 + 10 + 15 + 19)\}} = 0.18 = 18\%$$

3) 수확기 이후 지급보험금 = (잔존보험가입금액 × 경과비율 × 피해율) − 자기부담금
= (4,744,080원 × 82.35% × 8.1%) − 237,204원
= 79,242원

- 잔존보험가입금액 = 보험가입금액 − 기지급보험금합계
  = 6,000,000원 − 1,255,920원 = 4,744,080원
- 경과비율 = 1 − (수확일수 ÷ 표준수확일수) = 1 − (6일 ÷ 34일) = 0.82353 = 82.35%

표준수확일수는 수확개시일(12월26일)부터 수확종료일 [생산비보장 종료일(정식일로부터 160일) = 1월 28일]까지 일수

- 피해율 = 피해비율 × 작물피해율 = 45% × 18% = 0.081 ⇨ 8.1%
  ⇨ 피해비율 = 피해면적 ÷ 재배면적 = 1,350㎡ ÷ 3,000㎡ = 0.45 ⇨ 45%
- 자기부담금 = 잔존보험가입금액 × 5% = 4,744,080원 × 5% = 237,204원

16 정답 지급보험금 = 보험가입금액 × (피해율 − 자기부담비율)
= 10,500,000원 × (47.5% − 20%) = 2,887,500원

- 보험가입금액 = 보험가입면적 × 보장생산비 = 2,000㎡ × 5,250원 = 10,500,000원
- 피해율 = 피해면적 ÷ 재배면적 = 950㎡ ÷ 2,000㎡ = 0.475 = 47.5%
  ⇨ 피해면적 = (도복 피해면적 × 70%) + (도복 외 피해면적 × 손해정도비율)
  = (1,000㎡ × 70%) + (500㎡ × 50%) = 950㎡

17 정답 • 피해율 = (평년수확량 – 수확량 – 미보상감수량) ÷ 평년수확량

= (3,000kg – 1,200kg – 180kg) ÷ 3,000kg = 0.54 = 54%

• 수확량= {표본구간 단위면적당 수확량×조사대상면적}+{단위면적당 평년수확량×(타작물 및 미보상면적+기수확면적)}

= {0.4kg/㎡ × 1,500kg} + {1kg/㎡ × (100㎡ + 500㎡)} = 1,200kg

• 표본구간 단위면적당 수확량 = 표본구간 수확량 ÷ 표본구간면적 = 20kg ÷ 50㎡ = 0.4kg/㎡

• 표본조사대상면적 = 실제경작면적 – 고사면적 – 타작물 및 미보상면적 – 기수확면적

= 3,000㎡ – 900㎡ – 100㎡ – 500㎡ = 1,500㎡

• 단위면적당 평년수확량 = 평년수확량 ÷ 실제경작면적 = 3,000kg ÷ 3,000㎡ = 1kg/㎡

• 미보상감수량 = (평년수확량 – 수확량) × 미보상비율 = (3,000kg – 1,200kg) × 0.1 = 180kg

18 정답 1)수확량={표본구간 단위면적당 수확량×조사대상면적}+{단위면적당 평년수확량×(타작물및 미보상면적 + 기수확면적)}

= {(1.12kg/㎡ × 2,200㎡) + [1.67kg/㎡ × (300㎡ + 500㎡)]}

= 2,464kg + 1,336kg = 3,800kg

• 표본구간 단위면적당 수확량 = 표본구간 수확량 ÷ 표본구간면적 = 7.86kg ÷ 7㎡ = 1.12kg/㎡

• 표본구간 수확량 합계={(표본구간정상 작물중량)+(80% 피해작물중량×0.2)}×(1+누적비대추정 지수)×환산계수

= {10kg + (2kg × 0.2)} × (1 + 0.08) × 0.7 = 7.86kg

(환산계수 : 한지형 : 0.7, 난지형 : 0.72)

• 표본구간면적 = 1m × 1.4m × 5 = 7㎡

• 누적비대추정지수 = 지역별 수확적기까지 잔여일수 × 비대추정지수 = 10일 × 0.008/일 = 0.08

• 표본조사 대상면적 = 실제경작면적 – 고사면적 – 타작물 및 미보상면적 – 기수확면적

= 3,000㎡ – 0㎡ – 300㎡ – 500㎡ = 2,200㎡

• 단위면적당 평년수확량 = 평년수확량 ÷ 실제경작면적 = 5,000kg ÷ 3,000㎡ = 1.67kg/㎡

2) 피해율 = (평년수확량 – 수확량 – 미보상감수량) ÷ 평년수확량

= (5,000kg – 3,800kg – 120kg) ÷ 5,000kg = 0.216 = 21.6%

• 미보상감수량 = (평년수확량 – 수확량) × 미보상비율 = (5,000 – 3,800kg) × 0.1 = 120kg

3) 수확감소보험금 = 보험가입금액 × (피해율 – 자기부담비율)

= 10,000,000원 × (21.6% – 20%) = 160,000원

19 정답 보험금 = 보험가입금액 × (피해율 − 자기부담비율) = 8,000,000원×(0.3886−0.2) =1,508,800원

• 피해율 = 피해비율 × 손해정도비율 × (1 − 미보상비율)

= 0.625 × 0.6909 × (1 − 0.1) = 0.38863 ⇨ 38.86%

⇨ 피해비율 = 피해면적 ÷ 재배면적 = 2,500㎡ ÷ 4,000㎡ = 0.625 ⇨ 62.5%

$$손해정도비율 = \frac{\{(20\%형 피해작물 \times 0.2) + (40\%형 \times 0.4) + (60\%형 \times 0.6) + (80\%형 \times 0.8) + (100\%형)\}}{(정상 작물 개수 + 20\%형 + 40\%형 + 60\%형 + 80\%형 + 100\%형)}$$

$$= \frac{\{(5 \times 0.2) + (2 \times 0.4) + (6 \times 0.6) + (10 \times 0.8) + (17)\}}{(4 + 5 + 2 + 6 + 10 + 17)} = 0.69090 ⇨ 69.09\%$$

20 정답 1) 지급보험금 = (손해액+잔존물처리비용)×보험가입금액/보험가액×(1−자기부담비율)

=(4,000,000원+400,000원)×3,500,000원/4,000,000원×(1−20%)=3,080,000원

•잔존물처리비용대상금액 = 견인비용 + 상차비용 + 랜더링비용

= 350,000원 + 100,000원 + 200,000원 = 650,000원

•잔존물처리비용=min(650,000원,손해액×10%)=min(650,000원,4,000,000원×10%)=400,000원

폐사의 경우는 보험목직의 진부손해에 해당하고 사고 시점에서 보험목석에 발생할 수 있는 죄대 손해액이 보험가액이므로 보험가액이 손해액이 된다. 가축재해보험에서 잔존물처리비용은 목적물이 폐사한 경우에 한정하여 인정하고 있으며 다만, 잔존물 처리비용은 손해액의 10%를 초과할 수 없다.

2)지급보험금 = 손해액 ×보험가입금액/보험가액×(1−자기부담비율)

=(4,000,000원−1,000,000원)×3,500,000원/4,000,000원×(1−20%)=2,100,000원

해설 ① 손해액 = 보험가액 −이용물 처분액

② 한우,육우,젖소의 자기부담비율 : 20%, 30%, 40%

제9회 정답과 해설

Ⅰ 농작물재해보험 및 가축재해보험의 이론과 실무

01 정답 ① 자연재해 ② 손해평가 ③ 위험도 ④ 경제력 ⑤ 손해보험 ⑥소멸성 ⑦ 재보험

02 정답 ① 손실 회복 ② 신용력 ③ 안정화 ④ 농업정책 ⑤ 재해 대비 의식 ⑥ 농업투자 ⑦지속가능한

03 정답 ① 낭충봉아 부패병특약 ② 부저병 보장특약

04 정답 ① 감액사유 : 적과전 사고가 없으나 적과후착과량이 평년착과량보다 적게 되는 경우 보험가입금액을 감액

② 보험료 환급 시 차액보험료 계산식 = (감액분 계약자부담보험료 × 감액미경과비율) − 미납입보험료

③ 차액보험료 지급기한 : 적과후착과수 조사일이 속한 달의 다음 달 말일 이내에 지급한다.

④ 차액보험료를 다시 정산하는 사유 : 적과후착과수 조사 이후 착과수가 적과후착과수보다 큰 경우에는 지급한 차액보험료를 다시 정산한다.

05 정답 차액보험료 = (감액분 계약자부담보험료 × 감액미경과비율) − 미납입보험료

= (30,400원 × 0.7) − 0원 = 21,280원

해설 적과전 사고가 없으나 적과후착과량이 평년착과량보다 적게 되는 경우 보험가입금액 감액

① 감액된 보험가입금액 구하기

㉠ 최초의 보험가입금액 = 가입수확량 × 가입가격 = 2,000kg × 2,000원/kg = 4,000,000원

㉡ 가입수확량이 적과후 착과수 조사결과에 의해 산출된 기준수확량을 초과하는 경우에는 그 초과분은 제외되도록 가입수확량이 조정되며 보험가입금액을 감액

㉢ 감액후 보험가입금액 = 기준수확량 × 가입가격 = 1,500kg × 2,000원/kg = 3,000,000원

− 적과전에 사고가 없는 과수원이므로 기준수확량 = 적과후 착과량 = 1,500kg

② 감액된 보험가입금액을 통하여 감액된 보험료 구하기

감액분 보험료= 감액된 보험가입금액 × 지역별 보통약관 영업요율 × (1 − 부보장및 한정보장 특별약관 할인율)× (1 + 손해율에 따른 할인・할증률) × (1 − 방재시설할인율)

= 1,000,000원 × 0.1 × (1 − 0) × (1 + 0) × (1 − 0.2) = 80,000원

③ 감액된 보험료 중 감액분 계약자 부담보험료 구하기

• 자기부담비율 15%일 때 국고지원률은 38%이고, 주어진 조건에서 지자체 지원율 20%이므로 감액분 중 계약자부담보험료는 30,400원(= 80,000원 ×0.38)

④ 감액분 계약자부담보험료를 통하여 차액보험료 구하기 : 정답 참조

⑤ 감액미경과비율

	적과전 5종특약 가입 안한 경우		적과전 5종특약 가입한 경우	
보장수준	50%	70%	50%	70%
사과, 배	70%	63%	83%	78%
단감, 떫은감	84%	79%	90%	88%

06 정답 2차사고지급보험금 = 보험가입금액 × (피해율 - 자기부담비율) - 1차사고 지급보험금
= 34,800,000원 × (36% - 15%) - 1,000,000원 = 6,308,000원

보험가입금액 = 연근별 (보상)가액 ×재배면적(m^2)= 11,600원 ×3,000m^2 =34,800,000원

연근별 (보상)가액 = 보험가입년도의 연근+1년 적용하여 가입금액 산정

1차사고 시에 1,000,000원을 지급하였으므로

2차사고 시에는 7,308,000원에서 1,000,000원을 차감한 6,308,000원을 지급하게 된다.

• 피해율 $=\left(1-\frac{\text{수확량}}{\text{연근별기준수확량}}\right)\times\frac{\text{피해면적}}{\text{재배면적}}$

$=\left(1-\frac{0.126kg/m^2}{0.45kg/m^2}\right)\times\frac{1,500m^2}{3,000m^2}=0.36=36\%$

수확량 = 조사수확량 + 단위면적당 미보상감수량 = 0.09kg/m^2 + 0.036kg/m^2 =0.126kg/m^2

단위면적당 미보상감수량=(기준수확량-단위면적당 조사수확량)×미보상비율

=(0.45kg/m^2-0.09kg/m^2)×0.1= 0.036kg/m^2

해설 1. 연근별 기준수확량은 가입 당시(2023년) 연근기준이므로 2년근 불량기준으로 0.45kg/m^2

※ 2024년도에 조사한 내용이 3년근이므로 가입 당시인 2023년에는 2년근이었음.

따라서, 연근별기준수확량은 2년근 불량을 찾아서 구함.

2. 농지(삼포)별로 피해율을 산정하며, 2회 이상의 보험사고인 경우 위에서 계산한 보험금에서 기발생지급보험금을 차감하여 계산

07 정답 가입거절사유

1. 가을재배에 부적합 품종(수미, 남작, 조풍, 신남작, 세풍)이 파종된 농지이다.
2. 씨감자 수확을 목적으로 재배하고 있다.
3. 시설재배농지이다.
4. 재식밀도가 4,000주/10a 미만이다.
5. 전작으로 유채를 재배하였다.
6. 파종을 7월 31일 이전에 실시하였다.
7. 2년 이상 갱신하지 않은 씨감자를 파종한 농지이다.

08 정답 [1] 분화류국화

작물의 재배면적이 시설 면적의 50% 이상인 경우에 가입이 가능하지만, 분화류의 국화, 장미, 백합, 카네이션을 재배하는 경우는 50% 이상 여부에 상관없이 인수가 제한된다.

[2] 시설백합

시설백합 또는 시설카네이션의 경우 시설면적의 50%이지만 시설별 200m^2 미만인 경우 인수가 제한되므로 사례에서 시설백합은 인수가 제한된다.

[3] 농업용시설물

연동 하우스로 보험가입 시 연동 전체를 1동으로 판단하며, 최소가입면적이 300m^2이므로 인수가 가능한 시설물이다.

09 정답 ① 농업재해보험심의회 ② 금융위원회 ③ 금융감독원 ④ 농업정책보험금융원 ⑤ 농림축산식품부

10 정답 ① 종모돈의 보험가액= 종빈돈의 보험가액×1.2= 500,000원 ×1.2 = 600,000원

종모돈은 종빈돈의 평가 방법에 따라 계산한 금액의 20%를 가산한 금액을 보험가액으로 한다.

② 비육돈보험가액=자돈가격(30kg기준)+(적용체중-30kg) × $\frac{[110\text{kg비육돈수취가격-자돈가격(30kg기준)}]}{80}$

= 350,000원 +(85kg-30kg)× $\frac{422,400\text{원/kg} - 350,000\text{원/kg}}{80}$

= 350,000원+49,775원 = 399,775원

110kg비육돈수취가격=사고당일포함직전5영업일평균돈육대표가격(전체, 탕박)×110kg×지급(육)율(76.8%)

=5,000원/kg×110kg×지급(육)율(76.8%)= 422,400원

대상범위(적용체중) : 육성돈(31kg초과~110kg미만(출하대기규격돈포함)까지 10kg단위구간의 중간생체중량)

단위구간(kg)	31~40	41~50	51~60	61~70	71~80	81~90	91~100	101~110 미만
적용체중(kg)	35	45	55	65	75	85	95	105

Ⅱ 농작물재해보험 및 가축재해보험 손해평가의 이론과 실무

11 정답 ① 미보상감수량을 <u>더한 값에</u> 농지별 기준가격과 농지별수확기가격 중 <u>작은 값</u>을 곱하여 산출한다.

② 수확량이 없는 경우에는 <u>평년수확량</u>을 수확량으로 한다.

③ 계약자 또는 피보험자의 고의 또는 <u>중대한 과실로</u>

④ <u>미보상감수량은 평년수확량에서 수확량을 뺀 값에 미보상비율을 곱하여 산출하며</u>,

보충 기준수입은 평년수확량에 농지별 기준가격을 곱하여 산출한다.

12 정답 (국화·카네이션 재절화재배) 수확기 이전 사고의 경과비율 : 60 %

(수박, 멜론) 수확기 이전 사고의 경과비율 : 70 %

(국화) 수확기 중 사고의 경과비율 : 100 %

(수박, 멜론) 수확기 중 사고의 경과비율 : 100 %

(카네이션) 수확기 중 사고의 경과비율 : 60 %

보충 수확기 중 사고의 경과비율 : 국화·수박·멜론의 경과비율은 1로 한다)

(국화·카네이션 재절화재배) 수확기 이전 사고	[a + (1 − a) × (생장일수 ÷ 표준생장일수)] = 0.2 + (1 − 0.2) × 60(75) ÷ 100(150) = 0.6
(수박, 멜론) 수확기 이전 사고	[a+ (1 − a) × (생장일수 ÷ 표준생장일수)] = 0.4 + (1 − 0.4) × (50 ÷ 100) = 0.7
수확기 중 사고	[1 − (수확일수 ÷ 표준수확일수)] = [1 − (10 ÷ 25)] = 0.6

13 정답 ① 생계 ② 이해관계자 ③ 직전 손해평가일 ④ 30일 ⑤ 검증조사 ⑥ 재조사

14 정답 ① 4 ② 이삭상태 점수 ③ 완전낟알상태 점수 ④ 10% ⑤ 4 ⑥ 2 ⑦ 3 ⑧ 기계수확

15 정답 ① 도복 ② 황변 ③ 삽식일 ④ 110일 ⑤ 95일 ⑥ 25일 ⑦ 생리적 성숙기 ⑧ 7~14일 ⑨ 70~80% ⑩ 결구 ⑪ 5월 10일

16 정답 〈조건 1〉

☞ 피해율 = (평년수확량 − 수확량 − 미보상 감수량) ÷ 평년수확량
= (3,000 kg − 1,400kg − 0) ÷ 3,000 = 0.53333 = 53.33%

☞ 수확량 = 표준수확량 × 조사수확비율 × 피해면적 보정계수
= 4,000kg × 35% × 1 = 1,400kg

☞ 미보상감수량 = (평년수확량 − 수확량) × 미보상비율 = (3,000kg − 1,400kg) × 0 = 0

〈조건 2〉 피해율 = (평년수확량 − 수확량 − 미보상감수량) ÷ 평년수확량
= (3,000 kg − 1,065kg − 193.5kg) ÷ 3,000kg = 0.5805 = 58.05%

☞ 수확량 = (표본구간 단위면적당 유효중량 × 조사대상면적)
+ {단위면적당 평년수확량 × (타작물 및 미보상면적 + 기수확면적)}
= (0.31 × 1,500) + {1 × (100 + 500)} = 1,065kg

☞ 표본구간 단위면적당 유효중량 = 표본구간 유효중량 ÷ 표본구간 면적 = 18.6 ÷ 60 = 0.31kg/㎡

☞ 표본구간유효중량 = 표본구간작물중량합계 × (1 − Loss율) × {(1 − 함수율) ÷ (1 − 기준함수율)}
= 20kg × (1 − 0.07) × {(1 − 0.15) ÷ (1 − 0.15)} = 18.6kg

Loss율 : 7%

기준함수율 : 메벼(15%),분질미(14%), 찰벼(13%), 밀・보리(13%)

☞ 표본구간 면적 = 4포기 길이 × 포기당 간격 × 표본구간 수 = 12m × 1m × 5 = 60㎡

☞ 표본조사대상면적 = 실제경작면적 − 고사면적 − 타작물 및 미보상면적 − 기수확면적
= 3,000㎡ − 900㎡ − 100㎡ − 500㎡ = 1,500㎡

☞ 단위면적당 평년수확량 = 평년수확량 ÷ 실제경작면적 = 3,000kg ÷ 3,000㎡ = 1kg/㎡

☞ 미보상감수량 = (평년수확량 − 수확량) × 미보상비율 = (3,000kg − 1,065kg) × 0.1 = 193.5kg

〈조건 3〉

☞ 피해율 = (평년수확량 − 수확량 − 미보상감수량) ÷ 평년수확량
= (3,000kg − 1,100kg − 190kg) ÷ 3,000kg = 0.57 = 57%

☞ 수확량 = 조사대상면적 수확량 + {단위면적당 평년수확량 × (타작물 및 미보상면적 + 기수확면적)}
= 500kg + {1kg/㎡ × (100㎡ + 500㎡} = 1,100kg

☞ 조사대상면적 수확량 = 작물 중량 × {(1 − 함수율) ÷ (1 − 기준함수율)}
= 1,000kg × {(1 − 56.5%) ÷ (1 − 13%)} = 500kg

☞ 단위면적당 평년수확량 = 평년수확량 ÷ 실제경작면적 = 3,000kg ÷ 3,000㎡ = 1kg/㎡

☞ 미보상감수량 = (평년수확량 − 수확량) × 미보상비율 = (3,000kg − 1,100kg) × 0.1 = 190kg

17 정답 보험금 = 보험가입금액 × (피해율 − 자기부담비율)
= 5,000,000원 × (0.17 − 0.1) = 350,000원

- 피해율 = (평년수확량 − 수확량 − 미보상감수량) ÷ 평년수확량
= (4,000kg − 3,150kg − 170kg) ÷ 4,000kg = 0.17
- 수확량 =(표본구간 단위면적당 수확량×조사대상면적)+{단위면적당 평년수확량×(타작물 및 미보상면적 + 기수확면적)}
= (90kg/a × 25a) + {100kg/a × (4a + 5a)} = 3,150kg
- 표본구간 단위면적당 수확량 = 표본구간 수확량합계 ÷ 표본구간 면적 = 180kg ÷ 2a = 90kg/a
- 표본구간 수확량 = 표본구간 정상 중량 + (50% 피해 중량 × 0.5) + (80% 피해 중량 × 0.2)
= 60kg + (160kg × 0.5) + (200kg × 0.2) = 180kg
- 조사대상면적 = 실제경작면적 − 고사면적 − 타작물 및 미보상면적 − 기수확면적
= 40a − 6a − 4a − 5a = 25a
- 단위면적당 평년수확량 = 평년수확량 ÷ 실제경작면적 = 4,000kg ÷ 40a = 100kg/a
- 미보상감수량 = (평년수확량 − 수확량) × 미보상비율 = (4,000kg − 3,150kg) × 0.2 = 170kg

18 정답 • 계산과정 : 보험금 = 보험가입금액 × (피해율 − 자기부담비율)
= 10,000,000원 × (0.5963 − 0.2) = 3,963,000원

- 피해율 $= \dfrac{\text{기준수입} - \text{실제수입}}{\text{기준수입}} = \dfrac{60{,}000{,}000\text{원} - 24{,}225{,}000\text{원}}{60{,}000{,}000\text{원}} = 0.59625 = 59.63\%$
- 기준수입 = 평년수확량 × 농지별 기준가격 = 6,000kg × 10,000원/kg = 60,000,000원
- 실제수입 = (수확량 + 미보상감수량) × 최솟값(농지별기준가격, 수확기가격)
= (2,025kg + 397.5kg) × 10,000원/kg = 24,225,000원
- 수확량 = (표본구간 단위면적당 수확량 × 조사대상면적)
+ {단위면적당 평년수확량 × (타작물 및 미보상면적 + 기수확면적)}
= (0.55kg/㎡ × 1,500㎡) + {2kg/㎡ × (100㎡ + 500㎡) = 2,025kg
- 표본구간 단위면적당 수확량 = 표본구간 수확량 ÷ 표본구간 면적 = 5.5kg ÷ 10㎡ = 0.55kg/㎡
- 표본구간수확량 = (표본구간 정상중량 + 80%형 피해 중량의 20%) × (1+누적비대추정지수)
= (4kg + 1kg) × (1 + 0.1) = 5.5kg
- 누적비대추정지수 = 지역별 수확적기까지 잔여일수 × 비대추정지수 = 10 × 0.01 = 0.1
- 단위면적당 평년수확량 = 평년수확량 ÷ 실제경작면적 = 6,000kg ÷ 3,000㎡ = 2kg/㎡
- 조사대상면적 = 실제경작면적 − 수확불능면적 − 타작물 및 미보상면적 − 기수확면적
= 3,000㎡ − 900㎡ − 100㎡ − 500㎡ = 1,500㎡
- 미보상감수량 = (평년수확량 − 수확량) × 미보상비율 = (6,000kg − 2,025kg) × 10% = 397.5kg

19 정답 ① 경년감가율 ② 50 ③ 70 ④ 6 ⑤ 30

20 정답 ① 사업이익 = 1두당 평균가격 - 경영비 = 40만원 - 34만원 =6만원

② 이익률 = 16.5%

$$이익률 = \frac{1두당 비육돈(100kg 기준)의 평균가격 - 경영비}{1두당 비육돈(100kg 기준)의 평균가격} = \frac{40만원 - 34만원}{40만원} = 15\%$$

이 기간 중에 이익률이 16.5% 미만일 경우 이익률은 16.5%로 한다.

③ 보험가액(손해액) = 종빈돈×10×1두당 비육돈(100kg기준)평균가격 × 이익률

= 5두 ×10 × 40만원/두 × 0.165 = 3,300,000원

단, 후보돈과 임신, 분만 및 포유 등 종빈돈으로서 기능을 하지 않는 종빈돈은 제외한다.

④ 축산휴지보험금 산정

$$보험금 = 손해액 \times \frac{보험가입금액}{보험가액} = 3,300,000원 \times \frac{3,000,000원}{3,300,000원} = 3,000,000원$$

축산휴지위험보장, 설해손해부보장 특약 및 화재대물배상책임은 자기부담금이 없다.

제10회 정답과 해설

Ⅰ 농작물재해보험 및 가축재해보험의 이론과 실무

01 정답 ① 농어업재해보험법 ② 농작물재해보험법 ③ 양식수산물 ④ 재보험사업 ⑤ 보험사업 관리

02 정답 ① 농림축산식품부 ② 농업정책보험금융원 ③ NH농협손해보험 ④ 한국산업인력공단 ⑤ 보험개발원 ⑥ 금융감독원

03 정답 〈조건 1〉의 감수과실수(적과후착과수가 평년착과수의 60% 미만인 경우)

- 감수과실수 = 적과후착과수 × 5% = 2,000개 × 0.05 = 100개

〈조건 2〉의 감수과실수(적과후착과수가 평년착과수의 60% 이상 100% 미만인 경우)

- 감수과실수 = 적과수착과수 × 5% × $\frac{100\% - 착과율}{40\%}$ = 3,000개 × 5% × $\frac{100\% - 60\%}{40\%}$ = 150개
- 착과율 = 적과후착과수 ÷ 평년착과수 = 3,000 ÷ 5,000 = 0.6

04 정답 ① 보험가입금액 ② 보험가액 ③ 보험가입금액 ④ 보험금

05 정답
- 감자(고랭지재배) : 3,500주 이상
- 고추 : 1,500주 이상 ~ 4,000주 이하
- 마늘 : 30,000주 이상
- 양파 : 23,000주 이상 ~ 40,000주 이하
- 옥수수(2주 재배) : 4,000주 이상 ~ 6,000주 이하

해설 10a당 인수제한 재식밀도(재식주수)

상품		10a(1,000㎡)당 인수제한 재식밀도(재식주수)
고추		1,500주 미만, 4,000주 초과
감자(고랭지재배)		3,500주 미만
고구마, 감자(가을재배, 봄재배)		4,000주 미만
대 파		15,000주
양 파		23,000주 미만, 40,000주 초과
마 늘		30,000주 미만
옥수수	1주 재배	3,500주 미만 5,000주 초과인 농지 (단, 전남・전북・광주・제주는 10a당 정식주수가 3,000주 미만 5,000주 초과인 농지)
	2주 재배	정식주수가 4,000주 미만 6,000주 초과
양배추		약 3.3㎡(1평)당 8구 미만

시설작물	수박, 멜론	400주 미만
	참외, 호박	600주 미만
	풋고추	1,000주 미만
	오이, 토마토, 장미, 파프리카, 가지	1,500주 미만
	배추, 무	3,000주 미만
	딸기	5,000주 미만
	백합, 카네이션	15,000주 미만
	쪽파	18,000주 미만
	국화	30,000주 미만
	상추	40,000주 미만
	부추	62,500주 미만
	시금치	100,000주 미만

06 정답 보험금 = 재배원목(본)수 × 원목(본)당 보장생산비 × 피해율

= 4,000본 × 5,000원/본 × 0.3 =6,000,000원

• 피해율 = 피해비율×손해정도비율×**(1-미보상비율)**

= 75%×50%×(1-20%) = 30% ⇨ 0.3

⇨ 피해비율 = 피해원목본수 ÷ 재배원목본수 = 3,000본 ÷ 4,000본 = 0.75 ⇨ 75%

⇨ 손해정도비율 = 표본원목 피해면적 ÷ 표본원목 전체면적 = 13㎡ ÷ 26㎡ = 0.5 = 50%

보충 표고버섯 확장위험담보 특약 가입하지 않았지만 시설물에 직접적인 피해가 발생하여 버섯피해가 발생하였으므로 보상대상이 된다.

07 정답 1) 수확전 사고피해율 = (평년수확량 – 수확량 – 미보상감수량) ÷ 평년수확량

= (4,000kg – 3,000kg – 200kg) ÷ 4,000kg = 0.2 = 20%

미보상감수량 = (평년수확량 – 수확량) × 미보상비율 = (4,000kg – 3,000kg) × 20% = 200kg

2) 특정위험(태풍, 우박) 피해율 = (1 – 수확전 사고 피해율) × 잔여수확량비율 × 결과지 피해율

= (1 – 20%) × 78.8% × 28.33% = 0.17859 = 17.86%

잔여수확량비율 = 100 – (1.06 × 20) = 78.8%

결과지피해율 = [고사결과지수 + (미고사결과지수 × 착과피해율) – 미보상고사결과지수] ÷ 기준결과지수

= [5 + (19 × 0.2) – 2] ÷ 24 = 0.28333 = 28.33%

고사결과지수 = 보상고사결과지수 + 미보상고사결과지수 = 3 + 2 = 5

기준결과지수 = 고사결과지수 + 정상결과지수(미고사결과지수) = 5 + 19 = 24

미고사결과지수 = 정상결과지수

3) 보험금 = 보험가입금액 × (피해율 – 자기부담비율) = 10,000,000원 × (37.86% – 40%) = 0원

피해율 = 수확전 사고피해율 + 특정위험(태풍, 우박) 피해율 = 20% + 17.86% = 37.86%

08 정답 인수가능여부사유

1. 하나의 리, 동에 있는 각각 보험가입금액 200만 원 미만의 두 개의 과수원은 하나의 과수원으로 취급하여 계약 가능하며, 보험가입금액 200만 원 이상인 과수원에 다른 과수원을 더하여는 계약 인수는 불가하다. 따라서 △△리 1번지 과수원은 가입이 가능하지만, △△리 1번지 과수원과 △△리 2번지 과수원은 합하여 가입이 불가능하고, △△리 2번지 과수원은 단독으로 가입이 불가능하여 보험가입금액 기준으로는 △△리 1번지 과수원만 가입이 가능하다.
2. 두 과수원 모두 가입년도 나무수령이 2년(1년 초과 11년 미만이면 가입 가능)이므로 인수가 가능하다.
3. 계약인수전에 구결과모지 전정활동을 한 과수원만 가입이 가능하므로 △△리 1번지 과수원은 가입이 불가능하다.
4. △△리 1번지 과수원은 3의 사유로 가입이 불가능하고, △△리 2번지 과수원은 보험가입금액미달로 가입이 불가능하여 A씨는 종합위험 과실손해보장보험에 가입할 수 없다.

09 정답

$$갑\ 보험사 = 손해액 \times \frac{이\ 계약의\ 보험가입금액}{다른\ 계약이\ 없는\ 것으로\ 하여\ 각각\ 계산한\ 보험가입금액의\ 합계}$$

$$= 6{,}000{,}000원 \times \frac{6{,}000{,}000원}{(6{,}000{,}000원 + 4{,}000{,}000원)} = 3{,}600{,}000원$$

$$을\ 보험사 = 손해액 \times \frac{이\ 계약의\ 보험가입금액}{다른\ 계약이\ 없는\ 것으로\ 하여\ 각각\ 계산한\ 보험가입금액의\ 합계}$$

$$= 6{,}000{,}000원 \times \frac{4{,}000{,}000원}{(6{,}000{,}000원 + 4{,}000{,}000원)} = 2{,}400{,}000원$$

10 정답 ㉠ 50 ㉡ 5천 만 ㉢ 4천 만 ㉣ 4천 만 ㉤ 50 ㉥ 4천 만 ㉦ 70 ㉧ 50

Ⅱ 농작물재해보험 및 가축재해보험 손해평가의 이론과 실무

11 정답 ① 거대재해 ② 조사수확비율 ③ 생육환경 ④ 전수조사 ⑤ 표본조사 ⑥ 수량요소조사

12 정답 ① 3 ② 20 ③ 60 ④ 50g ⑤ 70% ⑥ 3 ⑦ 100

보충 착과피해조사(착과 피해를 유발하는 재해가 있었을 경우 실시)

구 분	방 법
밤, 참다래, 유자, 무화과	품종별로 3주 이상의 표본주에서 임의의 과실 100개 이상을 추출한 후 과실 분류에 따른 피해인정계수(별표 3)에 따라 구분하여 그 개수를 조사한다.
대추, 매실, 살구	각 표본주별로 수확한 과실 중 임의의 과실을 추출하여 과실 분류 기준에 따라 구분하여 그 개수 또는 무게를 조사한다. 이때 개수 조사 시에는 표본주당 표본과실수는 100개 이상으로 하며, 무게 조사 시에는 표본주당 표본과실중량은 1,000g 이상으로 한다.
오미자	표본구간에서 수확한 과실 중 임의의 과실을 추출하여 과실 분류에 따른 피해인정계수 별표 3)에 따라 구분하여 그 무게를 조사한다. 이때 표본으로 추출한 과실중량은 3,000g 이상(조사한 총 착과 과실 무게가 3,000g 미만인 경우에는 해당 과실전체)으로 한다.

제1회 제2회 제3회 제4회 제5회 제6회 제7회 제8회 제9회 제10회

13 정답 ① 조사결실수 ② 미보상 감수 결실수 ③ 환산결실수 ④ 조사대상주수 ⑤ 주당 평년결실수

해설 • 조사결실수 = $\frac{[(\text{환산결실수} \times \text{조사대상주수}) + (\text{주당평년결실수} \times \text{미보상주수})]}{\text{전체 실제결과주수}}$

• 미보상 감수 결실수 : (평년결실수 − 조사결실수) × 미보상 비율
• 환산결실수 : 표본가지 결실수 합계 ÷ 표본가지 길이 합계
• 조사대상주수 : 실제 결과주수 − 고사주수 − 미보상 주수
• 주당 평년결실수 : 평년결실수 ÷ 실제결과주수

14 정답 1. 당해년도 11월 30일까지 수확을 하지 않은 경우
2. 목적물을 수확하지 않고 갈아엎은 경우(로터리 작업 등)
3. 대상 농지의 수확물 모두가 시장으로 유통되지 않은 것이 확인된 경우

15 정답 품목별 표본구간별 수확량 조사 방법 중 각 품목의 분류 방법

구분	구분 방법
양파, 마늘	80% 피해, 100% 피해로 구분
감자	• 정상 감자, 병충해별 20% 이하, 21~40% 이하, 41~60% 이하, 61~80% 이하, 81~100% 이하 발병 감자로 구분 • 최대 지름이 5cm 미만이거나 피해 정도 50% 이상인 감자의 무게는 실제 무게의 50%를 조사 무게로 함.
고구마	정상 고구마와 50%형 피해고구마, 80% 피해 고구마, 100% 피해 고구마로 구분
옥수수	착립장 길이에 따라 상(17cm 이상)· 중(15cm 이상 17cm 미만)·하(15cm 미만)로 구분
양배추	80%피해 양배추, 100%피해 양배추로 구분

16 정답 • 종합위험 과실손해보장 고사결과모지수
= 평년결과모지수 − (기준살아있는결과모지수 − 수정불량환산고사결과모지수+미보상고사결과모지수)
= 7개 − (5개 − 1개 + 0.3개) = 2.7개

• 기준살아있는 결과모지수 = $\frac{\text{표본구간 살아있는 결과모지수의 합}}{(\text{표본구간} \times 5)} = \frac{250\text{개}}{(10 \times 5)} = 5\text{개}$

※ 1,500포기 이상 2,000포기 미만일 때 표본구간 수는 10

• 수정불량환산 고사결과모지수 = $\frac{\text{표본구간 수정불량 고사결과모지수의 합}}{(\text{표본구간} \times 5)} = \frac{50\text{개}}{(10 \times 5)} = 1\text{개}$

• 표본구간 수정불량 고사결과모지수 = 표본구간 살아있는 결과 모지수×수정불량 환산계수
= 250개 × 20% = 50개

• 미보상 고사결과모지수 = max[{평년결과모지수− (기준 살아있는 결과 모지수 − 수정불량환산고사 결과모지수)} × 미보상비율, 0]
= max[{7개 − (5개 − 1개)} × 10%, 0] = 0.3 ⇨ 0.3개

• 피해율 = 고사결과모지수 ÷ 평년결과모지수 = 3.5 ÷ 7 = 0.5

• 고사결과모지수 = 종합위험 과실손해고사결과모지수+특정위험과실손해 고사결과모지수
= 2.7 + 0.8 = 3.5

• 과실손해보험금 = 1,000만 원 × (0.5 − 0.2) = 300만 원

• 경작불능보험금 : 1,000만 원 × 40%(자기부담비율 20형 지급비율) = 400만 원

17 정답 • 수확량=표본구간단위면적당수확량×표본조사대상면적+단위면적당평년수확량×(타작물 및 미보상면적+기수확면적)= 0.86kg/㎡×1,800㎡+5kg/㎡×(500㎡+300㎡)
=1,548kg+4,000kg=5,548kg

- 표본구간단위면적당 수확량 = 표본구간수확량×환산계수/표본구간면적
=11.88kg×0.72/10㎡ =0.855 ⇨ 0.86kg/㎡

※ 표본구간 수확량 = (표본구간 정상중량+80%형 중량×20%)×(1+수확적기까지 잔여일수×비대추정지수)
=(10kg+5kg×20%)×(1+0.08)=11.88kg

- 표본조사대상면적 = 실제경작면적-수확불능면적-타작물 및 미보상면적-기수확면적
= 2,800㎡-200㎡-500㎡-300㎡=1,800㎡
- 단위면적당 평년수확량=평년수확량/실제경작면적=14,000kg/2,800㎡=5kg/㎡
- 피해율=(기준수입-실제수입)/기준수입=(25,200,000원-9,589,500원)/25,200,000원
=0.61946⇨61.95%
- 기준수입=평년수확량×농지별 기준가격=14,000kg×1,800원=25,200,000원
- 실제수입=(수확량+미보상감수량)×min(농지별 기준가격, 농지별 수확기가격)
=(5,548kg+845kg)×min(1,800원, 1,500원)=9,589,500원
- 미보상감수량 = (평년수확량-수확량)×미보상비율
= (14,000kg-5,548kg)×10%=845.2⇨845kg
- 지급보험금=보험가입금액×(피해율-자기부담비율)
=25,000,000원×(61.95%-20%)=10,487,500원

참고 • 마늘과 양파 최대지름에 따른 수확량 인정기준

마늘통 최대지름	양파 최대지름	피해	수확무게인정비율
한지형 2cm미만 난지형 3.5cm미만	6cm미만	80%	20%
		100%	0%

18 정답 동상해 보험금 = 손해액 - 자기부담금 = 8,165,711원 - 0 = 8,165,711원

- 손해액 = {보험가입금액 -(보험가입금액×기사고 피해율)} × 수확기잔존비율×동상해피해율×(1 - 미보상비율)
= {38,000,000원 - (38,000,000원 × 0.387)} × 0.5 × 0.779 × (1 - 0.1)
= 8,165,711원

※기사고 피해율 $= \frac{\text{주계약(과실손해보통약관)피해율}}{\text{1-(과실손해보통약관보험금)미보상비율}} + \text{이전사고동상해과실손해피해율}$

$= \frac{0.3096}{1-0.2} + 0 = 0.387$

- 동상해 피해율 = 동상해피해과실수 ÷ 기준과실수 = 74개 ÷ 95개 = 0.7789 ⇨ 77.9%

☞ 동상해피해과실수 =(80%피해과실수 ×0.8)+(100%피해과실수×1) = (30×0.8)+(50×1) = 74개

☞ 기준과실수 = 정상과실수 + 80% 피해과실수 + 100% 피해과실수 = (10 + 5) + 30 + 50 = 95

※ 병충해입은 과실은 정상과실수로 취급

- 자기부담금 = 절대값 |보험가입금액 × 최솟값(주계약피해율 - 자기부담비율, 0)|
= 절대값 |38,000,000원 × 최솟값(38.7% - 20%, 0)| = 0

19 정답 1) ① A계약자의 보험가액 = 500㎡×100,000원/㎡×50% = 25,000,000원 이며,
전손이므로 손해액도 25,000,000원 이다,

② B계약자의 보험가액 = 500㎡×100,000원/㎡×70% = 35,000,000원이며, 전손이므로
손해액도 35,000,000만원이 된다.

③ C계약자의 손해액 = 500㎡×100,000원/㎡×30% = 15,000,000원이며, 전손이므로
손해액도 15,000,000원이 된다.

> 손해액은 그 손해가 생긴 때와 장소에서의 보험가액에 따라 계산한다. 보험목적물의 경년감가율은 손해보험협회의 "보험가액 및 손해액의 평가기준"을 준용하며, 이 보험목적물이 지속적인 개·보수가 이루어져 보험목적물의 가치증대가 인정된 경우 잔가율은 보온덮개·쇠파이프 조인 축사구조물의 경우에는 최대 50%까지, 그 외 기타 구조물의 경우에는 최대 70%까지로 수정하여 보험가액을 평가할 수 있다. 다만, 보험목적물이 손해를 입은 장소에서 6개월 이내 실제로 수리 또는 복구되지 않은 때에는 잔가율이 30% 이하인 경우에는 최대 30%로 수정하여 평가한다.

2)①보험가입금액이 보험가액의 80%해당액(20,000,000원)과 같을 때:보험가입금액을 한도로 손해액 전액

묵적물 보험금 = min(손해액, 보험가입금액)

= min(25,000,000원, 20,000,000원) = 20,000,000원

A계약자의 지급보험금= 목적물 보험금 - 자기부담금

= 20,000,000원 - 2,000,000원 = 18,000,000원

자기부담금(풍재·수재·설해·지진):목적물보험금에서 자기부담비율(10%)을 곱한 금액 또는 50만원 중 큰 금액

② 보험가입금액이 보험가액의 80% 해당액보다 작을 때 : 보험가입금액을 한도로 아래의 금액

$$\text{목적물 보험금} = \min\left(\text{손해액}\times\frac{\text{보험가입금액}}{(\text{보험가액}\times 80\%)},\ \text{보험가입금액}\right)$$

$$= \min\left(35{,}000{,}000\text{원}\times\frac{20{,}000{,}000\text{원}}{(35{,}000{,}000\text{원}\times 80\%)},\ 20{,}000{,}000\text{원}\right) = 20{,}000{,}000\text{원}$$

B계약자의 지급보험금= 목적물 보험금 -자기부담금= 20,000,000원 - 2,000,000원 = 18,000,000원

자기부담금(화재) : 목적물보험금에 자기부담비율을 곱한 금액= 20,000,000원×0.1 = 2,000,000원

③ 보험가입금액이 보험가액의 80% 해당액보다 클 때 : 보험가액을 한도로 손해액 전액

목적물 보험금= min(손해액, 보험가액)=min(15,000,000원, 15,000,000원)=15,000,000원

C계약자의 지급보험금 =목적물보험금 - 자기부담금 = 15,000,000원 - 1,500,000원 = 13,500,000원

자기부담금 = max(15,000,000원×0.1, 50만원) = 150만원

20 정답 1) ① 잔존물제거비용=min{실제 잔존물제거비용× $\frac{\text{보험가입금액}}{\text{보험가액×80\%)}}$, 손해액의 10% }

=min{2,500,000원× $\frac{\text{30,000,000원}}{\text{(40,000,000원×80\%)}}$, 30,000,000원의 10%}

=min(2,343,750원, 3,000,000원) = 2,343,750원

보험가액 = 신축가액×(1-경년감가율×경과년수) = 100,000,000원×(1-4%/년×15년) = 40,000,000원

② 손해방지비용 = 실제 손해방지비용×보험가입금액/(보험가액×80%)
= 500,000원×30,000,000원/(40,000,000원×80%)=468,750원

2) 지급보험금 = min(목적물보험금+잔존물제거비용, 보험가입금액)+손해방지비용–잔존물가액
= min(28,125,000원+2,343,750원, 30,000,000원)+468,750원-4,000,000원
= 26,468,750원

해설 목적물보험금=(손해액×보험가입금액/(보험가액×80%)-자기부담금
=(30,000,000원)×30,000,000원/(40,000,000원×80%)-0원=28,125,000원

보험금지급한도=min(목적물보험금+잔존물제거비용, 보험가입금액)
=min(28,125,000원+2,343,750원, 30,000,000원)=30,000,000원

⇨ 축사 화재로 인한 자기담금은 목적물 보험금에만 적용되며, 지급보험금 계산 방식에 따라 계산한 금액에 자기부담비율 0%, 5%, 10%를 곱한 금액 (최소자기부담비율 적용이므로 0%을 적용)

03

고난도 문제

01 **적과전종합위험 과수4종 과실손해보장 보통약관 보험계약사항 내용을 기준으로 ① 보통약관 적용보험료와 ② 계약자부담보험료를 구하시오 (원미만은 절사)** [5점]

O 계약내용

O 보험가입금액 : 10,000,000원	O 자기부담비율 : 10%
O 가을동상해 부보장할인율 : 2%	O 방재시설할인율 : 25%
O 지방자치단체지원율 : 20%	O 과수원별 할인할증률 : -30%
O 지역별 영업요율 : 20% (순보험요율 : 15%, 부가보험요율 : 5%)	

답

정 답 ① 과실손해보통약관적용보험료=보통약관가입금액×지역별보통약관영업요율×(1-부보장 및 한정보장특별 약관 할인율)×(1+손해율에 따른 할인할증률)×(1-방재시설할인율)

= 10,000,000×20%×(1-2%)×(1-30%)×(1-25%)=1,029,000원

② 계약자부담보험료= 과실손해보통약관적용순보험료×(1-국고지원율-지방자치단체지원율)

= 771,750원×(1-33%-20%) = 362,722원

과실손해보통약관적용순보험료= 1,029,000원× (15/20) = 771,750원

국고지원율은 자기부담비율 10%일때 33%

보충 정부의 농가부담보험료 지원 비율 (2024년 기준)

구분	품목	보장 수준 (%)				
		60	70	80	85	90
국고 보조율(%)	사과, 배, 단감, 떫은감	60	60	50	38	**33**
	벼	60	55	50	**44**	**41**

02 농업재해보험 적과전 종합위험 보통약관에 가입한 각 과수원의 보장가능 여부를 쓰시오 [15점]

O 2020년 6월 1일 냉해로 낙엽피해가 발생한 단감 품목 영주지역 A과수원
O 2020년 5월10일, 2020년 9월 12일 각각 까치 피해 배품종 나주지역 B과수원
O 2020년 11월 1일 서리로 인해 전체 잎 50% 고사한 떫은 감 품종 영주지역 C과수원

답

정답 • A과수원 : 6월 1일 낙엽피해는 적과전 5종한정보장특약건에 한하여 태풍(강풍) · 집중호우 · 화재 · 지진으로 인한 낙엽피해가 발생한 경우에 보상받으므로, 냉해로 인한 경우에는 보상받지 못한다.

• B과수원 : 5월 10일 적과 전 조수해는 종합위험보통약관으로 보장되나, 적과 후 9월 12일은 보장되지 않는다.

• C과수원 : 잎 피해는 단감, 떫은감 품목에 한하여 10월 31일까지 발생한 가을동상해로 나무의 전체 잎 중 50% 이상이 고사한 경우에 피해를 인정하므로, 11월 1일 서리피해로 인한 경우에는 일자가 초과되어 보장되지 않는다,

보충 낙엽피해와 잎피해 (단감, 떫은감 품목에 한함)

구 분	기 간	내 용
낙엽 피해	6월 1일부터 적과 종료 이전 〈적과전 손해조사〉	• 적과전 5종한정보장특약건에 한하여 낙엽률 조사 • 태풍(강풍) · 집중호우 · 화재 · 지진 (우박×)으로 인한 낙엽피해가 발생한 경우 낙엽률을 조사
	적과 종료일 이후부터 당해연도 10월까지 〈적과후 손해조사〉	〈낙엽피해조사〉 • 태풍(강풍) · 집중호우 · 화재 · 지진으로 인한 낙엽피해가 발생한 경우 낙엽률과 인정피해율에 의한 감수과실수 산출
잎 피해	10월 31일까지 발생한 가을동상해 〈착과피해조사〉	• 가을동상해로 나무의 전체 잎 중 50% 이상이 고사한 경우에 피해를 인정하고 피해인정계수를 적용하여 착과감수과실수 산출 피해인정계수 = 0.0031 × 잔여일수 ※잔여일수: **사고발생일로부터 예정수확일(가을동상해 보장종료일 중 계약자가 선택한 날짜)까지 남은 일수**

03 A과수원의 적과전종합위험 사과(반밀식, 10년생)품목의 계약 및 조사내용이다. 다음 제시된 내용을 기준으로 물음에 답하시오.(단, 원미만은 절사하고 착과수와 과실수는 소수점첫째자리에서 올림하고 착과율, 피해율은 %단위로 소수점 셋째자리에서 반올림하고 제시한 조건이외는 고려하지 않음) [15점]

O 계약사항

상품명	평년착과수	가입가격	가입과중	가입주수 및 품종
적과전 종합위험 사과	150,000개	2,500원/kg	225g	500주 - 부사 300주 - 양광 200주

자기부담비율	보장수준	특약가입
15%	70%	나무손해 보장 특약가입 : 가입가격 주당 100,000원

O 조사내용

<table>
<tr><th>구 분</th><th>재해종류</th><th>사고일자</th><th>조사일자</th><th>조사결과내용</th></tr>
<tr><td rowspan="2">적과종료이전</td><td>냉 해</td><td>4월 5일</td><td>4월 8일</td><td>O 과수원전체 냉해 피해확인, 미보상비율 10%</td></tr>
<tr><td>우 박</td><td>4월 14일</td><td>4월16일</td><td>O 과수원전체 우박 피해확인, 미보상비율 0%</td></tr>
<tr><td rowspan="4">적과종료이후</td><td>태 풍</td><td>7월 29일</td><td>8월 1일</td><td>O 과수원전체 총 낙과수 10,000개
O 도복 및 유실 20주는 고사주수,
나무 절단주수 10주는 수확불능주수로 분류
O 낙과피해 과실 분류
<table><tr><th>구분</th><th>정상</th><th>50%</th><th>80%</th><th>100%</th><th>병해충</th></tr><tr><td>개수</td><td>20개</td><td>20개</td><td>30개</td><td>50개</td><td>10개</td></tr></table>O 무피해나무 1주당 평균착과수 : 250개</td></tr>
<tr><td>일 소</td><td>9월 10일</td><td>9월 11일</td><td>O 과수원전체 총 낙과수 5,000개
O 낙과피해 구성율 85.5%
O 착과피해 구성율 65.5%</td></tr>
<tr><td>가을 동상해</td><td>9월 18일</td><td>9월 20일</td><td>O 착과피해 구성율 70.5%</td></tr>
<tr><td>우 박</td><td>4월14일</td><td>9월 30일</td><td>O 수확직전 착과피해표본조사
피해과실 분류:
<table><tr><th>구분</th><th>정상</th><th>50%</th><th>80%</th><th>100%</th><th>병해충</th></tr><tr><td>개수</td><td>40개</td><td>40개</td><td>50개</td><td>5개</td><td>15개</td></tr></table></td></tr>
</table>

O 적과후 착과수조사내용

조사일자	품종	실제결과 주수	최소표본주 착과수합계	미보상 주수	고사 주수	수확불능 주수	수확완료 주수
7월15일	부사	300주	1,500개	7주	0주	0주	0주
	양광	200주	1,000개	5주	0주	0주	0주

1) 적과후 착과수를 구하시오.(소수점 첫째자리에서 올림)
2) 착과감소보험금을 구하시오. (가입과중이외에는 kg단위는 소수점 첫째자리에서 올림하여 계산하시오)
3) 적과종료 이전 자연재해로 인한 적과종료 이후 착과 손해 감수과실수와 착과피해율을 구하시오.
4) 과실손해보험금을 구하시오
5) 나무손해보장보험금을 구하시오.

답

정 답

1)적과후착과수= $\frac{\text{부사표본주착과합계}}{\text{부사표본주수}}$ ×조사대상주수+ $\frac{\text{양광표본주착과합계}}{\text{양광표본주수}}$ ×조사대상주수

= $\frac{1,500\text{개}}{7\text{주}}$ ×293주+ $\frac{1,000\text{개}}{5\text{주}}$ ×195주=101,785.71 ⇨101,786개

- 부사품종 표본주 = (293주 ÷ 488주)×11주 = 6.6주 ⇨ 7주
  양광품종 표본주 = (195주 ÷ 488주)×11주 = 4.4주 ⇨ 5주
- 부사품종조사대상주수 = 실제결과주수-고사주수-수확불능주수-미보상주수-수확완료주수
  = 300주-0주-0주-7주-0주 = 293주
- 양광품종조사대상주수 = 실제결과주수-고사주수-수확불능주수-미보상주수-수확완료주수
  = 200주-0주-0주-5주-0주 = 195주

☞ 조사대상주수가 293주+195주 =488주 이므로 표본주수는 11주 (별표1-1)

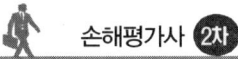

2) 착과감소보험금=(착과감소량 - 미보상감수량 -자기부담감수량)×가입가격× (50%, 70%)

= (10,849kg - 1,895kg - 5,063kg)×2,500원×70%= 6,809,250원

- 착과감소과실수 = 평년착과수-적과후착과수 =150,000개-101,786개 = 48,214개

☞ 착과감소량=착과감소과실수×가입과중=48,214개×0.225kg/개=10848.15⇨10,849kg

- 미보상감수과실수 = (착과감소과실수×미보상비율)+(미보상주수×1주당 평년착과수)

=(48,214개×10%)+(12주×150,000개/500주)=4,821.4+3,600=8,421.4⇨8,422개

☞ 미보상감수량 = 8,422개×0.225kg/개= 1,894.95kg = 1,895kg

- 자기부담감수과실수 = 기준착과수×자기부담비율 = 150,000개×15%= 22,500개

⇨기준착과수 = 적과후착과수+착과감소과실수=101,786개+48,214개=150,000개

☞ 자기부담감수량 = 22,500개×0.225kg/개 = 5062.5kg = 5,063kg

3) 착과손해감수과실수 = 적과후착과수 × 5% × $\frac{100\% - \text{착과율}}{40\%}$

= 101,786개 × 5%× $\frac{100\% - 67.86\%}{40\%}$ = 4091.79 ⇨4,092개

☞ 적과후 착과수 101,786개에 착과피해율 4.02%를 곱해서 구하는 것이 맞다고 본다.

- 착과율 = $\frac{\text{적과후착과수}}{\text{평년착과수}}$ = $\frac{101{,}786\text{개}}{150{,}000\text{개}}$ = 0.67857 ⇨ 67.86%

- 착과피해율 = 5%× $\frac{(100\%-\text{착과율})}{40\%}$ = 5%× $\frac{(100\%-67.86\%)}{40\%}$ = 0.04017 ⇨ 4.02%

※ 4.02% 는 이후 maxA로 작용

위 적과종료 이전 자연재해로 인한 적과종료 이후 착과 손해 감수과실수는 적과전종합방식가입 건 중「적과종료이전 특정위험 5종 한정 보장특별약관」미가입시에만 적용하며 과실손해보험금 계산시 누적감수과실수에 더한다.

4) 과실손해보험금=(적과종료 이후 누적감수량 — 자기부담감수량)×가입가격

= (16,776kg-0)×2,500원 = 4,1940,000원

- 적과종료 이후 누적감수량 = 누적감수과실수×가입과중

= 74,560개×0.225kg/개 = 16,776kg

☞ 누적감수과실수=착과손해감수과실수+태풍낙과피해감수과실수+태풍나무피해감수과실수

+일소낙과피해감수과실수+일소착과피해감수과실수+가을동상해착과감수과실수

+9월30일 우박착과감수과실수

= 4,092개+6,485개+7,199개+4,074개+48,745개+3,965개+0 = 74,560개

태풍낙과피해감수과실수 = 총낙과과실수×(낙과피해구성률−maxA)×1.07
= 10,000개×(64.62%−4.02%)×1.07=6,484.2 ⇨ 6,485개

$$낙과피해구성율 = \frac{(20\times0.5)+(30\times0.8)+(50\times1)}{(20+20+30+50+10)} = \frac{84개}{130개} = 0.64615 \Rightarrow 64.62\%$$

태풍나무피해감수과실수= (고사주수+수확불능주수)×무피해나무 1주당평균착과수× (1 − max A)
= 30주×250개/주×(1−0.0402) = 7,198.5 ⇨ 7,199개

일소낙과피해감수과실수 = 총낙과과실수×(낙과피해구성률 − maxA)
= 5,000개 × (85.5%−4.02%) = 4,074개

일소착과피해감수과실수 = 사고당시착과과실수×(착과피해구성률−maxA)
= 79,286×(65.5%−4.02%)=48,745.03 ⇨ 48,745개

- 사고당시착과과실수 = 적과후착과수 − 총낙과과실수 − 총적과후나무피해과실수 − 기수확과실수
= 101,786개 − (10,000개 +5,000개) −7,500개−0=79,286개
- 총 적과후나무피해과실수 = 태풍시 발생한 해당주수 × 무피해나무 주당 평균착과수
= 30주 × 250개 = 7,500개

가을동상해착과감수과실수 = 사고당시 착과과실수×(착과피해구성률−maxA)
= 79,286개×(70.5%−65.5%)=3,964.3 ⇨ 3,965개
max A : 금차 사고전 기조사된 착과피해구성률 중 최댓값을 말함 : 일소착과때 조사된 65.5%

9월30일 우박착과감수과실수 = 사고당시착과감실수×(착과피해구성률−maxA)
=79,286×(43.33%−70.5%)〈0 ⇨0개

- 착과피해구성율 = {(40×0.5)+ (50×0.8)+(5×1)} ÷ 150개=0.4333 ⇨43.33%

max A : 금차 사고전 기조사된 착과피해구성률 중 최댓값을 말함 : 가을동상해때 조사된 70.5%

- 자기부담감수량 = (기준수확량 ×자기부담비율) − (착과감소량−적과전 미보상감수량)
= (33,750kg×15%−(10,849kg−1,895kg) < 0 ⇨ 0개

5) 나무손해보장보험금 = 보험가입금액×(피해율−자기부담비율)
= (500주×100,000원)×(4%−5%)< 0

피해율 = 고사나무 ÷ 실제결과주수 = 20 ÷ 500 = 0.04 ⇨4%

⇨피해율이 자기부담비율 5%이내는 나무손해보장보험금이 없다.

04 농작물재해보험 과실분류에 따른 피해인정계수에 따라 다음 조사내용에 의한 과수원별 피해구성율을 각각 구하시오(단, 피해구성율은 %단위로 소수점 셋째자리에서 반올림함)[15점]

과수원별 품목	피해내용	조사자의 과실분류내용 (단위 : 개)					
		정상과	50%형 피해	80%형 피해	100%형 피해	병충해 피해	합계
A과수원(배)	태풍낙과	55	15	10	15	5	100
B과수원(단감)	가을동상해 착과	150	20	30	10	10	220
C과수원(복숭아)	태풍낙과	40	10	0	60	20	130

O B과수원은 2021년 10월17일 가을동상해로 잎 피해율이 55%이며, 계약자가 보장종료일을 수확기종료 한계일로 가입하였음.
O C과수원은 병충해피해 과실 중 80%가 병충해로 보상하는 과실임

답

정 답

1) A과수원 낙과피해구성율= $\frac{\{(50\%형피해과실수\times0.5)+(80\%\times0.8)+(100\%형\times1)\}}{(정상과실수+50\%형피해과실수+80\%형+100\%형)}$

$= \frac{(15\times0.5+(10\times0.8)+(15\times1)}{100} = \frac{30.5}{100} = 0.305$ ⇨ 30.5%

2) B과수원 착과피해구성율 $= \frac{(정상과실수\times0.0031\times잔여일수)+(50\%피해과실수\times0.5)+(80\%\times0.8)+(100\%\times1)\}}{(정상과실수\ +\ 50\%형피해과실수\ +\ 80\%형\ +\ 100\%형)}$

$= \frac{(150\times0.0031\times30)+(20\times0.5)+(30\times0.8)+(10\times1)}{220}$ =0.26340 ⇨26.34%

3)C과수원 낙과피해구성율 = $\frac{(50\%형피해과실수\times0.5)+(80\%형\times0.8)+(100\%형\times1)\}}{표본과실수}$

$= \frac{(10+16)\times0.5+(0\times0.8)+(60\times1)}{130}$ =0.5615 ⇨56.15%

☞ 위 식 (10+16)에서 10은 50%형 피해과실수, 16은 병충해 피해 20개중 병충해로 보상하는 과실(피해인정계수 0.5)이 80%이므로 20×80%=16으로 계산된 숫자이다,

05 다음의 계약사항과 조사내용을 참조하여 적과전 종합위험 단감품목의 나무손해보장 보험금을 구하시오.(단, 수령은 가입하는 해의 나무 수령을 말하며, 피해율은 %단위 소수점 셋째자리에서 반올림하고 제시 외 조건은 고려하지 않음) (5점)

O 계약내용

O 가입일자 기준 실제결과주수 : 300주
O 보험손해보장특약가입 (주당 100,000원)

O 나무조사내용

O 수령 4년 : 30주	O 수령 5년 : 270주
O 보상하는 손해로 고사한 주수 : 40주	
O 보상하는 손해 이외의 원인으로 고사한 주수 : 10주	

답

정답 • 지급보험금 = 보험가입금액×(피해율−자기부담비율)

= 27,000,000원×(14.81%−5%)=2,648,700원

☞ 조사한 실제결과대상주수= 가입일자기준 실제결과주수− 유목(수령4년)

= 300주 − 30주 =270주

☞ 감액후 보험가입금액 = 270주×100,000원 = 27,000,000원

☞ 피해율=피해주수(고사된 주수) ÷ 실제결과주수 = 40 ÷ 270주=0.14814=14.81%

06 **적과전종합위험 배 품목 과실손해보장 보험계약을 기준으로 물음에 답하시오(단, 제시한 조건이 외는 고려하지 않음) [15점]**

O 평년착과수 : 15,000개	O 가입가격 : 5,000원/kg
O 가입과중 : 500g	O 자기부담비율 : 20%
O 계약자부담보험료 : 200,000원	O 보장수준 : 70%
O 특약가입 없음	

1) 적과 전 보상하는 손해가 발생하여 적과 후 착과수가 평년착과수의 60%인 경우 ① 기준수확량과 ② 착과감소보험금을 구하시오.

2) 적과 후 착과수가 평년착과수의 120%인 경우 ③ 기준수확량과 ④ 보험가입금액을 구하시오.(단, 적과전 보상하는 손해가 발생하지 않음)

답

정답 1) ① 기준수확량 = (적과후 착과수 + 인정된 착과감소과실수)×가입과중

= {(9,000개+ (15,000개-9,000개)} ×0.5kg = 7,500kg

② 착과감소보험금=(착과감소량-미보상감수량-자기부담감수량)×가입가격×보장수준

={(평년착과량-적과후착과량)-미보상감수량-(기준수확량×자기부담비율)}×가입가격×70%

={(15,000개-9,000개)×0.5kg-0- (7,500kg×20%)}×5,000원×70%

=(3,000kg-1,500kg)×5,000원×70% = 5,250,000원

기준착과수 결정
적과종료전에 인정된 착과감소과실수가 없는 과수원 : 기준착과수 = 적과후착과수
적과종료전에 인정된 착과감소과실수가 있는 과수원 : 기준착과수 = 적과후착과수 +착과감소과실수

2) ③ 기준수확량=(적과후 착과수 + 인정된 착과감소과실수)×가입과중

=(18,000개+0) × 0.5kg=9,000kg

④ 보험가입금액 = 평년착과수 × 가입과중 × 가입가격

= 15,000개 ×0.5kg×5,000원/Kg = 37,500,000원

적과전 보상하는 손해가 없는 경우(물음 2번), 적과 후 착과수는 평년착과수의 120%인 18,000개이지만, 보험가입금액은 평년착과수 기준이다.

07 농작물재해보험 종합위험 과수손해보장 포도 품목에 관한 아래 내용을 기준으로 2023년 포도 과수손해보장보험의 ① 보험가입금액(천원미만 절사)과 ② 수확감소보험금을 각각 산출하시오. (단, 피해율은 %단위 소수점 셋째 자리에서 반올림할 것 〈예〉 12.345%⇨12.35%) [5점]

평년수확량	가입수확량	가입가격	자기부담비율	수확량	미보상비율
3,000kg	2,850kg	2,220원/kg	20%	2,000kg	10%

답

정답 ① 보험가입금액 = 가입수확량×가입가격

= 2,850kg × 2,220원/kg = 6,327,000원

② 수확감소보험금 = 보험가입금액×(피해율−자기부담비율)

= 6,327,000원×(30% − 20%) = 632,700원

- 피해율 = (평년수확량 - 수확량 - 미보상감수량) ÷ 평년수확량

= (3,000kg - 2,000kg - 100kg)÷3,000kg = 0.3

- 미보상감수량 = (평년수확량 - 수확량) × 미보상비율

= (3,000kg - 2,000kg) × 10 % = 100kg

※ 보험가입금액은 가입수확량기준, 피해율은 항상 평년수확량 기준임.

08 아래의 농작물재해보험 종합위험 수확감소보장 복숭아 품목 보험가입 및 조사내용을 참조하여 총 보험금을 산출하시오.(단, 피해율은 %단위 소수점 셋째자리에서 반올림할 것) [5점]

평년수확량	가입수확량	가입가격	자기부담비율	수확량	미보상비율
5,000kg	5,000kg	2,780원/kg	20%	2,700kg	5%

특 약	수확량
수확량감소 추가보장특약 가입	2,700kg (세균구멍병 200kg, 복숭아순나방 100kg 포함)

답:

정 답 보험금의 합 = 수확감소보험금 + 수확량감소추가보장보험금

= 3,572,300원 + 635,230원 = 4,207,530원

1) 수확감소보험금 = 보험가입금액×(피해율−자기부담비율)

= 13,900,000원× (45.7% − 20%) = 3,572,300원

보험가입금액=가입수확량×가입가격 = 5,000kg × 2,780원/kg = 13,900,000원

피해율 = (평년수확량−수확량−미보상감수량+병충해감수량)÷평년수확량

= (5,000kg−2,700kg−115kg+100kg) ÷ 5,000kg= 0.457 ⇨ 45.7%

⇨ 미보상감수량=(평년수확량−수확량)×미보상비율=(5,000kg−2,700kg)×5%=115kg

⇨ 병충해감수량 = 병충해 입은 과실의 무게(세균구멍병)×0.5 = 200kg×0.5= 100kg

2) 수확량감소 추가보장보험금 = 보험가입금액 × 피해율 × 10%

= 13,900,000원 × 45.7% × 10% = 635,230원

09 **농작물재해보험 종합위험 아래품목 재배용 비가림시설 가입내용과 피해조사내용이다. 다음 물음에 답하시오.(단, 제시된 내용 이외 조건은 고려하지 않음)[15점]**

O 계약 및 조사내용

구 분	가입약관	보험가입금액	재해종류	피해내용	손해액
X계약자(포도)	보통	20,000,000원	태풍	비가림시설	23,400,000원
Y계약자(포도)	특별	8,000,000원	화재	피복재	8,000,000원
Z계약자(대추)	보통	3,000,000원	강풍	피복재	3,000,000원

1) X계약자의 비가림시설 지급보험금을 구하시오.
2) Y계약자의 피복재 전체를 교체한 손해액이 8,000,000원인 경우 지급보험금을 구하시오.
3) Z계약자의 피복재 전체를 교체한 손해액이 3,000,000원인 경우 지급보험금을 구하시오.

답

정답 1) X계약자의 비가림시설 지급보험금 = min(손해액−자기부담금, 보험가입금액)
= min(23,400,000원−1,000,000원, 20,000,000원)=20,000,000원

• 자기부담금 = 300,000원≤(손해액의 10%)≤1,000,000원 ⇨1,000,000원

2) Y계약자의 피복재 화재 지급보험금 = min(손해액, 보험가입금액)
= min(8,000,000원, 8,000,000원) = 8,000,000원

3) Z계약자의 피복재 지급보험금=min(손해액−자기부담금, 보험가입금액)
=min(3,000,000원−300,000원, 3,000,000원) = 2,700,000원

• 피복재 자기부담금=100,000원≤(손해액의 10%)≤300,000원 ⇨ 300,000원

참고 • 비가림 시설 지급보험금 산정시 상황별 자기부담금산식

구 분	자기부담금	지급보험금
비가림시설 손해	30만원≤손해액의 10%≤100만원	min(손해액−자기부담금,보험가입금액)
피복재 단독사고	10만원≤손해액의 10%≤30만원	
화재손해	없 음	

10 농작물재해보험 종합위험 대추 비가림시설 보험가입내용과 태풍으로 인한 피해조사내용이다. 다음 물음에 답하시오.(단, 재조달가액은 변동이 없는 것으로 하며, 제시된 내용 이외 조건은 고려하지 않음) [15점]

○ 계약 및 조사내용

계약자	보험가입면적	보험가입금액	피해내용 및 복구여부
A	1,600㎡	재조달가액의 80%	○ 비가림시설 전체 파손 ○ 설치 2년경과 ○ 경년감가상각률 30% ○ 고정감가 ○ 미복구 ○ ㎡당 시설비 : 19,000원/㎡
C	2,000㎡	재조달가액의 120%	○ 비가림시설 전체파손 ○ 전체 복구 ○ ㎡당 시설비 : 19,000원/㎡

1) A의 비가림시설 지급보험금을 구하시오.

2) C의 비가림시설 지급보험금을 구하시오.

답

정답 1) A의 비가림시설 미복구 지급보험금 =MIN (손해액-자기부담금, 보험가입금액)

=MIN(12,160,000원-1,000,000원, 24,320,000원)=11,160,000원

☞ 손해액 = 재조달가액×(1-감가상각률)=(1,600㎡×19,000원)×(1-60%)=12,160,000원

• 재조달가액 = 가입면적×단위면적당 시설비= 1,600㎡×19,000원/㎡=30,400,000원
• 감가상각률 = 연단위경과년수×경년감가상각률= 2×30%=60%
• 비가림시설 자기부담금=300,000원≤(손해액의 10%)≤1,000,000원 ⇨1,000,000원
• 보험가입금액 =30,400,000원×80% =24,320,000원

비가림시설보장 보험가입금액 : 비가림시설의 ㎡당 시설비에 비가림시설 면적을 곱하여 산정하며(산출된 가입금액에서 천 원 단위 절사), 산정된 금액의 80%~130% 범위 내에서 계약자가 보험가입금액 결정한다.(10%단위 선택) 단, 참다래 비가림시설은 계약자 고지사항을 기초로 보험가입금액을 결정한다.

2) C계약자의 지급보험금 =MIN(손해액-자기부담금, 보험가입금액)

=MIN(38,000,000원-1,000,000원, 45,600,000원)=37,000,000원

• 손해액 = 재조달가액 = 2,000㎡×19,000원=38,000,000원
• 자기부담금=300,000원≤(손해액의 10%)≤1,000,000원 ⇨1,000,000원
• 보험가입금액=재조달가의 120%=38,000,000원×120%=45,600,000원

보충 손해액의 산출기준 (약관 및 방법서 농업용시설물 · 부대시설보험금산정방법)

가. 손해를 입은 장소에서 실제로 수리 또는 복구를 한 경우 재조달가액 기준으로 손해액을 적용한다.

나. 손해를 입은 장소에서 실제로 수리 또는 복구를 하지 않은 경우와 손해 발생 후 180일이 경과하여도 수리 또는 복구의 서면 통지가 없을 경우에는 시가(감가상각된 금액)을 적용한다.

11 **농작물 재해보험 종합위험 수확감소보장방식 밤 품목의 계약사항과 수확전 조사내용을 참조하여 수확량을 구하시오.(단, 개당과중은 g단위로, 수확량은 kg단위로, 착과수는 소수점 첫째자리에서 반올림 할것)** **[5점]**

○ 계약사항

품 종	실제결과주수	평년수확량
석추 (5년생)	200주	1,000kg

○ 조사내용

미보상주수	고사주수	표본주 낙과수 합계	표본주 착과수 합계
4주	26주	200개	700개

과중조사 (180개)		낙과피해구성율	착과피해 구성율
과립지름 30mm 이하	과립지름 30mm초과	40%	20%
2,600g	3,800g		

답

정답 수확량=(품종별로){조사대상주수×주당착과수×개당과중×(1−착과피해구성율)}+{조사대상주수×주당낙과수×개당과중×(1−낙과피해구성율)}+ (주당 평년수확량× 미보상주수)

= {170주×88개/주×33g×(1−20%)}+{170주×25개/주×33g×(1−40%)}+(5kg×4주)

= 394.9kg + 84.1kg + 20kg = 499.0kg

- (품종별) 표본조사 대상주수 = 실제 결과주수 − 미보상주수 − 고사주수
  = 200주 − 4주 − 26주 = 170주
- (품종별) 주당 착과수 = 표본주 착과수합계 ÷ 표본주수=700개÷8주 = 87.5⇨88개/주
- (품종별) 개당과중 = 품종별{정상표본과실 무게+(소과표본과실무게×0.8)}÷표본과실수
  = {3,800g + (2,600g×0.8)} ÷ 180개 = 32.6 ⇨ 33g
- (품종별) 주당 낙과수= 표본주 낙과수합계 ÷ 표본주수 = 200개 ÷ 8주 = 25/주
- (품종별) 주당평년수확량 = 평년수확량 ÷ 실제결과주수 = 1000kg÷200주 = 5kg/주

12 농작물 재해보험 종합위험 과실손해보장방식 복분자 품목의 고사결과모지수를 산출하시오.(단, 각 모지수는 소수점 셋째자리에서 반올림 할 것) [5점]

가입면적	가입 포기수	평년결과모지수	표본구간 살아있는 결과모지수의 합
2,250㎡	1,500포기	7개	250개

표본포기 6송이 열매수의 합계	표본포기 6송이 피해열매수의 합계	자기부담비율	미보상비율
365개	92개	20%	10%

답

정답 • 종합위험 과실손해보장 고사결과모지수=평년결과모지수-(기준 살아있는 결과모지수-수정불량환산 고사결과모지수+미보상 고사결과모지수)
= 7개- (5개-0.51개+0.25개) = 2.26개

• 기준 살아있는 결과모지수= 표본구간 살아있는 결과모지수의 합 ÷ (표본구간×5)
= 250개 ÷ (10×5) = 5개

• 가입포기수 1,500포기 이상 2,000포기 미만일 때 표본포기수 : 10 (별표1-1 참조)

① 가입포기수를 기준으로 표본포기수를 선정
② 선정한 1표본포기 전후 2포기씩 추가하여 총 5포기를 1표본구간으로 함
③ 10표본포기를 선정한 경우에는 10개의 표본구간이 생기며, 10개의 표본구간에 총50포기가 있음 1표본포기 = 1표본구간 = 총 5포기

• 수정불량환산 고사결과모지수=표본구간 수정불량 고사결과모지수의 합÷(표본구간×5)
= 25.53 ÷ (10×5) = 0.510⇨0.51개

• 표본구간 수정불량 고사결과모지수= 표본구간 살아있는 결과모지수×수정불량환산계수
= 250개 × 10.21% = 25.525 ⇨25.53개

• 수정불량환산계수 = (수정불량결실수 ÷ 전체결실수) - 자연수정불량률(15%)
=최댓값((표본포기 6송이피해 열매수의 합÷표본포기 6송이 열매수의 합계)-15%,0)
=최댓값{(92개÷365개)-15%,0} = 0.10205 ⇨10.21%

• 미보상 고사결과모지수=최댓값({평년결과모지수 - (기준 살아있는 결과모지수 - 수정불량환산 결과모지수)} × 미보상비율, 0)
=max[{7개-(5개-0.51개)}×10%, 0]=0.251⇨0.25개

13 농작물 재해보험 특정위험 과실손해보장방식 복분자 품목의 고사결과모지수를 산출하시오.(단, 종합위험 과실손해조사를 실시하였으며, 각 모지수는 소수점 셋째자리에서 반올림 할 것) [5점]

가입면적	가입 포기수	평년결과모지수	표본구간 살아있는 결과모지수의 합
2,250㎡	1,500포기	7개	250개

표본포기 6송이 열매수의 합계	표본포기 6송이 피해열매수의 합계	누적수확감소 환산계수	미보상비율	자연수정 불량률
365개	92개	65%	10%	15%

답

정 답 • 특정위험과실손해보장 고사결과모지수

= 수확감소환산고사결과모지수−미보상고사결과모지수 = 2.92개 − 0.29개 = 2.63개

• 수확감소환산 고사결과모지수 (종합위험 과실손해조사를 실시한 경우)

=(기준 살아있는 결과모지수 −수정불량환산 고사결과모지수)×누적수확감소환산계수

= (5개−0.51개)×65% = 2.918 ⇨ 2.92개

• 기준 살아있는 결과모지수 = 표본구간 살아있는 결과모지수의 합 ÷ (표본구간×5)

= 250개 ÷ (10×5) = 5개

• 수정불량환산 고사결과모지수 = 표본구간 수정불량 고사결과모지수의 합÷(표본구간×5)

= 25.53 ÷ (10×5) = 0.510⇨0.51개

• 표본구간 수정불량 고사결과모지수 = 표본구간 살아있는 결과모지수×수정불량환산계수

= 250개 × 10.21% = 25.525 ⇨25.53개

• 수정불량환산계수 = (수정불량결실수 ÷ 전체결실수) − 자연수정불량률(15%)

=최댓값((표본포기 6송이 피해열매수의 합÷표본포기 6송이 열매수의 합계)−15%,0)

=최댓값{(92개÷365개)−15%,0} = 0.10205 ⇨10.21%

• 미보상 고사결과모지수=수확감소환산 고사결과모지수×최댓값(특정위험 과실손해조사별 미보상비율)

=2.92개×최댓값(10%)=0.292⇨0.29개

14 농작물 재해보험 수확전 종합위험 과실손해보장방식 복분자 품목의 ① 고사결과모지수와 ② 피해율 및 ③ 과실손해보험금을 산출하시오.(단, 종합위험 과실손해조사를 실시하였으며, 각 모지수는 소수점 셋째자리에서 반올림하고, 피해율은 %단위 소수점 셋째자리에서 반올림하고 제시이외 조건은 고려하지 않음)[15점]

보험가입금액	가입 포기수	평년결과모지수	표본구간 살아있는 결과모지수의 합	자기부담비율
6,000,000원	1,500포기	7개	250개	20%

표본조사 결과		누적수확감소 환산계수	표본구간수	미보상비율	
전체 결실수	수정불량결실수			종합위험조사	특정위험조사
500개	250개	22%	10	10%	10%

답

정답 ① 고사결과모지수 = 종합위험 과실손해고사결과모지수+ 특정위험과실손해 고사결과모지수
= 3개 + 0.65개 =3.65개

• 종합위험 과실손해고사결과모지수
= 평년결과모지수-(기준 살아있는 결과모지수 - 수정불량환산 고사결과모지수 +미보상 고사결과모지수)
= 7-(5 - 1.75 + 0.75)=3

• 기준 살아있는 결과모지수= 표본구간 살아있는 결과모지수의 합÷(표본구간×5)
= 250개 ÷ (10×5) = 5개

• 수정불량환산 고사결과모지수=표본구간 수정불량 고사결과모지수의 합÷(표본구간×5)
= 87.5÷ (10×5) = 1.75

• 표본구간수정불량고사결과모지수 = 표본구간 살아있는 결과모지수×수정불량환산계수
= 250×0.35=87.5

• 수정불량환산계수 = (수정불량결실수 ÷ 전체결실수) - 자연수정불량률
= (250 ÷ 500) - 0.15 = 0.35

• 미보상 고사결과모지수 = 최댓값({평년결과모지수 - (기준 살아있는 결과모지수 - 수정불량환산 결과모지수)} × 미보상비율, 0)
= 최댓값({7 - (5 - 1.75)} × 0.2, 0)=0.75

• 특정위험과실손해고사결과모지수 = 수확감소환산고사결과모지수 - 미보상고사결과모지수
= 0.72개-0.07개=0.65개

• 수확감소환산 고사결과모지수 (종합위험 과실손해조사를 실시한 경우)
= (기준 살아있는 결과모지수 - 수정불량환산 고사결과모지수)×누적수확감소환산계수
= (5개-1.75개)×22%=0.715개 =0.72개

•미보상고사결과모지수=수확감소환산고사결과모지수×최댓값(특정위험과실손해조사별미보상비율) =0.72개× 10% = 0.072⇨0.07개

② 피해율 = 고사결과모지수 ÷ 평년결과모지수 = 3.65개 ÷7개=0.5214

③ 지급보험금 = 보험가입금액×(피해율-자기부담비율)
= 6,000,000원×(52.14% - 20%) = 1,928,400원

15 수확전 종합위험 과실손해보장방식 무화과 품목의 아래 계약사항과 조사내용을 참조하여 ① 수확 전 사고 피해율과 ② 금차피해율 및 ③ 과실손해보험금을 산출하시오.(단, 금차 피해율 계산시 금차결과지 피해율에서 전차결과지 피해율은 차감하고 계산하며, 피해율은 %단위로 소수점 셋째자리에서 반올림하고 제시이외 조건은 고려하지 않음) [15점]

O 계약사항 및 수확전 사고 조사내용

보험가입금액	평년수확량	수확량	자기부담비율	미보상비율
8,000,000원	180kg	120kg	20%	10%

O 9월 10일 사고발생

- 피해율 : 5%
- 결과지 피해율 : 15%

O 10월 10일 사고발생 조사내용

- 보상고사결과지수 14개
- 미보상고사결과지수 6개
- 정상결과지수 20개
- 착과피해율 40%

답

정답 1) 수확전사고피해율 = (평년수확량 - 수확량 - 미보상감수량) ÷ 평년수확량
= (180kg - 120kg - 6kg)÷ 180kg = 0.3 ⇨ 30%

- 미보상감수량= (평년수확량-수확량)×미보상비율
= (180kg-120kg)×0.1 = 6kg

2) 10.10피해율=[(1-수확전사고피해율)×잔여수확량비율×(금차결과지피해율-전차결과지피해율)
= [(1- 0.3)×0.246×(0.55-0.15)] = 0.0689= 6.89%

- 잔여수확량비율 = (100-67) - (0.84×사고발생일자) = (100-67)-(0.84×10)= 24.6%
- 무화과 품목 사고발생일에 따른 잔여수확량 산정식

사고발생 월	잔여수확량 산정식(%)	
8월	{100 - (1.06×사고발생일자)}	{100 - (1.06×사고발생일자)}
9월	{(100-33) - (1.13×사고발생일자)}	{67 - (1.13×사고발생일자)}
10월	{(100-67) - (0.84×사고발생일자)}	{33 - (0.84×사고발생일자)

- 결과지피해율={고사결과지수+(미고사결과지수×착과피해율)-미보상고사결과지수}÷기준결과지수 = {20+(20×0.4)-6} ÷ 40 = 0.55 ⇨55%
- 고사결과지수 = 보상고사결과지수 + 미보상고사결과지수
= 14+6 = 20개
- 미고사결과지수 = 정상결과지수 : 20개
- 기준결과지수 = 고사결과지수+미고사결과지수 = 고사결과지수+정상결과지수
= 20+20=40개

3) 과실손해보험금 = 보험가입금액×(피해율-자기부담비율)
= 8,000,000원×(41.89%-20%) = 1,751,200원

- 과실손해피해율 = 수확전사고피해율 + 전차피해율 + 금차피해율
= 30% + 5%+ 6.89% = 41.89%

※ 피해율은 7월 31일 이전 사고피해율과 8월 1일 이후 사고피해율을 합산한다

16 **농작물 재해보험 종합위험 과실손해보장방식 감귤 품목의 아래 조사내용을 참조하여 과실손해 조사 피해율을 산출하시오.(단, 수확전 사고조사를 실시하였으며, 피해율은 %단위로 소수점 셋째자리에서 반올림하고, 과실수는 소수점 첫째자리에서 반올림하고 제시이외 조건은 고려하지 않음)[15점]**

○ 수확전 사고조사 내용

품 종	가입면적	표본주 조사	자기부담비율	미보상비율
온주귤 (6년생)	5,000㎡	3주선정	20%	10%

○ 수확전 피해과실조사내용

정상과실	100%형 피해과실	보상하는 재해 낙과과실	병충해입은 과실	생리적낙과 과실	부분착과 피해과실
420개	30개	40개	5개	20개	120개

○ 금차 사고조사사항

품 종	가입면적	표본주 조사	자기부담비율	미보상비율
온주귤(6년생)	5,000㎡	2주선정	20%	15%

○ 표본주 피해과실조사내용

구분	정상과실	30%형 피해과실	50%형 피해과실	80%형 피해과실	100%형 피해과실	병충해 입은 과실
등급내과실	180	10	20	30	45	5
등급외과실		10	30	20	40	10

답

정 답 (수확전 사고조사 결과가 있는 경우) 과실손해피해율 = [(최종 수확전 과실손해 피해율÷(1−최종 수확전 과실손해 조사 미보상비율)) + {(1 − (최종 수확전 과실손해 피해율 ÷ (1 − 최종 수확전 과실손해 조사 미보상비율))) × (과실손해 피해율 ÷ (1 - 과실손해미보상비율))}] × {1 - 최댓값(최종 수확전 과실손해 조사 미보상비율, 과실손해 미보상비율)}

$$=[[(\frac{\text{최종수확전과실손해피해율}}{(1-\text{최종수확전과실손해조사미보상비율})})$$

$$+(1-\frac{\text{최종수확전과실손해피해율}}{(1-\text{최종수확전과실손해조사미보상비율})})\times(\frac{\text{과실손해피해율}}{(1-\text{과실손해미보상비율})})]$$

$$\div[1-\text{최댓값}(\text{최종수확전과실손해조사미보상비율},\text{과실손해미보상비율})]$$

$$= [\frac{0.0992}{(1-0.1)} +\{(1 - \frac{0.0992}{(1 - 0.1)})\times(\frac{0.2529}{(1 - 0.15)})\}] \times \{1 - 0.15\}$$

$$= [0.1102+ (0.8898 \times 0.2975)] \times \{0.85\} = 0.3187 = 31.87\%$$

• 수확전 과실손해 피해율 $=(\frac{\text{100\%형 피해과실수}}{(\text{정상 과실수 + 100\%형 피해과실수})})\times(1-\text{미보상비율})$

$$=(\frac{\text{70개}}{(\text{565개 + 70개})})\times(1-0.1) = 0.09921 = 9.92\%$$

☞ 선정된 과실 중 보상하지 않는 손해(병충해, 생리적 낙과 포함)에 해당하는 과실과 부분 착과 피해과실은 정상과실로 구분한다.
- 정상과실수 = 420+5+20+120 = 565개,
- 100%형 피해과실 = 100% 피해과실 + 보상하는 재해 낙과과실 = 30개 + 40개 = 70개

100%형 피해 과실은 착과된 과실 중 100% 피해가 발생한 과실 및 보상하는 재해로 낙과된 과실을 말한다. (방법서 429p)

• 과실손해 피해율 $=(\frac{(\text{등급 내 피해과실수+등급 외 피해과실수}\times 50\%)}{\text{기준과실수}})\times(1-\text{미보상비율})$

$$= (\frac{\text{82개}+(\text{74개}\times 0.5)}{\text{400개}})\times(1 - 0.15) = 0.2529 = 25.29\%$$

☞ 등급 내 피해 과실수 = (등급 내 30%형 과실수 합계×0.3) + (등급 내 50%형 과실수 합계×0.5) + (등급 내 80%형 과실수 합계×0.8) + (등급 내 100%형 과실수×1)
= (10×0.3) + (20×0.5) + (30×0.8) + (45×1) =82개

☞ 등급 외 피해 과실수 = (등급 외 30%형 과실수 합계×0.3) + (등급 외 50%형 과실수 합계×0.5) + (등급 외 80%형 과실수 합계×0.8) + (등급 외 100%형 과실수×1)
= (10×0.3) + (30×0.5) + (20×0.8) + (40×1) =74개

17 A과수원 농작물 재해보험 종합위험 수확감소보장방식 매실 품목의 계약사항과 수확개시 전 수확량조사에서 조사내용을 참조하여 수확 5일전 최초조사인 경우 피해율과 수확량을 구하시오.(단, 수량은 kg단위 소수점 셋째자리에서 반올림 하고 피해율은 %단위 소수점 셋째자리에서 반올림 하며 제시 외 조건은 고려하지 않음) (5점)

O 계약내용

품종	가입주수	평년수확량	자기부담비율
남고 5년생	120주	2,000kg	20%
백가하 8년생	80주	2,500kg)	

O 조사내용

품종	실제결과주수	미보상주수	고사주수	표본주 착과량	비대추정지수	착과피해 구성율
남고(5년생)	120주	0주	5주	50kg	1.117	30%
백가하(8년생)	80주	8주	0주	46kg	1.144	30%

※ 백가하 품종은 표본주당 절반 조사한 착과량임. 미보상비율 10%

답

정답 •피해율=(평년수확량-수확량-미보상감수량)÷평년수확량
=(4,500kg-2,917.22kg-158.28kg)/4,500kg =0.31655⇨31.66%
•수확량={품종별 · 수령별 표본조사대상주수×품종별 · 수령별주당착과량×(1-착과피해구성율)}
+(품종별 · 수령별주당평년수확량×품종별 · 수령별미보상주수)
=899.19kg+2,018.03kg=2,917.22kg
• 남고수확량={115주×11.17kg×(1-30%)}+(16.67kg×0)=899.185⇨899.19kg
• 백가하수확량={72주×35.08kg×(1-30%)}+(31.25kg×8주)
=1,768.03+250⇨ 2,018.03kg
• 남고표본주수=7주×115주/187주=4.3⇨5주,
• 백가하표본주수=7주×72주/187주=2.6⇨3주
• 남고품종 주당착과량 = 표본주착과무게/표본주수 =55.85kg/5=11.17kg
⇨ 표본주착과무게 = 조사수확량×비대추정지수 = 50kg×1.117=55.85kg
•백가하품종 주당착과량=표본주착과무게/표본주수=105.25kg/3=35.083⇨35.08kg
⇨표본주착과무게=조사수확량×비대추정지수×2
=46kg×1.144×2=105.248⇨105.25kg
• 남고품종 주당 평년수확량=2,000kg/120주=16.666 ⇨16.67kg
• 백가하품종 주당 평년수확량=2,500kg/80주=31.25kg
• 미보상감수량=(평년수확량-수확량)×미보상비율
=(4,500kg-2,917.22kg)×10%=158.278⇨158.28kg

〈 매실, 대추, 살구품목 표본주수표〉

조사대상주수	표본주수	조사대상주수	표본주수
100 미만	5	500 이상~1,000 미만	12
100 이상~300 미만	7	**1,000 이상**	**16**
300 이상~500 미만	9		

18 다음의 각 농지에 대한 벼 조사 내용이다. 각 해당 농지 보험금 신청가능 또는 면책여부와 그 근거를 쓰시오.(단, 제시 외 조건은 고려하지 않음) [15점]

1) 2021년 4월 20일 보험에 가입하고 장기간 가뭄피해가 극심하여 이앙을 하지 못해 2021년 8월 2일에 보험금 신청한 가입면적 3,000㎡, 보험가입금액 3,000,000원, 이앙직파불능면적 3,000㎡ 인 농지로 논둑정리와 제초제 살포 등 통상적인 영농 활동을 하지 않은 A농지

2) 2021년5월 6일 보험을 가입하고 보상하는 재해 사유로 2021년 8월 10일에 직파불능보험금 신청한 가입면적 3,000㎡, 보험가입금액 3,000,000원, 직파불능면적 3,000㎡의 B농지

3) 2021년 4월 30일 보험에 가입하고 보상하는 재해로 2021년 7월 31일에 이양직파 불능보험금 신청한 가입면적 3,000㎡, 보험가입금액 3,000,000원, 이앙직파불능 면적 2,000㎡, 논둑정리와 제초제 살포 등 통상적인 영농활동을 한 C농지

답

정답 1) 면책농지

근거 : 보상하는 손해이고 이앙한계일인 7월31일까지 이앙하지 못해 이앙불능보험금 신청은 가능하나 이앙 전 통상적인 영농활동 실시하지 않아 면책농지임.

2) 보험금 신청가능농지

근거 : 보상하는 손해이고 직파한계일인 7월31일까지 직파하지 못해 직파불능보험금 신청 가능한 농지임.

즉, 지급보험금=보험가입금액×**15%** = 3,000,000원 ×**15%** = **450,000원**

3) 면책농지

근거 : 보상하는 손해이고 이앙한계일인 7월31일이 경과하지 않았고 농지 중 1,000㎡는 이앙하고 2,000㎡는 이앙하지 못해 농지전체를 이앙하지 않은 경우에 해당되어 면책농지임.

☞ 이앙직파불능보험금은 보험기간내 보상하는 재해로 농지전체를 이앙직파하지 못하게 된 경우 보험가입금액의 **15%**를 지급하고 해당농지 보험계약은 소멸한다

19 종합위험 수확감소보장 논작물 벼에 관한 내용으로 아래와 같이 보험가입하고 다음 제시된 보험사고가 발생하여 배정된 손해평가사가 표본조사를 하였다. 다음 물음에 답하시오.(단, 중량은 g단위, 미보상감수량은 kg단위 소수점 첫째자리에서 반올림하고, 피해율은 %단위 소수점 셋째자리에서 반올림하여 둘째자리에서 구하고 보험금은 원단위미만은 절사하고 주어진 조건이외 다른 조건은 고려하지 않음) [15점]

O 계약내용

품종	가입면적	실제 경작면적	평년 수확량	가입가격	자기 부담비율	병해충 보장특약	가입비율
신동진 (메벼)	6,000㎡	6,000㎡	5,220kg	1,500원/kg	20%	가입	100%

O 조사내용

사고내용	고사 면적	타작물/ 미보상면적	기수확 면적	표본구간 면적합계	표본구간작물 중량합계	함수율	미보상비율
호우/ 깨씨무늬병	500㎡	700㎡	300㎡	1.68㎡	560g	20.5%	5%

1) 수확량을 구하시오.(계산과정 포함)
2) 수확감소에 따른 피해율을 구하시오.
3) 수확감소보험금을 구하시오.

답

정 답

1)수확량 = (표본구간 단위면적당 유효중량×조사대상면적)+{단위면적당 평년수확량 × (고사면적 + 타작물 및 미보상면적 + 기수확면적)}

= (290g/㎡×4,500㎡)+(870g/㎡×1,000㎡) = 1,305kg+ 870kg=2,175kg

☞표본구간 단위면적당 유효중량 = 표본구간 유효중량 ÷ 표본구간면적

= 487g÷1.68㎡ =289.88g/㎡ ⇨290g/㎡

표본구간 유효중량 = 표본구간 작물중량 합계×(1-Loss율)× $\frac{(1-함수율)}{(1-기준함수율)}$

Loss율 : 7% / 기준함수율 : 메벼(15%), 찰벼(13%)

☞ 조사대상면적 = 실제경작면적 - 고사면적 - 타작물 및 미보상면적 - 기수확면적

= 6,000㎡-500㎡-700㎡-300㎡= 4,500㎡

☞단위면적당 평년수확량=평년수확량÷실제경작면적=5,220kg÷ 6,000㎡=0.87kg/㎡

2) 피해율 = (평년수확량-수확량-미보상감수량)÷평년수확량

= (5,220kg - 2,175kg - 152kg) ÷ 5,220kg =0.55421 ⇨ 55.42%

• 미보상감수량 = (평년수확량-수확량)×미보상비율

= (5,220kg-2,175kg)×5%=152.25kg ⇨152kg

3) 보험금 = 보험가입금액×(피해율-자기부담비율)

= 7,830,000원×(55.42%-20%) = 2,773,386원

• 보험가입금액 = 가입수확량×가입가격

= 5,220kg×1,500원 = 7,830,000원

⇨ 가입수확량= 평년수확량의 100% = 5,220kg

20 **농작물재해보험 종합위험 수확감소보장 벼 보험에 가입하고 아래 제시된 보험사고가 발생하여 전수조사를 한 경우 물음에 답하시오.(단, 수확량, 미보상감수량은 kg단위로 소수점 첫째자리에서 반올림하고, 피해율은 %기준 소수점 셋째자리에서 반올림하여 둘째자리에서 구하고 보험금은 원단위미만은 절사하고 주어진 조건이외 다른 조건은 고려하지 않음) [15점]**

○ 계약내용

품종	가입 면적	실제경작 면적	평년수확량	보험가입금액	자기부담 비율	병해충특약
새누리 (메벼)	4,850㎡	4,850㎡	4,365kg	6,280,000원	20%	가입

○ 조사내용

사고내용	고사 면적	타작물 및 미보상면적	기수확 면적	작물중량	함수율	미보상비율
태풍, 깨씨무늬병	350㎡	500㎡	150㎡	1,350kg	22.5%	5%

1) 수확량을 구하시오.(최종수확량은 kg단위, 조사대상면적 수확량, 단위면적당 평년수확량은 g단위 소수점 첫째자리에서 반올림하시오)

2) 수확감소보험금을 구하시오.

답

정 답

1) 수확량 = 조사대상면적수확량+{단위면적당 평년수확량×(타작물 및 미보상면적+기수확면적)}

= 1,230.88kg + {0.9kg×(500+150)㎡} = 1,815.88kg ⇨ 1,816kg

☞ 조사대상면적 수확량 = 작물 중량 × {(1 - 함수율) ÷ (1 - 기준함수율)}

= 1,350kg×{(1-22.5%)÷(1-15%)} = 1,230.88kg

☞ 단위면적당 평년수확량 = 평년수확량 ÷ 실제경작면적

= 4,365kg ÷ 4,850㎡ = 0.9kg/㎡

2) 수확감소보험금 = 보험가입금액×(피해율 - 자기부담비율)

= 6,280,000원×(55.49%-20%) = 2,228,772원

☞ 피해율 = (평년수확량-수확량-미보상감수량)÷평년수확량

=(4,365-1,816-127)kg ÷ 4,365kg = 0.55486 ⇨ 55.49%

☞ 미보상감수량= (평년수확량-수확량)×미보상비율

= (4,365-1,816)kg×5% = 127.45kg ⇨127kg

※ 병해중단녹사고가 아니므로 깨시무늬병은 무시하고 문제를 푼다,

21 **종합위험 벼 품종의 다음 제시된 계약내용을 이론서에서 정하는 기준에 따라 물음에 답하시오. (단, 소수점 미만은 절사하고 주어진 조건이외 다른 조건은 고려하지 않음)** [15점]

O 계약사항

O 해당농지는 2021년도에 처음 보험에 가입한 후 2023년까지 계속 가입하였고 2024년 다시 가입하려는 농지임	
O 계약자는 가입 가능한 최저자기부담비율을 선택함	
O 최근 3년간 누계 보험금 수령액 : 1,000,000원	
O 최근 3년간 순 보험료 : 2,000,000원	
O 평년수확량 : 7,000kg,	O 가입수확량 : 7,000kg,
O 가입가격 1,200원/kg,	
O 지자체지원 : 순보험료의 30%,	
O 순보험요율 : 10%,	O 직파재배 할증률 : 5%,
O 손해율에 따른 할인할증률 : -1023%	O 친환경 재배 시 할증률 : 0%

1) 자기부담비율산정을 위한 손해율을 구하고 계약자가 가입 가능한 최저 지기부담비율을 구하고 그 근거를 쓰시오.
2) 계약사항을 참조하여 계약자부담 보험료를 구하시오.
3) 수확불능보험금을 산출하시오,

답

정 답 1) 손해율 = $\frac{3년간\ 수령한\ 보험금}{최근\ 3년간\ 순보험료} = \frac{1,000,000원}{2,000,000원} = 50\%$

- 최근 3년 연속가입하고 3년간 수령한 보험금이 순보험료의 **120% 미만**인 경우 가입 가능한 최저자기부담비율은 10%이다.

2)계약자부담보험료 = 주계약순보험료×(1− 정부보조비율 − 지자체지원비율)
= 793,800원×(1 − 41% − 30%) = 230,202원

정부의 농가부담보험료 지원 비율**(2024년 기준)**

구분	품목	보장 수준 (%)				
		60	70	80	85	90
국고 보조율 (%)	사과, 배, 단감, 떫은감	60	60	50	38	**33**
	벼	60	55	50	**44**	**41**

- 주계약순보험료 = 보험가입금액×순보험요율 ×(1+ 손해율에 따른 할인 · 할증률)
×(1+친환경 재배 시 할증률)×(1+ 직파재배 농지 할증률)
= 8,400,000원×10%×(1−10%)×(1+0)×(1+5%)=793,800원
- 보험가입금액 = 가입수확량×가입가격 = 7,000kg×1,200원 = 8,400,000원

3) • 수확불능보험금 = 보험가입금액 × 60% (자기부담비율 10%)
= 8,400,000원×60%=5,040,000원

자기부담비율	10%형	15%형	20%형	30%형	40%형
수확불능보험금	보험가입금액의 60%	57%	55%	50%	45%

22 종합위험보장 벼 상품의 아래 농지에 대해 벼 조사한 내용이다. 해당농지의 재이앙 보험금지급여부 및 지급가능시 보험금을 산출하고, 보험계약 소멸여부를 쓰시오.(단, 제시 외 조건은 고려하지 않음)[15점]

A 농지	• 4월 1일 벼보험에 가입 • 6월 29일 호우로 피해가 발생 • 6월 30일 사고접수 • 두차례 걸쳐 사고조사 - 보험가입면적 2,000㎡, - 보험가입금액 2,000,000원, - 모피해 면적 1,000㎡, - 7월 15일 재이앙 면적 600㎡임

답

정답 ① 지급여부 : 호우피해이며, 보장종료일인 7월31일 이내 사고로 면적피해율이 30%(600㎡/2,000㎡)로 지급기준인 10%를 초과하고 재이앙하였으므로 재이앙보험금 지급대상이다.

면적피해율이 10%초과하여 지급대상여부를 판단하는 기준은 모피해면적이 아닌 재이앙면적이다, 즉 재이앙재직파하지 않은 면적은 피해면적에서 제외된다.

② 재이앙보험금 = 보험가입금액×25%×면적피해율

= 2,000,000원×25%×(600㎡/2,000㎡) = 150,000원

③ 보험계약 소멸여부 : 재이앙재직파 보험금은 농지당 1회에 한하여 지급하고 지급한 때에도 보험계약은 소멸하지 않는다.

23 **종합위험 수확감소보장 논작물 벼 품목의 아래 계약사항과 조사내용을 참조하여 표본구간면적, 표본구간 유효중량 및 적용함수율을 구하시오.(단, 표본구간면적은 ㎡단위로, 유효중량은 g단위로 소수점셋째자리에서 반올림하고, 적용함수율은 %단위로 소수점 둘째자리에서 반올림하며, 제시이외 조건은 고려하지 않음)** [5점]

O 품종 :신동진(메벼)	O 보험가입금액 : 4,000,000원
O 실제경작면적 : 3,200㎡	O 조사대상면적 : 3,000㎡ (표본구간수 5)
O 자기부담비율 : 20%	O 평년수확량 : 2,200kg

O 정상적인 표본조사실시	O 4포기 길이 : 72cm 일정
O 포기당간격 : 30cm	O 표본구간중량합계 : 320g
O 함수율 5회실시 (20%, 18.5%, 21%, 16.8%, 17.2%)	

답

정답 • 표본구간면적 = 4포기 길이 × 포기당 간격 × 표본구간 수
= (0.72m × 0.3m) × 5구간 = 1.08㎡

• 표본구간 유효중량 = 표본구간 작물중량 합계 × (1-Loss율)×(1-함수율)/(1-기준함수율)
= 320g × (1-7%)×(1-18.7%) ÷ (1-15%) = 284.645⇨ 284.65g

• 적용함수율 = (20%+18.5%+21%+16.8%+17.2%) ÷ 5 = 18.7%

참고 • Loss율 7%적용 : 벼와 밀 수확량 표본조사 표본구간 유효중량산출시 적용
• 기준함수율 : 메벼 : 15%, 콩, 팥, **분질미 :** 14% 찰벼, 밀, 보리 : 13%,

24 농작물재해보험 종합위험보장 인삼 해가림시설 보험에 2022년 11월 2일 가입하여 아래와 같이 피해를 입었다. 다음 물음에 답하시오.(단, 재조달가액은 변동이 없는 것으로 하며, 제시된 내용 이외 조건은 고려하지 않으며 비율은 소수점이하 셋째자리에서 반올림함) [15점]

O 계약내용

구분	설치면적	시설비(원)/㎡	재료	설치연월	보험가입금액 (천원단위미만 절사)
B계약자	1,000㎡	5,500원/㎡	목재	2020. 4.	4,033,000원

O 사고내용

사고일	피해면적	사고원인	잔존물제거비용
2023.2.14	1,000㎡ (전체파손)	폭설	1,000,000원

1) B계약자의 해가림시설 지급금액을 구하시오.

답

정 답 1) 지급금액 = MIN(손해액 - 자기부담금+잔존물제거비용, 보험가입금액)

= MIN(4,033,700원 - 403,370원+403,370원, 4,033,000원)

= 4,033,000원

※ 해가림시설 보험금과 잔존물 제거비용의 합은 보험가입금액을 한도로 한다.

☞ 피해액 = 1,000㎡×5,500원/㎡ = 5,500,000원

실제 피해에 대한 복구비용을 기평가한 재조달가액으로 산출한 피해액을 산정한다.

☞ 보험가액= 재조달가액×(1-감가상각률)= 5,500,000원×(1-26.66%)=4,033,700원

⇨ 재조달가액 = 단위면적당시설비×재배면적 = 5,500원/㎡×1,000㎡= 5,500,000원

⇨ 감가상각률 = 경년감가율 × 경과년수 = 13.33%×2년 = 0.2666 ⇨ 26.66%

감가상각은 보험가입시점을 기준으로 적용하며, 보험가입금액은 보험기간 동안 동일하다. 예) 시설년도 : 2020. 4. 가입시기 : 2022. 11. 2 경과기간 : 2022. 11. 2- 2020. 4. = 2년 7개월 → 경과기간 2년 적용

산출된 피해액에 대하여 감가상각을 적용하여 손해액을 산정한다. (원칙) 다만, 피해액이 보험가액의 20% 이하인 경우에는 감가를 적용하지 않고, 피해액이 보험가액의 20%를 초과하면서 감가 후 피해액이 보험가액의 20% 미만인 경우에는 보험가액의 20%를 손해액으로 산출한다.

손해액 = 중간값 (피해액 ×(1- 감가상가율), 피해액, 보험가액의 20%)

= 중간값 (4,033,700원, 5,500,000원, 806,740원) = 4,033,700원

☞ 자기부담금 = 100,000원≤(손해액의 10%) ≤1,000,000원 ⇨ 403,370원

☞ 해가림시설 보험금 = 손해액 - 자기부담금=4,033,700원-403,370원= 3,630,330원

※ 잔존물제거비용 = 실제잔존물제거비용 - 자기부담금

= 1,000,000원 - 100,000원(잔존물제거비용의 10%) =900,000원인데

잔존물 제거비용은 손해액의 10%를 초과할 수 없다.따라서 잔존물제거비용은 다음과 같다.

☞ 잔존물제거비용 = MIN(잔존물제거비용, 손해액×10%)

= MIN(900,000원, 403,370원) = 403,370원

25 A는 농작물재해보험 인삼 해가림시설 보험에 2020년 11월 10일 가입하여 아래와 같이 피해를 입었다. 다음 물음에 답하시오.(단, 재조달가는 변동이 없는 것으로 하며, 제시된 내용 이외 조건은 고려하지 않으며 비율은 소수점이하 셋째자리에서 반올림하며 면적 및 칸은 소수점 첫째자리에서 반올림함)(15점)

O 계약내용

재배칸수	설치단가	재료	시설연도	가입연도
250칸	5,500원/㎡	목재	2018. 4.	2020년 11월

O 사고내용

사고일	총피해칸수	사고원인	잔존물제거비용	지주목간격	고랑폭	두둑폭
2021.1.20	100칸	폭설	580,000원	2m	0.5m	1.5m

O 총 피해칸수에 대한 피해정도 조사내용

손해정도	1%~20%	21%~40%	41%~60%	61%~80%	81%~100%
칸	10	20	10	6	54

1) A계약자의 해가림시설 보험가액을 구하시오.

2) A계약자의 해가림시설 지급보험금을 구하시오.

답

정답 1) 보험가액=재조달가액×(1-감가상각률)=5,500,000원×(1-26.66%)=4,033,700원

- 재조달가액=단위면적당시설비×재배면적 = 단위면적당시설비×[재배칸수×(두둑폭+이랑폭)×지주목간격]= 5,500원/㎡ × [250칸× (0.5+1.5)m× 2m] = 5,500,000원
- 감가상각률 = 경년감가율 × 경과년수 = 13.33% × 2년 = 0.2666 => 26.66%

2) 지급보험금 = min(손해액-자기부담금+잔존물제거비용, 보험가입금액, 보험가액)
= min(1,206,883원-120,688원+120,688원, 4,033,000원, 4,033,700원)
= 1,206,883원

- 보험가입금액 = 재조달가액×(1-감가상각률)
=5,500,000원×(1-26.66%)=4,033,700원(천원단위 절사하므로 4,033,000원
- 손해액 = med(감가 후 피해액, 피해액, 보험가액×20%)
= med(1,206,883원,1,645,600원, 806,740원) =1,206,883원
- 감가 후 피해액=피해액×(1-감가상각률)=1,645,600원× (1-26.66%)=1,206,883원
- 피해액= 피해칸 면적×재조달단가 = 피해칸수×(두둑폭+이랑폭)× 지주목간격 × 재조달단가
= (100칸× 74.8%)×(1.5+0.5)m×2m×5,500원/㎡
= 299.2㎡ ×5,500원/㎡=1,645,600원

$$\text{•피해칸손해정도비율} = \frac{(20\%\text{형}\times0.2)+(40\%\text{형}\times0.4+60\%\text{형}\times0.6+80\%\text{형}\times0.8+100\%\text{형}\times1)}{\text{피해칸수 합계}}$$

$$= \frac{(100.2)+(20\times0.4+10\times0.6+6\times0.8+54\times1)}{100\text{칸}} = 74.8/100=74.8\%$$

- 자기부담금 = 100,000원 ≦ (손해액의 10%) ≦ 1,000,000원 =>120,688원
- 잔존물제거비용 = min(실제잔존물제거비용-자기부담금, 손해액×10%)
= min(522,000원, 120,688원)
= 120,688원

26 농작물재해보험 특정위험보장 인삼 품목에 보상하는 재해에 해당하는 피해가 발생하여 전수조사를 하였다. 다음 계약내용과 조사내용을 보고 지급보험금을 계산하시오 (단, 수확량과 감수량은 kg단위 소수점 셋째자리에서 반올림하고 제 비율과 피해율은 %단위로 소수점 셋째자리에서 반올림하며 제시된 내용 이외 조건은 고려하지 않음) [15점]

○ 계약내용

연근별보상가액			가입면적	보험의 목적	자기부담비율	가입년도 기준수확량
2년근	3년근	4년근				
10,200원	11,600원	13,400원	1,000㎡	인삼 3년근	20%	0.64kg/㎡

○ 조사내용

실제경작칸수	금차수확칸수	지주목간격	두둑폭	고랑폭	조사수확량	미보상비율
200칸	120칸	2m	2m	0.5m	180kg	10%

답

정답 지급보험금 = 보험가입금액×(피해율−자기부담비율)

= 13,400,000원×(29.06%−20%) = 1,214,040원

보험가입금액 = (보험가입년도의 연근+1년보상가액)×가입면적 =13,400,000원

☞ 피해율 $= (1- \frac{\text{수확량}}{\text{연근별 기준수확량}}) \times \frac{\text{피해면적}}{\text{재배면적}}$

$= (1- \frac{0.33kg/m^2}{0.64kg/m^2}) \times \frac{120\text{칸}}{200\text{칸}} = 0.29062 = 29.06\%$

☞ 수확량 = 단위면적당 조사수확량 + 단위면적당 미보상감수량

= 0.3kg/㎡+ 0.03kg/㎡ = 0.33kg/㎡

☞ 단위면적당조사수확량= 총조사수확량÷금차수확면적=180kg÷600㎡= 0.3kg/㎡

☞ 금차 수확면적 = 금차 수확칸수 × 지주목간격 × (두둑폭 + 고랑폭)

= 120칸× 2m × (2m + 0.5m) = 600㎡

☞ 단위면적당 미보상감수량 = (기준수확량−단위면적당 조사수확량)×미보상비율

= (0.64kg/㎡−0.30kg/㎡)×10% = 0.03kg/㎡

☞ 피해면적 = 금차 수확칸수

☞ 재배면적 = 실제경작칸수

27 **농작물재해보험 종합위험 수확감소보장 옥수수 품목의 아래내용을 참조하여 표본구간피해수확량과 피해수확량을 구하시오.(단, 재식시기지수와 재식밀도지수는 고려하지 않으며, 피해수확량은 kg단위 소수점 셋째자리에서 반올림하고 제시이외 조건은 고려하지 않음)(5점)**

O 조사내용

O 수확량조사(표본조사)	O 품종 미백2호
O 가입면적 : 3,000㎡	O 표준수확량 : 2,000kg
O 표준가격 : 2,000원/kg	O 실제경작면적 : 3,000㎡
O 고사면적 :700㎡	O 표본구간면적합계 : 10㎡

O 표본구간 착립장길이별 개수 합계

상(17cm이상)	중(15cm이상 17cm미만)	하 (15cm미만)	합계
14개	15개	20개	49개

답

정답 • 표본구간피해수확량 = (하+중×0.5)×표준중량×재식시기지수×재식밀도지수
= (20개+15개×0.5)×180g=4.95kg

•피해수확량=(표본구간단위면적당피해수확량×표본조사대상면적)+(단위면적당표준수확량×고사면적)
= (0.50kg×2,300㎡)+(0.67kg×700㎡)= 1,150kg+469kg = 1,619kg

• 표본구간단위면적당피해수확량 = 표본구간피해수확량 ÷ 표본구간면적
= 4.95kg ÷ 10㎡= 0.495⇨0.50kg

• 표본조사대상면적=실제가입면적-고사면적=3,000㎡-700㎡=2,300㎡

• 단위면적당수확량=표준수확량/실제경작면적=2,000kg/3,000㎡=0.666⇨0.67kg

28 다음의 밭작물 제시조건을 보고 각 품목의 표본구간 수확량을 구하시오.

종실중량합계	함수율	표본구간			
		정상 중량	50%피해중량	80%피해중량	100%피해중량
1,850g	24.5%	8kg	2kg	5kg	4kg

최대 지름이 5cm미만 중량	병충해 입은 중량
3kg	3kg

지역별 수확적기까지 잔여일수	일자별 비대추정지수	환산계수(한지형)
10일	1일 2.2%	0.7

품 목	표본구간 수확량 합계
양 파	
마 늘	
감 자	
양배추	
고구마	
콩, 팥	

답

정답 종합위험 수확감소보장 밭작물 표본구간 수확량 합계

품 목	표본구간 수확량 합계
양 파	표본구간 수확량 = (표본구간정상중량+80%형중량×20%)×(1+수확적기까지 잔여일수×비대추정지수) = (8kg + 5kg×20%) × (1 + 10×2.2%) = 10.98kg
마 늘	표본구간 수확량 = (표본구간 정상 작물 중량+(80% 피해 작물 중량x0.2)) × (1 + 비대추정지수) × 환산계수 = (8kg+5kg×20%)×(1+10×2.2%)×0.7= 7.686kg
감 자	표본구간 수확량 = 표본구간 정상 중량+(최대지름5cm미만 중량+50%형 중량)×50%+병충해 입은 중량 = 8kg + (2+3) × 50% + 3kg = 13.5kg
양배추	표본구간 수확량 합계 = 표본구간 정상 양배추 중량 + (80% 피해 양배추 중량 × 0.2) = 8kg + (5kg × 0.2) = 9kg
고구마	표본구간 수확량 = 표본구간별 정상 고구마 중량 + (50% 피해 고구마 중량×0.5)+(80% 피해 고구마 중량×0.2) = 8kg + (2kg×0.5) + (5kg×0.2) = 10kg
콩, 팥	표본구간 수확량 합계 = 표본구간별 종실중량 합계×{(1-함수율)÷(1- 기준함수율)} = 1,850g×{(1-24.5%)÷(1-14%)} =1,624.1 ⇨ 1,624g

보충 논작물과 비교

벼, 밀, 보리	표본구간 유효중량 = 표본구간작물중량합계 × (1-Loss율) × {(1-함수율) ÷(1-기준함수율)} · Loss율 : 7% / 기준함수율 : 메벼(15%), 찰벼(13%) 수확량 = (표본구간 단위면적당 유효중량 × 조사대상면적) + {단위면적당 평년수확량 ×(타작물 및 미보상면적 + 기수확면적)} 표본구간 단위면적당 유효중량 = 표본구간 유효중량 ÷ 표본구간 면적 표본구간 면적 = 4포기 길이 × 포기당 간격 × 표본구간 수
밭작물 수확량	수확량 = (표본구간 단위면적당 수확량x조사대상면적) + {단위면적당 평년수확량 × (타작물 및 미보상면적 + 기수확면적)} 표본구간 단위면적당 수확량 = 표본구간 수확량 ÷ 표본구간 면적

29 종합위험 수확감소보장 양파품목의 아래 내용을 참조하여 ① 피해율, ② 수확량, ③ 수확감소보험금을 산출하시오.(단, 수확량은 소수점 둘째자리에서 반올림하고, 피해율은 %단위 소수점 셋째자리에서 반올림하고, 제시이외 조건은 고려하지 않음)[15점]

O 계약사항

보험가입금액	가입면적	평년수확량	자기부담비율
8,000,000원	3,200㎡	12,500kg	20%

O 조사내용 (표본조사)

실제경작면적	타작물 및 미보상면적	기수확면적	표본구간 별	
			이랑길이	이랑폭
3,200㎡	200㎡	150㎡	1.2m	1.5m

표본구간 무게합계			누적비대추정지수	미보상비율
정상	양파의 최대지름이 6cm 미만			
	80%피해형	100%피해형		
24kg	6kg	2kg	0.11	10%

답

정답 ① 피해율 = (평년수확량 - 수확량 - 미보상감수량) ÷ 평년수확량

= (12,500kg - 10,200kg - 230kg)÷12,500kg = 0.1656 =16.56%

② 수확량 = {표본구간 단위면적당 수확량×표본조사 대상면적} + {단위면적당 평년수확량× (타작물 및 미보상면적 + 기수확면적)} = (3.1kg×2,850㎡)+(3.9kg/㎡×350㎡) = 10,200kg

- 표본구간 단위면적당 수확량 = 표본구간수확량 ÷ 표본구간면적 = 28kg ÷ 9㎡= 3.11 ⇨3.1kg
- 표본구간 수확량 = {정상 양파중량+(80%형피해중량×20%)}×(1+누적비대추정지수)

  = {24kg+1.2kg}×1.11 = 27.97 ⇨ 28kg
- 표본구간면적 = (1.2m×1.5m)×5 = 9㎡

※ 양파, 마늘, 고구마, 옥수수, 양배추품목 표본구간수표

조사대상면적 (㎡)	표본구간수
1,500 미만	4
1,500 이상~3,000 미만	5
3,000 이상~4,500 미만	6
4,500 이상	7

- 표본조사대상면적 = 실제경작면적- 고사면적 - 타작물 및 미보상면적 - 기수확면적

  = 3,200㎡ - 0 - 200㎡- 150㎡ = 2,850㎡
- 단위면적당 평년수확량 = 평년수확량 ÷실제경작면적 = 12,500kg÷ 3,200㎡ =3.9kg/㎡
- 미보상감수량 = (평년수확량-수확량) × 미보상비율 = (12,500kg-10,200kg)×10% = 230kg

③ 보험금 = 보험가입금액×(피해율-자기부담비율)=8,000,000원×(16.56%-20%) = 0원

30 종합위험 수확감소보장 양배추품목의 아래내용을 참조하여 ①피해율②수확량 ③수확감소보험금을 산출하시오.(단, 표본구간 단위면적당 수확량 및 표본구간 단위면적당 평년수확량은 소수점 둘째자리에서 반올림하고, 감수량과 수확량, 미보상감수량은 소수점 첫째자리에서 반올림하며, 피해율은 %단위 소수점 셋째자리에서 반올림하고, 제시이외 조건은 고려하지 않음)[5점]

O 계약사항

보험가입금액	가입면적	평년수확량	자기부담비율
10,000,000원	2,400㎡	9,500kg	20%

O 조사내용 (표본조사)

실제경작면적	타작물 및 미보상면적	기수확면적	표본구간 별	
			이랑길이	이랑폭
2,400㎡	200㎡	150㎡	1.8m	1.5m

표본구간 무게합계			미보상비율
정상	양파의 최대지름이 6cm 미만		
	80%피해형	100%피해형	
44kg	10kg	6kg	5%

답

정 답 ① 피해율 = (평년수확량 - 수확량 - 미보상감수량) ÷ 평년수확량

=(9,500kg-8,370kg-57kg) ÷ 9,500kg = 0.11294 =11.29%

② 수확량 = (표본구간 단위면적당 수확량×조사대상면적) + {단위면적당 평년수확량 × (타작물 및 미보상면적 + 기수확면적)}

=(3.4kg/㎡×2,050㎡)+(4kg/㎡×350㎡)= 6,970kg+1,400kg= 8,370kg

- 표본구간 단위면적당수확량 = 표본구간 수확량÷표본구간면적

= 46kg÷ 13.5㎡= 3.40⇨3.4kg

- 표본구간 수확량 합계 = 표본구간 정상 양배추 중량 + (80% 피해 양배추 중량 × 0.2)

= 44kg + (10kg×0.2) = 46kg

- 표본구간면적 = (1.8m×1.5m)×5 = 13.5㎡

※ 조사대상면적 1,500㎡ 이상 3,000㎡ 미만인 경우 표본구간수 : 5

- 표본조사대상면적 = 실제경작면적 - 고사면적 - 타작물 및 미보상면적 - 기수확면적

=2,400㎡- 0 - 200㎡ - 150㎡ = 2,050㎡

- 단위면적당 평년수확량 =평년수확량 ÷ 실제경작면적 = 9,500kg ÷ 2,400㎡= 3.95⇨4kg
- 미보상감수량 = (평년수확량 - 수확량) × 미보상비율

= (9,500kg-8,370kg)×5%=56.5⇨57kg

③ 보험금=보험가입금액×(피해율-자기부담비율)=10,000,000원×(11.29%-20%)=0원

31 종합위험 수확감소보장 고구마 품목의 아래내용을 참조하여 ① 피해율 ② 수확량 ③ 수확감소보험금을 산출하시오.(단, 표본구간 수확량은 소수점 둘째자리에서 반올림하고, 감수량과 수확량 그리고 미보상감수량은은 소수점 첫째자리에서 반올림하며, 피해율은 %단위 소수점 셋째자리에서 반올림하고, 제시이외 조건은 고려하지 않음)[5점]

O 계약사항

보험가입금액	가입면적	평년수확량	자기부담비율
5,000,000원	2,000㎡	5,500kg	20%

O 조사내용 (표본조사)

실제경작면적	타작물 및 미보상면적	기수확면적	표본구간 별	
			이랑길이	이랑폭
2,000㎡	200㎡	350㎡	1.5m,	1.2m

표본구간 무게합계				미보상비율
정상	50%피해형	80%피해형	100%피해형	
8kg	2kg	20kg	6kg	10%

답

정답 ① 피해율 = (평년수확량 - 수확량 - 미보상감수량) ÷ 평년수확량

=(5,500kg - 4,150kg - 135kg) ÷ 5,500kg =0.2209 =22.09%

② 수확량 = (표본구간 단위면적당 수확량×조사대상면적) + {단위면적당 평년수확량×(타작물 및 미보상면적 + 기수확면적)}=(1.8kg/㎡×1,450㎡)+(2.8kg/㎡×550㎡)= 4,150kg

- 표본구간 단위면적당 수확량 = 표본구간 수확량 합계 ÷ 표본구간 면적

  = 13kg÷ 7.2㎡ =1.8kg/㎡

- 표본구간 수확량 = 표본구간별 정상고구마 중량 + (50%형×0.5) +(80%형 중량×0.2)

  = 8kg + (2kg×0.5)+(20kg×0.2) = 13kg

- 표본구간면적 = (1.5m×1.2m)×4 = 7.2㎡

  ※조사대상면적 1,500㎡ 미만인 경우 표본구간 수 : 4

- 조사대상면적 = 실제경작면적 - 고사면적 - 타작물 및 미보상면적 - 기수확면적

  = 2,000㎡- 0- 200㎡ - 350㎡ = 1,450㎡

- 단위면적당 평년수확량 = 평년수확량 ÷ 실제경작면적 = 5,500kg÷ 2,000㎡ = 2.8kg/㎡
- 미보상감수량=(평년수확량-수확량)×미보상비율=(5,500kg-4,150kg)×0.1=135kg
- 보험금 = 보험가입금액×(피해율-자기부담비율)

  = 5,000,000원×(22.09%-20%)=104,500원

32 **밭작물 수확감소보장 마늘보험계약과 표본 조사한 내용을 기준으로 아래 물음에 답하시오. (단, 표본구간 및 단위면적당 각 수확량은 소수점 셋째자리에서 반올림하고 수확량은 소수점 첫째자리에서 반올림하며 피해율은 %단위로 소수점 셋째 단위에서 반올림하고 제시 외 조건은 고려하지 않음)[15점**

O 계약 및 조사내용

품종	보험가입금액	공부상면적	가입면적	평년수확량	자기부담비율
대서	24,210,000원	3,126㎡	3,072㎡	7,270kg	15%

실제경작면적	고사면적	양파재배면적	미보상면적	기수확면적
3,072㎡	120㎡	300㎡	200㎡	0㎡

O 재배정보

이랑길이	이랑폭	재식면적	파종일	수확적기까지 잔여일수	비대추정지수
55cm	160cm	3,072㎡	2022년10월 5일	10일	1일 0.8%

표본 5구간 전체조사 내용			미보상비율
정상	80%피해형	벌마늘	10% (시비관리미흡으로 벌마늘 미보상처리)
10kg	2kg	2kg	

1) 수확량을 구하시오 (단, 벌마늘은 수확량에서 제외할 것).
2) 피해율과 수확감소보험금을 각각 구하시오.

답

정 답 수확량 = (표본구간 단위면적당 수확량 × 조사대상면적) + {단위면적당 평년수확량 × (타작물 및 미보상면적 + 기수확면적)})

= (1.84kg/㎡×2,452㎡)+ {2.37kg/㎡×(300㎡+200㎡+ 0)}

= 4,511.68kg+1,185kg=5,697kg

- 표본구간 단위면적당 수확량 = 표본구간 수확량 합계 ÷ 표본구간 면적

  = 8.09kg ÷ (0.55m×1.6m×5) = 1.84kg/㎡

- 표본구간수확량=(표본구간정상작물중량+(80%피해작물중량×0.2))×(1+비대추정지수)×환산계수

  ={10kg+(2kg×20%)}×(1+0.08) ×0.72 = 8.09kg

- 누적비대추정지수 = 지역별 수확적기까지 잔여일수× 일자별 비대추정지수

  =10일 × 0.008 = 0,08

- 조사대상면적 = 실제경작면적 - 고사면적 - 타작물 및 미보상면적 - 기수확면적

  = 3,072㎡- 120㎡- 300㎡-200㎡ -0㎡=2,452㎡

- 단위면적당 평년수확량 = 평년수확량 ÷ 실제경작면적

  = 7,270kg÷3,072㎡ = 2.37kg/㎡

2) 피해율 = (평년수확량-수확량-미보상감수량) ÷ 평년수확량

= (7,270kg-5,697kg-157kg) ÷7,270kg = 0.1948 => 19.48%

- 미보상감수량 = (평년수확량-수확량)×미보상비율

  = (7,270kg-5,697kg)×10% = 157.3 => 157kg

- 수확감소보험금 = 보험가입금액×(피해율-자기부담비율)

  -24,210,000원×(19.48%-15%)=1,084,608원

33 다음 보기의 내용을 보고 조기파종보험금을 구하시오. [10점]

O 가입농지 : 남도종 마늘을 재배하는 제주도 지역 농지	
O 조기파종 보장특약 가입	
O 한지형 마늘 판매기간 : 10. 4 ~ 11. 26.	
O 보험사고 : 9. 29 태풍으로 인하여 출현주수 62,500주	
O 보험가입금액 : 8,000,000원	O 보험가입면적 : 2,500㎡
O 자기부담비율 : 20%	O 10. 30 재파종주수 : 20,000주

답

정답 조기파종보험금 = 보험가입금액 × 25% × 표준출현피해율

= 8,000,000원 × 25% × 16.67% = 333,400원

*10a(1,000㎡)기준 표준출현피해율= (30,000주-출현주수)÷30,000주이므로

보험가입면적 2,500㎡는 1,000㎡기준 대비 2.5배이므로 이를 환산해야 함

표준출현피해율= (30,000×2.5 - 62,500)÷(30,000×2.5) = 0.16666 ⇨16.67%

75,000주 대비 출현주수 62,500주에 재파종주수 20,000주이므로 75,000주 이상 (62,500주+20,000주 = 82,500주)으로 재파종하였으므로 조기파종보험금을 지급한다,

34 다음 보기의 내용을 보고 경작불능보험금을 구하시오. [10점]

O 가입농지 : 남도종 마늘을 재배하는 제주도 지역 농지
O 조기파종 보장특약 가입
O 한지형 마늘 판매기간 : 10. 4 ~ 11. 26.
O 보험사고 : 9. 29 태풍으로 인하여 식물체 고사면적 2,100㎡
O 보험가입금액 : 5,000,000원 O 보험가입면적 : 3,000㎡
O 자기부담비율 : 20%

답

정답 경작불능보험금 = 5,000,000원 ×28% = 1,400,000원

한지형 마늘 최초 판매개시일 24시 이전에 일반조항 제3조(보상하는 손해)에서 정한 재해로 식물체 피해율이 65% 이상 발생한 경우 경작불능보험금의 신청시기와 관계없이 아래와 같이 계산한 경작불능보험금을 지급한다.

식물체 피해율 = 2,100㎡ ÷ 3,000㎡ = 70%

자기부담비율	10%	15%	20%	30%	40%
경작불능보험금	보험가입금액의 32%	30%	28%	25%	25%

35 **종합위험 수확감소보장 콩 품목에 관한 표본조사한 아래 계약내용과 조사내용을 기준으로 물음에 답하시오.(단, 표본구간 유효중량은 g단위, 수확량은 kg단위로 소수점 첫째자리에서 반올림하고, 피해율은 %단위로 소수점 셋째자리에서 반올림할 것)[15점]**

O 계약내용

보험가입금액	가입면적	평년수확량	자기부담비율
15,000,000원	2,500㎡	2,000kg	20%

O 조사내용

실제경작면적	고사면적	옥수수재배면적	미보상면적	기수확면적	미보상비율
2,500㎡	0㎡	300㎡	0㎡	0㎡	10%

함수율	표본구간 종실중량 합계	표본구간 (각 표본구간 모두 동일)	
		이랑길이	이랑폭
24.5%	1,850g	1m	1.4m

1) 수확량을 구하시오.(표본구간은 이론서상 표본구간표에 의함)
2) 피해율을 구하시오.
3) 수확감소보험금을 구하시오.

답

정답 1) 수확량(표본조사) =(표본구간단위면적당수확량×조사대상면적) + {단위면적당 평년수확량 × (타작물 및 미보상면적 + 기수확면적)}

= 0.29kg/㎡×2,200㎡+0.8kg/㎡×(300㎡+0)= 878kg

- 표본구간 단위면적당 수확량 = 표본구간 수확량 합계 ÷ 표본구간 면적

  = 1,624g ÷ 5.6㎡ = 290g =0.29kg/㎡
- 표본구간 수확량 합계=표본구간별 종실중량 합계×{(1−함수율)÷(1-기준함수율)}

  = 1,850g×{(1−24.5%)÷(1−14%)} =1,624.1 ⇨ 1,624g
- 표본구간면적 = (이랑길이×이랑폭)×구간수 = (1m×1.4m)×4 = 5.6㎡
- 표본구간수: 조사대상면적이 2,500㎡ 미만이므로 4개 (별표1−7참조)
- 조사대상면적 = 실제경작면적−고사면적−타작물 및 미보상면적 -기수확면적

  = 2,500㎡−0−300㎡−0 = 2,200㎡
- 단위면적당 평년수확량=평년수확량 ÷ 실제경작면적=2,000kg ÷2,500㎡= 0.8kg/㎡

2) 피해율 = (평년수확량−수확량−미보상감수량)/평년수확량

=(2,000kg−878kg−112kg)/2,000kg = 0.505 ⇨50.5%

- 미보상감수량 = (평년수확량−수확량)×미보상비율

  = (2,000kg−878kg)×10% = 112.2 kg⇨112kg

3) 수확감소보험금 = 보험가입금액×(피해율−자기부담비율)

=15,000,000원×(50.5%−20%)=4,575,000원

36 종합위험 수확감소보장 감자(봄재배) 품목의 아래내용을 참조하여 ① 병충해감수량, ② 수확량 및 ③ 수확감소보험금을 산정하시오.(단, 병충해감수량과 수확량은 kg단위 소수점 셋째자리에서 반올림하고 비율은 %단위 소수점 셋째자리에서 반올림하며 제시이외 조건은 고려하지 않음)[15점]

○ 계약사항

보험가입금액	가입면적	평년수확량	자기부담비율
8,000,000원	2,600㎡	8,400kg	20%

○ 조사내용 : 수확량조사(표본조사)

실제경작면적	타작물 및 미보상면적	기수확면적	표본구간 면적합계	미보상비율
2,600㎡	300㎡	300㎡	10㎡	10%

표본구간 중량합계	병충해명
11.8kg(병충해 입은 감자 6.8kg포함)	역병

○ 표본구간별 감자무게(단위:g)

구 분	1구간	2구간	3구간	4구간	합계
정 상	500	800	2,400	300	4,000
피해정도 50%이상	100	200	0	400	700
최대지름 5cm미만	120	80	100	0	300
병충해 입은 감자	1,900	1,200	1,600	2,100	6,800

○ 표본구간 병충해손해정도별 감자무게 합계(단위 : kg)

20%이하	21%~40%	41%~60%	61%~80%	81%~100%
1.4	0	1.2	2	2.2

답

정답 ① 병충해감수량합계 = 표본구간 단위면적당 병충해감수량×조사대상면적

= 0.432kg ×2,000㎡=864kg

☞ 표본구간 단위면적당 병충해감수량 = 표본구간 병충해감수량합계÷표본구간면적합계

= 4.32kg ÷ 10㎡ = 0.432kg

☞ 표본구간 병충해감수량 합계 = 병충해입은 괴경의 무게합계×손해정도비율×인정비율

= 6.8kg×70.59%×90% =4.32kg

☞ 손해정도비율= $\frac{(20\%\text{형} \times 0.2 + 40\%\text{형} \times 0.4 + 60\%\text{형} \times 0.6 + 80\%\text{형} \times 0.8 + 100\%\text{형} \times 1)}{(20\%\text{형} + 40\%\text{형} + 60\%\text{형} + 80\%\text{형} + 100\%\text{형})\text{무게}}$

$= \frac{4.8kg}{6.8kg} = 0.70588 = 70.59\%$

☞ 인정비율 : 역병 (90%)

☞조사대상면적=실제경작면적-타작물면적-기수확면적=2,600㎡-300㎡-300㎡=2,000㎡

② 수확량 = (표본구간 단위면적당 수확량×조사대상면적) + {단위면적당 평년수확량×(타작물 및 미보상면적 + 기수확면적)}

=1.13kg/㎡×2,000㎡+3.23kg/㎡×600㎡ = 2,260kg+1,938kg=4,198kg

☞표본구간 단위면적당 수확량 = 표본구간 수확량 합계 ÷ 표본구간 면적

= 11.3kg ÷ 10㎡ = 1.13kg

☞표본구간 수확량 합계 = 표본구간별 정상 감자 중량 + (최대 지름이 5cm미만이거나 50%형 피해 감자 중량 × 0.5)+ 병충해 입은 감자 중량

= 4kg+(1kg×0.5) + 6.8kg = 11.3kg

☞ 단위면적당 평년수확량 = 평년수확량 ÷ 실제경작면적

= 8,400Kg ÷ 2,600㎡= 3.23Kg/㎡

③ 수확감소보험금 = 보험가입금액×(피해율-자기부담비율)

= 8,000,000원 × (55.31%-20%)=2,824,800원

☞ 피해율=(평년수확량-수확량-미보상감수량+전체병충해감수량)÷평년수확량

=(8,400kg-4,198kg-420.2kg+864kg)÷8,400kg=0.55307⇨55.31%

☞ 미보상감수량 = (평년수확량-수확량)×미보상비율

= (8,400kg-4,198kg)×10%=420.2kg

37 종합위험 수확감소보장 차 품목에 가입하고 보상하는 재해로 수확량조사(표본조사)한 아래 계약과 조사내용을 참조하여 ① 수확량, ② 피해율 및 ③ 수확감소보험금을 구하시오.(단, 표본구간 수확량은 g단위로, 기타 수확량은 kg단위 소수점 넷째자리에서 반올림하고 피해율은 %단위로 소수점 셋째자리에서 반올림할 것) [15점]

○ 계약내용

보험가입금액	가입면적	평년수확량	자기부담비율
25,000,000원	3,000㎡	2,500kg	20%

○ 조사내용

실제경작 면적	고사 면적	타작물 및 미보상면적	기수확 면적	수확한 새싹수	수확한 새싹무게	기수확 새싹수	수확 면적률	미보상 비율
2,800㎡	300㎡	0㎡	500㎡	160개	80g	70개	1	10%

○ 기수확비율에 따른 기수확지수

기수확비율	10%미만	10~20%미만	20~30%미만	30~40%미만	40~50%미만
기수확지수	1.000	0.992	0.983	0.975	0.966

답

정 답 ①수확량=(표본구간단위면적당수확량×조사대상면적)+ {단위면적당평년수확량 × (타작물 및 미보상면적 + 기수확면적)}

= (0.357×2,000)+(0.893×500) = 714kg + 446.5kg = 1160.5kg

☞표본구간 단위면적당수확량=표본구간 수확량 합계÷ 표본구간면적합계×수확면적율

= 114.125g÷(0.08×4)×1= 356.6406⇨356.640g⇨0.357kg/㎡

☞표본구간 수확량 합계 = {(수확한 새싹무게 ÷ 수확한 새싹수) × 기수확 새싹수 × 기수확지수} + 수확한 새싹무게

={(80g÷160개)×70개×0.975} + 80g = 114.125g

☞ 기수확비율 = 기수확 새싹수÷ (기수확 새싹수 + 수확한 새싹수)

=70÷(70+160)=0.30434⇨30.43%이므로 기수확지수는 0.975

☞ 표본구간면적합계 : 본구간수에 규격면적(0.08㎡)을 곱하여 산정하며 조사대상면적이 2,000㎡이므로 표본구간수는 4 = 0.08×4=0.32㎡

☞ 조사대상면적 = 실제경작면적 - 고사면적 - 타작물 및 미보상면적 - 기수확면적

= 2,800㎡-300㎡-0- 500㎡ = 2,000㎡

☞ 단위면적당 평년수확량 = 평년수확량 ÷ 실제경작면적

= 2,500kg ÷ 2,800㎡= 0.893kg/㎡

② 피해율= (평년수확량 - 수확량 - 미보상감수량) ÷ 평년수확량

= (2,500kg- 1160.5kg- 133.95kg) ÷ 2,500kg = 0.48222

☞ 미보상감수량=(평년수확량-수확량)×미보상비율

= (2,500kg-1160.5kg)×10%= 133.95kg

③ 수확감소보험금 = 보험가입금액×(피해율-자기부담비율)

= 25,000,000원×(0.4822 - 0.2) = 7,055,000원

38 다음은 생산비보장 밭작물 품목의 조사내용이다, 각 작물의 피해율을 산정하시오

피해면적	재배면적	손해정도비율	작물피해율	미보상비율
40㎡	100㎡	20%	15%	10%

답 ① 메밀의 피해율

② 고추, 배추, 무, 단호박, 파, 당근의 피해율 :

③ 브로콜리 피해율

정답 ① 메밀의 피해율 = 피해면적 ÷ 재배면적 = 40㎡÷100㎡ = 40%

② 고추, 배추, 무, 단호박, 파, 당근의 피해율 = 피해비율×손해정도비율× (1−미보상비율)

= 40% × 20% ×(1−10%) = 0.072

③ 피해비율×작물피해율 = 40% × 15% = 6%

참고 종합위험 생산비 보장방식 밭작물 품목 피해율 산출식

구 분	피해율 산출식	피해비율
메 밀	피해면적 ÷ 재배면적	피해비율이 피해율임
고추, 배추, 무, 단호박, 파, 당근 시금치	피해비율×손해정도비율× (1−미보상비율)	피해면적 ÷ 재배면적
브로콜리	피해비율×작물피해율	피해면적 ÷ 재배면적
메밀피해면적 = 도복으로 인한 피해면적 × 70% + [도복이외로 인한 피해면적×{(20%형피해표본면적×0.2+40%형×0.4+60%형×0.6+80%형×0.8+100%형×1)} ÷ 표본면적합계]		
손해정도비율 = 20%형주수(개수)×0.2 +40%형×0.4 + 60%형×0.6+ 80%형×0.8+100%형×1) ÷ 총주수(총개수)		
브로콜리작물피해율= (피해정도비율×송이수) ÷ 총송이수 = (50%형×0.5 + 80%형×0.8+ 100%형×1) ÷ 총송이수		

39 농작물재해보험 종합위험 생산비보장방식 메밀 품목에 아래와 같이 가입하고 보상하는 재해에 해당하는 피해가 발생하여 조사한 내용을 참조하여 피해율과 지급보험금을 구하시오.(단, 손해정도비율, 피해율은 %단위로 소수점 셋째자리에서 반올림하며 원미만은 절사하고 제시된 내용 이외조건은 고려하지 않음)

O 계약사항

보험가입금액	가입면적	자기부담비율
20,000,000원	9,200㎡	20%

O 조사내용

실제경작면적 (재배면적)	도복피해면적	도복이외피해면적	도복이외 표본구간면적
9,200㎡	5,000㎡	2,500㎡	8㎡

O 도복이외면적 표본구간 피해정도 면적 합계

구 분	정 상	20%형	40%형	60%형	80%형	100%형	타작물
면적 (㎡)	1.5	1	0	0	1.5	3	1

답

정 답 • 피해율 = $\frac{\text{피해면적}}{\text{재배면적}} = \frac{4,875㎡}{9,200㎡} ≒$ 0.52989⇨52.99%

• 피해면적 =

(도복피해면적×70%)+[$\frac{\text{도복이외피해면적}\times(20\%\text{형피해}\times0.2+40\%\times0.4+60\%\times0.6+80\%\times0.8+100\%\times1)}{\text{표본면적합계}}$]

= 5,000㎡×70% +[$\frac{2,500㎡\times(1\times0.2+0\times0.4+0\times0.6+1.5\times0.8+3\times1)}{8㎡}$]

= 3,500㎡+ [2,500×(4.4/8)]=4,875㎡

• 생산비보장보험금 = 보험가입금액×(피해율−자기부담비율)

= 20,000,000원×(52.99%−20%)=6,598,000원

40 **농작물재해보험 종합위험 생산비보장 고추 품목에 가입하고 보상하는 재해에 해당하는 피해가 발생하였다. 다음 물음에 답하시오.(단, 경과비율, 피해율은 % 단위로 소수점 셋째자리에서 반올림하며 제시된 내용 이외 조건은 고려하지 않음)** **[15점]**

O 계약 및 조사내용

가입면적	자기부담비율	준비기생산비계수	보장생산비
3,000㎡	5%	54.4%	12,000원/㎡

O 조사내용

〈최초조사〉

정식일	O 4월 21일	
사고접수	O 사고접수일 : 6월1일 O 사고원인 : 호우	
사고조사	O 조사일 : 6월 2일 O 손해정도 : 30% O 미보상비율 : 5%	O 실제경작면적 : 3,000㎡ O 피해면적 : 1,500㎡ O 호우종료일 : 6월 6일

〈2차 조사〉

사고접수	O 사고접수일 : 8월10일 O 수확개시일 : 8월2일 O 손해정도비율 : 20% O 미보상비율 : 0%	O 사고접수 : 탄저병 O 수확종료일 : 9월 20일 O 피해비율 : 35%

1) 최초 조사시 생장일수와 사고일자를 구하고, 근거를 쓰시오.(일수는 양편 넣기로 함)

2) 최초조사 보험금을 구하시오.

3) 2차 조사 보험금을 구하시오.(일수는 양편 넣기로 함)(원단위미만 버림)

답

정답 1) 생장일수 43일, 사고일자 6월 2일,

☞ 생장일수는 정식일(4월21일)로부터 사고일(6월2일)까지의 일수이다,

☞ 재해가 끝나는 날이 사고일이지만, 재해가 끝나기 전에 조사가 이루어질 경우 조사가 이루어진 날인 6월2일을 사고일자로 한다.

2)최초조사보험금 = (보험가입금액×경과비율×피해율)-자기부담금

= (36,000,000×74.01%×19%)-1,800,000원= 3,262,284원

☞ 보험가입금액 =보험가입면적×보장생산비= 3,000㎡×12,000원/㎡=36,000,000원

☞ 경과비율(수확기 이전에 사고시)= $\left\{a+(1-a)\times\frac{\text{생장일수}}{\text{표준생장일수}}\right\}$

$= \left\{0.544+(1-0.544)\times\frac{43}{100}\right\}$ =0.74008 =74.01%

☞ 피해율=피해비율×손해정도비율×(1-미보상비율)=50%×40%×(1-5%)=0.19 ⇨19%

⇨ 피해비율 = 피해면적 ÷ 실제경작면적(재배면적)=1,500㎡ ÷ 3,000㎡= 0.5 ⇨50%

☞ 자기부담금 = 보험가입금액×5%= 36,000,000원×5%= 1,800,000원

3) 2차지급보험금=(잔존보험가입금액×경과비율×피해율×병충해등급별인정비율)-자기부담금

= 32,737,716원×82%× 7%× 70%-1,636,885원

= 1,315,401원-1,636,885원 < 0

⇨ 지급보험금은 자기부담금보다 적으므로 없음

☞ 잔존보험가입금액 = 보험가입금액-기지급보험금합계

= 36,000,000원-3,262,284원 = 32,737,716원

☞ 경과비율(수확기 중 사고시)= $\left(1-\frac{\text{수확일수}}{\text{표준수확일수}}\right)= \left(1-\frac{9\text{일}}{50\text{일}}\right)$ = 0.82 ⇨82%

☞ 피해율=피해비율×손해정도비율×(1-미보상비율)=35%×20%×(1-0)=0.07 ⇨7%

☞ 병충해 등급별 인정비율 : 탄저병 : 70% (감자는 50%)

☞ 자기부담금 = 잔존보험가입금액×5%

= 32,737,716원×5% =1,636,885.8⇨1,636,885원

41 농작물재해보험 종합위험 생산비보장 고추 품목에 가입하고 보상하는 재해에 해당하는 피해가 발생하였다. 다음 물음에 답하시오.(단, 경과비율, 피해율, 손해정도비율은 %단위로 소수점 셋째 자리에서 반올림하며 일수는 양편 넣기로 하며, 제시된 내용 이외 조건은 고려하지 않음)[15점]

O 계약내용

보험가입금액	가입면적	자기부담비율
6,000,000원	3,000㎡	5%

O 조사내용

<table>
<tr><td>수확기전 최초조사</td><td>O 사고접수 : 바이러스병　　O 정식일 : 4월 21일
O 사고접수일조사 : 5월 31일　　O 실제경작면적 :3,000㎡
O 손해정도 : 30%　　O 피해면적 : 3,000㎡
O 미보상비율 : 10%</td></tr>
<tr><td>수확기 이후조사</td><td>O 사고접수 : 균핵병　　O 수확개시일 ; 8월 2일
O 사고접수일 : 8월 15일　　O 수확종료일 : 9월 20일
O 피헤비율 : 45%
O 1표본이랑 이외 5개표본이랑 평균손해정도비율 :30.5%
(손해정도는 각 표본이랑 동일한 것으로 간주함)
• 표본이랑 중 1표본이랑 손해정도주수내역(총 120주)
<table>
<tr><td>손해정도</td><td>정상</td><td>10%</td><td>30%</td><td>45%</td><td>80%</td><td>90%</td></tr>
<tr><td>주수</td><td>70</td><td>10</td><td>5</td><td>5</td><td>20</td><td>10</td></tr>
</table>
</td></tr>
</table>

1) 수확 전 피해율과 지급보험금을 구하시오.
2) 수확기이후 조사한 1표본이랑의 손해정도비율을 구하시오.
3) 수확기 이후 조사한 피해율과 지급보험금을 구하시오.

답

정 답 1)최초지급보험금=보험가입금액×경과비율×피해율×(병충해 등급별인정비율)-자기부담금

=6,000,000×73.10%×36%×70%-300,000원=805,272원

- 경과비율(수확기 이전에 사고시)= $\left\{a+(1-a)\times\frac{\text{생장일수}}{\text{표준생장일수}}\right\}=\left\{0.544+(1-0.544)\times\frac{41}{100}\right\}$

=0.544 + 0.18694 = 0.73096 = 0.7310 = 73.10%

- 생장일수 = 정식일로부터 사고일(조사일)까지의 일수 = 41일
- 표준생장일수 : 고추 100일, 브로콜리 130일 사전에 설정된 값
- 피해율 = 피해비율×손해정도비율×(1 - 미보상비율)

= 100%× 40% × (1-10%) = 0.36 ⇨36%

- 피해비율 = 피해면적 ÷ 실제경작면적(재배면적) = 3,000÷3,000=1 ⇨100%
- 자기부담금 = 보험가입금액×5% = 6,000,000원×5% = 300,000원

2) 1표본이랑 손해정도비율 = (손해정도비율×주수) ÷ 총 주수

= (20%형×0.2+40%형×0.4+60%형×0.6+80%형×0.8+100%형×1) ÷ 120

= {(10×0.2)+(5×0.4)+(5×0.6)+(20×0.8)+(10×1)}÷120

= (2+2+3+16+10) ÷ 120 = 33 ÷ 120 = 0.275 ⇨ 27.5%

3) ①피해율=피해비율×손해정도비율×(1-미보상비율)=45%×30%×(1-0)=0.135⇨13.5%

- 손해정도비율 = (27.5% + 30.5%×5) ÷ 6 = 30%

②지급보험금=(잔존보험가입금액×경과비율×피해율×병충해등급별인정비율)-자기부담금

=5,194,728원×72%×13.5%×30%- 259,207원=151,478원- 259,207원 〈 0

⇨ 지급보험금은 자기부담금보다 적으므로 없음

- 잔존보험가입금액=보험가입금액 - 기지급 보험금합계

=6,000,000원- 805,272원 = 5,194,728원

- 경과비율(수확기 중 사고시)= $\left(1-\frac{\text{수확일수}}{\text{표준수확일수}}\right)=\left(1-\frac{14\text{일}}{50\text{일}}\right)$=0.72 ⇨72%
- 자기부담금 = 잔존보험가입금액×5% = 5,184,144원×5% = 259,207원
- 표준수확일수 = 9월 20일 - 8월 2일 = 50일

참고 • 생산비보장방식(고추,메밀,브로콜리,배추,무,단호박,파,당근)품목 표본이랑수표

피해면적(m^2)	표본구간수
3,000 미만	4
3,000 이상~7,000 미만	6
7,000 이상~15,000 미만	8
15,000 이상	10

42 **농작물재해보험 종합위험 생산비보장 브로콜리 품목에 가입하고 보상하는 재해에 해당하는 피해가 발생하였다. 다음 물음에 답하시오.(단, 피해율, 경과비율은 %단위로 소수점 셋째자리에서 반올림하며 일수는 양편 넣기로 하고, 제시된 내용 이외 조건은 고려하지 않음)** [15점]

O 계약내용 및 조사내용

구분	내용	
계약내용	O 보험가입금액 : 6,000,000원 O 자기부담비율 : 5% O 표준생장일수 : 130일	O 가입면적: 3,000㎡ O 준비기생산비계수 : 49.5%
수확기전 최초조사	O 정식일 : 8월 21일 O 실제경작면적 : 3,000㎡ O 피해면적 : 3,000㎡	O 사고접수일조사 : 9월 30일 O 작물피해율 : 40% O 미보상비율 : 10%
수확기 이후조사	O 수확개시일 : 12월 26일 O 수확종료일 : 이듬해 1월 27일 O 피해면적 : 1,350㎡ • 표본이랑 손해정도주수내역 : (총 200개)	O 사고접수일조사 : 12월 31일

손해정도	정상	50%형	80%형	100%형
송이수	156	10	15	19

1) 수확 전 피해율과 지급보험금을 구하시오.
2) 수확기이후 조사한 표본이랑의 작물피해율을 구하시오.
3) 수확기 이후 조사한 지급보험금을 구하시오.(원미만은 절사함)

답

정 답 1) 수확기전 지급보험금 = (잔존보험가입금액×경과비율×피해율)-자기부담금

= 6,000,000×65.43%×40% - 300,000원 = 1,270,320원

☞ 경과비율(수확기 이전에 사고시)= $\left\{a+(1-a)\times\frac{생장일수}{표준생장일수}\right\}$

$$=\left\{0.495+(1-0.495)\times\frac{41}{130}\right\}= 0.65426= 65.43\%$$

☞ 생장일수 = 정식일로부터 사고일(조사일)까지의 일수 = 41일

☞ 피해율 = 피해비율×작물피해율 = 100%×40% = 0.40 ⇨ 40%

☞ 피해비율 = 피해면적 ÷ 실제경작면적(재배면적) = 3,000 ÷ 3,000=1 ⇨ 100%

☞ 자기부담금=보험가입금액×5% = 6,000,000원×5% = 300,000원

2) 표본이랑 작물피해율= (피해정도비율×송이수)÷ 총송이수

= {(50%형×0.5)+(80%형×0.8)+(100%형×1)}÷200개

= (10×0.5)+(15×0.8)+(19×1) ÷ 200개 = 36÷200개 = 18.0%

3) 수확기이후 지급보험금= 잔존보험가입금액×경과비율×피해율-자기부담금

= 4,729,680원×81.82%×8.1% - 236,484원 = 76,971.7원 = 76,971원

• 잔존보험가입금액 = 6,000,000원-1,270,320원 = 4,729,680원

☞ 경과비율(수확기중사고시)= $\left(1-\frac{수확일수}{표준수확일수}\right)=\left(1-\frac{6일}{33일}\right)$ = 0.81818 ⇨ 81.82%

• 표준수확일수 =1월 27일 - 12월 26일 = 33일

• 피해율 = 피해비율×작물피해율 = 45%×18%=0.081 ⇨8.1%

⇨피해비율= 피해면적 ÷ 실제경작면적(재배면적)=1,350㎡÷ 3,000㎡=0.45 ⇨45%

• 자기부담금 = 잔존보험가입금액×5% = 4,729,680원 × 5% = 236,484원

43 농작물재해보험 종합위험 원예시설 손해보장 아래 품목에 가입하고 보상하는 재해에 해당하는 피해가 발생하였다. 다음 물음에 답하시오.(단, 제 비율과 피해율은 %단위로 소수점 셋째자리에서 반올림하며 일수는 양편 넣기로 하고, 원미만은 절사하고, 제시된 내용 이외 조건은 고려하지 않음) [15점]

O 계약 및 조사내용

품 목	내 용
일반 무	O 보험가입금액 : 2,400,000원 O 가입면적 : 1,200㎡ O 재배면적 : 1,200㎡ O 피해면적 : 300㎡ O 단위면적당 보장생산비: 2,000원 O 파종일 : 6월 10일 O 7월 29일 사고조사 O 표준생장일수 : 80일 O 수확개시일 : 파종일로부터 80일 O 수확기 중 피해면적 : 600㎡ O 수확기 중 손해정도비율 : 40% O 표준수확일수 : 28일 O 미보상비율 : 20%

• 수확기 전 손해조사를 실시해 피해면적에 대한 피해정도(계 300㎡)

손해정도	1% ~ 20%형	21% ~ 40%형	41% ~ 60%형	61% ~80%형	81%~100%형
면적(㎡)	100	200	0	0	0

1) 수확기전 피해율과 보험금을 구하시오.

2) 수확개시일로부터 2일 경과시 사고가 발생한 경우 수확기중 피해율과 보험금을 구하시오. (미모상비율 10%)

답

정답 1) 수확기전 피해율과 보험금

① 피해율 = 피해비율×손해정도비율 **x (1−미보상비율)**

= 25%×33.33% **x (1−0.2)** = 0.0666 ⇨ 6.66%

- 피해비율 = 피해면적 ÷ 재배면적 = 300㎡÷ 1,200㎡ = 0.25 = 25%
- 손해정도비율 = [(100×0.2)+ (200×0.4)+(0×0.6)+(0×0.8)+(0×1)]÷ 300㎡

= (100㎡÷ 300㎡) = 0.33333 ⇨ 33.33%

② 수확기전 보험금= 가입면적×단위면적당 보장생산비×경과비율×피해율

= 1,200㎡× 2,000원/㎡ × **10%**× 6.66% = 15,984원으로 **10만원 이하인 경우 보험금이 지급되지 않으므로 보험금은 0원**

- 경과비율 = α + (1−α) × (생장일수 ÷ 표준생장일수)

= 0.1 + (1−0.1) × (50 ÷ 80) = 0.6625 이지만 **시금치,파, 무 쑥갓은 10%**

- 생장일수 = 파종일로부터 사고일(조사일)까지의 일수 = 7.29 − 6.10 = 50일

2) 수확기중 피해율 = 피해비율×손해정도비율**x (1−미보상비율)**

= 50%×40%**x (1−0.1)** = 0.18 ⇨ 18%

- 피해비율 = 피해면적÷재배면적 = 600㎡ ÷ 1,200㎡= 0.5⇨50%
- 보험금 = 가입면적×단위면적당 보장생산비×경과비율×피해율

= 1,200㎡× 2,000원×0.9286×0.18 = 401,155원

- 경과비율 = 1−(수확일수÷표준수확일수)=1−(2÷28)= 0.9286=92.86

〈참고〉 원예시설 생산비보장보험금

구 분	딸기 · 토마토 · 오이 · 참외 · 호박 · 풋고추 · 파프리카 · 국화 · 멜론 · 상추 · 가지, 배추 · 파(대파) · 백합 · 카네이션 · 미나리 · 수박	시금치 · 파(쪽파) · 무 쑥갓
수확기 전	(1) 경과비율 = α + (1−α) × (생장일수 ÷ 표준생장일수) (2) α=준비기 생산비 계수 (40%, 카네이션 재절화재배는 20%) 시금치 · 파(쪽파) · 무 · 쑥갓 :10% (3) 생장일수 : 정식(파종)일로부터 사고발생일까지 경과일수 (4) 표준생장일수 : 정식일로부터 수확개시일까지 표준적인 생장일수 (5) 생장일수를 표준생장일수로 나눈 값은 1을 초과할 수 없음	
수확기 중	(1) 경과비율 = 1 − (수확일수 ÷ 표준수확일수) (2) 수확일수 : 수확개시일부터 사고발생일까지 경과일수 (3) 표준수확일수 : 수확개시일부터 수확종료일까지의 일수 (4) 위 계산식에도 불구하고 국화 · 수박 · 멜론의 경과비율은 1 위 계산식에 따라 계산된 경과비율이 10% 미만인 경우 경과비율을 10%로 한다.(단, 오이 · 토마토 · 풋고추 · 호박 · 상추의 경우는 제외한다)	

※ 표준수확일자는 사전에 별표 (이론서 515p,기본서 교재 391p참조)에 설정되어 있는 데, 오이 · 토마토 · 풋고추 · 호박 · 상추는 사전에 설정된 수가 없으며, 실제 수확개시일부터 수확종료일까지의 일수로 계산한다,

44 **종합위험 버섯 손해보장보험에 가입한 톱밥배지재배 표고버섯에 보상하는 재해에 해당하는 피해가 발생하였다. 다음 물음에 답하시오.(단, 제 비율과 피해율은 %단위로 소수점 셋째자리에서 반올림하며 일수는 양편 넣기로 하고 제시된 내용 이외 조건은 고려하지 않음)[15점]**

O 계약내용

O 보험가입금액 : 7,200,000원	O 보장생산비 : 2,400원/봉
O 보험가입봉수 : 3,000봉	O 준비기생산비계수 : 79.8%
O 표준생장일수 : 90일	

O 조사내용

① 수확기 이전사고

종균접종일	4월 10일					
사고발생일	5월 12일	재배배지(봉)수	피해배지(봉)수	피해봉수 손해정도		미보상비율
				50%형	100%형	
		3,000봉	1,000봉	피해봉수의 50%	피해봉수의 50%	10%

② 수확기 중 사고

사고발생일	피해봉수	손해정도비율	수확종료일	미보상비율
수확개시일로부터 5일 경과시점	250봉	50%	수확개시일로부터 10일	20%

1) 수확기 이전 사고 피해율과 생산비보장보험금을 구하시오.

2) 수확기중에 사고가 발생한 경우 피해율과 생산비보장보험금을 구하시오.

답

정답 1) 수확기 이전 사고 피해율과 생산비보장보험금

① 피해율 = 피해비율×손해정도비율×**(1−미보상비율)**

= 33.33%×75% ×**(1−0.1)** = 22.5%

- 피해비율 =피해배지봉수÷재배배지봉수 =1,000봉 ÷3,000봉=0.33333 ⇨ 33.33%
- 손해정도비율 = (50%형×0.5)+(100%형×1)÷ 피해봉수

= (500봉×0.5)+(500봉×1)÷1,000봉 = 750 ÷ 1,000=0.75 ⇨75%

※ 표고버섯(톱밥배지재배) = 손해정도에 따라 50%, 100%에서 결정

② 보험금 = 재배배지봉수×배지봉당보장생산비×경과비율×피해율

= 3,000봉×2,400원/봉×0.7866×0.225= 1,274,292원

- 경과비율 = (a)+(1−a)×(생장일수÷표준생장일수)

= **66.3%**+(1−**66.3%**)×(33일÷90일)=0.663+0.1236⇨ 0.7866= 78.66%

- 생장일수 = 종균접종일로부터 사고일(조사일)까지의 일수 = 33일

2) 수확개시일로부터 5일 경과시점에 사고가 발생한 경우 피해율과 생산비보장보험금

①피해율=피해비율×손해정도비율×**(1−미보상비율)**

=0.0833×0.5×**(1−0.2)**=0.0334 =3.34%

- 피해비율=피해배지봉수÷재배배지봉수 = 250봉÷3,000봉=0.08333 ⇨8.33%

② 보험금 = 재배배지봉수×배지봉당 보장생산비×경과비율×피해율

= 3,000봉×2,400원/봉×0.5×0.0334 = 120,240원

- 경과비율=1−(수확일수÷표준수확일수) = 1−(5일÷10일)=50%

※ 단, 위 경우에도 불구하고 재배배지(봉)수에 배지(봉)당 보장생산비를 곱한 값이 보험가입금액보다 큰 경우에는 위에서 계산된 생산비보장보험금을 아래와 같이 다시 계산하여 지급

$$\text{위 (가)에서 계산된 생산비보장보험금} \times \frac{\text{보험가입금액}}{\text{배지(봉)당 보장생산비} \times \text{재배배지(봉)수}}$$

※ 보장생산비 (2,400원/봉) ×재배배지(봉)수 (3,000봉) = 보험가입금액 (7,200,000원) 이므로 적용이 없음

45 농작물재해보험 종합위험 버섯 손해보장보험에 별도로 가입한 균상재배 버섯에 보상하는 재해에 해당하는 피해가 발생하였다. 다음 물음에 답하시오.(단, 제비율과 피해율은 %단위로 소수점 셋째자리에서 반올림하며 일수는 양편 넣기로 하고 제시된 내용 이외 조건은 고려하지 않음)

[15점]

O 계약내용

O 품종 : 느타리버섯 (균상재배)	O 보험가입금액 : 20,280,000원
O 보장생산비 : 16,900/㎡	O 보험가입면적 : 1,200㎡
O 품종 양송이버섯 : (균상재배)	O 보험가입금액 : 20,500,000원
O 보장생산비 : 20,500/㎡	O 보험가입면적 : 1,000㎡

O 조사내용

O 품종 : 느타리버섯	O 재배면적 : 1,200㎡
O 피해면적 : 600㎡	O 종균접종일 : 4월10일
O 수확종료일 : 수확개시일로부터 10일	O 미보상비율 : 10%
O 품종 : 양송이버섯	O 재배면적 : 1,000㎡
O 피해면적 : 300㎡	O 종균접종일 : 4월 10일
O 수확개시일 : 5월 9일	O 수확종료일 : 5월 16일
O 손해정도비율 :40%	O 미보상비율 : 10%

*느타리버섯 피해면적에 대한 피해정도(계 600㎡)

손해정도	1%~20%	21%~40%	41%~60%	61%~80%	81%~100%
면적(㎡)	400	0	0	50	150

1) 느타리버섯의 수확개시일로부터 5일 경과시점에 사고가 발생한 경우 ①피해율과 ② 생산비보장보험금을 구하시오.

2) 양송이버섯의 수확개시일로부터 5일 경과시점에 사고가 발생한 경우 ③ 피해율과 ④ 생산비보장보험금을 구하시오.

답

정답 1) ① 피해율=피해비율×손해정도비율×**(1−미보상비율)**

= 50%×45%×**(1−0.1)** =0.2025 ⇨20.25%

- 피해비율=피해면적÷ 재배면적=600㎡÷1,200㎡=0.5 ⇨50%
- 손해정도비율=(20%형면적×0.2)+(40%형면적×0.4+60%형면적×0.6+80%형면적×0.8+100%형면적×1)÷피해면적합계=(400㎡×0.2)+(0㎡×0.4+0㎡×0.6+50㎡×0.8+150㎡×1)÷600㎡=270㎡÷600㎡=0.45⇨45%

② 생산비보장보험금 = 재배면적 × 단위면적당 보장생산비 × 경과비율 × 피해율

= 1,200㎡×16,900/㎡×0.5×0.2025 = 2,053,350원

- 경과비율=1−(수확일수÷표준수확일수)=1−(5일÷10일)=50%
- 수확일수=수확개시일로부터 사고일(조사일)까지의 일수=5일

2) ③ 피해율 = 피해비율×손해정도비율×**(1−미보상비율)**

= 30%×40%×**(1−0.1)** =0.1080 ⇨10.8%

- 피해비율 = 피해면적÷재배면적 = 300㎡÷1,000㎡=0.3 ⇨30%

④ 양송이버섯보험금 = 재배면적×단위면적당 보장생산비×경과비율×피해율

=1,000㎡×20,500원 × 0.375 × 0.108 =830,250원

- 경과비율 = 1−(수확일수÷표준수확일수) = 1−(5일÷8일) =37.5%
- 표준수확일수 − 수확개시일로부터 수확종료일까지의 일수 = 8일

46 농작물재해보험 종합위험 버섯 손해보장보험에 가입한 병재배 버섯에 보상하는 재해에 해당하는 피해가 발생하였다. 다음 물음에 답하시오.(단, 원미만은 절사하고, 제비율과 피해율은 %단위로 소수점 셋째자리에서 반올림하며 제시된 내용 이외 조건은 고려하지 않음) [15점]

O 계약내용

느타리버섯	O 보험가입금액 : 14,400,000원 O 보장생산비 :480원/병 O 보험가입병수 : 30,000개
새송이버섯	O 보험가입금액 : 10,000,000원 O 보장생산비 : 460원/병 O 보험가입병수 : 25,000병

O 조사내용

느타리버섯	O 재배병수 : 30,000개 O 종균접종일 : 4월 10일 O 손해정도비율 : 50% O 수확종료일 : 수확개시일로부터 10일	O 피해병수 : 20,000개 O 사고발생일 : 4월 30일 O 경과비율 ; 88.7% O 미보상비율 ; 10%
새송이버섯	O 재배병수 : 25,000개 O 종균접종일 : 4월 10일 O 수확개시일 : 5월 9일 O 수확종료일 : 5월 16일	O 피해병수 : 5,000개 O 사고발생일 : 4월 20일 O 경과비율 : **91.7%** O 미보상비율 ; 10%

*새송이버섯 피해병수에 대한 피해정도

손해정도	1% ~ 20%	21% ~ 40%	41% ~ 60%	61% ~ 80%	81% ~ 100%
개	1,000	2,000	150	600	1,250

1) 느타리버섯 피해율과 생산비보장보험금을 구하시오.
2) 새송이 버섯 피해율과 생산비보장보험금을 구하시오.

답

정답 1) ① 피해율 = 피해비율×손해정도비율×**(1−미보상비율)**

= 66.67%×50%×**(1−0.1)** =0.3001 ⇨ 30.01%

⇨피해비율 = 피해병수÷재배병수 = 20,000병÷30,000병 =0.66666 ⇨ 66.67%

② 느타리버섯보험금 = 재배병수×병당 보장생산비×경과비율×피해율

=30,000병×480원/병×0.887×0.3001= 3,833,117원

2) ③피해율 = 피해비율×손해정도비율×**(1−미보상비율)**

= 20%×56.4%×**(1−0.1)** =0.1015 ⇨ 10.15%

⇨ 피해비율 = 피해병수÷재배병수 = 5,000병÷25,000병 = 0.2 ⇨20%

- 손해정도비율=(20%형병수×0.2)+(40%×0.4+60%×0.6+80%×0.8+100%×1)÷피해병수합계

= (1,000×0.2)+(2,000×0.4+150×0.6+600×0.8+1,250×1)÷5,000병

= 2,820병÷5,000병 = 0.564 ⇨56.4%

④ 새송이버섯보험금 = 재배병수×병당 보장생산비×경과비율×피해율

= 25,000병×460원/병×0.**917**×0.1015 = 1,070,368원

$$1{,}070{,}368\text{원} \times \frac{10{,}000{,}000\text{원}}{25{,}000\text{병} \times 460\text{원/병}} = 930{,}754\text{원}$$

단, 위 경우에도 불구하고 재배병수에 병당 보장생산비를 곱한 값(보험가액)이 보험가입금액보다 큰 경우에는 위에서 계산된 생산비보장보험금을 아래와 같이 다시 계산하여 지급 위 에서 계산된 생산비보장보험금 × $\frac{\text{보험가입금액}}{\text{병당 보장생산비} \times \text{재배병수}}$

버섯(표고, 느타리, 새송이, 양송이)의 보험가입금액은 하우스 단지별 연간 재배 예정인 버섯 중 생산비가 가장 높은 버섯 가액의 50%~100% 범위 내에서 보험가입자(계약자)가 10% 단위로 가입금액을 결정한다.

47 농업수입감소보장 포도 품목의 계약내용과 조사한 내용을 참조하여 수확기가격이 20%상승한 경우와 30%하락한 경우를 기준으로 실제수입, 피해율, 보험금을 각각 구하시오.(단, 제시 이외 조건은 고려하지 않음) [15점]

O 보험가입금액 : 8,000,000원	O 평년수확량 : 4,000kg
O 기준가격 : 2,000원/kg	O 수확량 : 2,000kg
O 자기부담비율 : 20%	

답

정답 1) 수확기가격 20%상승한 경우 ⇨ 수확기가격 = 기준가격 × 1.2
= 2,000원/kg × 1.2 = 2,400원

- 실제수입 = (수확량+미보상감수량)×min(기준가격, 수확기가격)
  = (2,000kg+0)×min(2,000원, 2,400원) =4,000,000원
- 피해율=(기준수입-실제수입)÷기준수입
  = (8,000,000원-4,000,000원)÷8,000,000원=50%
  ⇨ 기준수입 = 평년수확량×기준가격=4,000kg×2,000원=8,000,000원
- 보험금 = 보험가입금액×(피해율-자기부담비율)
  = 8,000,000원×(50%-20%) = 2,400,000원

2) 수확기가격 30%하락한 경우 ⇨ 수확기가격= 기준가격 × 0.7
= 2,000원/kg × 0.7 = 1,400원

- 실제수입 = (수확량+미보상감수량)×min(기준가격,수확기가격)
  = (2,000kg+0)×min(2,000원, 1,400원) = 2,800,000원
- 피해율 = (기준수입-실제수입)÷ 기준수입
  = (8,000,000원-2,800,000원)÷ 8,000,000원 = 65%
- 보험금 = 보험가입금액×(피해율-자기부담비율)
  = 8,000,000원× (65%-20%) = 3,600,000원

48 **농업수입보장보험 포도 품목의 아래 계약과 착과수조사내용을 기준으로 지급보험금을 계산하시오.(단, 수확량은 kg단위로 소수점 첫째자리에서 반올림하고, 피해율은 %단위로 소수점 셋째자리에서 반올림함)[15점]**

O 계약내용

품 종	보험가입금액	가입주수	평년수확량	기준가격	평균과중	자기부담비율
캠벌얼리 (7년생)	32,500,000원	500주	6,500kg	5,000원/kg	450g	20%

O 조사내용

표본주수	실제결과주수	미보상주수	표본주착과수	미보상비율	수확기가격	과중조사
최소표본주 선정조사	500주	10주	350개	10%	3,600/kg	생략

※농협의 품종별 출하 자료없음

답

정 답 지급보험금 = 보험가입금액×(피해율−자기부담비율)

= 32,500,000원× (28%−20%) = 2,600,000원

- 피해율 = (기준수입−실제수입) ÷기준수입

  = (32,500,000원−23,400,000원) ÷ 32,500,000원=0.28 ⇨28%

- 기준수입 = 평년수확량×농지별 기준가격 = 6,500kg×5,000원=32,500,000원
- 과중 조사를 실시하기가 어려운 경우, 품종별 평균과중을 적용하거나 증빙자료가 있는 경우에 한하여 농협의 품종별 출하 자료로 과중 조사를 대체할 수 있다.

  따라서, 수확량 = 착과량 = 평년수확량 = 6,500kg
- 실제수입 = (수확량+미보상감수량)×min(농지별 기준가격, 농지별 수확기가격)

  = (6,500kg+0)×min(5,000원, 3,600원)=23,400,000원

☞ 미보상감수량=(평년수확량−수확량)×max(미보상비율)=(6500−6500)×10%

49 **농업수입 감소보장 마늘 품목(한지형)에 관한 표본조사한 아래 계약내용과 조사내용을 기준으로 물음에 답하시오.(단, 표본구간 단위면적당수확량 및 표본구간수확량은 kg단위로 소수점 셋째자리에서, 수확량은 kg단위로 소수점 첫째자리에서 반올림하고, 피해율은 %단위로 소수점 셋째자리에서 반올림함)(15점)**

O 계약 및 조사내용

계약내용	• 보험가입금액 : 30,000,000원 • 가입면적 : 2,500㎡ • 평년수확량 : 15,000kg • 자기부담비율 : 30% • 실제경작면적 : 2,500㎡ • 기준가격 : 2,000원/kg
조사내용	• 실제경작면적 : 2,500㎡ • 고사면적 : 400㎡ • 기수확면적 : 300㎡ • 양파재배면적 : 100㎡ • 누적비대추정지수 : 8% • 표본구간 수확량합계

마늘통의 최대지름	2cm이상	80% 피해형	100% 피해형
해당무게	10kg	10kg	5kg

• 표본구간 : 이랑길이1m, 이랑폭 1.8m (각 표본구간 동일)
• 미보상비율 :10% • 수확기가격 : 2,500원/kg

1) 수확량을 구하시오.(표본구간은 업무방법서상 표본구간표에 의함)

2) 피해율과 지급보험금을 구하시오.

답

정 답 1) 수확량 = (표본구간단위면적당 수확량×조사대상면적)+단위면적당평년수확량×(타작물 및 미보상면적+기수확면적)

=1.01kg/㎡×1,700㎡+6kg×(100+300)㎡=1,717kg+2,400kg=4,117kg

- 표본구간단위면적당 수확량 =표본구간 수확량×환산계수/표본구간면적

=(12.96kg×0.7)/9㎡ =1.008 =〉1.01kg/㎡

- 표본구간 수확량=〈표본구간 정상마늘중량 +80%형 마늘중량×0%+100%형 마늘중량×0%)〉×(1+누적비대추정지수)=〈10kg+10kg×20%+5kg×0〉×(1+8%)=12.96kg
- 표본구간면적 = (이랑길이×이랑폭)×구간수 = (1m×1.8m)×5 = 9㎡
- 조사대상면적 = 실제경작면적-고사면적-타작물 및 미보상면적-기수확면적

= 2,500㎡-400㎡-100㎡-300㎡=1,700㎡

- 단위면적당평년수확량 = 평년수확량/가입면적 = 15,000kg/2,500㎡ = 6kg/㎡

2) 피해율 = (기준수입-실제수입)/기준수입

= (30,000,000-10,410,000)/30,000,000=0.6530 =〉65.30%

- 기준수입 = 평년수확량×농지별 기준가격=15,000kg×2,000원=30,000,000원
- 실제수입 = (수확량+미보상감수량)×min(농지별 기준가격, 농지별 수확기가격)

= (4,117kg+1,088kg)×min(2,000원, 2,500원)=10,410,000원

- 미보상감수량 = (평년수확량-수확량)×미보상비율

= (15,000kg-4,117kg)×10% = 1,088.3 =〉1,088kg

- 지급보험금 = 보험가입금액×(피해율-자기부담비율)

= 30,000,000×(65.30%-30%) = 10,590,000원

50 농업수입 감소보장 감자(가을재배) 품목에 관한 표본조사한 아래 계약내용과 조사내용을 기준으로 다음 물음에 답하시오.(단, 피해율은 %단위로 소수점 셋째자리에서 반올림함) (15점)

O 계약 및 조사내용

계약 내용	• 보험가입일 : 2023년 8월 20일 • 보험가입금액 : 5,000,000원 • 평년수확량 : 3,000kg • 실제경작면적 : 1,000㎡	• 가입면적 : 1,000㎡ • 자기부담비율 : 20% • 농가수취비율 : 80%
조사 내용	• 조사일 : 2023년 11월 20일 • 미보상비율 : 10% • 수확량 : 2,000kg	

〈조건〉서울시농수산식품공사 가락도매시장 상품,중품 평균가격(원/kg)

구 분	2017년	2018년	2019년	2020년	2021년	2022년
대지마 (상품과 중품의 평균가격)	5,000원	4,000원	6,000원	8,000원	7,000원	9,000원

물음 1) 기준가격의 계산과정과 값을 쓰시오. (5점)

물음 2) 수확기가격의 계산과정과 값을 쓰시오. (5점)

물음 3) 농업수입감소보장보험금의 계산과정과 값을 쓰시오. (5점)

답

1) 기준가격 : 올림픽 평균값 × 농가수취비율 = 7,000원/kg× 0.8= 5,600원/kg
올림픽 평균값 :(6000원+8,000원+7,000원)/3= 7,000원/kg
2) 수확기가격 : 수확연도 중품과상품 평균가격×농가수취비율=9,000원/kg×0.8=7,200원/kg
3) 지급보험금 = 보험가입금액×(피해율-자기부담비율)
= 5,000,000원×(30%-20%) = 500,000원

- 피해율 = (기준수입-실제수입)/기준수입
  = (16,800,000원- 11,760,000원)/16,800,000원 = 0.3= 30%
- 기준수입 = 평년수확량×농지별 기준가격 = 3,000kg × 5,600원 /kg = 16,800,000원
- 실제수입 = (수확량+미보상감수량)×min(농지별 기준가격, 농지별 수확기가격)
  = (2,000kg+100kg)×min(5,600원/kg, 7,200원/kg) =11,760,000원
- 미보상감수량=(평년수확량-수확량)×미보상비율=(3,000kg-2,000kg)×10%=100kg

MEMO

04

기출문제

2022년 제8회 기출문제 및 해설

(2024. 4. 19 방법서 기준에 맞춰 해설)

2023년 제9회 기출문제 및 해설

(2024. 4. 19 방법서 기준에 맞춰 해설)

PART 04

2022년 제8회 기출문제

※ 공통유의사항 ○ 계산문제는 반드시 계산과정, 답, 단위를 정확히 기재 〈부분점수 없음〉 ○ 계산과정에서 임의적인 반올림 또는 절사 금지

Ⅰ 농작물재해보험 및 가축재해보험의 이론과 실무

01 위험관리 방법 중 물리적 위험관리(위험통제를 통한 대비) 방법 5가지를 쓰시오. (5점)

답

정답 ① 위험회피② 손실통제 ③ 위험 요소의 분리
④ 계약을 통한 위험 전가⑤ 위험을 스스로 인수

02 농업재해의 특성 5가지만 쓰시오. (5점)

답

정답 ① 불예측성 ② 광역성 ③ 동시성・복합성
④ 계절성 ⑤ 피해의 대규모성 ⑥ 불가항력성

03 보통보험약관의 해석에 관한 내용이다. ( )에 들어갈 내용을 쓰시오. (5점)

○ 기본원칙 보험약관은 보험계약의 성질과 관련하여 (①)에 따라 공정하게 해석되어야 하며, 계약자에 따라 다르게 해석되어서는 안 된다. 보험 약관상의 (②) 조항과 (③) 조항 간에 충돌이 발생하는 경우 (③) 조항이 우선한다. ○ 작성자 불이익의 원칙 보험약관의 내용이 모호한 경우에는 (④)에게 엄격 · 불리하게 (⑤)에게 유리하게 풀이해야 한다.

답

정답 ① 신의성실의 원칙 ② 인쇄 ③ 수기 ④ 보험자 ⑤ 계약자

04 농작물재해보험대상 밭작물 품목 중 자기부담금이 잔존보험 가입금액의 3% 또는 5%인 품목 2가지를 쓰시오. (5점)

답

정답 고추, 브로콜리

05 인수심사의 인수제한 목적물에 관한 내용이다. ( )에 들어갈 내용을 쓰시오. (5점)

- ㅇ 오미자 - 주간거리가 (①)cm 이상으로 과도하게 넓은 과수원
- ㅇ 포도 - 가입하는 해의 나무 수령이 (②)년 미만인 과수원
- ㅇ 복분자 - 가입연도 기준, 수령이 1년 이하 또는 (③)년 이상인 포기로만 구성된 과수원
- ㅇ 보리 - 파종을 10월 1일 이전과 11월 (④)일 이후에 실시한 농지
- ㅇ 양파 - 재식밀도가 (⑤) 주/10 a 미만, 40,000주/10 a 초과한 농지

답

정답 ① 50 ② 3 ③ 11 ④ 20 ⑤ 23,000

06 농업수입감소보장방식 '콩' 에 관한 내용이다. 계약내용과 조사내용을 참조하여 다음 물음에답하시오. (피해율은 %로 소수점 둘째자리 미만절사. 예시: 12.678 % → 12.67 %)

(2024업무방법서에 맞추어 농가수취비율 수정) (15점)

ㅇ 계약내용
- 보험가입일 : 2021년 6월 20일 - 평년수확량 : 1,500kg
- 가입수확량 : 1,500kg - 자기부담비율 : 20% - 농가수취비율 : 80%
- 전체 재배면적 : 2,500m^2 (백태 1,500m^2, 서리태 1,000m^2)

ㅇ 조사내용
- 조사일 : 2021년 10월 20일
- 전체 재배면적 : 2,500m^2 (백태 1,500m^2, 서리태 1,000m^2)
- 수확량 : 1,000 kg

■ 서울양곡도매시장 연도별 '백태' 평균가격(원/ kg)

등급 \ 연도	2016	2017	2018	2019	2020	2021
상 품	6,300	6,300	7,200	7,400	7,600	6,400
중 품	6,100	6,000	6,800	7,000	7,100	6,200
농가수취비율	60%	75%	85%	80%	90%	95%

■ 서울양곡도매시장 연도별 '서리태' 평균가격(원/ kg)

등급 \ 연도	2016	2017	2018	2019	2020	2021
상 품	7,800	8,400	7,800	7,500	8,600	8,400
중 품	7,400	8,200	7,200	6,900	8,200	8,200
농가수취비율	80%	85%	90%	70%	85%	85%

물음 1) 기준가격의 계산과정과 값을 쓰시오. (5점)

답

정 답 '백태'의 기준가격='백태'의 올림픽 평균값×농가수취비율 = 6,800원×0.8 = 5,440원

'백태'의 올림픽 평균값 =(6,200 + 7,000 + 7,200)÷3 = 6,800원

등급 \ 연도	2016	2017	2018	2019	2020	2021 (수확연도)
상 품	6,300	6,300	7,200	7,400	7,600	6,400
중 품	6,100	6,000	6,800	7,000	7,100	6,200
평 균	6,200	~~6,150~~	7,000	7,200	~~7,350~~	6,300

※농가수취비율 : 도매시장 가격에서 유통비용 등을 차감한 농가수취가격이 차지하는 비율로 사전에 결정된 값 : 80%

'서리태'의 기준가격 = '서리태'의 올림픽 평균값×농가수취비율 = 7,800× 0.8 = 6,240원

'서리태'의 올림픽 평균값 = (7,600 + 8,300 + 7,500) ÷ 3 = 7,800

등급 \ 연도	2016	2017	2018	2019	2020	2021 (수확년도)
상 품	7,800	8,400	7,800	7,500	8,600	8,400
중 품	7,400	8,200	7,200	6,900	8,200	8,200
평 균	7,600	8,300	7,500	~~7,200~~	~~8,400~~	8,300

> 하나의 농지에 2개 이상 용도(또는 품종)의 콩 (고구마)이 식재된 경우에는 기준가격과 수확기가격을 해당용도(또는 품종)의 면적의 비율에 따라 가중 평균하여 산출한다.

기준가격 = [5,440원×(1,500/2,500)]+[6,240원×(1,000/2,500)] = 5,760원

물음 2) 수확기가격의 계산과정과 값을 쓰시오. (5점)

답

정 답 '백태' 수확기가격='백태' 수확연도의 중품과 상품 평균가격×농가수취비율의 올림픽평균 값

= 6,300원 × 0.85 = 5,355원

농가수취비율의 올림픽평균값=(85% + 80% + 90%) =85%

'서리태'의 수확기가격 = '서리태'의 수확연도의 중품과 상품 평균가격 × 농가수취비율

= 8,300원 × 0.85 = 7,055원

농가수취비율의 올림픽평균값=(85% + 85% + 85%) =85%

수확기가격 = [5,355원×(1,500/2,500)]+[7,055원×(1,000/2,500)] = 6,035원

> 수확년도의 기초통계기간 동안 서울 양곡도매시장 중품과 상품 평균가격에 농가수취비율의 최근 5년간 올림픽 평균값을 곱하여 산출한다.

물음 3) 농업수입감소보장보험금의 계산과정과 값을 쓰시오. (5점)

답

정 답 • 농업수입감소보험금 = 보험가입금액 × (피해율 − 자기부담비율)

= 8,640,000원 × (33.33% − 20%) = 1,151,712원

보험가입금액 = 가입수확량 × 기준(가입)가격

= 1,500kg × 5,760원 = 8,640,000원

• 피해율 $= \frac{\text{기준수입} - \text{실제수입}}{\text{기준수입}} = \frac{8{,}640{,}000\text{원} - 5{,}760{,}000\text{원}}{8{,}640{,}000\text{원}} = 0.3333 = 33.33\%$

• 기준수입 = 평년수확량 × 농지별 기준가격 = 1,500kg × 5,760원/kg = 8,640,000원

• 실제수입 = (수확량 + 미보상감수량) × min(농지별 기준가격, 수확기가격)

= (1,000kg + 0) × 5,760원 = 5,760,000원

미보상감수량 = (평년수확량 - 수확량) × 미보상비율 = (1,500kg -1,000kg) × 0 = 0

※ 미보상비율이 안주어져 있으므로 0으로 처리

07 농작물재해보험 '벼' 에 관한 내용이다. 다음 물음에 답하시오. (단, 보통약관과 특별약관 보험가입금액은 동일하며, 병해충 특약에 가입되어 있음) (15점)

○ 계약사항 등
- 보험가입일 : 2022년 5월 22일
- 품목 : 벼
- 재배방식 : 친환경 직파 재배
- 가입수확량 : 4,500 kg
- 보통약관 기본 영업요율: 12 %
- 특별약관 기본 영업요율 : 5 %
- 손해율에 따른 할인율 : -13 %
- 직파재배 농지 할증률 : 10 %
- 친환경 재배 시 할증률 : 8 %

○ 조사내용
- 민간 RPC(양곡처리장) 지수 : 1.2
- 농협 RPC 계약재배 수매가(원/kg)

연 도	수매가	연 도	수매가	연 도	수매가
2016	1,300	2018	1,600	2020	2,000
2017	1,400	2019	1,800	2021	2,200

※ 계산 시 민간 RPC 지수는 농협 RPC 계약재배 수매가에 곱하여 산출할 것

물음 1) 보험가입금액의 계산과정과 값을 쓰시오. (5점)

답

정 답 보험가입금액 = 가입수확량(kg 단위)× 가입(표준)가격(원/kg)
= 4,500kg × 2,160원 = 9,720,000원

표준가격 = 보험가입연도 직전 5개년의 시·군별 농협 RPC계약재배 수매가최근 5년평균값 × 민간RPC지수 = 1,800원 × 1.2 = 2,160원

보험가입연도(2022년) 직전 5개년의 시·군별 농협 RPC계약재배 수매가 최근 5년평균값
= (1,400원 + 1,600원 + 1,800원 + 2,000원 + 2,200원) ÷ 5 = 1,800원

물음 2) 수확감소보장 보통약관(주계약)적용보험료의 계산과정과 값을 쓰시오.(천원단위 절사) (5점)

답

정답 보험료 = 주계약 보험가입금액x지역별기본영업요율 x (1+손해율에 따른 할인 · 할증률) x (1+친환경재배시할증률)x (1+직파재배농지할증률)
= 9,720,000원x 12% x (1–13%) x (1+8%) x (1+10%)
= 1,205,544.384원 = 1,200,000원(천원단위 절사)

※ 2024년 방법서는 천원단위절사 개정됨

물음 3) 병해충보장 특별약관 적용보험료의 계산과정과 값을 쓰시오. (천원단위 절사) (5점)

답

정답 보험료=특별약관보험가입금액x지역별기본영업요율x(1+손해율에따른할인 · 할증률) x(1+친환경재배시할증률) x (1+직파재배농지할증률)
= 9,720,000원 x 5 % x (1–13%) x (1+8%) x (1+10%) =502,310.16
= 500,000원

08 다음은 '사과' 의 적과전종합위험방식 계약에 관한 사항이다. 다음 물음에 답하시오. (단, 주어진 조건 외 다른 조건은 고려하지 않음) (15점)

구 분	품 목	보장수준(%)				
		60	70	80	85	90
국고보조율(%)	사과, 배, 단감, 떫은감	60	60	50	40	38

〈조건〉

- 품목 : 사과(적과전종합위험방식)
- 가입금액 : 1,000만원(주계약)
- 순보험요율 : 15%
- 부가보험요율 : 2.5%
- 할인 · 할증률 : 100%
- 자기부담비율 : 20%형
- 착과감소보험금 보장수준 : 70%형

물음 1) 영업보험료의 계산과정과 값을 쓰시오. (5점)

답

정 답 영업보험료=가입금액x지역별보통약관영업요율 x (1–부보장및한정보장 특별약관할인율) x (1+손해율에 따른 할인 · 할증률) x (1–방재시설할인율)

= 1,000만원 x (15%+2.5%) x (1–0) x (1+50%) x (1–0) = 2,625,000원

–30% ≦ 손해율 및 가입연수에 따른 할인 · 할증률의 범위 ≦ 50%

물음 2) 부가보험료의 계산과정과 값을 쓰시오. (5점)

답

정 답 부가보험료 = 보험가입금액 x 부가보험요율 x 할인·할증률

= 1,000만원 x 2.5% x (1+50%) = 375,000원

물음 3) 농가부담보험료의 계산과정과 값을 쓰시오. (5점)

답

정 답 농가부담보험료 = 순보험료 × (1 – 정부보조비율 – 지자체지원비율)

= 2,250,000원 × (1 – 50% – 0) = 1,125,000원

자기부담비율 20%이므로 정부보조비율은 50%, 지자체 지원비율은 없으므로 0

순보험료 = 영업보험료 – 부가보험료 = 2,625,000원– 375,000원 = 2,250,000원

09 **다음과 같은 '인삼'의 해가림시설이 있다. 다음 물음에 답하시오. (단, 주어진 조건 외 다른 조건은 고려하지 않음) (15점)**

ㅇ 가입시기 : 2022년 6월
ㅇ 농지내 재료별(목재, 철재)로 구획되어 해가림시설이 설치되어 있음

〈 해가림시설(목재) 〉

ㅇ 시설년도 : 2015년 9월
ㅇ 면적 : 4,000m^2
ㅇ 단위면적당 시설비 : 30,000원/m^2
※ 해가림시설 정상 사용중

〈 해가림시설 (철재) 〉

ㅇ 전체면적 : 6,000m^2
- 면적 ① : 4,500m^2 (시설년도 : 2017년 3월)
- 면적 ② : 1,500m^2 (시설년도 : 2019년 3월)
ㅇ 단위면적당 시설비 : 50,000원/m^2
※ 해가림시설 정상 사용중이며, 면적 ①, ②는 동일 농지에 설치

물음 1) 해가림시설(목재)의 보험가입금액의 계산과정과 값을 쓰시오. (5점)

답

정 답 해가림시설(목재)의 보험가입금액 = 재조달가액 × (1− 감가상각율)
재조달가액 = 4,000m^2×30,000원/m^2 = 120,000,000원
감가상각율 = (내용년수×경년감가율)
내용년수 = 2022년 6월 − 2015년 9월 = 6년 9개월
목재의 내용년수는 6년인데, 6년이 경과하였으므로 감가상각율은 80%이고, 잔가율은 20%이며, 내용연수를 경과하여 현재 정상 사용중이므로 수정잔가율이 문제된다.

잔가율 :	잔가율 20%와 자체 유형별 내용연수를 기준으로 경년감가율을 산출하였고, 내용연수가 경과한 경우라도 현재 정상 사용중에 있는 시설을 당해 목적물의 경제성을 고려하여 잔가율을 최대 30%로 수정

최대 30%로 수정한다고 했으므로 잔가율의 범위는 20%~30%가 될 수 있으므로 보험가입금액의 범위는 24,000,000원 ~ 36,000,000원이 된다. 문제의 소지가 있는 문제이다.

물음 2) 해가림시설(철재)의 보험가입금액의 계산과정과 값을 쓰시오. (10점)

답

정답 해가림시설(철재)의 보험가입금액 = 재조달가액 × (1 − 감가상각율)
= 300,000,000원 × (1− 0.222)= 233,400,000원

재조달가액 = 6,000m^2 × 50,000원/m^2 = 300,000,000원

감가상각율 = (내용년수×경년감가율) = (5년×4.44%) = 0.222

내용년수 = 2022년 6월 − 2017년 3월 = 5년 3개월

> 동일한 재료(목재 또는 철재)로 설치하였으나 설치시기 경과년수가 각기 다른 해가림시설 구조체가 상존하는 경우, 가장 넓게 분포하는 해가림시설 구조체의 설치시기를 동일하게 적용한다.

10 다음의 내용을 참고하여 물음에 답하시오. (단, 주어진 조건 외 다른 조건은 고려하지 않음) (15점)

> 甲은 A보험회사의 가축재해보험(소)에 가입했다. 보험가입 기간 중 甲과 동일한 마을에 사는 乙소유의 사냥개 3마리가 견사를 탈출하여 甲소유의 축사에 있는 소 1마리를 물어 죽이는 사고가 발생했다. 조사결과 폐사한 소는 가축재해보험에 정상적으로 가입되어 있었다.
> - A보험회사의 면·부책 : 부책
> - 폐사한 소의 가입금액 및 손해액 : 500만원(자기부담금 20 %)
> - 乙의 과실 : 100 %

물음 1) A보험회사가 甲에게 지급할 보험금의 계산과정과 값을 쓰시오. (5점)

답

정답 가입금액과 손해액이 같다는 의미는 폐사한 경우 즉, 전부손해의 경우에는
손해액 = 보험가액이 된다.
즉, 손해액이 500만원이라는 의미는 보험가액이 500만원이라는 의미이다.
따라서 보험가입금액과 보험가액이 500만원으로 서로 같으므로 전부보험이다.
보험금 = 손해액 − 자기부담금 = 500만원 − 100만원 = 400만원
자기부담금 = 보험가입금액 × 자기부담비율 = 500만원× 0.2 = 100만원

물음 2) A보험회사의 ①보험자대위의 대상(손해발생 책임자), ②보험자대위의 구분(종류), ③ 대위금액을 쓰시오. (10점)

답

정답

① 보험자대위의 대상(손해발생 책임자) : 乙

② 보험자대위의 구분(종류) : 청구권 대위

③ 대위금액 : 400만원

Ⅱ 농작물재해보험 및 가축재해보험 손해평가의 이론과 실무

11 적과전 종합위험방식의 적과종료이후 보상하지 않는 손해에 관한 내용의 일부이다. ( )에 들어갈 내용을 쓰시오. (5점)

- ㅇ 제초작업, 시비관리 등 통상적인 (①)을 하지 않아 발생한 손해
- ㅇ 최대순간풍속 (②)의 바람으로 발생한 손해
- ㅇ 농업인의 부적절한 (③)로 인하여 발생한 손해
- ㅇ 병으로 인해 낙엽이 발생하여 (④)에 과실이 노출됨으로써 발생한 손해
- ㅇ 식물방역법 제36조(방제명령 등)에 의거 금지 병해충인 과수 (⑤) 발생에 의한 폐원으로 인한 손해 및 정부 및 공공기관의 매립으로 발생한 손해

답

정 답 ① 영농활동 ② 14m/sec 미만
③ 잎소지(잎 제거) ④ 태양광 ⑤ 화상병

12 종합위험 수확감소보장방식의 품목별 과중조사에 관한 내용의 일부이다. ( )에 들어갈 내용을 쓰시오. (5점)

ㅇ 밤(수확 개시 전 수확량조사 시 과중조사)
품종별 개당 과중=품종별 {정상 표본과실 무게 합+(소과 표본과실 무게합×(①))}÷표본과실수

ㅇ 참다래
품종별 개당 과중=품종별{50g 초과 표본과실 무게 합+(50g이하 표본과실 무게 합×(②))}÷표본과실수

ㅇ 오미자(수확 개시 후 수확량 조사 시 과중조사)
선정된 표본구간별로 표본구간 내 (③)된 과실과 (④)된 과실의 무게를 조사한다.

ㅇ 유자(수확 개시 전 수확량 조사 시 과중조사)
농지에서 품종별로 착과가 평균적인 3개 이상의 표본주에서 크기가 평균적인 과실을 품종별 (⑤)개 이상(농지당 최소 60개 이상) 추출하여 품종별 과실개수와 무게를 조사한다.

답

정 답 ① 80% ② 70%
③ 착과 ④ 낙과 ⑤ 20

13 논작물에 대한 피해사실 확인조사 시 추가조사 필요여부 판단에 관한 내용이다. ( )에 들어갈 내용을 쓰시오. (5점)

> 보상하는 재해 여부 및 피해 정도 등을 감안하여 이앙 · 직파불능 조사(농지 전체 이앙 · 직파불능 시), 재이앙 · 재직파 조사 (①), 경작불능조사 (②), 수확량조사 (③) 중 필요한 조사를 판단하여 해당 내용에 대하여 계약자에게 안내하고, 추가조사가 필요할 것으로 판단된 경우에는 (④) 구성 및 (⑤) 일정을 수립한다.

답

정 답 ①면적피해율 10% 초과 ②식물체피해율 65% 이상 ③ 자기부담비율 초과 ④ 손해평가반 ⑤ 추가조사

14 종합위험 수확감소보장방식 감자에 관한 내용이다. 다음 계약사항과 조사내용을 참조하여 피해율(%)의 계산과정과 값을 쓰시오. (피해율은 소수점 셋째자리에서 반올림) (5점)

○ 계약사항

품 목	보험가입금액	가입면적	평년수확량	자기부담비율
감자(고랭지재배)	5,000,000원	3,000m^2	6,000kg	20 %

○ 조사내용

재해	조사 방법	실제경작 면적	타작물 면적	미보상 면적	미보상 비율	표본구간 총 면적	표본구간 총 수확량 조사 내용
호우	수확량 조사 (표본 조사)	3,000m^2	100m^2	100m^2	20%	10m^2	○ 정상 감자 5kg ○ 최대지름 5cm미만 감자 2kg ○ 병충해(무름병) 감자 4kg ○ 병충해손해정도비율 40%

답

정 답 피해율 = {(평년수확량 − 수확량 − 미보상감수량) + 병충해감수량} ÷ 평년수확량

= {(6,000kg − 3,200kg − 560kg) + 403.2kg} ÷ 6,000kg

= 0.440533 = 44.05 %

수확량 = (표본구간 단위면적당 수확량x조사대상면적) + {단위면적당 평년수확량x(타작물 및 미보상면적 + 기수확면적)} = $(1kg/m^2 \times 2{,}800m^2) + \{2kg/m^2 \times (200m^2 + 0)\}$ = 3,200kg

표본구간 단위면적당 수확량 = 표본구간 수확량 합계 ÷ 표본구간 면적= 10kg÷$10m^2$ = $1kg/m^2$

표본구간 수확량 합계 = 표본구간별 정상 감자 중량 + (최대 지름이 5cm미만이거나 50%형 피해중량 x 0.5) + 병충해 입은 감자 중량 = 5kg+(2kg x 0.5)+4kg = 10kg

조사대상면적 = 실제경작면적 − 고사면적 − 타작물 및 미보상면적 - 기수확면적

= $3{,}000m^2$ - 0 -$100m^2$ - $100m^2$ - 0 = $2{,}800m^2$

단위면적당 평년수확량 = 평년수확량 ÷ 실제경작면적 = 6,000 kg÷$3{,}000m^2$ = $2kg/m^2$

병충해감수량 = 병충해 입은 괴경의 무게 x 손해정도비율 x 인정비율

= 4kg x 0.4 x 0.9 = 1.4kg

위 산식은 각각의 표본구간별로 적용되며, 각 표본구간 면적을 감안하여 전체 병충해 감수량을 산정 (표본구간 총면적인 $10m^2$에서 감수량이므로 조사대상면적 전체에서의 감수량을 구하여야 함) 전체병충해감수량 = $1.4kg \times (2{,}800m^2/10m^2)$ =403.2kg

미보상감수량=(평년수확량-수확량)x미보상비율=(6,000kg-3,200kg) x 20% = 560kg

15 종합위험 수확감소보장방식 과수 및 밭작물 품목 중 ( )에 들어갈 해당 품목을 쓰시오. (5점)

구분	내용	해당 품목
과수 품목	경작불능조사를 실시하는 품목	(①)
	병충해를 보장하는 품목(특약 포함)	(②)
밭작물 품목	전수조사를 실시해야하는 품목	(③), 팥
	재정식 보험금을 지급하는 품목	(④)
	경작불능조사 대상이 아닌 품목	(⑤)

답

정 답 ① 복분자 ② 복숭아 ③ 콩, ④ 양배추 ⑤ 차

16 농업용 원예시설물(고정식 하우스)에 강풍이 불어 피해가 발생되었다. 다음 조건을 참조하여 물음에 답하시오. (15점)

구분	손해내역	내용연수	경년감가율	경과년월	보험가입금액	손해액	비고
1동	단동하우스 (구조체손해)	10년	8%	2년	500만원	300만원	피복재 손해 제외
2동	장수PE (피복재단독사고)	1년	40%	1년	200만원	100만원	-
3동	장기성Po (피복재단독사고)	5년	16%	1년	200만원	100만원	· 재조달가액 보장특약 · 미복구

물음 1) 1동의 지급보험금 계산과정과 값을 쓰시오. (5점)

답

정답 보험금=min(손해액-자기부담금, 보험가입금액)= min(300만원- 30만원,500만원)= 270만원
자기부담금=최소자기부담금(30만원)≦ 손해액의 10% ≦최대자기부담금(100만원)=30만원

> 주어진 손해액을 감가상각하기 전의 손해액으로 보면 다음과 같이 풀 수 있다.
> 출제자의 의도는 다음과 같이 풀라는 것 같은데 출제자의 의도대로 풀면 다음과 같다.
> 손해액 =피해액×(1-감가상각률)=300만원× (1-(0.08×2))=252만원
> 보험금 = min (손해액-자기부담금, 보험가입금액)
> = min (252만원- 30만원, 500만원)= 222만원

물음 2) 2동의 지급보험금 계산과정과 값을 쓰시오. (5점)

답

정답 보험금=min(손해액-자기부담금,보험가입금액)= min (100만원- 10만원, 200만원)= 90만원
피복재단독사고 자기부담금=최소자기부담금(10만원)≦손해액의10%≦최대자기부담금(100만원)=10만원

> 주어진 손해액을 감가상각하기 전의 손해액으로 보면 다음과 같이 풀 수 있다.
> 손해액 =피해액×(1-감가상각률)=100만원× (1-(0.4×1))=60만원
> 보험금 = min (손해액-자기부담금, 보험가입금액)
> = min (60만원- 10만원, 200만원)= 50만원

물음 3) 3동의 지급보험금 계산과정과 값을 쓰시오. (5점)

답

정 답 보험금=min(손해액-자기부담금, 보험가입금액)= min (100만원- 10만원, 200만원)=90만원

피복재 단독사고 자기부담금=최소자기부담금(10만원)≤손해액의 10%≤최대자기부담금(100만원)=10만원

주어진 손해액을 감가상각하기 전의 손해액으로 보면 다음과 같이 풀 수 있다. 손해액 =피해액×(1-감가상각률)=100만원× (1-(0.16×1))=84만원 보험금=min(손해액-자기부담금, 보험가입금액)=min(84만원- 10만원, 200만원)=74만원

17 벼 농사를 짓고 있는 甲은 가뭄으로 농지 내 일부 면적의 벼가 고사되는 피해를 입어 재이앙 조사 후 모가 없어 경작면적의 일부만 재이앙을 하였다. 이후 수확 전 태풍으로 도복피해가 발생해 수확량 조사방법 중 표본조사를 하였으나 甲이 결과를 불인정하여 전수조사를 실시하였다. 계약사항(종합위험 수확감소보장방식)과 조사내용을 참조하여 다음 물음에 답하시오. (15점)

○ 계약사항

품종	보험가입금액	가입면적	평년수확량	표준수확량	자기부담비율
동진찰벼	3,000,000원	2,500 m^2	3,500kg	3,200kg	20%

○ 조사내용

– 재이앙 조사

재이앙 전 조사내용		재이앙 후 조사내용	
실제 경작면적	2,500m^2	재이앙 면적	800m^2
피해면적	1,000m^2	-	-

– 수확량 조사

표본조사 내용		전수조사 내용	
표본구간 총중량 합계	0.48kg	전체 조곡중량	1,200kg
표본구간 면적	0.96m^2	미보상비율	10%
함수율	16%	함수율	20%

물음 1) 재이앙보험금의 지급가능한 횟수를 쓰시오. (2점)

답

정 답 1회

물음 2) 재이앙보험금의 계산과정과 값을 쓰시오. (3점)

답

정 답 재이앙보험금 = 보험가입금액 × 25% × 면적피해율

= 3,000,000원×0.25×0.32= 240,000원

면적피해율 = 피해면적 ÷ 보험가입면적 = $800m^2$÷ $2{,}500m^2$ =0.32

피해면적은 재이앙한 면적을 말함

면적피해율이 10%를 초과하고 재이앙(재직파) 한 경우이므로 보험금 지급

물음 3) 수확량감소보험금의 계산과정과 값을 쓰시오. (무게(kg) 및 피해율(%)은 소수점 이하 절사. 예시: 12.67 % → 12 %) (10점)

답

정 답 보험금 = 보험가입금액 x (피해율 - 자기부담비율)

= 3,000,000원 x (61% - 20%) = 1,230,000원

피해율 = (평년수확량 − 수확량 - 미보상감수량) ÷ 평년수확량

= (3,500kg − 1,103kg - 239kg) ÷ 3,500kg = 61.6%→ 61%

수확량=조사대상면적수확량+{단위면적당평년수확량x(타작물 및 미보상면적+기수확면적)}

= 1,103kg+{1.4kg/m2 x (0+0)} = 1,103kg

조사대상면적 수확량 = 작물 중량 x {(1 − 함수율) ÷ (1 - 기준함수율)}

= 1,200kg x {(1 - 0.2) ÷ (1 - 0.13)} = 1,103kg

· 기준함수율 : 메벼(15%), 찰벼(13%)

단위면적당 평년수확량=평년수확량÷실제경작면적=3,500kg÷$2{,}500m^2$ = $1.4kg/m^2$

미보상감수량 = (3,500kg - 1,103kg) ×0.1 = 239.7kg → 239kg

18 **배 과수원은 적과 전 과수원 일부가 호우에 의한 유실로 나무 50주가 고사되는 피해(자연재해)가 확인되었고, 적과 이후 봉지작업을 마치고 태풍으로 낙과피해조사를 받았다. 계약사항(적과전 종합위험 방식)과 조사내용을 참조하여 다음 물음에 답하시오. (감수과실수와 착과피해 인정개수, 피해율(%)은 소수점 이하 절사. 예시: 12.67 % → 12%)(15점)**

○ 계약사항 및 적과후착과수 조사내용

계약사항			적과후착과수 조사내용	
품목	가입주수	평년착과수	실제결과주수	1주당 평균착과수
배(단일 품종)	250주	40,000개	250주	150개

※ 적과종료이전 특정위험 5종한정 보장 특약 미 가입

○ 낙과피해 조사내용

사고일자	조사방법	전체 낙과과실수	낙과피해 구성비율(100개)				
9월 18일	전수조사	7,000개	정상 10개	50%형 80개	80%형 0개	100%형 2개	병해충과실 8개

물음 1) 적과종료 이전 착과감소과실수의 계산과정과 값을 쓰시오. (5점)

답

정답 착과감소과실수 = (평년착과수 - 적과후착과수)= (40,000개 - 적과후착과수)

적과후 착과수 = 조사대상주수×1주당 평균착과수 = 200주×150개/주=30,000개

조사대상주수=실제결과주수 - 고사주수 - 수확불능주수 - 미보상주수 - 수확완료주수

= 250주 - 50주 - 0주 - 0주 -0주 = 200주

물음 2) 적과종료 이후 착과손해 감수과실수의 계산과정과 값을 쓰시오. (5점)

답

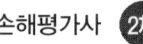

정답 적과후착과수가 평년착과수의 60%미만인 경우, 감수과실수 = 적과후착과수 x 5%
적과후착과수가 평년착과수의 60%이상 100%미만인 경우,

$$감수과실수 = 적과후착과수 \times 5\% \times \frac{100\% - 착과율}{40\%} = 30,000 \times 5\% \times \frac{100\% - 75\%}{40\%}$$

착과율 = 적과후착과수÷평년착과수 = 30,000÷40,000 =0.75

$$착과손해피해율 = 5\% \times \frac{100\% - 75\%}{40\%} = 0.03125 = 3\%$$

감수과실수 =30,000개 x 0.03 = 900개

물음 3) 적과종료 이후 낙과피해 감수과실수와 착과피해 인정개수의 계산과정과 합계 값을 쓰시오. (5점)

답

정답 낙과 손해(전수조사) 감수과실수 = 총낙과과실수 x (낙과피해구성률 – max A) x 1.07
낙과피해 감수과실수 = 총낙과과실수 x (낙과피해구성률 – max A
= 7,000개 x (0.42 - 0.03) = 2,730개

$$피해구성률 = \frac{(100\%형피해과실수 \times 1) + (80\%형피해과실수 \times 0.8) + (50\%형피해과실수 \times 0.5)}{100\%형피해과실수 + 80\%형피해과실수 + 50\%형피해과실수 + 정상과실수}$$

$$= \frac{(2 \times 1) + (0 \times 0.8) + (80 \times 0.5)}{100개} = 0.42$$

착과피해 인정계수 = 2,730개 x 0.07 = 191.1 → 191개
합계값 = 2,730개+191개 = 2,921 개

19 가축재해보험 소에 관한 내용이다. 다음 물음에 답하시오. (15점)

○ 조건 1

- 甲은 가축재해보험에 가입 후 A축사에서 소를 사육하던 중, 사료 자동급여기를 설정하고 5일 간 A축사를 비우고 여행을 다녀왔음 - 여행을 다녀와 A축사의 출입문이 파손되어 있어 CCTV를 확인해 보니 신원불상자에 의해 한우(암컷) 1마리를 도난당한 것을 확인하고, 바로 경찰서에 도난신고 후 재해보험사업자에게 도난신고확인서를 제출함 - 금번 사고는 보험기간 내 사고이며, 甲과 그 가족 등의 고의 또는 중과실은 없었고, 또한 사고예방 및 안전대책에 소홀히 한 점도 없었음

○ 조건 2

- 보험목적물 : 한우(암컷)	- 자기부담비율 : 20 %
- 출생일 : 2021년 11월 04일	- 보험가입금액 : 2,000,000원
- 소재지 : A축사(보관장소)	- 사고일자 : 2022년 08월 14일

○ 조건 3

– 발육표준표

한우	월령	7월령	8월령	9월령	10월령	11월령
암컷	체중	230kg	240kg	250kg	260kg	270kg

– 2022년 월별산지가격동향

	구분	5월	6월	7월	8월
한우 암컷	350 kg	330만원	350만원	340만원	340만원
	600 kg	550만원	560만원	550만원	550만원
	송아지(4~5월령)	220만원	230만원	230만원	230만원
	송아지(6~7월령)	240만원	240만원	250만원	250만원

물음 1) 조건 2~3을 참조하여 한우(암컷) 보험가액의 계산과정과 값을 쓰시오. (5점)

답

정 답 보험가액 = 체중 × kg당 금액 = 250kg × 1만원/kg = 250만원

월령 : 2022년 8월 14일 − 2021년 11월 04일 = 9개월 10일 → 9개월(월 미만일수는 무시)

> 소(한우, 육우, 젖소)의 보험가액 산정은 월령을 기준으로 산정하게 되며 월령은 폐사는 폐사 시점, 긴급도축은 긴급도축 시점의 월령을 만(滿)으로 계산하고 월 미만의 일수는 무시하고, 다만 사고 발생일까지가 1개월 이하인 경우는 1개월로 한다.

kg당 금액 구하기

8월사고 이므로 6월을 기준으로

350kg의 kg당 가격 : 350만원/350kg = 1만원/kg

600kg의 kg당 가격 : 560만원/600kg = 9333원 /kg 이므로 kg당 금액1만원/kg

> 1. kg당 금액은 사고 전전월 전국산지평균가격(350kg 및 600kg 성별 전국 산지평균가격 중 kg당 가격이 높은 금액)을 그 체중으로 나누어 구한다.
> 2. 사고 시점에서 산정한 월령 7개월 이상의 보험가액이 송아지 가격보다 낮은 경우는 송아지 가격을 적용한다.
>
> > 송아지 가격 230만원 보다 크므로 2는 해당 없음
> > 3.에서 송아지 산지가격은 4~5월령 조사가격이 적용된다고 했으므로 송아지(6-7월령)은 적용안 됨
>
> 3. 전국산지평균가격은 가축시장가격조사 기관인 농협중앙회에서 매월 조사 발표하고 있으며 한우는 송아지(4-5월령), 송아지(6-7월령), 350kg, 600kg으로 분류하여 월별산지가격동향을 발표하고 있으며, 송아지 산지가격은 4~5월령 조사가격이 적용된다.

물음 2) 조건 1~ 3을 참조하여 지급보험금과 그 산정 이유를 쓰시오. (5점)

답

정 답

> $$\text{지급보험금}=\text{손해액}\times\left(\frac{\text{보험가입금액}}{\text{보험가액}}\right)-\text{자기부담금} = 250\text{만원}\times\left(\frac{200\text{만원}}{250\text{만원}}\right)-40\text{만원}=160\text{만원}$$

산정이유 : 지급보험금은 160만원이지만 보관장소를 72시간 이상 비워둔 동안에 생긴 도난 손해이므로 보상하지 않는다.

물음 3) 다음 ( )에 들어갈 내용을 쓰시오. (5점)

> 소의 보상하는 손해 중 긴급도축은 "사육하는 장소에서 부상, (①), (②), (③) 및 젖소의 유량 감소 등이 발생하는 소(牛)를 즉시 도축장에서 도살하여야 할 불가피한 사유가 있는 경우"에 한한다.

정 답 ① 난산, ② 산욕마비, ③ 급성고창증

20 수확전 종합위험보장방식 무화과에 관한 내용이다. 다음 계약사항과 조사내용을 참조하여 물음에 답하시오.(피해율(%)은 소수점 셋째자리에서 반올림) (15점)

○ 계약사항

품목	보험가입금액	가입주수	평년수확량	표준과중(개당)	자기부담비율
무화과	10,000,000원	300주	6,000 kg	80 g	20 %

○ 수확 개시 전 조사내용

- 사고내용
  · 재해종류: 우박
  · 사고일자: 2022년 05월 10일
- 나무 수 조사
  · 보험가입일자 기준 과수원에 식재된 모든 나무 수 300주(유목 및 인수제한 품종 없음)
  · 보상하는 손해로 고사된 나무 수 10주
  · 보상하는 손해 이외의 원인으로 착과량이 현저하게 감소된 나무 수 10주
  · 병해충으로 고사된 나무 수 20주
- 착과수 조사 및 미보상비율 조사
  · 표본주수 9주
  · 표본주 착과수 총 개수 1,800개
  · 제초상태에 따른 미보상비율 10 %
- 착과피해조사(표본주 임의과실 100개 추출하여 조사)
  · 가공용으로도 공급될 수 없는 품질의 과실 10개(일반시장 출하 불가능)
  일반시장 출하 시 정상과실에 비해 가격하락 (50 % 정도)이 예상되는 품질의 과실 20개
  · 피해가 경미한 과실 50개
  · 가공용으로 공급될 수 있는 품질의 과실 20개(일반시장 출하 불가능)

○ 수확 개시 후 조사내용

- 재해종류 : 우박
- 사고일자 : 2022년 09월 05일
- 표본주 3주의 결과지 조사
  [고사결과지수 5개, 정상결과지수(미고사결과지수) 20개, 병해충 고사결과지수 2개]
- 착과피해율 30 %
- 농지의 상태 및 수확정도 등에 따라 조사자가 기준일자를 2022년 08월 20일로 수정함
- 잔여수확량 비율

사고발생 월	잔여수확량 산정식(%)
8월	{100 - (1.06 × 사고발생일자)}
9월	{(100 - 33) - (1.13 × 사고발생일자)}

물음 1) 수확전 피해율(%)의 계산과정과 값을 쓰시오. (6점)

답

정 답 피해율 = (평년수확량 – 수확량 – 미보상감수량) ÷ 평년수확량
= (6,000kg – 3,262.4kg – 273.76kg) ÷ 6,000kg = 0.41064 = 41.06%

수확량 = {조사대상주수x주당 수확량 x (1 –피해구성률)}+(주당 평년수확량 x 미보상주수)
= {260주 x 16kg/주 x (1 –0.36)}+(20kg/주 x 30주)= 3262.4kg

조사대상주수 = 실제결과주수–미보상주수–고사주수 = 300주 – 10주 –30주 = 260주

① 보험가입일자 기준 과수원에 식재된 모든 나무 수 300주(유목 및 인수제한 품종 없음) : 실제결과주수 ② 보상하는 손해로 고사된 나무 수 10주 : 고사주수 ③ 보상하는 손해 이외의 원인으로 착과량이 현저하게 감소된 나무 수 10주 : 미보상주수 ④ 병해충으로 고사된 나무 수 20주 : 미보상주수

주당 수확량 = 주당 착과수 x 표준과중 = 200개/주 x 0.08kg/개 = 16kg/주

주당 착과수 = 표본주 과실수의 합계 ÷ 표본주수 = 1,800개 ÷ 9주 = 200개/주

주당 평년수확량 = 평년수확량 ÷ 보험가입주수 = 6,000 kg ÷ 300주 = 20kg/주

미보상감수량 = (평년수확량–수확량)x미보상비율
= (6,000kg – 3262.4kg) x 0.1 = 273.76kg

피해구성률 = {(50%형과실수x0.5)+(80%형과실수x0.8)+(100%형과실수x1)} ÷ 표본과실수
= {(20개×0.5)+(20개×0.8)+(10개×1)} ÷ 100개 = 0.36

물음 2) 수확후 피해율(%)의 계산과정과 값을 쓰시오. (6점)

답

정 답 피해율 = (1 − 수확전사고 피해율) x 잔여수확량비율 x 결과지 피해율

= (1 − 41.06%) x 78.8% x 0.36 = 16.72%

잔여수확량비율 ={100 − (1.06 × 20)} = 78.8%

결과지피해율 = (고사결과지수+미고사결과지수x착과피해율−미보상고사결과지수)÷기준결과지수

= (5 + (20 x 0.3) - 2) ÷ 25개 =0.36

기준결과지수 = 고사결과지수 + 미고사결과지수 = 5개 + 20개 = 25개

고사결과지수 = 보상고사결과지수 + 미보상고사결과지수

물음 3) 지급보험금의 계산과정과 값을 쓰시오. (3점)

답

정 답 지급보험금 = 보험가입금액 × (피해율 - 자기부담비율)

= 10,000,000원 × (0.5778 - 0.2)= 3,778,000원

피해율 = 수확전 피해율 + 수확후 피해율 = 0.4106 + 0.1672 = 0.5778

PART 04

2023년 제9회 기출문제

Ⅰ 농작물재해보험 및 가축재해보험의 이론과 실무

01 가축재해보험에 가입한 A축사에 다음과 같은 지진 피해가 발생하였다. 보상하는 손해내용에 해당하는 경우에는 "해당" 을, 보상하지 않는 손해내용에 해당하는 경우에는 "미해당" 을 쓰시오. (단, 주어진 조건 외 다른 사항은 고려하지 않음) (5점)

- ○ 지진으로 축사의 급배수설비가 파손되어 이를 복구한 비용 500만원: (①)
- ○ 지진으로 축사 벽의 2m 균열을 수리한 비용 150만원: (②)
- ○ 지진 발생 시 축사의 기계장치 도난손해 200만원: (③)
- ○ 지진으로 축사 내 배전반이 물리적으로 파손되어 복구한 비용 150만원: (④)
- ○ 지진으로 축사의 대문이 파손되어 이를 복구한 비용 130만원: (⑤)

답

정답 ① 해당 (지진으로 인하여 축사 부속시설에 직접적인 피해를 입었으므로)
② 미해당(지진으로 기둥, 보, 지붕틀, 벽 등에 2m 이하의 균열이 발생한 것은 미보상)
③ 미해당(도난손해는 미보상) ④ 해당 (전기적사고는 미보상이지만 물리적 사고는 보상)
⑤ 해당 (지진으로 인하여 축사 부속물에 직접적인 피해을 입었으므로)

02 종합위험 생산비보장 품목의 보험기간 중 보장개시일에 관한 내용이다. 다음 해당 품목의 ( )에 들어갈 내용을 쓰시오. (5점)

품 목	보장개시일	초과할 수 없는 정식(파종)완료일 (판매개시연도 기준)
대 파	정식 완료일 24시, 다만 보험계약시 정식 완료일이 경과한 경우 계약체결일 24시	(①)
고랭지배추	정식 완료일 24시, 다만 보험계약시 정식 완료일이 경과한 경우 계약체결일 24시	(②)
당 근	파종 완료일 24시, 다만 보험계약시 파종 완료일이 경과한 경우 계약체결일 24시	(③)
브로콜리	정식 완료일 24시, 다만 보험계약시 정식 완료일이 경과한 경우 계약체결일 24시	(④)
시금치 (노지)	파종 완료일 24시, 다만 보험계약시 파종 완료일이 경과한 경우 계약체결일 24시	(⑤)

답

정 답 ① 5월 20일 ② 7월 31일 ③ 8월 31일
④ 9월 30일 ⑤ 10월 31일

03 작물특정 및 시설종합위험 인삼손해보장방식의 자연재해에 대한 설명이다. ( )에 들어갈 내용을 쓰시오. (5점)

> ○ 폭설은 기상청에서 대설에 대한 특보(대설주의보, 대설경보)를 발령한 때 해당 지역의 눈 또는 (①)시간 신적설이 (②)cm 이상인 상태
> ○ 냉해는 출아 및 전엽기(4~5월) 중에 해당 지역에 최저기온 (③)℃ 이하의 찬 기온으로 인하여 발생하는 피해를 말하며, 육안으로 판별 가능한 냉해 증상이 있는 경우에 피해를 인정
> ○ 폭염은 해당 지역에 최고기온 (④)℃ 이상이 7일 이상 지속되는 상태를 말하며, 잎에 육안으로 판별 가능한 타들어간 증상이 (⑤)%이상 있는 경우에 인정

답

정 답 ① 24, ② 5, ③ 0.5,
④ 30, ⑤ 50

04 가축재해보험 협정보험가액 특별약관이 적용되는 가축 중 유량검정젖소에 관한 내용이다. ( )에 들어갈 내용을 쓰시오. (5점)

> 유량검정젖소란 젖소개량사업소의 검정사업에 참여하는 농가 중에서 일정한 요건을 충족하는 농가(직전 월의 (①)일 평균유량이 (②)kg 이상이고 평균 체세포수가(③)만 마리 이하를 충족하는 농가)의 소(최근 산차 305일 유량이 (④)kg이상이고, 체세포수가 (⑤)만 마리 이하인 젖소)를 의미하며 요건을 충족하는 유량검정젖소는 시가에 관계 없이 협정보험가액 특약으로 보험가입이 가능하다.

답

정 답 ① 305 ② 10,000 ③ 30
④ 11,000 ⑤ 20

05 농작물재해보험 보험료 방재시설 할인율의 방재시설 판정기준에 관한 내용이다. ( )에 들어갈 내용을 쓰시오. (5점)

- ○ 방풍림은 높이가 (①)미터 이상의 영년생 침엽수와 상록활엽수가 (②)미터 이하의 간격으로 과수원 둘레 전체에 식재되어 과수원의 바람 피해를 줄일 수 있는 나무
- ○ 방풍망은 망구멍 가로 및 세로가 6~10mm의 망목네트를 과수원 둘레 전체나 둘레일부(1면 이상 또는 전체둘레의 (③)% 이상)에 설치
- ○ 방충망은 망구멍이 가로 및 세로가 (④)mm 이하의 망목네트로 과수원 전체를 피복
- ○ 방조망은 망구멍의 가로 및 세로가 (⑤)mm를 초과하고 새의 입출이 불가능한 그물, 주 지주대와 보조 지주대를 설치하여 과수원 전체를 피복

답

정 답 ① 6, ② 5, ③ 20, ④ 6, ⑤ 10

06 甲의 사과과수원에 대한 내용이다. 조건 1~3을 참조하여 다음 물음에 답하시오. (단, 주어진 조건 외 다른 사항은 고려하지 않음) (15점)

○ 조건 1

- 2018년 사과(홍로/3년생/밀식재배) 300주를 농작물재해보험에 신규로 보험가입 함
- 2019년과 2021년도에는 적과 전에 우박과 냉해피해로 과수원의 적과후착과량이 현저하게 감소하였음
- 사과(홍로)의 일반재배방식 표준수확량은 아래와 같음

수령	5년	6년	7년	8년	9년
표준수확량	6,000kg	8,000kg	8,500kg	9,000kg	10,000kg

○ 조건 2

[甲의 과수원 과거수확량 자료]

구 분	2018년	2019년	2020년	2021년	2022년
평년착과량	1,500kg	3,200kg	-	4,000kg	3,700kg
표준수확량	1,500kg	3,000kg	4,500kg	5,700kg	6,600kg
적과후착과량	2,000kg	800kg	-	950kg	6,000kg
보험가입여부	가 입	가 입	미가입	가 입	가 입

○ 조건 3

[2023년 보험가입내용 및 조사결과 내용] - 적과전 종합위험방식Ⅱ 보험가입(적과종료 이전 특정위험 5종 한정보장 특별약관미가입) - 가입가격 : 2,000원/kg - 보험가입당시 계약자부담보험료 : 200,000원 (미납보험료 없음) - 자기부담비율 20% - 착과감소보험금 보장수준 50%형 가입 - 2023년 과수원의 적과 전 냉해피해로, 적과후착과량이 2,500kg으로 조사됨 - 미보상감수량 없음

물음 1) 2023년 평년착과량의 계산과정과 값(kg)을 쓰시오. (5점)

답

정답 **평년착과량** = {A + (B - A) × (1 - - Y / 5)} × C / D

= {2,500kg + (4,200kg − 2,500kg) × (1 − 4/5)} × 9,000kg ÷ 6,000kg = 4,260kg

A값 = Σ과거 5년간 적과후착과량 ÷ 과거 5년간 가입횟수

= (2,000kg + 800kg + 1,200kg + 6,000kg) ÷ 4 = 2,500kg

※ 과거 적과후착과량 : 연도별 적과후착과량을 인정하되, 21년 적과후착과량부터 아래 상·하한 적용 · 상한 : 평년착과량의 300% · 하한 : 평년착과량의 30% · 단, 상한의 경우 가입 당해를 포함하여 과거 5개년 중 3년 이상 가입 이력이 있는 과수원에 한하여 적용 21년 적과후 착과량 = 평년착과량의 30% = 1,200kg

B값 = Σ과거 5년간 표준수확량 ÷ 과거 5년간 가입횟수

= (1,500kg + 3,000kg + 5,700kg + 6,600kg) ÷ 4 = 4,200kg

C값 = 당해연도(가입연도) 기준표준수확량 = 9,000kg

D값 = Σ과거 5년간 기준표준수확량 ÷ 과거 5년간 가입횟수

= (3,000kg + 4,500kg + 8,000kg + 8,500kg) ÷ 4 = 6,000kg

※ 과거기준표준수확량(D) 적용 비율 · 대상품목 사과만 해당 · 3년생 : 일반재배방식의 표준수확량 5년생의 50%,=2018년 기준표준수확량 =3,000kg · 4년생 : 일반재배방식의 표준수확량 5년생의 75%,=2019년 기준표준수확량= 4,500kg

Y값: 4

물음 2) 2023년 착과감소보험금의 계산과정과 값(원)을 쓰시오. (5점)

답

정 답 착과감소보험금 = (착과감소량-미보상감수량-자기부담감수량)×가입가격×보장수준(50%, 70%)
= (1,760 - 0 - 852) X 2,000원 X 0.5 = 908,000
착과감소량 = 평년착과량 - 적과후착과량 = 4,260kg - 2,500kg = 1,760kg
자기부담감수량 = 평년착과량 X 자기부담비율 = 4,260kgX 0.2 = 852kg

물음 3) 만약 2023년 적과전 사고가 없이 적과후착과량이 2,500kg으로 조사되었다면,계약자 甲에게 환급해야 하는 차액보험료의 계산과정과 값(원)을 쓰시오.(보험료는 일원 단위 미만 절사. 예시: 12,345.678원 → 12,345원) (5점)

답

정 답 차액보험료 = 감액분 계약자부담보험료 × 감액미경과비율 - 미납보험료
= 200,000원 ×{(1,760×2,000)÷(4,260×2,000)}× 0.7 - 0 = 57,840원

감액분 계약자부담보험료 = 계약자부담보험료×(감액된 가입금액÷전체가입금액)

〈감액미경과비율〉

* 적과종료 이전 특정위험 5종 한정보장 특별약관에 가입하지 않은 경우

품목	착과감소보험금 보장수준 50%형	착과감소보험금 보장수준 70%형
사과,배	70%	63%

07 종합위험 과실손해보장방식 감귤에 관한 내용이다. 다음의 조건 1~2를 참조하여 다음 물음에 답하시오. (단, 주어진 조건 외 다른 사항은 고려하지 않음) (15점)

○ 조건 1

- 감귤(온주밀감) / 5년생
- 보험가입금액: 10,000,000원 (자기부담비율 20%)
- 가입 특별약관 : 동상해과실손해보장 특별약관

○ 조건 2

① 과실손해조사(수확 전 사고조사는 없었음. 주품종 수확 이후 사고발생 함)
- 사고일자 : 2022년 11월 15일
- 피해사실 확인조사를 통해 보상하는 재해로 확인됨
- 표본주수 2주 선정 후 표본조사내용
· 등급 내 피해과실수 30개
· 등급 외 피해과실수 24개
· 기준과실수 280개
- 미보상비율: 20%

② 동상해과실손해조사
- 사고일자 : 2022년 12월 20일
- 피해사실 확인조사를 통해 보상하는 재해(동상해)로 확인됨
- 표본주수 2주 선정 후 표본조사내용

기수확과실	정상과실	80%형 피해과실	100%형 피해과실
86개	100개	50개	50개

- 수확기 잔존비율 (%) : **(100 - 38) - (1 × 사고 발생일자)** [사고발생 월 12월 기준]
- 미보상비율: 10%

※ **수확기 잔존비율 2024 업무방법서에 따라 수정함**

물음 1) 과실손해보장 보통약관 보험금의 계산과정과 값(원)을 쓰시오. (5점)

답

정답 과실손해보장보통약관보험금 = 손해액 - 자기부담금= 1,200,000원-2,000,000원=0원

※ 손해액 = 보험가입금액 X 피해율 = 10,000,000 X 0.12 = 1,200,000원

※ 피해율 = {(등급내 피해과실수+등급외 피해과실수X50%)÷기준과실수}X(1-미보상비율)

= {(30 + 24 X 50%) ÷ 280} X (1 - 0.2) = 0.12 = 12%

※자기부담금 = 보험가입금액 X 자기부담비율 = 10,000,000 X 0.2 = 2,000,000원

물음 2) 동상해과실손해보장 특별약관 보험금의 계산과정과 값(원)을 쓰시오. (10점)

답

정답 동상해 보험금 = 손해액 - 자기부담금 = 2,409,750 - 800,000 = 1,609,750

※ 손해액

={보험가입금액-(보험가입금액X기사고피해율)}X수확기잔존비율X동상해피해율X(1-미보상비율)

= {10,000,000 - (10,000,000 X 0.15)} X 0.7 X 0.4 X (1 - 0.1) = 2,142,000원

※기사고 피해율 $= \frac{\text{주계약(과실손해보통약관)피해율}}{\text{1-(과실손해보통약관보험금)미보상비율}} + \text{이전사고동상해과실손해피해율}$

$= \frac{0.12}{1-0.2} + 0 = 0.15$

※수확기잔존비율 = (100 - 38) - (1 × 사고 발생일자) [사고발생 월 12월 기준]

= (100 - 38) - (1 × 20) = 40%

$\text{※동상해피해율} = \frac{(80\%\text{형피해과실수합계} \times 80\%) + (100\%\text{형피해과실수합계} \times 100\%)}{\text{정상과실수} + 80\%\text{형피해과실수} + 100\%\text{형피해과실수}}$

$= \frac{(50 \times 80\%) + (50 \times 100\%)}{100 + 50 + 50} = 0.45$

※ 자기부담금 = 절대값 | 보험가입금액 X Min(주계약 피해율-자기부담비율, 0) |

= | 10,000,000 X Min(0.12 - 0.2, 0) |

= 10,000,000 X 0.08 = 800,000

08 다음은 손해보험 계약의 법적 특성이다. 각 특성에 대하여 기술하시오. (15점)

○ 유상계약성
○ 쌍무계약성
○ 상행위성
○ 최고 선의성
○ 계속계약성

답

정답 ○유상계약성 : 손해보험 계약은 계약자의 보험료 지급과 보험자의 보험금 지급을 약속하는 유상계약이다..

○ 쌍무계약성 : 보험자인 손해보험회사의 손해보상 의무와 계약자의 보험료 납부 의무가 대가관계에 있으므로 쌍무계약이다.

○ 상행위성 : 손해보험 계약은 상행위이며(상법 제46조) 영업행위이다.

○ 최고 선의성 : 손해보험 계약에 있어 보험자는 사고의 발생 위험을 직접 관리할 수 없기 때문에 도덕적 해이의 발생 가능성이 큰 계약이다. 따라서 신의성실의 원칙이 무엇보다도 중요시되고 있다.

○ 계속계약성 : 손해보험 계약은 한 때 한 번만의 법률행위가 아니고 일정 기간에 걸쳐 당사자 간에 권리의무 관계를 존속시키는 법률행위이다.

09 작물특정 및 시설종합위험 인삼손해보장방식의 해가림시설에 관한 내용이다. 다음 물음에 답하시오. (15점) (단, A시설과 B시설은 별개 계약임)

시설	시설유형	재배면적	시설년도	가입시기
A시설	목재B형	3,000m^2	2017년 4월	2022년 10월
B시설	07-철인-A-2형	1,250m^2	2014년 5월	2022년 11월

물음 1) A시설의 보험가입금액의 계산과정과 값(원)을 쓰시오. (7점)

답

정답 재조달가액 = 재배면적(㎡) × 단위면적(1㎡)당 시설비

= 3,000㎡ × 6,000원(암기해야 풀 수 있는 문제) = 18,000,000원

보험가입금액 = 재조달가액 ×(100% - 감가상각율)

= 18,000,000원 × [100% - (5 × 13.33%)] = 6,003,000원

※ 감가상각율 = 경과기간× 경년감가율

경과기간 = 2022년 10월 - 2017년 4월 = 5년 6개월 = 5년

경년감가율

유형	내용연수	경년감가율
목재	6년	13.33%
철재	18년	4.44%

물음 2) B시설의 보험가입금액의 계산과정과 값(원)을 쓰시오. (8점)

답

정답 재조달가액 = 1,250㎡ × 6,000원(암기해야 풀 수 있는 문제) = 7,500,000원

보험가입금액 = 7,500,000원 × [100% - (8 × 4.44%)] = 4,836,000원

※ 감가상각율 = 경과기간× 경년감가율

경과기간 = 2022년 11월 - 2014년 5월 = 8년 6개월 = 8년

10 종합위험 밭작물(생산비보장) 고추 품목의 인수제한 목적물에 대한 내용이다. 다음 각 농지별 보험 가입 가능 여부를 "가능" 또는 "불가능" 으로 쓰고, 불가능한 농지는 그 사유를 쓰시오. (15점)

- ○ A농지 : 고추 정식 5개월 전 인삼을 재배한 농지로, 가입금액 300만원으로 가입신청 (①)
- ○ B농지 : 직파하고 재식밀도가 1,000m^2당 1,500주로 가입 신청 (②)
- ○ C농지 : 해당년도 5월 1일 터널재배로 정식하여 풋고추 형태로 판매하기 위해 재배하는 농지로 가입 신청 (③)
- ○ D농지 : 군사시설보호구역 중 군사시설의 최외곽 경계선으로부터 200미터 내의 농지이나, 통상적인 영농활동이나 손해평가가 가능한 보험 가입금액이 200만원인 시설재배 농지로 가입 신청 (④)
- ○ E농지 : m^2당 2주의 재식밀도로 4월 30일 노지재배로 식재하고 가입 신청 (⑤)

답

정답 A 농지: 불가능(고추 정식 6개월 이내에 인삼을 재배한 농지는 인수 불가)
B 농지: 불가능(직파한 농지는 인수불가)
C 농지: 불가능(풋고추 형태로 판매하기 위해 재배하는 농지는 인수불가)
D 농지: 불가능(노지재배, 터널재배 이외의 재배작형으로 재배하는 농지는 인수불가)
E 농지: 가능 (재식밀도가 1,000㎡당 1,500주이상 1,000㎡당 4,000주 이하 농지가 인수가능한데, 지문대로 바꾸면 ㎡당 1.5주이상 ㎡당 4주 이하 농지가 인수가능하다.

Ⅱ 농작물재해보험 및 가축재해보험 손해평가의 이론과 실무

11 종합위험 수확감소보장에서 '감자' (봄재배, 가을재배, 고랭지재배) 품목의 병 · 해충등급별 인정비율이 90 %에 해당하는 병 · 해충을 5개 쓰시오. (5점)

답

정답 역병, 갈쭉병, 모자이크병, 무름병, 둘레썩음병, 가루더뎅이병, 잎말림병, 감자뿔나방

12 적과전 종합위험방식 '떫은감' 품목이 적과 종료일 이후 태풍피해를 입었다. 다음 조건을 참조하여 물음에 답하시오. (단, 주어진 조건 외 다른 사항은 고려하지 않음) (5점)

○ 조건

조사대상주수	총표본주의 낙엽수 합계	표본주수
550주	120개	12주

※ 모든 표본주의 각 결과지 (신초, 1년생 가지)당 착엽수와 낙엽수의 합계 : 10개

물음 1) 낙엽률의 계산과정과 값(%)을 쓰시오. (2점)

답

정답 $낙엽률 = \frac{표본주의낙엽수합계}{표본주의낙엽수합계 + 표본주의착엽수합계} = \frac{120개}{480개} = 25\%$

표본주 착엽수및 낙엽수합계 = 표본주수×동서남북 4곳의 결과지×각결과지별 착엽수 및 낙엽수 개수 = 12주 × 4가지 × 10개 = 480개

표본주 간격에 따라 표본주를 정하고, 선정된 표본주에 리본을 묶고 동서남북 4곳의 결과지(신초, 1년생 가지)를 무작위로 정하여각 결과지 별로 낙엽수(잎이 떨어진 자리)와 착엽수를 조사 (문제에서 10개로 조사된거로 주어짐)하여 리본에 기재한 후 낙엽률을 산정한다.

물음 2) 낙엽률에 따른 인정피해율의 계산과정과 값(%)을 쓰시오. (단, 인정피해율(%)은 소수점 셋째자리에서 반올림. 예시: 12.345 % → 12.35 %로 기재) (3점)

답

정답 떫은감 인정피해율 = 0.9662 × 낙엽률 − 0.0703
= 0.9662×0.25 − 0.0703 = 0.17125 = 17.13%

13 종합위험 생산비보장방식 '브로콜리' 에 관한 내용이다. 보험금 지급사유에 해당하며, 아래 조건을 참조하여 보험금의 계산과정과 값(원)을 쓰시오. (단, 주어진 조건 외 다른 사항은 고려하지 않음) (5점)

○ 조건 1

보험가입금액	자기부담비율
15,000,000 원	3 %

○ 조건 2

실제경작면적 (재배면적)	피해면적	정식일로부터 사고 발생일까지 경과일수
1,000 m^2	600 m^2	65일

※ 수확기 이전에 보험사고가 발생하였고, 기발생 생산비보장보험금은 없음

○ 조건 3

- 피해 조사결과

정 상	50 %형 피해송이	80 %형 피해송이	100 %형 피해송이
22개	30개	15개	33개

답

정 답 생산비보장보험금 = (잔존보험가입금액 ×경과비율 × 피해율) − 자기부담금

=15,000,000원 × 0.7475×0.36 - 450,000원 = 3,586,500원

잔존보험가입금 = 15,000,000원 (기발생 생산비보장보험금은 없으므로)

경과비율 = $\{a+(1-a)\times\frac{생장일수}{표준생장일수}= \{0.495+(1-0.495)\times\frac{65}{130}$ = = 0.7475 = 74.75%

브로콜리 피해율 = 피해비율 × 작물피해율 = 0.6×0.6 = 0.36

피해비율 = 피해면적 ÷ 실제경작면적(재배면적) = 600 m^2÷1,000 m^2 = 0.6

작물피해율= $\frac{(50\%형피해송이개수\times0.5)+(80\%형피해송이개수\times0.8)+(100\%형피해송이개수)}{(정상송이개수+50\%형피해송이개수+80\%형피해송이개수+100\%형피해송이개수)}$

$=\frac{(30\times0.5)+(15\times0.8)+(33)}{(22+30+15+33)}=0.6$

자기부담금 = 잔존보험가입금액 × (3% 또는 5%) =15,000,000 원×0.03=450,000원

14 종합위험 수확감소보장방식 '유자' (동일 품종, 동일 수령) 품목에 관한 내용으로 수확개시 전 수확량 조사를 실시하였다. 보험금 지급사유에 해당하며 아래의 조건을 참조하여 보험금의 계산과정과 값(원)을 쓰시오. (단,주어진 조건 외 다른 사항은 고려하지 않음) (5점)

○ 조건 1

보험가입금액	평년수확량	자기부담비율	미보상비율
20,000,000 원	8,000 kg	20 %	10 %

○ 조건 2

조사대상주수	고사주수	미보상주수	표본주수	총표본주의 착과량
370주	10주	20주	8주	160 kg

○ 조건 3

- 착과피해 조사결과

정상과	50 %형 피해과실	80 %형 피해과실	100 %형 피해과실
30개	20개	20개	30개

답

정 답 보험금 = 보험가입금액 x (피해율 - 자기부담비율)

= 20,000,000원 × (0.4887 - 0.2) = 5,774,000원

※ 피해율 = (평년수확량 - 수확량 - 미보상감수량) ÷ 평년수확량

= (8,000kg - 3,656kg - 434.4.4kg) ÷ 8,000kg = 0.4887 = 48.87%

수확량={품종 · 수령별 표본조사 대상주수×품종 · 수령별 표본주당 착과량×(1 - 착과피해구성률)}

+(품종 · 수령별 주당 평년수확량 × 품종 · 수령별 미보상주수)

={370주 ×20kg/주× (1 - 0.56)} + (20kg/주× 20주)= 3,656kg

품종 · 수령별 표본주당 착과량 = 총표본주의 착과량÷표본주수 = 160 kg÷8주 =20kg/주

$$\text{착과피해구성률} = \frac{((50\%\text{형피해과실수} \times 0.5) + (80\%\text{형피해과실수} \times 0.8) + (100\%\text{형피해과실수} \times 1))}{\text{표본과실}}$$

$$= \frac{((20 \times 0.5) + (20 \times 0.8) + (30 \times 1))}{30 + 20 + 20 + 30} = 0.56$$

품종 · 수령별 주당 평년수확량 = 평년수확량 ÷ 실제결과주수 = 8,000 kg ÷ 400주= 20kg

미보상감수량 = (평년수확량-수확량)×미보상비율 = (8,000kg-3,656kg) × 0.1 = 434.4kg+

15 종합위험 수확감소보장 밭작물(마늘, 양배추) 상품에 관한 내용이다. 보험금 지급사유에 해당하며, 아래의 조건을 참조하여 다음 물음에 답하시오. (5점)

○ 조건

품 목	재배지역	보험가입금액	보험가입면적	자기부담 비율
마늘	의성	3,000,000 원	1,000m^2	20 %
양배추	제주	2,000,000 원	2,000m^2	10 %

물음 1) '마늘' 의 재파종 전조사 결과는 1a 당 출현주수 2,400 주이고, 재파종 후조사 결과는 1a 당 출현주수 3,100주로 조사되었다. 재파종보험금(원)을 구하시오. (3점)

답

정 답 물음1) 보험금 = 보험가입금액 x 35% x 표준출현 피해율

= 3,000,000 원 x 35% x 20% = 210,000원

※ 표준출현피해율(10a 기준) = (30,000 – 출현주수) ÷ 30,000

= (30,000 – 24,000) ÷ 30,000 = 20%

물음 2) '양배추' 의 재정식 전조사 결과는 피해면적 500m^2 이고, 재정식 후조사 결과는 재정식면적 500m^2 으로 조사되었다. 재정식보험금(원)을 구하시오. (2점)

답

정 답 물음2) 재정식보험금 = 보험가입금액 x 20% x 면적피해율

= 2,000,000원 ×20% × 25% = 100,000원

※ 면적피해율 = 피해면적 ÷ 보험가입면적 = 500m^2 ÷ 2,000m^2 = 25%

※ 참고로 양배추 최저자기부담비율은 15%이므로 조건오류이다.

16 다음은 가축재해보험에 관한 내용이다. 다음 물음에 답하시오. (15점)

물음 1) 가축재해보험에서 모든 부문 축종에 적용되는 보험계약자 등의 계약 전·후 알릴 의무와 관련한 내용의 일부분이다. 다음 ( )에 들어갈 내용을 쓰시오. (5점)

[계약 전 알릴 의무]
계약자, 피보험자 또는 이들의 대리인은 보험계약을 청약할 때 청약서에서 질문한 사항에 대하여 알고 있는 사실을 반드시 사실대로 알려야 할 의무이다. 보험계약자 또는 피보험자가 고의 또는 중대한 과실로 계약 전 알릴 의무를 이행하지 않은 경우에 보험자는 그 사실을 안 날로부터 (①)월 내에, 계약을 체결한 날로부터 (②)년 내에 한하여 계약을 해지할 수 있다. 그러나 보험자가 계약 당시에 그 사실을 알았거나 중대한 과실로 인하여 알지 못한 때에는 그러하지 아니하다.

[계약 후 알릴 의무] ㅇ보험목적 또는 보험목적 수용장소로부터 반경 (③) km 이내 지역에서 가축전염병 발생(전염병으로 의심되는 질환 포함) 또는 원인 모를 질병으로 집단폐사가 이루어진 경우 ㅇ보험의 목적 또는 보험의 목적을 수용하는 건물의 구조를 변경, 개축, 증축하거나 계속하여 (④)일 이상 수선할 때 ㅇ보험의 목적 또는 보험의 목적이 들어있는 건물을 계속하여 (⑤)일 이상 비워두거나 휴업하는 경우

답

정답 ① 1 ②3 ③ 10 ④ 15 ⑤ 30

물음 2) 가축재해보험 소에 관한 내용이다. 다음 조건을 참조하여 한우(수컷)의 지급보험금(원)을 쓰시오. (단, 주어진 조건 외 다른 사항은 고려하지 않음) (10점)

[조건]
- 보험목적물: 한우(수컷, 2021. 4. 1. 출생)
- 가입금액: 6,500,000 원, 자기부담비율: 20 %, 중복보험 없음
- 사고일: 2023. 7. 3. (경추골절의 부상으로 긴급도축)
- 보험금 청구일: 2023. 8. 1.
- 이용물 처분액: 800,000 원(도축장발행 정산자료의 지육금액)
- 2023년 한우(수컷) 월별 산지 가격동향

구 분	4월	5월	6월	7월	8월
350 kg	3,500,000원	3,220,000원	3,150,000원	3,590,000원	3,600,000원
600 kg	3,780,000원	3,600,000원	3,654,000원	2,980,000원	3,200,000원

답

정답 보험금 = 손해액× (1- 자기부담비율)= 5,426,000원 × (1-0.2) = 4,340,800원

손해액= 보험가액 - 이용물 처분액 = 6,026,000원 - (800,000원×0.75) = 5,426,000원

사고월령 = 2023.07 - 2021.4 = 27월령

보험가액(연령이 7개월 이상) = ①(체중) x ②(kg당 금액)

= 655kg × 9,200원 = 6,026,000원

체중	한우수컷 월령이 25개월을 초과한 경우에는 655kg으로, 한우암컷 월령이 40개월을 초과한 경우에는 470kg으로 인정한다.
kg당 금액	1. kg당 금액은 「산지가격 적용범위표」에서 사고소의 축종별, 성별, 월령에 해당되는 「농협축산정보센터」에 등록된 사고 전전월 전국산지평균 가격을 그 체중으로 나누어 구한다 2. 성별 350kg 해당 전국 산지평균가격 및 성별 600kg 해당 전국 산지평균 가격 중 kg당 가격이 높은 금액 (5월기준 $\max((\frac{3,220,000}{350}, \frac{3,600,000}{600})$ =9,220원

이용물처분액=도축장발행 정산자료의 지육금액x75%=800,000원 x75% =600,000원

17 종합위험 시설작물 손해평가 및 보험금 산정에 관하여 다음 물음에 답하시오. (15점)

물음 1) 농업용 시설물 감가율과 관련하여 아래 (　　　)에 들어갈 내용을 쓰시오. (5점)

고정식 하우스			
구 분		내용연수	경년감가율
구조체	단동하우스	10년	(①) %
	연동하우스	15년	(②) %
피복재	장수 PE	(③)년	(④) %
	장기성 Po	5년	(⑤) %

답

정답 물음1) ① 8% ② 5.3%③ 1년④ 40% ⑤ 16%

물음 2) 다음은 원예시설 작물 중 '쑥갓' 에 관련된 내용이다. 아래의 조건을 참조하여 생산비보장 보험금(원)을 구하시오. (단, 아래 제시된 조건 이외의 다른 사항은 고려하지 않음) (10점)

○ 조건

품 목	보험가입금액	피해면적	재배면적	손해정도	보장생산비
쑥 갓	2,600,000 원	500m^2	1,000m^2	50 %	2,600 원/m^2

- 보상하는 재해로 보험금 지급사유에 해당 (1사고, 1동, 기상특보재해)
- 구조체 및 부대시설 피해 없음
- 수확기 이전 사고이며, 생장일수는 25일
- 중복보험은 없음

답

정답 보험금=피해작물 재배면적×피해작물 단위 면적당 보장생산비×경과비율 × 피해율

= 1,000m^2 × 2,600원/m^2 × 0.55 × 0.3 = 429,000

경과비율 = α + [(1−α) x (생장일수 ÷ 표준생장일수)]

= 0.1 + {(1−0.1)× 25일÷50일 } = 0.55 = 55%

시금치 · 파(쪽파) · 무 · 쑥갓준비기 생산비 계수 = α (10%)

(다) 피해율 = 피해비율 × 손해정도비율× **(1−미보상비율)**

= 0.5×0.6× (1−0) = 0.3 = 30%

*피해비율 = 피해면적(주수) ÷ 재배면적(주수) = 500m^2÷ 1,000m^2 = 0.5

*손해정도에 따른 손해정도비율 : 60%

※2024년 학습서개정으로 피해율 계산시 미보상비율도 계산함

18 종합위험 수확감소보장방식 '논작물' 에 관한 내용으로 보험금 지급사유에 해당하며, 아래 물음에 답하시오. (단, 주어진 조건 외 다른 사항은 고려하지 않음) (15점)

물음 1) 종합위험 수확감소보장방식 논작물(조사료용 벼)에 관한 내용이다. 다음 조건을 참조하여 경작불능보험금의 계산식과 값(원)을 쓰시오. (3점)

○ 조건

보험가입금액	보장비율	사고발생일
10,000,000원	계약자는 최대보장비율 가입조건에 해당되어 이를 선택하여 보험가입을 하였다.	7월 15일

답

정답 경작불능보험금 = 보험가입금액 x 보장비율 x 경과비율

10,000,000원 × 45% × 90% = 4,050,000원

〈조사료용 벼의 경작불능보험금 보장비율〉

구분	45%형	42%형	40%형	35%형	30%형
보장비율	45%	42%	40%	35%	30%

〈사고발생일이 속한 월에 따른 경과비율〉

월별	5월	6월	7월	8월
경과비율	80%	85%	90%	100%

물음 2) 종합위험 수확감소보장방식 논작물(벼)에 관한 내용이다. 다음 조건을 참조하여 표본조사에 따른 수확량감소보험금의 계산과정과 값(원)을 쓰시오.(단, 표본구간 조사 시 산출된 유효중량은 g단위로 소수점 첫째자리에서반올림. 예시: 123.4 g → 123 g, 피해율은 %단위로 소수점 셋째자리에서 반올림. 예시: 12.345 % → 12.35 %로 기재) (6점)

○ 조건 1

보험가입금액	가입면적 (실제경작면적)	자기부담비율	평년수확량	품 종
10,000,000원	3,000m^2	10%	1,500 kg	메벼

○ 조건 2

기수확면적	표본구간면적합계	표본구간작물 중량합계	함수율	미보상비율
500m^2	1.3 m^2	400g	22 %	20 %

답

정답 보험금 = 보험가입금액 x (피해율 - 자기부담비율)

= 10,000,000원 × (0.3173 - 0.1) = 2,173,000원

※피해율 = (평년수확량 - 수확량 - 미보상감수량) ÷ 평년수확량

= (1,500kg - 905kg - 119kg) ÷ 1,500kg = 0.31733 = 31.73%

※수확량=(표본구간 단위면적당 유효중량×조사대상면적)+{단위면적당 평년수확량×(타작물 및 미보상면적 +기수확면적)}

=(0.262kg/m^2×2,500m^2)+{0.5kg/m^2×(0 +500m^2)} = 905kg

※표본구간 단위면적당 유효중량 = 표본구간 유효중량 ÷ 표본구간 면적

= 341gj ÷ 1.3㎡ = 262.3 = 262g=0.262kg

※표본구간 유효중량=표본구간 작물 중량 합계×(1 - Loss율)×{(1 - 함수율)÷(1-기준함수율)}

= 400g×(1 -0.07)×{(1 - 0.22)÷(1-0.15)}☐ 341.3 = 341g

· Loss율 : 7% / 기준함수율 : 메벼(15%), 찰벼(13%), 분질미(14%)

※ 조사대상면적 = 실제경작면적 - 고사면적 - 타작물 및 미보상면적 - 기수확면적

= 3,000m^2 - 0 - 0 - 500m^2 = 2,500m^2

- 단위면적당 평년수확량 =평년수확량÷실제경작면적=1,500kg÷3,000m^2=0.5kg/m^2

※ 미보상감수량 = (평년수확량 - 수확량) × 미보상비율

= (1,500kg - 905kg) ×0.2= 119kg

물음 3) 종합위험 수확감소보장방식 논작물(벼)에 관한 내용이다. 다음 조건을 참조하여 전수조사에 따른 수확량감소보험금의 계산과정과 값(원)을 쓰시오.(단, 조사대상면적수확량과 미보상감수량은 kg단위로 소수점 첫째자리에서 반올림. 예시: 123.4 kg → 123 kg, 단위면적당 평년수확량은 소수점 첫째자리까지 kg단위로 기재. 피해율은 %단위로 소수점 셋째자리에서 반올림. 예시: 12.345 % → 12.35 %로 기재) (6점)

○ 조건 1

보험가입금액	가입면적 (실제경작면적)	자기부담비율	평년수확량	품 종
10,000,000 원	3,000 m^2	10 %	1,500 kg	찰벼

○ 조건 2

고사면적	기수확면적	작물중량합계	함수율	미보상비율
300m^2	300m^2	540 kg	18 %	10 %

답

정답 보험금 = 보험가입금액 x (피해율 - 자기부담비율)

= 10,000,000원 × (0.5047 - 0.1) = 4,047,000원

피해율=(평년수확량 - 수확량 - 미보상감수량) ÷ 평년수확량

= (1,500kg - 659kg - 84kg) ÷ 1,500kg = 0.50466 = 50.47%

수확량= 조사대상면적수확량+{단위면적당 평년수확량×(타작물 및 미보상면적+기수확면적)}

= 509kg + [0.5kg/m^2 × (0+300㎡) = 659kg

조사대상면적수확량 = 작물중량 × {(1 - 함수율) ÷ (1 - 기준함수율)}

= 540 kg × {(1 - 0.18) ÷ (1 - 0.13)} ≒ 508.9 = 509kg

· 기준함수율 : 메벼(15%), 찰벼(13%), 분질미(14%)

단위면적당 평년수확량 = 평년수확량 ÷ 실제경작면적 =1,500 kg÷3,000 m^2 = 0.5kg/m^2

미보상감수량 = (평년수확량 - 수확량) × 미보상비율

= (1,500kg - 659kg) × 10% = 84.1kg = 84kg

19 종합위험 수확감소보장 밭작물 '옥수수' 품목에 관한 내용이다. 보험금지급사유에 해당하며, 아래의 조건을 참조하여 물음에 답하시오. (단, 주어진 조건 외 다른 사항은 고려하지 않음) (15점)

○ 조건

품 종	보험가입금액	보험가입면적	표준수확량	
대학찰(연농2호)	20,000,000원	8,000m^2	2,000 kg	
가입가격	재식시기지수	재식밀도지수	자기부담비율	표본구간면적합계
2,000원/kg	1	1	10 %	16 m^2

면적조사결과			
조사대상면적	고사면적	타작물면적	기수확면적
7,000 m^2	500 m^2	200 m^2	300 m^2

표본구간내 수확한 옥수수				
착립장길이 (13 cm)	착립장길이 (14 cm)	착립장길이 (15 cm)	착립장길이 (16 cm)	착립장길이 (17cm)
8개	10개	5개	9개	2개

물음 1) 피해수확량의 계산과정과 값(kg)을 쓰시오. (5점)

답

정답 피해수확량=(표본구간 단위면적당 피해수확량×조사대상면적)+(단위면적당표준수확량×고사면적)

=(0.25kg ×7,000㎡) + (0.25kg/㎡×500㎡)= 1,875kg

- 표본구간 단위면적당 피해수확량 = 표본구간 피해수확량 합계 ÷ 표본구간 면적

= 4kg÷ 16 m^2 = 0.25kg/㎡

- 표본구간 피해수확량 합계=(표본구간별 "하"품이하 옥수수개수+("중"품 옥수수개수×0.5))×표준중량×재식시기지수×재식밀도지수 =(18개+(14×0.5))×160g×1×1 = 4kg

〈품종별 표준중량(g)〉

미백2호	대학찰(연농2호)	미흑찰 등
180	160	190

- 단위면적당 표준수확량 = 표준수확량÷실제경작면적 = 2,000 kg÷8,000㎡= 0.25kg/㎡

실제경작면적 = 조사대상면적 +고사면적 + 타작물면적 + 기수확면적

= 7,000 m^2 + 500 m^2 + 200 m^2 + 300 m^2 = 8,000kg

▷ 미보상감수량 = 피해수확량 × 미보상비율

물음 2) 손해액의 계산과정과 값(원)을 쓰시오. (5점)

답

정 답 손해액 = (피해수확량 – 미보상감수량) × 표준가격
= (1,875kg–0) × 2,000원 =3,750,000원

물음 3) 수확감소보험금의 계산과정과 값(원)을 쓰시오. (5점)

답

정 답 수확감소보험금 = MIN(보험가입금액, 손해액) – 자기부담금
= MIN(20,000,000원, 3,750,000원) – 2,000,000원 = 1,750,000원

※ 자기부담금 = 보험가입금액 × 자기부담비율
= 20,000,000원 × 10% = 2,000,000원

(학습서 별표9에서 손해액 계산시 피해수확량에서 미보상감수량을 제하도록 하고 있다)

20 수확전 과실손해보장방식 '복분자' 품목에 관한 내용이다. 다음 물음에 답하시오. (15점)

물음 1) 아래 표는 복분자의 과실손해보험금 산정 시 수확일자별 잔여수확량 비율(%)을 구하는 식이다. 다음 ( )에 들어갈 계산식을 쓰시오. (10점)

사고일자	경과비율(%)
6월 1일 ~ 7일	(①)
6월 8일 ~ 20일	(②)

답

정 답 ① 98 - 사고발생일자

② (사고발생일자^2□- 43 × 사고발생일자 + 460) ÷ 2□□

물음 2) 아래 조건을 참조하여 과실손해보험금(원)을 구하시오. (단, 피해율은 %단위로 소수점 셋째자리에서 반올림. 예시: 12.345 % → 12.35 %로 기재, 주어진 조건 외 다른 사항은 고려하지 않음) (5점)

○ 조건

품 목	보험가입금액	가입포기수	자기부담비율	평년결과모지수
복분자	5,000,000 원	1,800 포기	20 %	7개

- 수확전 사고 조사내용

사 고 일 자	사 고 원 인	표본구간 살아있는 결과모지수 합계	표본조사 결과		표 본 구간수	미보상 비 율
			전 체 결실수	수정불량 결실수		
4월 10일	냉해	250개	400개	200개	10	20

답

정답 보험금 = 보험가입금액 x (피해율 - 자기부담비율)

= 5,000,000원 × (0.4286−0.2) = 1,143,000원

※ 피해율 = 고사결과모지수 ÷ 평년결과모지수 = 3 ÷ 7 = 0.4286

※고사결과모지수= 평년결과모지수 − (기준 살아있는 결과모지수 - 수정불량환산 고사결과모지수 + 미보상 고사결과모지수) =7− (5 - 1.75 + 0.75) = 3

○ 기준 살아있는 결과모지수 = 표본구간 살아있는 결과모지수의 합÷(표본구간수×5)

= 250개 ÷(10 × 5) = 5

○ 수정불량환산 고사결과모지수 = 표본구간 수정불량 고사결과모지수의 합÷(표본구간수×5)

= 87.5÷(10×5) = 1.75

○ 표본구간 수정불량 고사결과모지수 = 표본구간 살아있는 결과모지수 × 수정불량환산계수

= 250개 × 0.35 = 87.5

○ 수정불량환산계수 = (수정불량결실수 ÷ 전체결실수) − 자연수정불량률

= (200 ÷ 400) − 15% = 0.35

▷ 자연수정불량률 : 15%(2014 복분자 수확량 연구용역 결과반영)

○ 미보상 고사결과모지수=최댓값({평년결과모지수−(기준 살아있는 결과모지수−수정불량환산 결과모지수)} × 미보상비율, 0)

=최댓값({7−(5−1.75)}×0.2, 0) = 0.75

※ 고사결과모지수

구 분	고사결과모지수
사고가 5.31. 이전에 발생한 경우	(평년결과모지수 - 살아있는 결과모지수) + 수정불량환산 고사결과모지수 - 미보상 고사결과모지수
사고가 6.1. 이후에 발생한 경우	수확감소환산 고사결과모지수 - 미보상 고사결과모지수